必须掌握的1108项汽车维修知识与技能

梁朝彦　主编

第2版

机械工业出版社
CHINA MACHINE PRESS

本书共十章，主要介绍了公共知识、机械维修、电气维修、汽车轮胎、钣金、涂装、汽车美容装饰、汽车改装、车辆标识识读、汽车环保与综合性能检验，总计1108项问题。

本书内容新颖、系统、详细，条理清晰，易学实用，必要操作步骤均配有图示说明，内容选取均为各个工种必须掌握的重点要点。本书既可为汽车维修各工种从业人员提供技术参考，也可供汽车各专业工种自学使用，同时可作为汽车技能培训院校的辅助参考资料。

图书在版编目(CIP)数据

必须掌握的1108项汽车维修知识与技能/梁朝彦主编．—2版．—北京：机械工业出版社，2017.3
ISBN 978-7-111-56357-0

Ⅰ．①必… Ⅱ．①梁… Ⅲ．①汽车—车辆维修 Ⅳ．①U472.4

中国版本图书馆CIP数据核字(2017)第052692号

机械工业出版社(北京市百万庄大街22号 邮政编码100037)
策划编辑：连景岩 杜凡如 责任编辑：连景岩 杜凡如 张丹丹
责任校对：陈 越 封面设计：马精明
责任印制：李 飞
北京铭成印刷有限公司印刷
2017年6月第2版第1次印刷
184mm×260mm · 19印张 · 460千字
0001—3000册
标准书号：ISBN 978-7-111-56357-0
定价：49.90元

凡购本书，如有缺页、倒页、脱页，由本社发行部调换

电话服务	网络服务
服务咨询热线：010-88361066	机工官网：www.cmpbook.com
读者购书热线：010-68326294	机工官博：weibo.com/cmp1952
010-88379203	金书网：www.golden-book.com
封面无防伪标均为盗版	教育服务网：www.cmpedu.com

前　言

近年来，汽车已经成为人们日常生活中必不可少的重要组成部分，汽车的使用保养与维修也日益受到用户的重视。汽车保有量的逐步增加对汽车保养与维修行业提出前所未有的挑战，为了让更多刚刚接触汽车维修的从业人员熟悉汽车保养维修要点，掌握汽车结构原理和维修等知识，提高从业人员技术水平和实践水平，编写了《必须掌握的1108项汽车维修知识与技能》这本书。

本书从维修实际出发，力求做到理论与实践相结合，从汽车构造入手详细介绍了汽车常见故障的判断与排除，以及在排除故障过程中出现的一些重点、难点问题，使维修人员对汽车典型故障做到胸有成竹。本书共十章，主要介绍了公共知识、机械维修、电气维修、汽车轮胎、钣金、涂装、汽车美容装饰、汽车改装、车辆标识识读、汽车环保与综合性能检验等知识要点，总计1108项问题。

本书内容新颖、系统、详细，条理清晰，易学实用，必要操作步骤均配有图示说明，内容选取均为各个工种必须掌握的重点要点。本书既可为汽车维修各工种从业人员提供技术参考，也可供汽车各专业工种自学使用，同时可作为汽车技能培训院校的辅助参考资料。

由于作者专业水平有限，书中的不足和疏漏之处在所难免，敬请广大读者批评指正。

编　者

目录

CONTENTS

二、常用工具和仪器的使用方法

三、汽车的维护与保养

四、汽车维修安全操作规程

五、汽车上常用的紧固件、密封件和密封剂

第二章 机械维修

一、发动机维修

二、底盘维修

第三章 电气维修

第四章 汽车轮胎

第五章 钣金

第六章 涂装

第七章 汽车美容装饰

第八章 汽车改装

第九章 车辆标识识读

第十章 汽车环保与综合性能检验

第一章 公共知识

一、汽车构造

0001 汽车的组成及各部分作用

汽车通常是由发动机、底盘、车身、电气设备四部分组成的。

1）发动机。发动机是汽车的动力装置。其作用是使燃料燃烧产生动力，然后通过底盘的传动系统驱动车轮使汽车行驶。发动机主要有汽油机和柴油机两种。

2）底盘。底盘接受发动机的动力，使汽车产生运动，并保证汽车按照驾驶人的操纵正常行驶。底盘由传动系统、行驶系统、转向系统和制动系统四部分组成。

3）车身。车身安装在底盘的车架上，用以驾驶人和旅客乘坐或装载货物。轿车和客车的车身一般是整体结构，货车的车身一般是由驾驶室和货箱两部分组成的。

4）电气设备。电气设备由电源和用电设备两大部分组成。电源包括蓄电池和发电机。用电设备包括发动机的起动系统、汽油机的点火系统和其他用电装置。

0002 发动机的机构和系统组成

汽油机通常由两大机构、五大系统组成，而柴油机少了点火系统。汽油机的结构示意图如图1-1所示。

1）曲柄连杆机构。曲柄连杆机构是发动机实现能量转换的核心机构。主要由机体组(气缸体、气缸盖、油底壳)、活塞连杆组(活塞、活塞环、活塞销、连杆体、连杆盖、连杆螺栓)、曲轴飞轮组(曲轴、飞轮) 组成。

2）配气机构。为了使发动机工作循环连续进行, 必须定时开闭进、排气门, 以便向气缸内充入混合气和排出废气, 为此, 发动机设置了配气机构。它主要由气门组(气门、气门导管、气门弹簧)和气门传动组(正时齿轮、凸轮轴、挺柱、推杆、摇臂、摇臂轴) 组成。

3）燃料供给系统。传统化油器式燃料供给系统一般由汽油箱、汽油泵、汽油滤清器、化油器、空气滤清器、进气歧管、排气歧管、排气消声器等组成。其作用是把汽油和空气混合成比例合适的可燃混合气送入气缸, 并使燃烧后生成的废气排入大气。

4）点火系统。汽油机靠点火系统产生的高压电火花, 适时点燃气缸内的可燃混合气。主要由蓄电池、发电机、分电器、点火线圈、火花塞和点火开关等组成。

5）冷却系统。水冷式发动机冷却系统一般由水泵、节温器、散热器、风扇、循环水套、分水管等组成。其作用是把机件多余的热量散发出去, 以保持发动机正常的工作温度。

6）润滑系统。润滑系统的作用是将润滑油送到相对运动零件的摩擦表面, 减轻机件磨损, 还有冷却、清洗零件表面及密封、减振和防锈的功能。一般由机油泵、集滤器、限压阀、油道、机油粗滤器、机油细滤器、机油冷却器等组成。

7）起动系统。起动系统包括起动机及其附属装置, 作用是起动发动机。

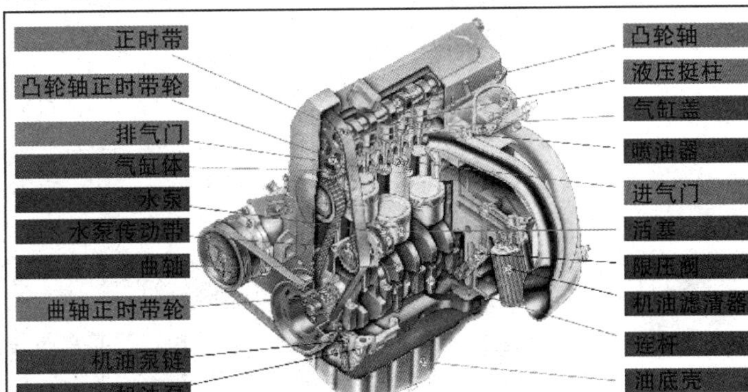

图1-1 汽油机的结构示意图

0003 常用汽车发动机的类型

常用的汽车发动机按照它不同的特点有很多种分类方法。

1）按燃料可分为柴油机、汽油机和天然气发动机等。

2）按实现循环的行程数可分为四冲程发动机和二冲程发动机。

3）按冷却方式可分为水冷式发动机和风冷式发动机。

4）按点火方式可分为压燃式发动机(如柴油机)和点燃式发动机(如汽油机、燃气机)。

5）按进气方式可分为自然吸气式发动机和增压式发动机。

6）按气缸数目可分为单缸发动机和多缸发动机。

0004 发动机排量的定义和计算标准

发动机排量（V_L)是发动机各缸工作容积（V_h)的总和，单缸排量和缸数的乘积，单位为L。设发动机的气缸数为i，则

$$V_L=V_h i$$

而气缸工作容积是指活塞从上止点到下止点所扫过的气体容积，又称为单缸排量，它取决于缸径和活塞行程，其计算公式如下：

$$V_h=\frac{\pi D^2 S}{4\times 10^6}$$

式中　D——气缸直径，单位为mm；

　　　S——活塞行程，单位为mm。

0005 发动机排量对汽车的影响

轿车发动机的总排量可以作为区分轿车级别的标志。发动机总排量是指发动机全部气缸的工作容积之和，单位是L。轿车分级就是以发动机总排量作为依据的。排量小于或等于1L，属于微型车。排量大于1L且小于或等于1.6L，属于普通级轿车。排量大于1.6L且小于或等于2.5L，属于中级轿车。排量大于2.5L且小于或等于4L，属于中高级轿车。排量大于4L，属于高级轿车。

一般排量越大的轿车，功率越大，加速性能越好，车的内装饰也越高级，其档次划分也就越高。如英国的劳斯莱斯轿车，排量就达到6.8L，德国奔驰S级轿车，排量超过3L。

0006 燃烧室容积和气缸总容积的定义

燃烧室容积(V_c)是指活塞在上止点时，活塞上方的空间。活塞在下止点时，活塞上方的容积称为气缸总容积(V_a)，如图1-2所示。它等于气缸工作容积与燃烧室容积之和，即

$$V_a=V_h+V_c$$

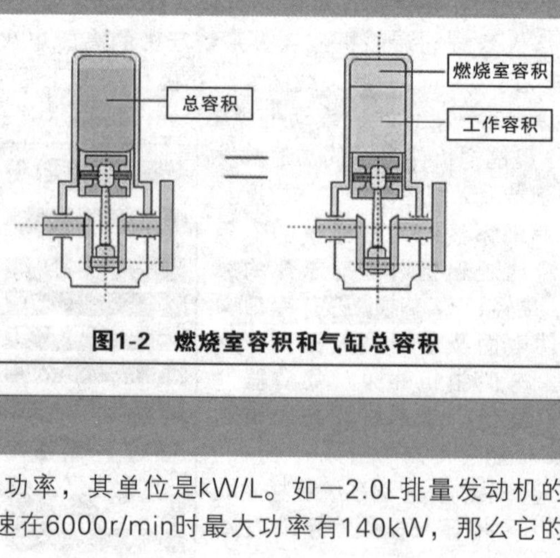

图1-2　燃烧室容积和气缸总容积

0007 升功率的定义及内涵

升功率指的是发动机每升排量能达到多大的功率，其单位是kW/L。如一2.0L排量发动机的最大功率是140kW(6000r/min)，就是说这台发动机转速在6000r/min时最大功率有140kW，那么它的升功率应该是70kW/L。

升功率表示了单位气缸工作容积的利用率，升功率越大表示单位气缸工作容积所发出的功率越大。那么，当发动机功率一定时，升功率越大，发动机的重量利用率就越高，相对而言发动机就越小，材料也就越省。升功率的高低反映出发动机设计与制造的质量。

0008 压缩比的定义及其对发动机的影响

压缩比(ε)是指气缸总容积与燃烧室容积的比值，即

$$\varepsilon=\frac{V_a}{V_c}=\frac{V_h+V_c}{V_c}=1+\frac{V_h}{V_c}$$

它表示活塞由下止点运动到上止点时，气缸内气体被压缩的程度。压缩比越大，压缩终了时气缸内的气体压力和温度就越高。一般车用汽油机的压缩比为6～10，柴油机的压缩比为15～22。

0009 上止点、下止点和活塞行程的定义

发动机基本术语示意图如图1-3所示。

1）上止点。指活塞离曲轴回转中心最远处，通常指活塞上行到最高位置。

2）下止点。指活塞离曲轴回转中心最近处，通常指活塞下行到最低位置。

3）活塞行程。指上、下两止点间的距离，单位是mm。

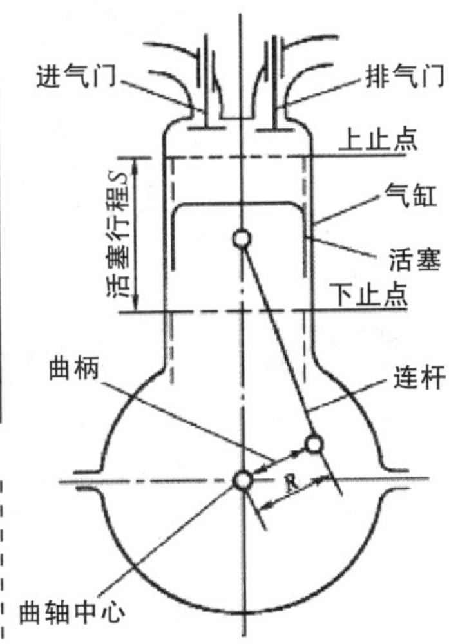

图1-3 发动机基本术语示意图

0010 发动机的工作循环过程

当发动机工作时，各气缸内每进行一次能量转换，均要经过进气、压缩、做功和排气四个行程，称为发动机的一个工作循环。发动机之所以能连续运转，就因为各气缸内不断进行着这种周而复始的工作循环。凡是活塞往复四个行程完成一个工作循环的发动机，称为四冲程发动机；活塞往复两个行程完成一个工作循环的发动机，称为二冲程发动机。

0011 汽油机的四行程工作循环及特点

四冲程汽油机是由进气、压缩、做功和排气完成一个工作循环的，如图1-4所示。

1）进气行程。活塞由曲轴带动从上止点向下止点运动。此时，进气门开启，排气门关闭。由于活塞下移，活塞上腔容积增大，形成一定真空度，可燃混合气经进气门被吸入气缸。

2）压缩行程。当进气行程结束时，活塞在曲轴的带动下，从下止点向上止点运动，此时，进、排气门均关闭，随着活塞上移，混合气被压缩，至活塞到达上止点时，压缩行程结束。

3）做功行程。在压缩行程终了时，火花塞产生电火花，点燃气缸内的可燃混合气，并迅速着火燃烧，气体产生高温、高压，在气体压力的作用下，活塞由上止点向下止点运动，再通过连杆驱动曲轴旋转做功。

4）排气行程。在做功行程终了时，排气门被打开，活塞在曲轴的带动下由下止点向上止点运动。废气在自身的剩余压力和活塞的驱赶作用下，自排气门排出气缸。

排气行程结束后，进气门再次开启，又开始了下一个工作循环，如此周而复始，发动机就自行运转。

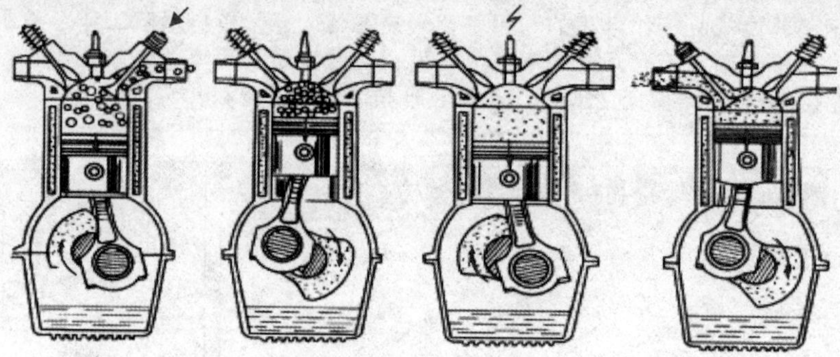

图1-4 四行程汽油机工作循环

0012 柴油机的四行程工作循环及特点

1）进气行程。柴油机的进气行程中进入气缸的不是混合气，而是纯空气。由于进气阻力比汽油机小，上一行程残留的废气温度比较低等原因，进气终了时压力和温度与汽油机稍有不同，压力约为800～900kPa，温度约为320～350K。

2）压缩行程。不同于汽油机的是，柴油机压缩的是纯空气，且由于柴油机压缩比大，压缩终了的温度和压力都比汽油机高，压力可达3～5MPa，温度可达800～1000K。

3）做功行程。此行程与汽油机有很大不同，压缩行程终了时，喷油泵将高压柴油经喷油器呈雾状喷入气缸内的高温空气中，迅速汽化并与空气形成可燃混合气。因为此时气缸内的温度远高于柴油的自燃温度(500K左右)，柴油自行着火燃烧，且以后的一段时间内边喷边燃烧，气缸内的温度、压力急剧升高，推动活塞下行做功。此行程中，瞬时压力可达5～10MPa，瞬时温度可达1800～2200K。

4）排气行程。与汽油机排气行程基本相同。排气终了时气缸压力约为105～125kPa，温度约为800～1000K。

0013 发动机燃烧室结构的形式

汽油机常有的燃烧室有盆形、楔形和半球形。

由于柴油机混合气的形成和燃烧是在燃烧室内进行的，燃烧室的形状对可燃混合气的形成和燃烧好坏有直接影响。

根据混合气的形成方式及燃烧室的结构特点，柴油机燃烧室可分为以下两大类:

1）直接喷射式燃烧室。有ω形、四角形、球形及U 形燃烧室等。

2）分开式燃烧室。有预燃室式和涡流室式燃烧室。

其中球形燃烧室是属于油膜蒸发混合燃烧方式，其他各类燃烧室是属于空间雾化混合燃烧方式，而U 形是属于两者兼有的复合式燃烧室。

0014 铝合金气缸盖和铸铁气缸盖的特点

由于气缸盖形状复杂，一般都采用灰铸铁或合金铸铁铸成，有的汽油机的缸盖用铝合金铸造。和铸铁缸盖相比，铝合金缸盖有导热性能好的优点，有利于提高压缩比，提高发动机效率。另外铝合金和铸铁相比有一个突出的优点就是质量小，符合车辆设计轻量化的发展方向。

铸铁缸盖的主要优点是机械强度高，铸造性能好；主要缺点是质量大、导热性能差。柴油发动机因压缩比高、气缸压力大，所以缸盖一般用铸铁的；汽油发动机压力没那么大，缸盖可以采用铝合金制造。

0015 气缸垫的作用

气缸垫是用来弥补气缸盖与气缸体结合面的不平，密封结合面，防止冷却液、气体和汽油泄漏。气缸垫是燃烧室的组成部分。

气缸垫之所以能在气缸盖压紧时封闭气缸，是以其本身表面的塑性变形和其本身具有的一定弹性实现的。

0016 干式缸套与湿式缸套的特点

根据缸套是否直接与冷却液接触，可分为干式缸套和湿式缸套两种，如图1-5所示。

1）干式缸套的特点。外表面不直接与冷却液接触，其壁厚一般为1～3mm。为了获得与缸体间足够的实际接触面积，保证缸套的散热和定位，缸套的外表面和与其配合的气缸体承孔的内表面都有一定的加工精度，二者一般采用过盈配合。干式缸套的优点是不易漏水漏气，缸体结构刚度大、缸心距小、机器质量小。

2）湿式缸套的特点。其外表面直接与冷却液接触。另外，它较干式缸套壁厚大，其厚一般为5～9mm。湿式缸套的优点是缸体铸造较容易，又便于维修，且散热效果好。缺点是缸体刚度较差，易产生穴蚀，且易漏水、漏气。它主要用于高负荷的柴油机和铝合金缸体发动机。

干式缸套

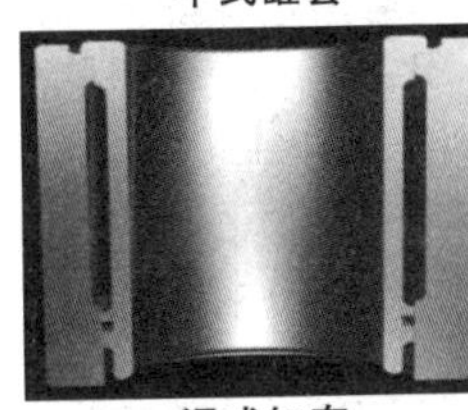
湿式缸套

图1-5 缸套的类型

0017 活塞的结构组成

活塞可分为顶部、环槽部、裙部和活塞销座四部分，其中顶部和环槽部也统称为头部，如图1-6所示。

1）顶部。活塞的顶部是燃烧室的组成部分，用来承受气体压力。为了提高刚度和强度，并加强散热能力，背面多有加强筋。

2）环槽部。活塞的环槽部切有若干环槽，用以安装活塞环，它是活塞的防漏部分，两环槽之间称为环岸。

3）裙部。活塞的裙部是用来为活塞导向和承受侧压力的。因而裙部要有一定的长度，以保证可靠的导向；又要有足够的面积，以防止活塞对气缸壁的单位面积压力过大，破坏润滑油膜、加大磨损。

4）活塞销座。活塞销座是活塞通过活塞销与连杆的连接部分，位于活塞裙部的上部，为厚壁圆筒结构，用以安装活塞销。

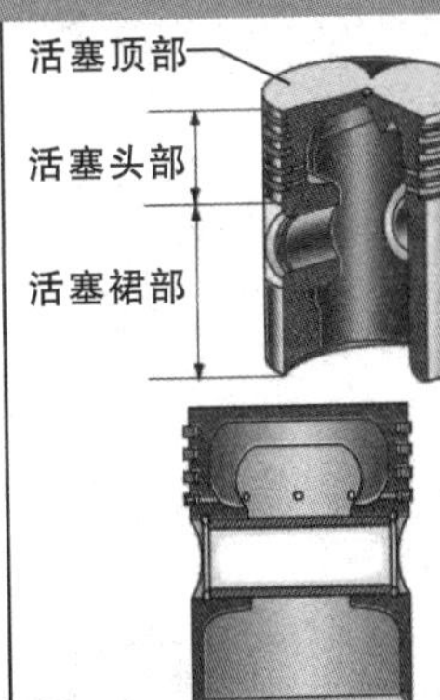

图1-6 活塞的结构

0018 活塞的结构分类及优点

活塞按照其顶部形状可分为四大类：平顶活塞、凸顶活塞、凹顶活塞和成形顶活塞，如图1-7所示。

1）平顶活塞。平顶活塞结构简单、吸热面积小，便于制造加工，且有利于缸内混合气流动和燃烧过程中的火焰传播。因而，在汽油机上得到了广泛使用。

2）凹顶活塞。凹顶活塞能够改善混合气流动性能，改善燃烧过程，并有利于增大气门升程，防止活塞顶碰气门。

3）凸顶活塞。采用凸顶活塞能够提高压缩比，特别是在发动机技术改造过程中，为了提高压缩比，多改用凸顶活塞。

4）成形顶活塞。成型顶活塞是指活塞顶部有一半是凸起的，一半是凹下去的。这种活塞一般适用于对燃烧室有特殊要求的柴油机，特殊的顶部形状可满足燃烧过程中的不同要求。

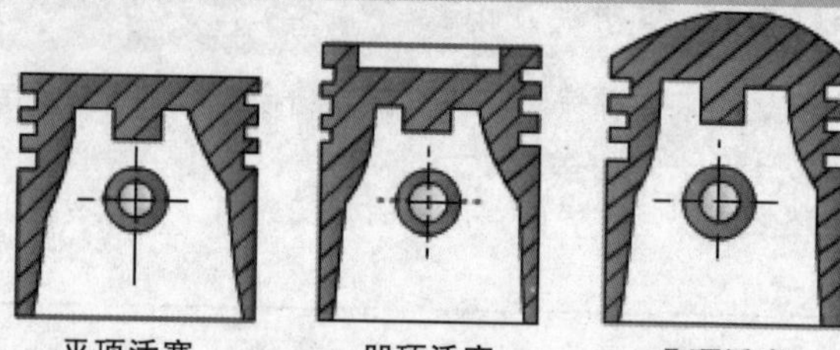

图1-7 活塞顶部形状

0019 活塞裙部开切口的作用

有的活塞其裙部开有绝热——膨胀槽。在裙部受侧压力较小的面开有T形或N形槽，如图1-8所示。其中横槽叫作绝热槽，它开在头部最下一道油环槽中或裙部上边沿，其作用是减少头部热量向裙部传导，从而减少裙部的热膨胀；另外，它还可增强油环的回油能力。竖槽叫作膨胀槽，其作用是使裙部具有一定的弹性和热态时能起补偿作用，使活塞在装配间隙较小的情况下热膨胀时不致卡缸。

为了防止由于应力集中造成开槽沿槽端延伸破裂，凡未开通的槽的端部均钻有圆孔。

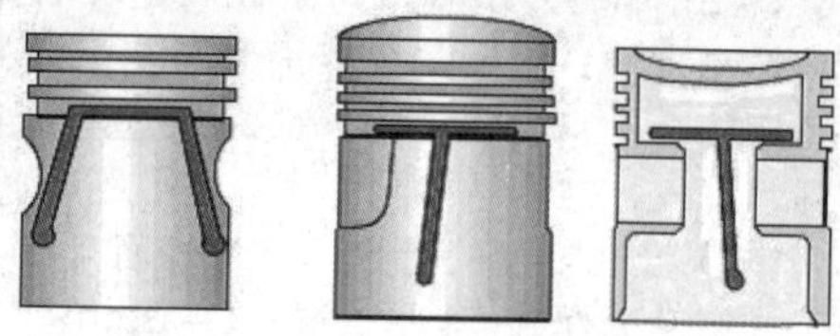

图1-8 裙部开槽

0020 活塞、活塞环、活塞销的作用

活塞的主要作用是承受气缸中气体压力，并将此压力通过活塞销传给连杆，以推动曲轴旋转。活塞顶部还与气缸盖、气缸壁共同组成燃烧室。

活塞环安装在活塞环槽内，活塞环包括气环和油环两种。

气环的作用是保证活塞与气缸壁间的密封，防止气缸中的高温、高压燃气大量漏入曲轴箱，同时还将活塞顶部的大部分热量传导到气缸壁，再由冷却液或空气带走。

油环用来刮除气缸壁上多余的机油，并在气缸壁上铺涂一层均匀的机油膜，这样既可以防止机油窜入气缸燃烧，又可以减少活塞、活塞环与气缸的磨损和摩擦阻力。此外，油环也起到封气的辅助作用。

活塞销的作用是连接活塞和连杆小头，并将活塞所受的气体作用力传给连杆。

0021 气环的种类及特点

按气环的断面形状来命名活塞环，常见的有以下几种:

1）矩形环。矩形环应用较多，其结构简单，制造方便，且与气缸壁接触面积大，导热效果好，有利于活塞头部的散热。矩形环的不足之处是工作中会产生泵油作用，致使缸壁上的机油进入气缸内部。

2）锥形环。锥形环与缸壁间形成线接触，有利于磨合和密封，且在活塞下行时有刮油作用，上行时有布油作用，可形成楔形油膜，增强润滑效果。锥形环传热性能较差，故多用于第二、三道气环。

3）扭曲环。扭曲环是在矩形断面的内圆上边缘或外圆的下边缘切去一部分后形成的环。这种环随同活塞装入气缸后，由于环的内应力分布不对称造成环体发生微量的扭曲变形，从而使环的边缘与环槽的上下端面接触，提高了表面接触应力，防止活塞环在环槽中上下窜动而造成的泵油作用，同时增加了密封性。

4）梯形环。其特点是当活塞受侧压力的变化左右（沿发动机纵向观察）换向时，环的侧隙和背隙也相应地发生变化，使沉积在环槽中的结胶物被挤出，因而可以避免环被黏结在环槽中，引起折断；二是在做功行程中，作用在梯形环上端面上的燃气压力所产生的径向分力能够增强环的密封作用。

5）桶形环。桶形环的外圆面为凸圆弧形。其特点是上下运动时，均能与缸壁形成楔形空间，有利于润滑油膜的形成；环面与缸壁间为弧面接触，能很好地适应活塞的摆动；且接触面较小，密封性能好。

0022 活塞顶部上面标记的含义

活塞上的标记主要有三个：一个是数字标识1、2，或者是字母A、B、C，它代表活塞的外径；另一个是活塞安装方向的标记；活塞顶上还印有活塞号码（图中未标出），活塞号码应与缸号相符，也就是应把印有2号的活塞安装在2号气缸内，1号活塞安装在1号气缸内，如图1-9所示。

活塞与气缸壁是精密配合的，装配时采用分组法。因此，同一台发动机上不同气缸之间的活塞不能混用。在各个活塞顶部做标记就是为了避免混用，一般在机体上也有相对应的标记。

当安装活塞时，一定要使活塞的方向正确。在将活塞和连杆组装进气缸时，使活塞顶部的“IN”标记朝向进气侧，“EX”标记朝向排气侧，将活塞头上的标识（0或←）对着曲轴带轮一侧。

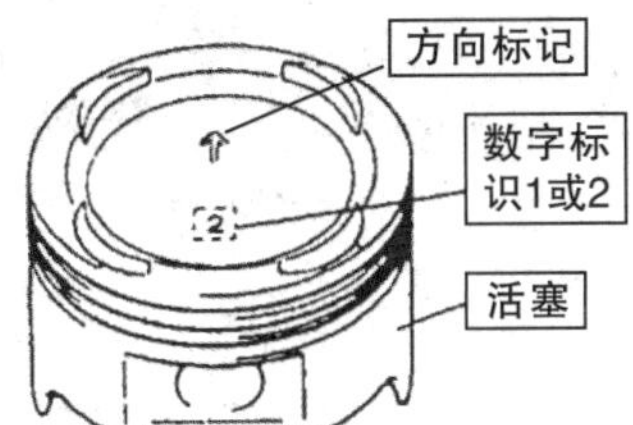

图1-9 活塞上的标记

0023 拖板式活塞的定义

活塞裙部是指油环槽以下的部分。活塞在气缸内上下往复运动的过程中，靠活塞裙部起导向作用，控制活塞头部摆动，并承受侧压力。因而裙部要有一定的长度，保证可靠导向；有足够的面积，以防活塞对气缸壁单位面积压力过大，破坏润滑油膜，加大磨损。另一方面，从减轻活塞质量的要求来看，则应尽量缩短活塞裙部的长度。这与上述增加长度、保证导向控制摆动的要求相矛盾，设计中必须兼顾两个方面的要求。

裙部的基本形状为薄壁圆筒，完整圆筒形称为全裙式。高速发动机为了减轻活塞质量，沿销孔轴线两端（此两端不受侧压力）去掉裙部的一部分，这样既减小了活塞质量，又保证了受侧压力的两侧有足够的承压面积，这种形状的活塞称为拖板式活塞。

0024 全浮式活塞销与半浮式活塞销的区分

根据活塞销与活塞销座孔和连杆小头衬套孔的连接方式，活塞销分为以下两种：

1）全浮式。全浮式连接是指在发动机正常工作过程中，活塞销与活塞销座孔及连杆小头衬套之间有适量的配合间隙，活塞销可以在孔内自由转动。采用全浮式连接，活塞销的磨损比较均匀，使用寿命较长。

2）半浮式。半浮式连接是活塞销与活塞销座孔和连杆小头之间，通常销与连杆小头之间为过盈配合，工作中不发生相对转动；销与活塞销座孔之间为间隙配合。

半浮式连接，连杆小头孔内无衬套，不会发生窜轴现象，故活塞销座孔两端无须装轴向限位卡簧。这种连接方式结构简单，适用于轻型高速发动机。

0025 连杆功用及结构

连杆的作用是将活塞承受的力传给曲轴，并把活塞的往复运动转变为曲轴的旋转运动。

连杆的基本结构可分为小头、杆身和大头，如图1-10所示。

1）小头。小头用来安装活塞销，以连接活塞。采用全浮式连接方式的连杆小头孔内装有青铜衬套（过盈配合）或铁基粉末冶金衬套。其运动副的润滑方式有两种：一种是在连杆小头开有集油槽或集油孔，靠收集曲轴旋转时飞溅起来的机油来润滑，通常把这种润滑方式称为飞溅润滑；另一种是在连杆杆身内钻有纵向压力油道，采用压力润滑方式。

2）杆身。杆身通常做成“工”字形断面，以求在满足强度和刚度要求的前提下减小质量。

3）大头。连杆大头与曲轴的连杆轴颈相连，连杆大头一般做成剖分式的，被分开的部分称为连杆盖，二者靠连杆螺栓连接为一体。连杆大头按剖分面的方向可分为平切口和斜切口两种。

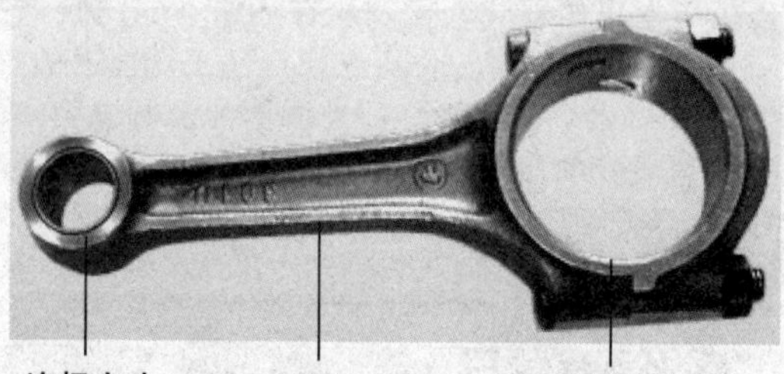

图1-10　连杆

0026 曲轴的作用

曲轴是发动机重要的机件之一。其作用是将活塞连杆组传来的气体作用力转变成曲轴的旋转力矩对外输出，并驱动发动机的配气机构及其他辅助装置（如发电机、水泵、风扇、机油泵、柴油机喷油泵等）工作。为了保证工作可靠，要求曲轴具有足够的刚度和强度，各工作表面要耐磨而且润滑良好。

0027 曲轴上安装平衡重块的原因

曲轴上安装平衡重块是为了平衡连杆大头、连杆轴颈和曲柄等产生的离心力及其力矩，以使发动机运转平稳，减小主轴颈负荷。

平衡重有两种，一种是与曲轴制成一体的；另一种是制成单独的平衡重块，再用螺钉固定在曲柄上，叫作装配式平衡重。加平衡重会导致曲轴质量增加和材料消耗增加，锻造工艺复杂。因而，曲轴是否加平衡重，要视具体情况而定。

曲轴在装配前必须经过动平衡校验，对不平衡的曲轴，常在其偏重的一侧平衡重或在曲柄上钻去一部分质量，以达到平衡的要求。

0028 发动机上飞轮的作用

飞轮是一个转动惯量很大的圆盘，其作用如下：

1）储存做功行程的能量，为非做功行程提供动力。

2）使曲轴均匀旋转。

3）使发动机能够克服短时间的超负荷。

4）起动机通过飞轮上的齿圈起动发动机。

5）校准发动机的点火时刻或喷油时刻。此外，在结构上飞轮又被用作传动系统中摩擦式离合器的驱动件。

0029 配气机构的作用及部件组成

配气机构的作用是根据发动机工作次序和各缸工作循环的要求，定时开启和关闭进、排气门，在进气行程使可燃混合气（汽油机）或空气（柴油机）进入气缸，在排气行程将燃烧后的废气排出气缸。

配气机构通常由气门组和气门传动组两部分组成，如图1-11所示。

1）气门组由进气门、排气门、气门导管、气门座及气门弹簧等零件组成。

2）气门传动组由凸轮轴、摇臂轴、摇臂、推杆、挺柱和正时齿轮等组成。

图1-11　配气机构

0030 配气机构的形式

四冲程车用发动机采用气门式配气机构。其结构形式多种多样，按气门布置形式的不同，可分为侧置气门式和顶置气门式；按照凸轮轴布置形式的不同可分为下置式、中置式和顶置式凸轮轴配气机构；按照发动机每缸气门数量的不同可分为二气门、三气门、四气门、五气门配气机构，每缸超过二气门的发动机称为多气门发动机。

0031 气门间隙的含义

当发动机工作时，气门及其传动件将因温度升高而膨胀。如果气门及其传动件之间，在冷态时无间隙或间隙过小，则在热态下，气门及其传动件受热膨胀必然会引起气门关闭不严，造成发动机在压缩和做功行程中漏气，功率下降，严重时甚至不易起动。为了消除这种现象，通常在发动机冷态装配时，在气门杆的尾端与其传动机构的摇臂或挺柱间留有适当间隙，以补偿气门受热后的膨胀量。这一间隙称为气门间隙，如图1-12所示。

有的发动机(如宝来轿车、奥迪轿车)采用液压挺柱，能自动改变挺柱的轴向长度，所以不需预留气门间隙。

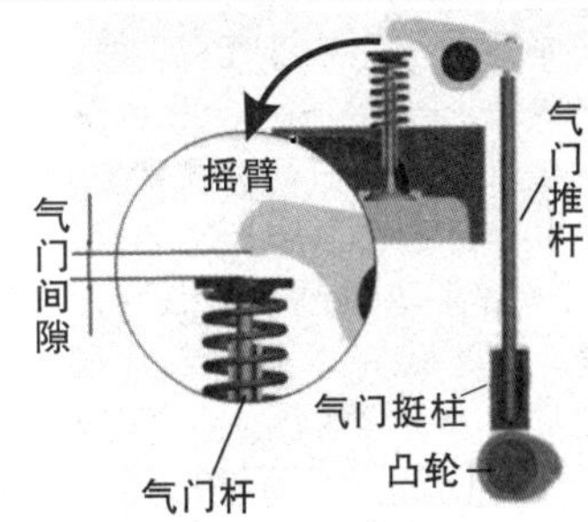

图1-12 气门间隙示意图

0032 气门弹簧功用及一个气门安装两个弹簧的作用

气门弹簧的作用是关闭气门，靠弹簧张力使气门压在气门座上，克服气门和气门传动组件所产生的惯性力，防止各传动件彼此分离而不能正常工作。

气门弹簧一般采用圆柱形螺旋弹簧。为了防止弹簧发生共振，可采用变螺距圆柱弹簧。现代高速发动机多采用同心安装的内外两根弹簧。这样既提高了气门弹簧的工作可靠性，又能有效地防止发生共振。

0033 设置气门锥角的目的

为了保证气门与气门座贴合紧密，保证密封，将气门密封面做成锥面，通常把气门密封锥面的锥角称为气门锥角，一般做成45°。在气门升程一定的情况下，气门锥角较小时，可以增大气流通道断面，减小进气阻力，因此有的发动机进气门锥角做成30°。但锥角减小会引起气门头部边缘变薄，致使气门的密封性和导热性变差。

0034 气门组工作时应达到的要求

气门组件的作用是保证实现对气缸的可靠密封，因此，对气门组有如下要求：

1）气门头部与气门座贴合严密。

2）气门导管对气门杆的上下运动有良好的导向。

3）气门弹簧的两端面与气门杆中心线相互垂直，以保证气门头在气门座上不偏斜。

4）气门弹簧的弹力足以克服气门及其传动件的运动惯性力，使气门能迅速闭合，并能保证气门关闭时紧压在气门座上。

0035 进气门早开（提前）角、迟闭（迟后）角的作用

1）在排气行程接近终了，活塞到达上止点之前，进气门便开始开启。从进气门开始开启到上止点所对应的曲轴转角称为进气提前角，用 α 表示，一般 α 为10°~30°。进气门早开，使得活塞到达上止点开始向下运动时，进气门已有一定开度，有利于提高充气量。

2）在进气行程到达下止点过后，活塞又上行一段，进气门才关闭。从下止点到进气门关闭所对应

的曲轴转角称为进气迟后角，用β表示，一般β为40°~80°。活塞到达下止点时，由于进气阻力的影响，气缸内压力仍低于大气压，且气流还有相当大的惯性，仍能继续进气。下止点过后，随着活塞的上行，气缸内压力逐渐增大，进气气流速度逐渐减小，至流速等于零时，进气门关闭最为适宜。若β角过大，会使进入气缸的气体被重新压回进气管内。

0036 排气门早开（提前）角、迟闭（迟后）角的作用

1）在做功行程的后期，活塞到达下止点前，排气门便开始开启。从排气门开始开启到下止点所对应的曲轴转角称为排气提前角，用γ表示，一般γ为40°~80°。适当将排气门早开，气缸内还有大约300~500kPa的压力，做功作用已经不大，可利用此压力使气缸内的废气迅速地自由排出。等活塞到达下止点时，气缸内只剩约110~120kPa的压力，使排气行程所消耗的功率大为减小。此外，高温废气的早排，还可以防止发动机过热，但角度一定要适当，否则功率损失过大。

2）在活塞越过上止点后，排气门才关闭。从上止点到排气门关闭所对应的曲轴转角，称为排气迟后角，用δ表示，一般δ为10°~30°。由于活塞到达上止点时，气缸内的压力仍高于大气压，且废气气流具有一定的惯性，排气门适当晚关可以将废气排得更加彻底。

0037 气门间隙调整不当的危害

气门间隙调整不当，使气门间隙过大或过小，都会对发动机的工作造成影响。

1）间隙过大。进、排气门开启迟后，缩短了进排气时间，降低了气门的开启高度，改变了正常的配气相位，使发动机因进气不足、排气不净而功率减小，此外，还使配气机构零件的撞击增加，磨损加快。

2）间隙过小。当发动机工作后，零件受热膨胀，将气门推开，使气门关闭不严，造成漏气，功率减小，并使气门的密封表面严重积炭或烧坏，甚至气门撞击活塞。

0038 凸轮轴的传动方式

由曲轴到凸轮轴的传动方式有齿轮传动、链传动和齿形带传动。

1）凸轮轴下置、中置的配气机构大多采用圆柱形正时齿轮传动。一般从曲轴到凸轮轴的传动只需一对正时齿轮，必要时可加装中间齿轮。为了啮合平稳，减小噪声，正时齿轮多用斜齿。

2）齿轮传动正时精度高，但不适合顶置凸轮轴式配气机构，顶置凸轮轴必须采用链或齿形带传动。采用链传动的配气机构，为使工作时正时链具有一定的张力而不致脱链，必须装有正时链导板及张紧装置。链传动的可靠性和耐久性不如齿轮传动。

近年来，高速发动机上广泛采用齿形带传动来代替链传动。齿形带一般用氯丁橡胶制成，中间夹有玻璃纤维和尼龙织物，以增加强度，通过制造材料性能的提高和制造工艺的改进，齿形带的使用寿命已达10万km以上。

不论采用哪种传动方式，曲轴和凸轮轴间的传动比必须保证为2：1。

0039 液压挺柱的结构和工作原理

液压挺柱由挺柱体、液压缸、柱塞、单向球阀、单向阀弹簧和柱塞回位弹簧等部件组成。

挺柱体的外圆柱面上加工有环形油槽，顶部内侧加工有键形油槽，中部内圆柱面用来安装液压缸。机油通过缸盖上的主油道及专门设计的量孔。斜油孔进入挺柱体环形油槽，再经键形油槽进入柱塞上部的低压油腔。这样缸盖主油道与液压挺柱的低压油腔之间便形成了一个通路。

液压缸、柱塞、单向球阀和单向阀弹簧装配到一起，便构成了气门间隙补偿偶件。球阀将液压缸下部和柱塞上部分隔成两个油腔。当球阀关闭时，上部为低压油腔，下部为高压油腔；当球阀打开时，上下油腔连通。

液压挺柱的工作原理如下（图1-13）：

1）液压挺柱装在气缸盖的挺柱孔内，挺柱顶面与凸轮轴凸轮直接接触，液压缸底面则与气门杆尾端接触。当凸轮的升程段与挺柱顶面接触时，挺柱受凸轮推动力和气门弹簧力的作用，挺柱下移，高压腔内的机油被压缩，单向球阀在压力差和单向阀弹簧的作用下关闭，高低压油腔被分隔开。由于液体的不可压缩性，液压缸与柱塞成为一个刚性整体推动气门打开。

2）随着凸轮的转动，当凸轮升程段结束，挺柱与凸轮基圆接触时，气门落座，挺柱不再受凸轮推动力和气门弹簧力的作用，高压油腔中的压力油与回位弹簧推动柱塞上行，高压油腔的压力下降，单向球阀打开，低压油腔中的机油流入高压油腔，使两腔连通。这时，液压挺柱的顶面仍然和凸轮基圆接触，从而补偿了气门间隙。

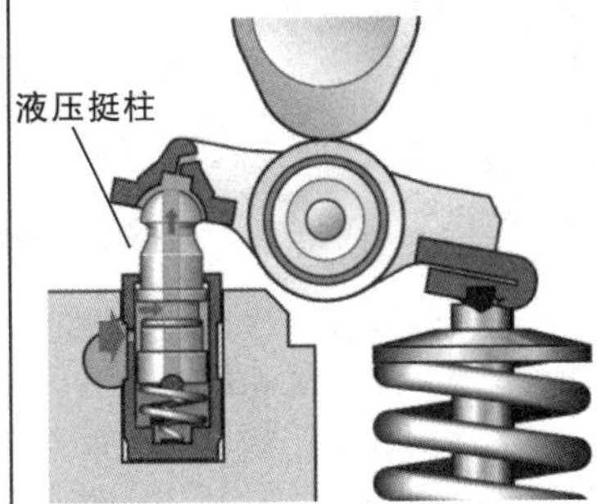

图1-13　液压挺柱的工作原理

0040　发动机液压挺柱的优点

液压挺柱靠液压挺柱轴向自动调整功能改变挺柱长度，随时补偿气门的热膨胀量，不需预留气门间隙。液压挺柱具有以下优点：

1）能自动补偿气门间隙，取消了调整气门间隙的零件，使结构大为简化。

2）不需调整气门间隙，大大简化使用和维修过程。

3）消除了由气门间隙引起的冲击和噪声，减轻了气门传动组件之间的摩擦。

0041　汽油机燃油供给系统的作用及部件组成

汽油机燃料供给系统的作用，是根据发动机不同工况的要求配制出一定数量和浓度的可燃混合气，供入气缸，并在燃烧做功后，将废气排入大气中。

汽油机燃料供给系统(图1-14)一般由以下装置组成：

1）汽油供给装置。汽油供给装置包括汽油箱、汽油滤清器、汽油泵和输油管。其作用是完成汽油的储存、过滤和输送。

2）空气供给装置。空气供给装置包括空气滤清器。其作用是对空气中的尘土和砂粒进行过滤，减少发动机零部件的磨损，延长发动机的寿命。

3）可燃混合气形成装置。可燃混合气形成装置的作用是将清洁的汽油和空气进行混合，形成品质良好的可燃混合气。

4）可燃混合气供给和废气排出装置。可燃混合气供给和废气排出装置由进气歧管、排气歧管和排气消声器组成。其作用是将配制的可燃混合气均匀输送到各气缸，并汇集各气缸燃烧后的废气经消声器排出。

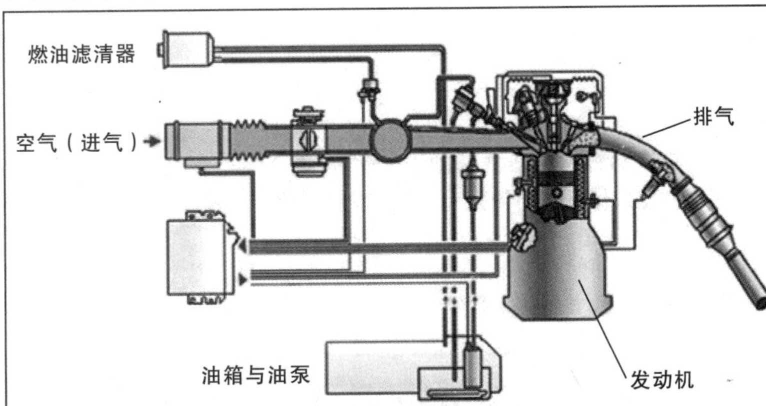

图1-14　汽油机燃料供给系统

0042　空气滤清器对于发动机的重要性

在汽车的千千万万个零部件中，空气滤清器是一个极不起眼的部件，因为它不直接关系到汽车的技术性能，但在汽车的实际使用中，空气滤清器却对汽车（特别是发动机）的使用寿命有极大的影响。

发动机在工作过程中要吸进大量的空气，如果空气不经过过滤，空气中悬浮的尘埃被吸入气缸，就会加速活塞组及气缸的磨损。较大的颗粒进入活塞与气缸之间，会造成严重的“拉缸”现象，这在干燥多沙的工作环境中尤为严重。空气滤清器装在进气管的前方，起到滤除空气中灰尘和砂粒的作用，保证气缸中进入足量和清洁的空气。

0043 电动燃油泵的作用及工作过程

电动燃油泵的作用是把燃油从燃油箱中泵出，经燃油滤清器过滤后输送到压力调节器，再送往燃油分配管。可分为箱内式(浸在汽油箱的汽油中)和箱外式(布置在汽油箱外)。

滚柱式油泵（图1-15）本身有一圆柱形腔室，其内部偏心地布置着圆盘形转子。转子周边上开有槽，滚柱即支承在此槽内。转子转动产生的离心力将滚柱向外压，起着周边密封的作用。由转子、滚柱和泵体围成的腔室将随转子转动产生容积大小变化，在容积由小变大一侧燃油被吸入，在容积由大变小一侧燃油被压出。

打开点火开关但不起动发动机时，燃油泵工作2s，为起动建立油压。发动机一起动，燃油泵就处于接通状态。电控单元经一个外部的燃油泵继电器控制燃油泵。

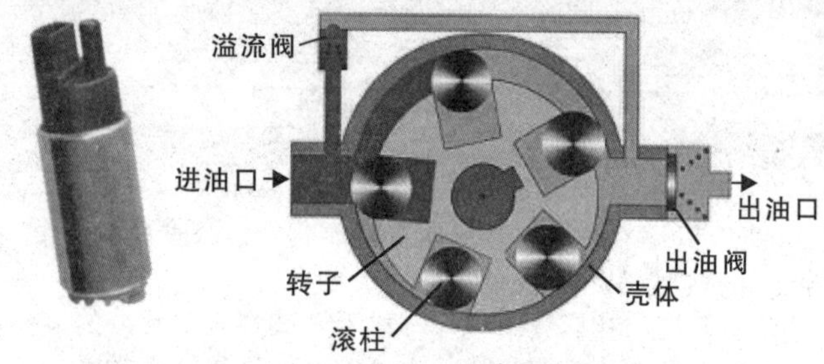

图1-15 滚柱式油泵

0044 排气消声器的作用及工作原理

为了减小排气噪声和消除废气中的火焰及火星，在排气管出口处装有排气消声器，使废气经消声器排入大气，如图1-16所示。

消声原理：主要是消耗废气流的能量，平衡气流的压力波动。多采用以下几种方法：

1）多次地改变气流的方向(变向)。

2）一再缩小气流的通过断面，接着又将断面扩大(节流、胀大)。

3）将气流分割为很多小支流，并沿着不平滑的平面流动(分散、阻抗、反射、过滤)。

4）将气流冷却。

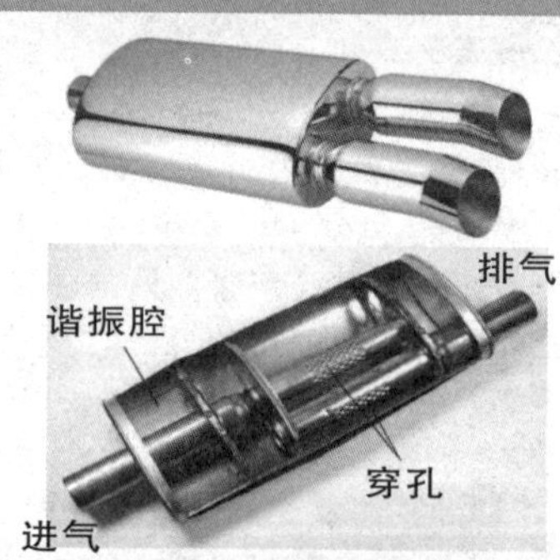

图1-16 排气消声器

0045 进气歧管和排气歧管的作用

进气歧管的作用是较均匀地分配可燃混合气(汽油机)或空气(柴油机)到各气缸中，对汽油机来说，进气歧管的另一作用是使可燃混合气和油膜汽化。

排气歧管的作用是汇集各气缸的废气，将其从排气消声器中排出。

进、排气歧管多用铸铁制成，不少进气歧管用铝合金铸制。

汽油机的进、排气歧管有的装在气缸盖的同一侧，有的分置在气缸盖的两侧，它决定于燃烧室的形式和气门的排列情况。

柴油机的进、排气歧管多分置在气缸盖的两侧，以免排气歧管高温对进气歧管加热而降低充气效率。

进气歧管用螺栓固定在气缸盖上，在接合处有外包铜皮的石棉衬垫或石棉橡胶垫，以保证其密封性能。

为了使混合气分配均匀和减小排气歧管的热负荷及各缸排气时相互干扰，进、排气歧管多为一缸一歧管。为了防止排气歧管热裂，有的排气歧管采用分段套接，用弹性铸铁环保证密封。一般分三段套接，中段与进气歧管铸在一起，以便利用废气加热。

0046 柴油机与汽油机构造上的区别

汽油机与柴油机的主要区别在于汽油发动机为点燃式，柴油发动机由于柴油燃点低所以采用压燃式，即没有点火装置，但是柴油发动机的压缩比非常高，通常为汽油发动机的三倍左右，这也是为了能把空气压缩到足以使柴油燃烧的程度，因此柴油发动机一般缸体要比汽油发动机更长，转矩基本是同排量汽油发动机的两倍，这也就是通常人们所说的柴油发动机更有"劲"的原因。

其次，汽油机和柴油机的燃油系统是有区别的，汽油机由电动油泵供油(化油器式无电动油泵)，燃油压力较低；而柴油机有低压油路和高压油路(如高压油泵、高压油管)，喷油器也不一样。

0047 柴油机的特点

1）热效率高、经济性好、故障少。由于柴油机的压缩比较大(为15～22)，热效率较高(为30%～40%)，使热能更多地转变为机械能。

柴油机的油耗率比汽油机低30%左右，柴油的价格也比汽油便宜，因此，经济性好。

柴油机没有电气点火系统故障，仅有油路系统故障，而油路系统的机件较精密、可靠、耐用，故柴油机的故障少。

2）混合气的形成、点火和燃烧方式不同于汽油机。由于柴油的黏度大、蒸发性差、自燃温度低(约500K)，需要借助喷油泵和喷油器将柴油在接近压缩终了时，以高压、高速的方法喷入燃烧室。所以柴油机吸入气缸的是纯空气，可燃混合气直接在燃烧室中形成，并依靠压缩后的高温空气自行发火燃烧。混合和燃烧是重叠进行的，它有一个边喷边燃的在等压下推动活塞运动的持续过程，这是柴油机燃烧不同于汽油机的最大区别点。

3）柴油机的排气污染小。由于柴油机是将燃油喷入大量的高温空气中进行燃烧的，一氧化碳(CO)和碳氢化合物(HC)的生成量比汽油机少得多。但是，由于空气过量和高温条件生成的氮氧化合物(NO_x)较多。大负荷时燃烧的后期是在高温缺氧的情况下进行的，易产生炭烟。

另外，柴油机的曲柄连杆机构、配气机构、起动系统、喷油系统的结构复杂、质量大、材料好、加工精度高，因此制造成本较高。其次，柴油机的排气噪声大，废气中含二氧化硫SO_2多。

0048 柴油机的燃油供给系统

柴油机燃油供给系统如图1-17所示。

1）低压油路。从柴油箱到喷油泵入口的这段油路中的油压是由输油泵建立的，而输油泵的出油压力一般为0.15～0.3MPa，这段油路称为低压油路。

2）高压油路。从喷油泵到喷油器这段油路中的油压是由喷油泵建立的，一般在10MPa以上，故这段油路称为高压油路。

3）多余的燃油回流。由于输油泵的供油量比喷油泵的最大喷油量大3～4倍，为了保持进入喷油泵进油室内的油压稳定，喷油泵进油室的一端装有限压阀(又称为溢流阀)，大量多余的燃油经限压阀和回油管流回输油泵的进口或直接流回柴油箱。喷油器工作间隙泄漏的极少数柴油也经回油管流回柴油箱。

4）柴油滤清器有粗细两种，一般粗滤器设在输油泵之前，细滤器设在输油泵之后。

5）为保证各气缸供油的一致性，连接喷油泵和喷油器的钢制高压油管的直径和长度是相等的。

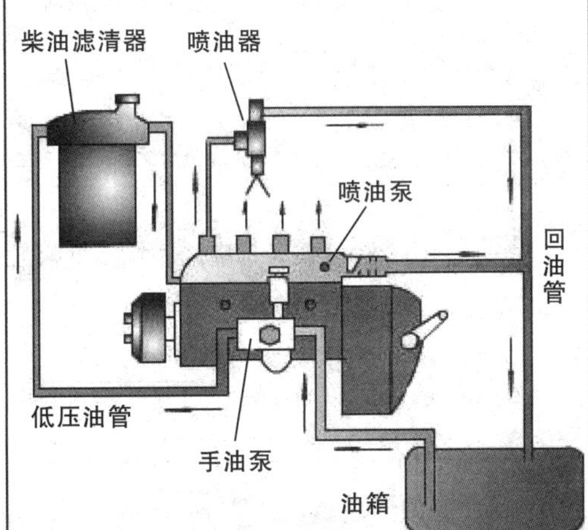

图1-17　柴油机燃油供给系统

0049 柴油机混合气的形成方式

柴油机是借助喷油器，在压缩行程终了前将柴油喷入气缸，与高温、高压空气混合、燃烧。其混合的方式有两种：空间雾化和油膜蒸发。

柴油机的喷油、混合与燃烧是重叠进行的，为了提高做功效率，燃烧必须在上止点附近完成，也就是说必须在极短的时间内使混合气迅速形成并完全燃烧，实际中常采用下列措施来达到上述目的。

1）过量供给空气。其过量空气系数α值在1.3～1.5范围内较为合适。

2）较高的压缩比。为了提高压缩行程终了时的温度而采用较高的压缩比，柴油机的压缩比为15～22。

3）高压喷射与多孔喷射。为了提高雾化质量，常采用高压喷射，压力在10MPa以上，最高可达25MPa；为了提高雾化质量，并使燃油在燃烧室中分布均匀，常采用多孔喷射。

4）合理设计进气气流。利用进气涡流和挤压涡流，促进油雾和空气的充分混合。

5）采用合适形状的燃烧室。

0050 直喷式燃烧室和分隔式燃烧室的特点

1）直喷式燃烧室又称为统一式燃烧室，是由凹形活塞顶与缸盖底面所包围的单一内腔构成的，几乎所有的容积都在活塞顶面上。

这种燃烧室配用孔式喷油器，将柴油直接喷射到燃烧室中，借助喷射油束和燃烧室形状的配合以及燃烧室内空气涡流运动，迅速形成可燃混合气。常见的直喷式燃烧室结构形式有ω形、四角形、球形和U形燃烧室。

2）分隔式燃烧室被分隔成两部分，一部分位于缸盖底面与活塞顶之间，称为主燃烧室；另一部分在气缸盖内，称为辅助燃烧室。二者之间由一个或多个通道相通。常见的分隔式燃烧室有涡流室式和预燃室式两种。

0051 ω形燃烧室的特点

ω形燃烧室的结构特点：由平的气缸盖底面和活塞顶内的ω形凹坑及气缸壁组成。属于直接喷射式燃烧室和空间混合方式。

其混合气形成的特点如下：

1）主要是依靠多孔喷射(多为4孔)，利用油束和燃烧室的吻合，在空间形成混合气。

2）喷孔直径较小，多为0.25～0.4mm，喷孔轴线夹角为140°～160°，喷油压力较高，一般在20MPa左右。

3）结构紧凑，热损失小，故热效率高，经济性好，容易起动。

4）由于是直接式的空间雾化混合，燃烧的初期同时着火的油量较多。因此最高压力和压力升高率较高，工作粗暴。为此，这种燃烧室压缩比较小，一般为15~18。

0052 柴油机输油泵的作用及类型

输油泵的作用是保证柴油在低压油路内循环，并供给足够数量及一定压力的燃油给喷油泵。其输油量应为全负荷最大喷油量的4～8倍。

输油泵的形式有活塞式、膜片式、齿轮式和叶片式几种。齿轮式由于工作可靠，结构简单，目前应用广泛。

0053 多缸柴油机对喷油泵的要求

为了完成定压、定时、定量的供油任务，喷油泵应满足如下要求：

1）保证定时。各缸供油次序要符合发动机工作次序，严格按照规定的供油时刻供油，并保证一定的供油持续时间。

2）保证定量。根据柴油机的不同工况要求供给相应的油量。

3）保证压力。向喷油器供给的柴油应具有足够的压力，以获得良好的喷雾质量。

4）保证各缸工作均匀。要求各缸的相对供油时刻、供油量和供油压力等参数要一致。各缸供油不均匀度在标定工况下不大于3%，各缸供油提前角相差不大于0.5°。

5）供油开始和结束要求迅速、干脆，避免喷油器产生滴漏或不正常喷射现象。

0054 柱塞式喷油泵的组成及各部分的作用

柱塞式喷油泵一般由泵体、分泵、传动机构和油量调节机构组成，如图1-18所示。

1）泵体是喷油泵的基础件，所有的零件通过它组合在一起构成喷油泵整体。泵体分为组合式和整体式两种，多用铝合金铸成。

2）分泵的作用是在传动机构的驱动下，按规定的时刻向喷油器提供一定压力的高压油，同时要保证供油及时、断油干脆，并能在油量调节机构的操纵下，改变供油量。

3）喷油泵的驱动机构由喷油泵的凸轮轴和滚轮体等传动件组成。它的作用是推动柱塞往复运动，完成进油、压油和回油过程，并保证供油正时。它与泵体外的驱动机构配合工作。

4）油量调节机构的作用是执行驾驶人或调速器的指令，转动柱塞改变各分泵的供油量，以适应柴油机负荷和转速变化的需要。同时还可以通过它来调整各缸供油的均匀性。

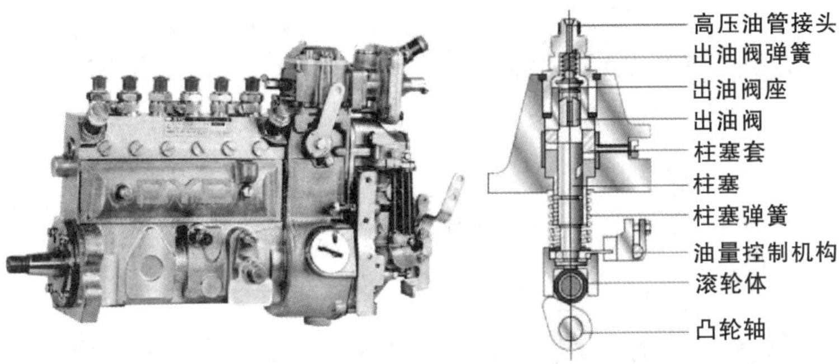

图1-18 柱塞式喷油泵

0055 喷油泵的润滑方式

喷油泵和调速器中各种相对运动的零件，必须可靠润滑，以减轻磨损和保持它们之间的动作灵敏度。

喷油泵和调速器的润滑方式有以下两种：

1）独立润滑。单独地向喷油泵壳体和调速器壳体中加注润滑油的方式称为独立润滑。此种方式需经常检查和加换润滑油，在壳体上多设有油尺或油面高度孔。

2）压力润滑。先进的喷油泵多采用压力润滑。压力润滑是将喷油泵、调速器和柴油机的润滑系统连通起来，并使润滑油不断循环。

采用压力润滑，应严防柴油进入润滑油中，以免柴油将润滑油稀释引起发动机零件的磨损。

0056 柴油机喷油器的作用及要求

喷油器的作用是将喷油泵供给的高压柴油以一定的压力、速度和方向喷入燃烧室，使柴油雾化成细粒，并在气缸内均匀分布，以利于混合气的形成与燃烧。

根据混合气形成与燃烧的要求，喷油器应具有一定的喷射压力和射程，以及合适的喷射锥角。此外，在规定的停止喷油时刻能迅速切断燃油供给，不发生滴漏。

0057 喷油器的类型及特点

喷油器分为开式和闭式两种。目前中小型高速柴油机多采用闭式喷油器，其常见形式有两种：孔式喷油器和轴针式喷油器(图1-19)。孔式喷油器多用于直接喷射式燃烧室上，轴针式喷油器主要用于分隔式燃烧室上。

1）孔式喷油器由针阀、针阀体、顶杆、调压弹簧、调压螺钉及喷油器体等零件组成，其中针阀与针阀体组成一对精密偶件，它们的密封锥面及导向表面经过精密加工后又配对研磨、试配形成配合，应成对使用或更换。

孔式喷油器的特点是雾化质量好，缺点是喷孔直径小，易堵塞。

2）轴针式喷油器与孔式喷油器相比，只是针阀偶件不同，其针阀前端有一小轴针伸出喷孔外，喷孔构成一个很小的环状间隙，高压燃油通过该间隙喷出。轴针的形状有圆柱形、锥形和倒锥形，喷出的油雾形状呈空心的圆柱面或扩散的锥面，以配合燃烧室的形状。

轴针式喷油器因喷孔流通面积较大，不易产生积炭，且轴针上下运动，积炭能自动清除，不易堵塞，但喷油压力不高，一般为12~14MPa，适用于喷雾要求不高，采用涡流式和预燃式燃烧室的柴油机。

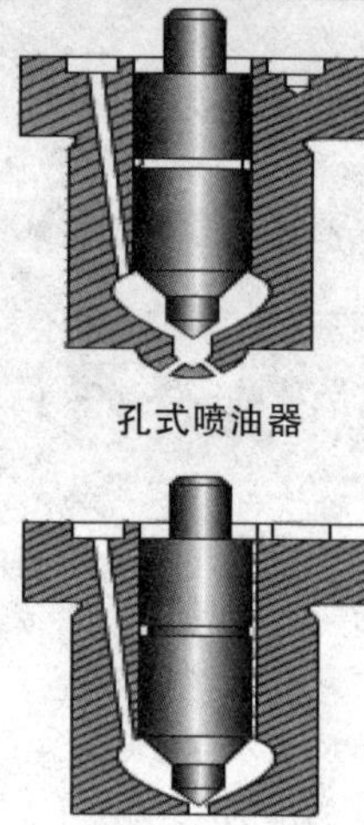

孔式喷油器

轴针式喷油器

图1-19 闭式喷油器的两种基本形式

0058 手油泵的作用和工作原理

输油泵上一般装有手油泵，当柴油机长时间停止工作后，或低压油路中有空气时，可利用手油泵输油或放气。

用手油泵泵油时，利用活塞在泵体内抽动，形成一定的真空度，进油阀被吸开，柴油被吸入泵体，然后再压入泵室，并推开出油阀而输出。停止使用手油泵后，应将手柄拧紧在手泵体上，以防空气渗入油路，影响输油泵工作。

0059 调速器的作用

柴油机调速器的作用，是当负荷改变时，自动地改变供油量的多少，维持稳定运转。

当柴油机运转时，喷油泵的供油量应随发动机的转速不同而有所差别，即随发动机转速的升高，供油量应增大。但是，如果没有调速器加以控制，供油量会随着发动机转速的升高而增加，这种现象的继续，可以在短时间内使发动机超过额定转速而造成“飞车”，致使发动机过热、冒黑烟，以致发生损坏机件的现象。反之，当发动机转速降低时，如果没有调速器，喷油量将随发动机转速的降低而减少，直至迫使发动机熄火。因此，在柴油机上必须装有可靠的调速器。

0060 调速器的类型

车用柴油机大多装用机械离心式调速器，少数小功率柴油机使用了真空膜片式调速器，有的将机械离心式和真空膜片式合为一体，称为复合式调速器。按其调节作用范围的不同，可分为两速式调速器和全速式调速器。

1）两速式调速器。车用柴油机大多用两速式调速器。它能保持柴油机平稳的怠速，防止游车或熄火；又能限制柴油机不超过某一最大转速，从而防止了超速(飞车)。至于中间转速，则通过人工调节供油量。

2）全速式调速器。它不但能保持柴油机最低稳定转速和限制最大转速，并能根据负荷的大小保持和调节任一选定的转速。多用在工况多变和突变的柴油机上，如矿用车、越野车和自卸车等。

0061 喷油泵的作用及类型

喷油泵接收输油泵送来的低压柴油，并将柴油输送到喷油器中。在输送过程中，完成下列任务：

1）提高油压(定压)。为了使燃油高速喷入燃烧室中，获得好的喷雾质量，需将喷油压力提高到10～20MPa。

2）控制喷油时间(定时)。按规定的时间喷油和停止喷油。为此，喷油泵凸轮轴的转速和配气机构凸轮轴的转速是一致的。这样，在接近压缩终了时喷油，并持续一定时间停止喷油。

3）控制喷油量(定量)。根据柴油机的工作情况，改变喷油量的多少，以调节柴油机的转速和功率。

车用柴油机的喷油泵按作用原理的不同，大体可分为以下三类：

1）柱塞式喷油泵。发展和应用的历史较长，为大多数车用柴油机所采用。

2）泵-喷嘴式。将喷油泵和喷油器结合为一体，省掉了高压油管。它多用在柱塞运动速度较高的二冲程柴油机上(包括PT 系统)。

3）转子分配式喷油泵。它只用一对柱塞副产生高压，依靠转子的旋转或柱塞的旋转，实现燃油的分配。

0062 冷却系统的作用

冷却系统的作用是使运转中的发动机得到适度冷却，使其在最适宜的温度范围内工作。发动机的冷却必须适度。若冷却不足，发动机功率将下降，机油受热而失效，各机件也可能因高温致使机械强度下降。若冷却过度，热量散失过多，发动机动力性、经济性下降，机油黏度加大，运动件间的摩擦阻力加大，磨损加剧。

0063 发动机冷却系统的部件组成

目前汽车发动机上采用强制循环式冷却系统，主要由以下装置和零件组成(图1-20)：

1）强制循环冷却液供给装置由水泵、散热器、水套和分水管等组成。

2）冷却强度调节装置由风扇、节温器、百叶窗等组成。

3）冷却液温度指示装置由冷却液温度表、冷却液温度传感器和冷却液温度警告灯组成。

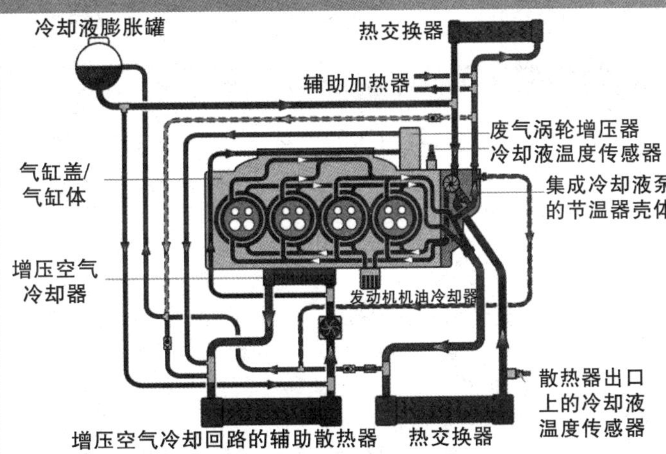

图1-20　发动机冷却系统

0064 发动机冷却系统的工作原理

冷却系统的工作原理如下：

水泵将冷却液吸入并加压，使之经分水管流入发动机缸体水套。在此冷却液从气缸壁吸收热量，冷却液温度升高，继而流到气缸盖的水套，继续吸收热量，受热升温后的冷却液沿出水管流到散热器内。

当汽车行驶时，外部气流由前向后高速从散热器中通过，散热器后部有风扇的强力抽吸作用。因而受热后的冷却液在自上到下流经散热器的过程中，其热量不断散失到大气中去，从而得到了冷却。冷却液流到散热器的底部后，又在水泵的作用下，再次流向气缸体和气缸盖水套。如此不断地往复循环，使发动机在高温条件下工作的零件得到适宜的冷却。

0065 散热器的作用及安装方法

散热器（图1-21）的作用是将水套出来的热冷却液自上而下或横向地分成许多小股并将其热量散给周围的空气。

散热器上水室装有散热器的入水管，通过橡胶管与气缸盖出水管连接；上水室上部有加水管，加水管口一般装泄气管。当冷却液沸腾时，水蒸气可以从此管排出，此管接膨胀水箱(储液罐)。下水室有出水管，用软管与水泵进水口连接，两水室之间焊接散热器芯管。

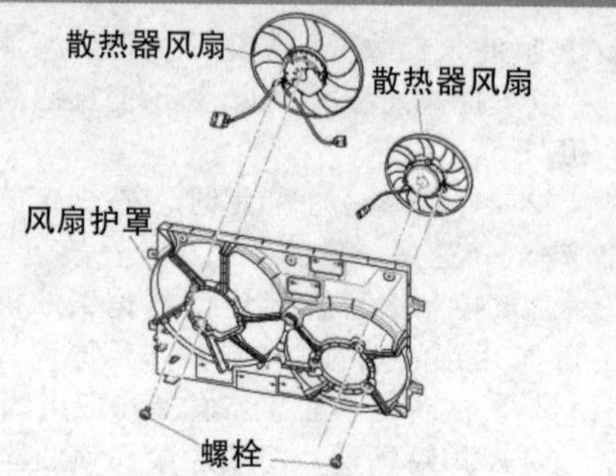

图1-21 散热器

0066 散热风扇的作用及类型

散热风扇的作用是增加通过散热器的风速和风量，以提高散热器的散热能力。风扇通常安装在散热器的后面，风扇位置尽可能布置得对准散热器芯的中心位置。

风扇可分为机械式风扇和电动风扇。

（1）机械式风扇　机械式风扇是由发动机动力直接驱动的。为了减少发动机功率损失，节省燃料，发动机多采用风扇控制装置，以控制散热风扇与驱动带盘的接合与分离，使风扇不是在发动机运转时便一直工作。

常用的风扇控制装置有液力离合器、自动离合器和液力耦合器三种。

（2）电动风扇　目前许多轿车采用电动风扇。电动风扇系统的工作由热敏开关控制，当发动机温度较低时，风扇不转动；当发动机温度升高后风扇转动。有的电动风扇有高低速档，当发动机温度稍高时，风扇以低档运转；当发动机温度较高时，风扇快速运转散热。

0067 水泵的作用及工作原理

水泵的作用是对冷却液加压，使之在冷却系统中循环流动。由于离心式水泵具有尺寸小、出水量大、结构简单，损坏后不妨碍冷却液在冷却系统中自然循环的特点，故为强制循环式冷却系统普遍采用。常见的水泵在机体外安装，与风扇同轴驱动，也有装在机体内（内藏式）单独驱动的。

离心式水泵的工作原理：如图1-22所示，当叶轮旋转时，水泵中的冷却液被叶轮带动一起旋转，由于离心力的作用，冷却液被甩向叶轮边缘，在蜗形壳体内将动能转变为压力能，经外壳上与叶轮成切线方向的出水管被压送到发动机水套内。与此同时，叶轮中心处压力降低，散热器中的冷却液便经进水管被吸进叶轮中心部分。

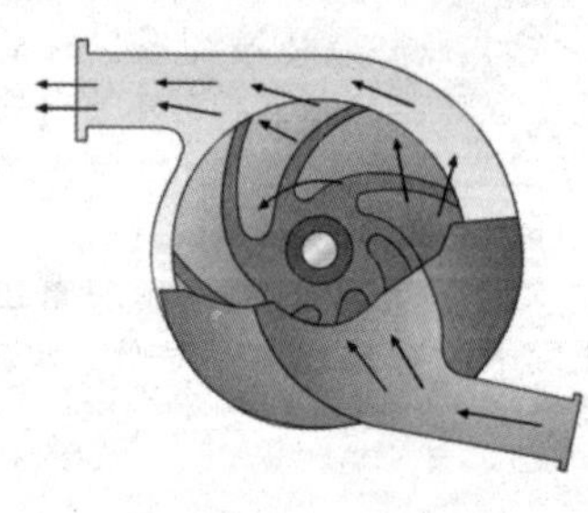
图1-22 离心式水泵的工作原理

0068 节温器的作用和大、小循环的工作流程

节温器的作用是随发动机冷却液温度的变化自动控制通过散热器的冷却液流量，以调节冷却系统的冷却强度。

1）当冷却液温度低于85℃时，节温器关闭，由散热器经水泵进入发动机水套的水路，使冷却液由气缸盖出水口经水泵直接泵入水套。冷却液不经散热器散热，升温较快，以减轻发动机的磨损，这条冷却液通路称为小循环，如图1-23所示。

2）当冷却液的温度高于85℃时，节温器主阀门打开，冷却液由气缸盖出水口处流入散热器。在风扇和迎面风的作用下，冷却液迅速散热降温，经散热器出水管，由水泵将冷却液泵入水套。这条冷却液循环路线称为大循环。

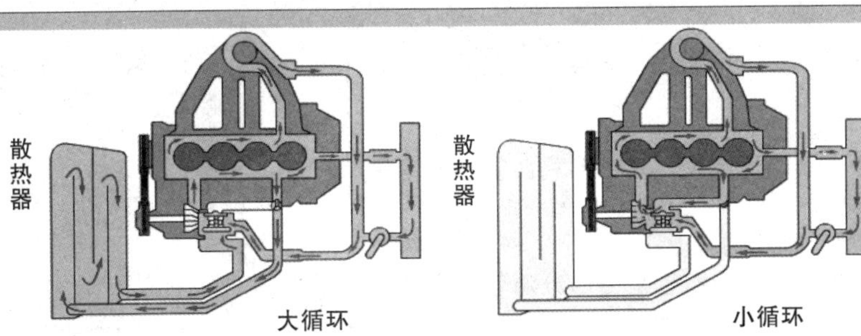

图1-23　冷却液的循环

0069　蜡式节温器的结构和工作原理

（1）蜡式节温器的结构　蜡式节温器主要由支架、主阀门、副阀门、推杆、胶管、弹簧、节温器外壳等组成，如图1-24所示。

（2）工作原理（图1-25）

1）常温时，石蜡呈固态，弹簧将主阀门推向上方，使之压在阀座上，主阀门关闭，而副阀门随着主阀门上移，离开阀门座，小循环通路打开。

2）当发动机冷却液温度升高时，石蜡逐渐变成液态，其体积膨胀，迫使胶管收缩，而对推杆锥状端产生上举力。固定不动的推杆对胶管、节温器外壳产生向下的反推力。当发动机达到一定温度时，这个反推力可以克服弹簧预压力，主阀门开始打开，部分冷却液开始进行大循环。当冷却液温度超过一定值时，主阀门完全打开，而副阀门正好完全关闭了小循环通路，这时来自气缸盖出水口的冷却液沿出水管全部进入散热器冷却，进行大循环。

图1-24　蜡式节温器

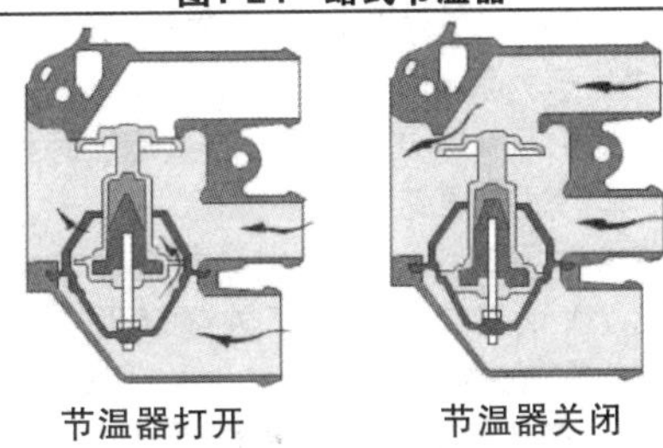

图1-25　节温器的工作原理

0070　冷却系统储液罐的作用

现代汽车发动机冷却系统一般都采用自动补偿封闭式散热器，其中加注防锈防冻液。结构特点是在冷却系统中增设了储液罐(又称为副水箱或膨胀水箱)，它用橡胶软管与散热器加水口座的出气口相连接，如图1-26所示。

储液罐的作用是减少冷却系统冷却液的溢失。当冷却液受热膨胀后，散热器内多余的冷却液流入储液罐；当温度降低后，散热器内产生一定的真空度，储液罐的冷却液又被吸回散热器内，因此冷却液损失很少。

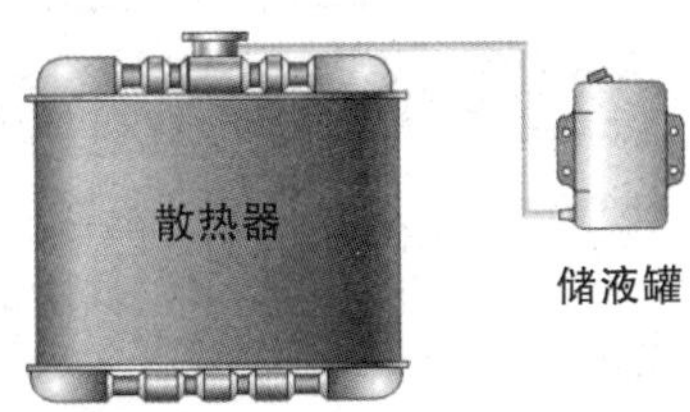

图1-26　储液罐（膨胀水箱）示意图

0071　发动机润滑系统的作用及部件组成

发动机润滑系统如图1-27所示。

（1）润滑系统的作用

1）润滑。使运动的零件表面之间形成油膜接触，以减少磨损和功率损失。

2）冷却。通过润滑油的循环，带走摩擦产生的热量，保持零件适当的工作温度。

3）清洗。利用循环润滑油冲洗零件表面，带走摩擦剥落的金属细屑。

4）密封。依靠油膜填充表面间的间隙与空隙，提高零件的密封效果。

5）缓冲。利用油膜的弹性减缓零件间的冲击振动，降低工作噪声。

6）防锈。利用油膜将工作表面与腐蚀性气体隔开，防止锈蚀。

（2）润滑系统的组成

1）机油储存装置，即油底壳。对于干式曲轴箱发动机则设有专用的机油箱。

2）建立油压装置，即机油泵。

3）机油引导、输送、分配装置是由部分油管和发动机上加工出的油道组成的。

4）机油滤清装置由机油集滤器、粗滤器和细滤器组成。

5）安全和限压装置由限压阀和旁通阀等组成。

6）机油冷却装置。

7）指示和报警装置由机油压力表、机油压力低压报警指示灯、机油温度表、机油标尺等组成。

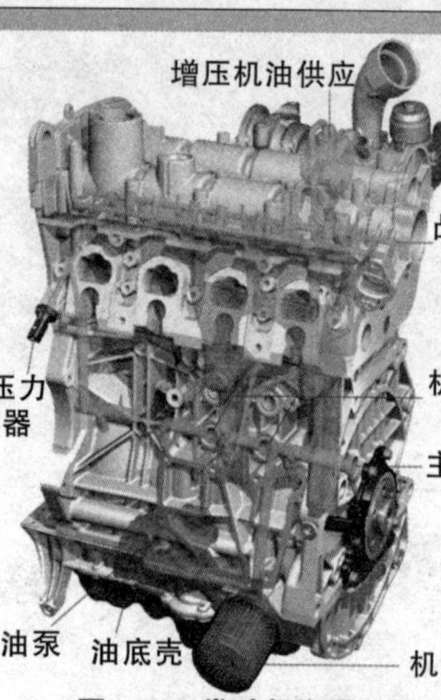

图1-27 发动机润滑系统

0072 发动机的润滑方式及特点

发动机各运动零件的工作条件不同，所承受的载荷及相对运动速度就不相同，因此所要求的润滑方式也不相同。发动机的润滑方式有以下几种：

1）压力润滑。以一定的压力连续不断地将润滑油输送到各摩擦表面形成油膜的方式称为压力润滑。这种润滑方式主要用于承受载荷和相对运动速度较高的运动副表面，如主轴承、连杆轴承、凸轮轴轴承、气门摇臂等处。

2）飞溅润滑。利用发动机工作时运动零件飞溅起来的油滴或油雾润滑运动副表面的方式称为飞溅润滑。飞溅润滑主要用于外露表面、载荷较小的运动副表面，如气缸壁、活塞销、凸轮、挺杆、偏心轮、连杆小头等。

3）注油润滑。在发动机辅件中，有些零件采用定期加注润滑脂的方法进行润滑，如水泵轴、起动机轴承等。

4）自润滑。某些零件采用了含有耐磨材料（如尼龙、二硫化钼等）的轴承来替代注油润滑的轴承，因这种轴承无须加注润滑脂，故称为自润滑轴承。

目前，汽车发动机大多采用压力润滑与飞溅润滑相结合的综合润滑方式。

0073 机油泵的作用及常见类型

机油泵（图1-28）是润滑系统的动力（产生压力）部件，其作用是将一定压力和一定数量的润滑油输送到各个摩擦表面。汽车发动机上常用的机油泵有齿轮式和转子式两种，齿轮泵有外啮式和内啮式两种形式。

齿轮式和转子式机油泵的工作原理是相同的，都是利用容积变化使低压油变成高压油，因此也称为容积式机油泵。

图1-28 机油泵

0074 齿轮式机油泵的泵油方式

齿轮式机油泵的工作原理如图1-29所示。在机油泵壳体内装有一个主动齿轮和一个从动齿轮，主动齿轮由伸到壳体外的主动轴驱动。齿轮的齿顶与壳体内壁之间的间隙很小，主、从动齿轮啮合后，将壳体内腔分成进、出油腔，壳体上的进、出油口分别与进、出油腔相通。

当发动机工作时，齿轮按图中箭头方向旋转，进油腔的容积由于齿轮向脱离啮合的方向运动而增大，腔内产生一定的真空度，机油便从进油口吸入并注满进油腔，齿轮旋转时，把齿间所存的机油带到出油腔。在出油腔齿轮处于啮合状态，出油腔容积减小时，油压升高，机油便经出油口被不断地压出。

机油泵在高速旋转过程中，有一小部分机油被密封在啮合齿的齿隙中，产生很高的压力并作用在主、从动轴上，增大了发动机的功率消耗，加剧了齿轮轴与齿轮的磨损。为此，在泵盖上对应啮合间隙处铣出一条卸压槽与出油腔相通，以降低油压。

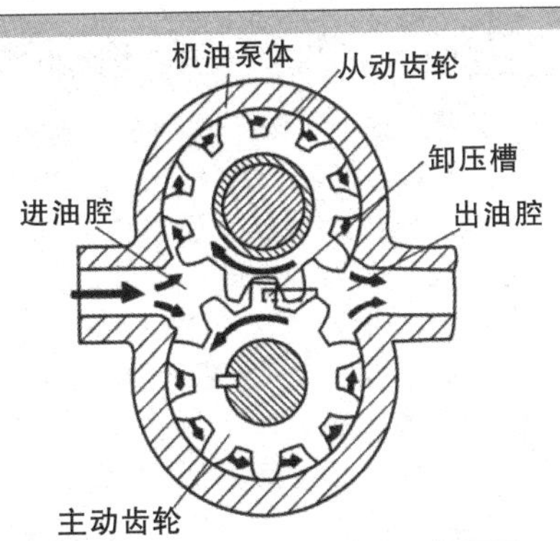

图1-29　齿轮式机油泵的工作原理

0075　机油滤清器的作用

机油滤清器的作用是滤除机油中的金属屑及胶质等成分，保持机油的清洁，延长机油的使用寿命，以保证发动机的正常工作。

根据其作用不同，机油滤清器可分为集滤器、粗滤器和细滤器。按其原理不同可分为过滤式和离心式两种。过滤式按滤芯结构不同分为金属网式、片状缝隙式、带状缝隙式、纸质滤芯式、锯末滤芯式和复合式等。

0076　机油集滤器的结构原理

集滤器一般为金属网式结构，安装在机油泵进油口上，用来滤除机油中较大的杂质。常用的有浮动式和固定式两种。

1）浮动式集滤器是由浮子、滤网、罩、固定管及焊接在浮子上的吸油管组成的。空心的浮子浮在机油油面上，固定管通向机油泵，吸油管套在固定管中，使浮子能自由地随油面升降。浮动式集滤器因始终浮在机油油面上部，吸入上层较清洁的机油，但油面上的泡沫容易被吸入而影响机油泵供油。

2）固定式集滤器由外壳、钢丝滤网和卡簧组成。外壳用油管与机油泵盖上的进油口相通。安装时应使卡簧牢固地卡在外壳上，以免因振动而脱落。该集滤器淹没在机油里，其结构简单，吸入的机油清洁度稍差于浮动式集滤器，但可防止吸入泡沫，应用较广。

0077　机油粗滤器的作用及特点

机油粗滤器的作用是滤除机油中较大(直径为0.05～0.10mm)的杂质。它对机油流动的阻力较小，一般串联在机油泵与主油道之间，属于全流式滤清器。

整体旋装式粗滤器由上盖、外壳、滤芯、拉杆总成及旁通阀组成。其滤芯为微孔滤纸折叠而成，内芯由具有许多圆孔的薄铁皮制成，通过塑料上下盖板将滤芯与内层筒结合在一起。滤芯为一次性使用件，装配后其两端由环形密封圈密封。机油由盖上的下孔（进油孔）流入滤芯外腔，通过滤芯滤清后，经盖上的上孔(出油孔)流入主油道。当滤芯因堵塞而使进、出油口压力差达到147～176kPa时，旁通阀开启，机油不经滤芯而直接进入主油道。

0078　机油细滤器的作用及特点

机油细滤器用以滤除机油中直径在0.01～0.03mm的细小杂质。由于细滤器的流动阻力较大，因而多采用分流式，即与主油道并联，只有10%～15%的机油通过。

机油细滤器有过滤式和离心式两种。由于过滤式细滤器存在着滤清能力和通过能力的矛盾，目前应用渐少。离心式细滤器是靠转子旋转产生的惯性力将机油中的杂质分离出去，具有结构简单、使用寿命长、维护方便等优点，目前应用较广泛。

0079 发动机润滑系统的限压阀和旁通阀的作用

润滑系统中的限压阀和旁通阀实质上都是一个简单的单向阀，起到安全阀的作用。

限压阀与机油泵油路并联，其作用是调节、控制主油道的机油压力。为了保证发动机正常工作，主油道的油压必须适当，通过机油泵限压阀能调节主油道的机油压力。当发动机转速升高或机油黏度变大时，机油压力就会升高。此时限压阀自动开启，通过机油泵回油(即机油泵出油口的机油经限压阀流向进油口)，能控制主油道的油压。

旁通阀并联在机油粗滤器上，其作用是当滤清器使用的时间超过了更换期之后，纸滤芯被污垢或异物严重堵塞，循环油不能通过滤芯时，为了防止出现润滑系统供油中断，机油粗滤器上旁通阀自动开启，机油经旁通阀直接流入主油道。这样发动机压力润滑部分不会出现断油的现象。

0080 机油冷却器的作用及工作原理

一些热负荷较大的发动机上装有机油冷却器，以对机油进行强制冷却，使机油保持在最佳工作温度(70～90℃)。

机油冷却器一般有两种形式，即风冷式和水冷式。风冷式机油冷却器一般安装在发动机冷却液散热器的前面，利用冷却风扇的风力使机油冷却。水冷式机油冷却器一般串联在机油粗滤器前，并浸没在发动机冷却液中，利用冷却液的温度来控制机油温度，多用于柴油机。

0081 曲轴箱通风系统的作用

在发动机工作过程中，气缸内的可燃混合气和燃烧后的部分废气经活塞、活塞环与缸壁之间的间隙窜入曲轴箱内，未燃烧的燃油、废气中的水蒸气凝结，使机油稀释，从而影响润滑；废气中的酸性物、硫化物，对发动机零件产生强腐蚀；废气还会导致曲轴箱内压力升高，破坏发动机的密封，导致发动机漏油。曲轴箱强制通风(PCV)系统如图1-30所示。

曲轴箱通风系统的作用，是将曲轴箱内的气体引入进气系统，并进入气缸参与燃烧，使从气缸渗入曲轴箱的碳氢化合物(HC)得到利用，以减少污染物质的排放，又改善了发动机的燃油经济性。曲轴箱强制通风装置不受电控单元的控制。

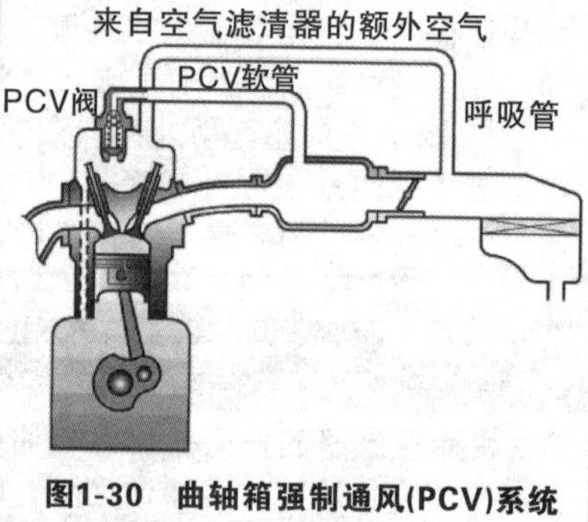

图1-30 曲轴箱强制通风(PCV)系统

0082 曲轴箱通风的方法及特点

曲轴箱通风的方法有两种：一种是曲轴箱的通气口直接与大气相通，称为自然通风；另一种是曲轴箱所设计的通气口与发动机进气管道相连接，利用吸气的真空度作用，使曲轴箱内气体被吸入气缸再次燃烧，称为强制通风。

1）自然通风。从曲轴箱抽出的气体直接导入大气中的通风方式称为自然通风。柴油机多采用这种曲轴箱自然通风方式。

2）强制通风。从曲轴箱抽出的气体导入发动机的进气管，吸入气缸再燃烧，这种通风方式称为强制通风，汽油机一般都采用这种曲轴箱强制通风方式，这样可以将窜入曲轴箱内的混合气回收使用，有利于提高发动机的经济性。

0083 曲轴箱通风系统单向阀的作用

曲轴箱通风系统单向阀的作用如下：

1）发动机在怠速运转时，进气歧管的真空度很高，单向阀阀门被吸至阀座位置，此时气体的通过截面面积最小，流量最小。

2）在发动机低速运转时，阀门是部分关闭的，以限制进入进气歧管的空气流量。

3）随着发动机转速增加，气体通道截面面积逐渐增大，在中等进气管真空度时(巡航速度时)，气体的通道截面面积最大。

4）当发动机停止运转、进气管回火、大开节气门和加速时，强制通风阀关闭，无通风气流。

0084 曲轴箱通风不良将会造成的危害

当发动机工作时，燃烧室内未经燃烧的部分可燃混合气和废气不可避免地会经活塞环渗漏到曲轴箱内(称为活塞漏气量或曲轴箱窜气)。漏到曲轴箱内的汽油蒸气和废气中的水蒸气凝结后，将使机油变稀，高温废气使机油氧化变质；废气中的二氧化硫遇水生成亚硫酸，再遇空气中的氧生成硫酸，对金属零件有极强的腐蚀作用。曲轴箱内的气体压力升高，容易冲裂油底壳衬垫及气门室盖衬垫；曲轴箱前后油封由于受气体真空度影响，导致泄漏，浪费机油，加速机件的磨损；而且机油温度升高，容易老化变质。

0085 发动机机油的分类

（1）按黏度等级分　发动机机油的黏度等级一般采用SAE划分方法，SAE是美国汽车工程师学会的英文缩写，SAE等级代表油品的黏度等级。

按SAE法分类机油，冬季用油有6种，夏季用油有4种，冬夏通用油有16种。

1）冬季用油牌号分别为0W、5W、10W、15W、20W、25W，符号W代表冬季，W前的数字越小，其低温黏度越小，低温流动性越好，适用的最低气温越低。

2）夏季用油牌号分别为20、30、40、50，数字越大，其黏度越大，适用的最高气温越高。

3）冬夏通用油牌号分别为5W／20、5W/30、5W／40、5W／50、10W／20、10W／30、10W／40、10W／50、15W／20、15W／30、15W／40、15W／50、20W／20、20W／30、20W／40、20W/50，代表冬用部分的数字越小，代表夏用部分的数字越大黏度越高，适用的气温范围越大。

（2）按质量等级分　机油质量的等级按API等级划分，API是美国石油学会的英文缩写，API发动机机油分为两类：S系列代表汽油发动机用油；C系列代表柴油发动机用油；当S和C两字母同时存在，则表示此机油为汽柴通用型。如S在前，则主要用于汽油发动机。反之，则主要用于柴油发动机。

0086 稠化机油的定义及特点

在寒冷地区工作的汽车，机油的黏度如果很大，冬季就难以起动和保证良好的润滑，应采用黏度小的机油，但是，黏度小的机油又难以满足发动机正常工作时气缸、活塞等高温部位的润滑要求。

发动机机油采用低黏度、低凝固点的机油(变压器油、机械油)，加入增黏剂(及其他添加剂)制成，称稠化机油。它在低温下，增黏剂这一高分子化合物卷曲成小球状，使低黏度机油的黏度增加不多，能达到节能和减少发动机磨损的目的；而在高温下，黏度变小时，增黏剂即膨胀伸长，增大了机油的内摩擦，使机油黏度在高温下变化不大，这种稠化机油能同时满足低温和高温下的使用要求。

0087 稠化机油的使用注意事项

1）稠化机油与普通车用机油品质不同，故不能混储、混用，否则对低温使用性能有影响。

2）当使用稠化机油时，发动机机油压力比采用普通机油压力稍低，属于正常现象。

3）当稠化机油使用一段时间后，机油颜色变黑，这是加入的清净化散剂使机件上的沉积物分散于油中的结果，属于正常现象，切勿认为是机油品质变差。

4）不同炼油厂生产的不同牌号的稠化机油，可以混用，但不能混储。

0088 汽车底盘的组成及作用

汽车底盘包括传动系统、行驶系统、转向系统和制动系统，如图1-31所示。

1）传动系统的功用。将发动机发出的动力传给驱动车轮，使路面对驱动车轮产生一个牵引力，推动汽车行驶。

2）汽车行驶系统的功用。把来自于传动系统的转矩转化为地面对车辆的牵引力；承受外界对汽车的各种作用力和力矩；减小振动，缓和冲击，保证汽车正常、平顺地行驶。

3）汽车在行驶过程中，为了适应各种道路情况和行驶条件，经常需要改变行驶方向或修正行驶方向，如转向、超车和避让等。因此，转向系统对汽车行驶的适应性、安全性都具有重要的意义。

4）汽车制动系统的功用。根据需要使汽车减速或在最短的距离内停车，以保证行车的安全。使驾驶人敢于发挥出汽车的高速行驶能力，从而提高汽车运输的生产率，又能使汽车可靠地停放在坡道上。

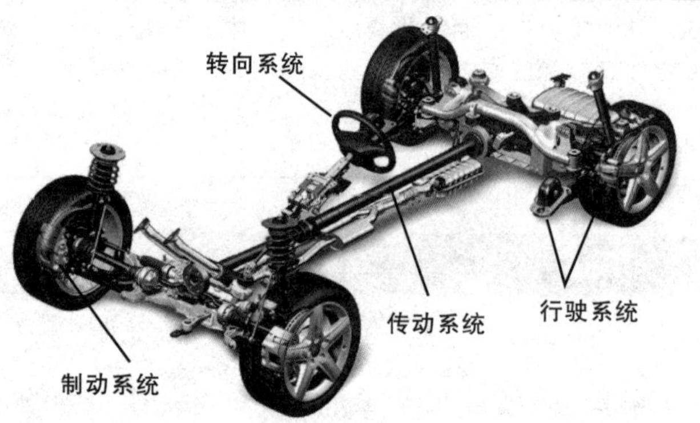

图1-31 汽车底盘

0089 传动系统的类型及特征

根据实现车辆传动所用装置和传动原理不尽相同，传动系统可以分为表1-1所示的各种类型。

由于机械式传动系统具有较高的传动效率和比较简单的结构，所以常见于普通车辆上。液力机械式传动系统中设置了“柔性”的液力传动环节，故可以实现更加平稳的传动，行驶操作也大为方便，是现代高级轿车传动系统常采用的形式之一。静液式和电力式传动方式多用于对车辆传动有很高要求的车辆中，如机场牵引车和部分超重型车辆。

表1-1 汽车传动系统的类型

传动方式	结构	特征
机械式	以机械离合器、机械变速器、机械主传动器和差速器传递动力	发动机机械能→传动系统机械能→车轮机械能
液力机械式	以液力变矩器、机械变速器、机械主传动器和差速器传递动力	发动机机械能→变矩器泵轮机械能→液体动能→变矩器涡轮机械能→车轮机械能
静液式	以油泵、液压马达、控制装置和辅助机械装置传递动力	发动机机械能→油泵液体压力能→液压马达机械能→车轮机械能
电力式	以发电机、电动机和辅助机械装置传递动力	发动机机械能→发电机电能→电动机机械能→车轮机械能

0090 对汽车传动系统的要求

（1）中断动力传递　汽车起步之前，必须将发动机与汽车底盘和车身所形成的负载脱开，待发动机进入正常怠速运转后，再逐渐将车辆与发动机相连接，在此过程中必须逐渐加大发动机节气门开度，以保持发动机维持在最低临界稳定转速以上工作。同时车辆在不断增加动力的情况下，可以平稳起步。此外，当车辆换档和紧急制动时，为了减小冲击载荷，都有必要暂时将发动机动力脱开。

（2）减速和变速　车辆行驶的必要条件是驱动轮上产生的驱动力足以克服外界的行驶阻力。汽车在平直良好的路面上匀速行驶最低也需要克服相当于汽车总重量1.5%左右的滚动阻力，对于一般的车辆而言，若将其发动机直接与驱动轮相连接，可获得的驱动力无法推动汽车行驶。此外，若以3000~5000r/min发动机工作转速直接带动车轮旋转，车速将高达500km/h以上，显然无法使用。为解决上述矛盾，在动力传递过程中需要解决减速和增力的问题。

（3）车辆倒车　汽车在使用过程中难免需要反向行驶，由于发动机不能反向旋转，传动系统必须设置相应改变旋向的装置。

（4）车轮差速　当汽车弯道行驶时，为了减小行驶阻力，左右车轮应以不同车速行驶，即使直线行驶时，也会由于路面起伏不平或轮胎气压大小不同，要求车轮以不同的转速旋转，否则会产生机械干涉，造成轮胎异常磨损，破坏汽车诸多行驶特性。为此，当发动机以同一转速向前后左右不同驱动轮输送动力时，必须在保证动力传递不中断的前提下，让车轮之间能够实现不同速旋转。

0091 前置前驱的定义及特点

前置前驱（图1-32）是指一种发动机前置、前轮驱动的传动系统。根据发动机布置的方向不同分为横置和纵置两种形式。

1）发动机前横置、前轮驱动时，发动机、离合器和变速器都布置在驱动桥的前方，而且三者与主减速器、差速器装配成一个十分紧凑的整体，固定在车架或车身底架上。这样，在变速器和驱动桥之间就可省去万向节和传动轴。由于变速器的轴线与驱动桥的轴线平行，主减速器可以采用结构和加工较简单的圆柱齿轮副。由于取消了纵贯前后的传动轴，车身底板高度可以降低，有助于提高高速行驶的稳定性。整个传动系统集中在汽车的前部，因而其操纵机构比较简单。

2）发动机前纵置、前轮驱动时，由于变速器的轴线与驱动桥的轴线平行，主减速器可以采用结构和加工较简单的圆柱齿轮副。由于取消了纵贯前后的传动轴，车身底板高度可以降低，有助于提高高速行驶的稳定性。整个传动系统集中在汽车的前部，因而其操纵机构比较简单。

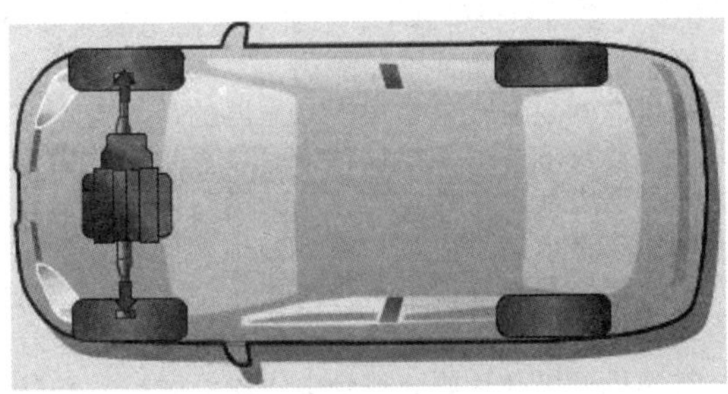

图1-32　前置前驱

0092 前置后驱的定义及特点

前置后驱（图1-33）是指一种发动机前置、后轮驱动的传动系统，是各种汽车中最为常见的一种布置形式。这种传动系统多将发动机置于汽车前部，以后轮作为驱动轮。这种传动系统结构简单，传动效率较高，因此也被人们称为标准驱动方式。

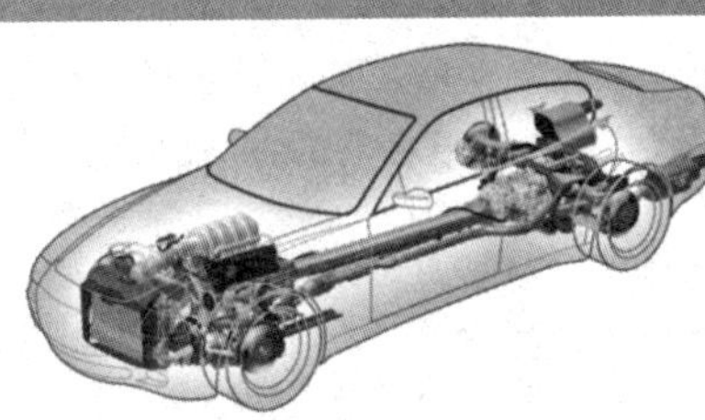

图1-33　前置后驱

0093 离合器的作用及常用形式

离合器是传动系统中直接与发动机联系的总成。其主动部分与发动机飞轮相连，从动部分与变速器相连。其具体功用有如下三个方面：

1）使发动机与传动系统逐渐接合，保证汽车平稳起步。

2）暂时切断发动机与传动系统的联系，便于发动机的起动和变速器的换档。

3）限制所传递的转矩，防止传动系统过载。

若按压紧弹簧形式的不同可将离合器分为螺旋弹簧离合器和膜片弹簧离合器。后者由于具有诸多优点而成为离合器结构的发展方向。而按弹簧布置方式的不同也可将离合器分为周置弹簧离合器和中央弹簧离合器两种。

0094 对离合器的要求

根据离合器的功用，它应满足下列主要要求：

1）具有合适的储备能力。既能保证传递发动机最大转矩，又能防止传动系统过载。

2）接合平顺柔和，以保证汽车平稳起步。

3）分离迅速彻底，便于换档和发动机起动。

4）具有良好的散热能力。由于离合器在接合过程中，主、从动部分有相对的滑转，在使用频繁时会产生大量的热量，如不及时散出，会严重影响其使用寿命和工作的可靠性。

5）操纵轻便，以减轻驾驶人的疲劳。

6）从动部分的转动惯量应尽量小，以减小换档时的冲击。

0095 单片摩擦式离合器的特点

单片摩擦式离合器（图1-34）只设一个两面均有摩擦片的从动盘，因此具有两个摩擦面，轴向尺寸较小，多用于轿车、轻中型客车和载货汽车。

在单片摩擦式离合器中，飞轮和压盘是离合器的主动部分，离合器盖通过薄钢片制成的传动片与压盘相连，起传动作用，使压盘能与飞轮一道旋转。在飞轮和压盘之间装有一个带扭转减振器的从动盘，薄钢片制成的从动盘本体上铆接或粘接有摩擦片，并通过扭转减振器弹簧与从动盘毂相连，从动盘毂上的花键孔套在输出轴的花键上，可以在花键上做轴向滑动。沿圆周均匀分布的螺旋弹簧一端由离合器盖定位，另一端将压盘压向飞轮，夹紧从动盘，使离合器处于传递力矩状态。此时发动机输出转矩的一部分由飞轮经摩擦片和从动盘直接传向输出轴，另一部分则依次经飞轮、离合器盖、传动片、压盘、摩擦片和从动盘传给输出轴。

图1-34 单片摩擦式离合器

0096 双片摩擦式离合器的特点

双片摩擦式离合器设有两个从动盘，具有四个摩擦面，结构较复杂，轴向尺寸较大，多用于传递转矩较大的重型车辆。

双片摩擦式离合器的主动部分由飞轮、压盘、中间压盘和离合器盖组成，两个从动盘分别被夹持在飞轮、中间压盘和另一压盘之间。离合器压紧弹簧沿圆周均匀分布在压盘的端面上，利用压盘和中间压盘将两个从动盘紧紧压向飞轮。中间压盘的边缘上分布有若干缺口，飞轮上的相应定位块嵌装在这些缺口中，用以将飞轮的转矩传给中间压盘，并保证中间压盘的正确定位。这种传力方式与前述传力片传力方式相比较，传动更加可靠，但对传力件接触部分的尺寸和位置精度要求较高，且在离合过程中传力件相对运动的摩擦磨损比较大，随着磨损的出现，离合将出现冲击和噪声。但是，摩擦片数的增多使得离合器的接合变得比较柔和。

0097 膜片弹簧离合器的工作原理

膜片弹簧离合器是利用一个薄弹簧钢板制成的带有锥度的膜片弹簧作为离合器的压紧弹簧，膜片弹簧中心部分沿圆周均匀地开有若干条径向切口，余下的指状部分成为弹性的分离杠杆，膜片弹簧两侧借钢丝支承圈和铆钉安装在离合器盖上，当离合器盖与飞轮相连时，弹簧受迫压缩，将压盘紧紧压向飞轮，离合器处于接合状态，如图1-35所示。当分离离合器时，分离叉向内推动分离轴承和膜片弹簧内侧指状部分，使膜片弹簧以钢丝支承圈为支点转动(弹簧趋向于呈反锥形)，膜片弹簧外端通过分离钩带动压盘远离飞轮，使离合器分离。

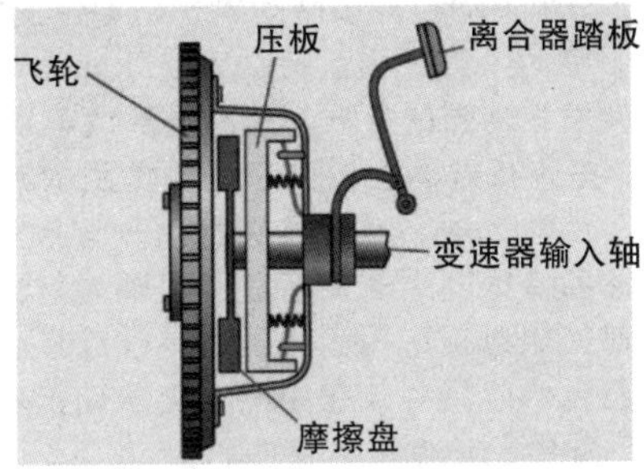

图1-35 膜片弹簧离合器的工作原理

0098 离合器操纵机构的形式及特点

按照操纵动力不同，可以将离合器操纵机构分为人力式和气压助力式两种，前者以驾驶人脚踏板力作为唯一力源，后者则以发动机驱动空气压缩机产生的压缩空气为主要力源，辅助人力操纵离合器。人力式操纵机构又可分为机械式和液力式两种。

1）机械式操纵机构具有结构简单、制造成本低、故障少等突出优点，因此广泛运用于轻、中型载货汽车和客车上，既可以采用杆系传动，也可以利用绳索传动，前者关节多、摩擦损失大、布置比较困难，后者布置灵活，但钢索寿命较短、抗拉强度小，只适用于微型和轻型车辆。

2）液压操纵机构具有摩擦阻力小、质量小、布置方便、接合柔和等优点，广泛运用于轿车和传动距离较长的大型客车上。它主要由储液罐、主缸、轮缸和管路等构成。

3）在重型车辆上由于所需传递转矩的增大，离合器压紧弹簧刚度增大，往往使得单凭人力分离离合器非常费力，此时，可利用发动机带动空气压缩机作为操纵系统的主要力源，驾驶人人力作为辅助力量，形成气压助力式操纵机构。它既可以装备在机械式操纵机构中，也可以设置在液压式操纵机构中。气压助力效果应该与踏板力(行程) 成比例，以使驾驶人能够准确感知和控制离合器的接合与分离。

0099 离合器自由间隙与踏板自由行程的含义及意义

由于离合器在接合过程中存在着滑磨现象，从动盘、压盘和飞轮长期使用磨损后，压盘会向前(飞轮方向) 移动，分离杠杆内端相应地要向后移动。如果安装时分离杠杆内端与分离轴承间不留间隙，则磨损后分离杠杆内端将由于压在分离轴承上而不能自由地后移，使外端牵制压盘不能前移，从而不能压紧从动盘。这将造成离合器打滑，不能保证传递发动机的最大转矩，摩擦副和分离轴承也会很快磨损和烧坏。因此离合器在接合状态下，分离杠杆内端与分离轴承间留有一个自由间隙，这个间隙反映到离合器踏板上去，使踏板产生了一个空行程，称为踏板的自由行程(图1-36)。

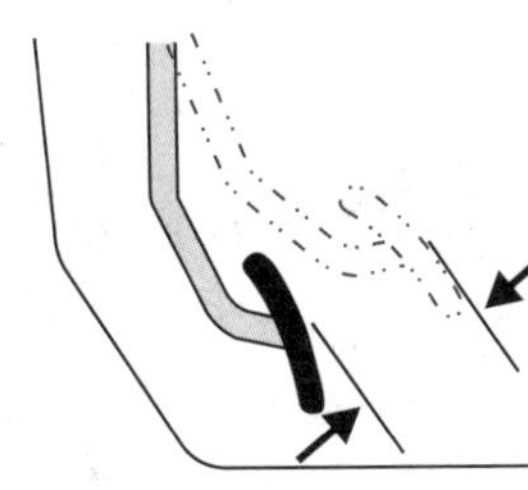

图1-36 离合器踏板的自由行程

0100 离合器采用分离轴承的原因

分离杠杆是随离合器的主动部分一起绕其中心转动的，而分离套筒沿其轴线移动，因此二者之间装有分离轴承。分离轴承广泛采用轴向或径向推力轴承，其中多为润滑脂在轴承装配之前一次加足的封闭式，即预润滑轴承。

在小尺寸的离合器中也采用结构简单的石墨滑动轴承，为降低滑动接触面的单位压力，减少磨损，在分离杠杆内端用卡簧浮动地安装一个与之一起转动的分离环，利用其环形平面与石墨分离轴承接触传动。

0101 离合器从动盘上的扭转减振器的作用及工作原理

车用发动机输出转矩属于周期性变化载荷，汽车行驶过程中地面常常也会出现交替变化的载荷反作用于传动系统，引起传动系统扭转振动，如果这些外界激励的频率与传动系统的固有频率相接近，系统会发生剧烈的共振，从而导致汽车乘坐舒适性下降，缩短传动系统零件的使用寿命。

扭转减振器主要由起缓冲作用的减振器弹簧和衰减振动的减振器阻尼片组成。在结构上从动盘本体、从动盘毂和减振器端盖都开有六个矩形窗口，每个窗口中沿圆周方向安装有减振器弹簧，从动盘本体和减振器端盖的窗口开有翻边，使弹簧不致脱出，这样的设计可以实现从动盘摩擦片向从动盘毂传递转矩过程中两者之间的弹性连接。减振器端盖与从动盘本体通过铆钉连为一体，并将从动盘毂及其两侧的阻尼片夹在中间，当从动盘本体和从动盘毂之间出现往复旋转振荡时，借助阻尼片消耗吸收振动能量，达到减振目的。

0102 变速器的功用

汽车用变速器通常应具有以下作用：

1）能按需要改变传动比，达到“减速、增矩”的目的，同时扩大汽车驱动轮转矩和转速的变化范围。

2）在发动机不改变旋向的前提下，能完成汽车反向行驶，实现倒车。

3）能中断发动机与驱动轮之间的动力联系，满足发动机起动、怠速运转和变速器换档等工况需要。

为此，变速器一般都设有倒车档、空档和若干个前进档。

0103 按传动比变化方式不同可将变速器划分的类型及其特点

汽车变速器的结构类型，按传动比变化情况可分为有级式、无级式和综合式三种。

（1）有级式变速器　它采用齿轮传动，具有若干个定值传动比。轿车和轻、中型货车变速器多采用3～5个前进档和一个倒档。齿轮式变速器具有结构简单、易于制造、工作可靠、传动效率高等优点。

（2）无级式变速器　它的传动比在一定的数值范围内可连续变化，汽车多采用液力变矩器。

（3）综合式变速器　综合式变速器一般将液力传动和机械齿轮传动相结合，形成现代半自动或全自动变速器。

0104 按操纵方式不同可将变速器划分的类型

若按操纵方式不同，可将变速器分为强制操纵式、自动操纵式或半自动操纵式。

1）强制操纵式即手动操纵，完全靠驾驶人直接操纵变速器变速杆换档。

2）自动操纵式变速器的档位选择和执行换档均由变速器根据汽车行驶状况自动进行。

3）半自动变速器的形式有两种，一种是常用档位自动控制换档，其余档位由驾驶人手控。另一种采用预选档方式，即驾驶人通过预选钮设定档位，通过设在离合器和加速踏板上的控制开关完成换档。

0105 两轴和三轴变速器的特点

变速器如按工作轴的数量（不包括倒档轴）可分为三轴式变速器和两轴式变速器。

（1）两轴式变速器(图1-37)　在发动机前置前轮驱动或发动机后置后轮驱动的各型汽车上，通常采用两轴式变速器，其特点是变速器只有输入与输出两根平行设置的轴，各档均采用同步器换档。由于布置上对紧凑性的要求，这种变速器常与主减速器连为一体，组成变速驱动桥。

（2）三轴式变速器　它有三根主要轴，即第一轴、第二轴和中间轴，故此种变速器称为三轴式变速器，它适用于标准的发动机前置后轮驱动式传动系统。

第一轴前端借离合器与发动机曲轴相连，输出轴后端通过凸缘与万向传动装置相接。变速器通过输入轴常啮合齿轮将动力传给中间轴，中间轴经过其上各档常啮合齿轮将动力传给输出轴上空套的相应各齿轮，当接合套将花键毂与输出轴某档齿轮上相应的接合齿圈接合时，便可实现某一档的传动。

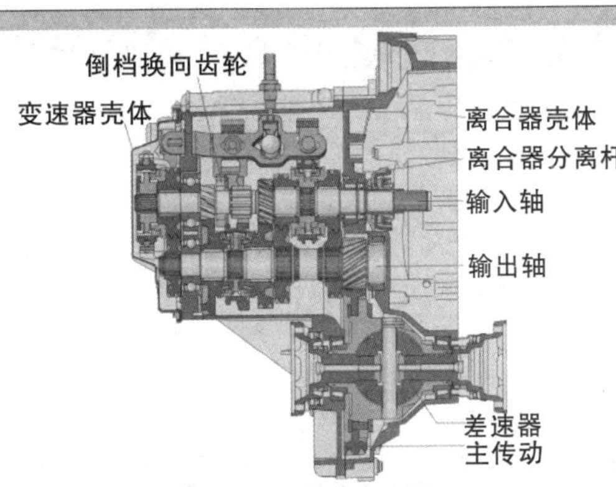

图1-37 两轴式变速器

0106 同步器的作用及部件组成

同步器（图1-38）的作用是使接合套与待啮合的齿圈迅速同步，缩短换档时间；且防止接合套与待啮合的齿圈在同步前啮合而产生接合齿之间的冲击。

同步器都由同步装置(包括推动件、摩擦件)、锁止装置和接合装置三部分组成。

图1-38 同步器

0107 常见的同步器的类型

同步器有常压式、惯性式、自增力式等多种。目前绝大多数同步器都采用摩擦惯性式同步装置，根据锁止装置的不同，又分为锁环式惯性同步器和锁销式惯性同步器。

0108 变速器操纵机构的功用及要求

变速器换档操纵机构(图1-39)应能保证驾驶人迅速、准确、可靠地变换档位。它要求变速器各档位应具有明确的手感、无换档干涉、无自动跳档、随时可退回空档等。为防止变速器在换档过程中的误动作，变速器设有自锁和互锁等装置。

变速器操纵机构的功用是保证驾驶人根据使用条件，将变速器换入某个档位。要使操纵机构可靠地工作，应满足下列要求：

1）设有自锁装置，防止变速器自动换档和自动脱档。

2）设有互锁装置，保证变速器不会同时换入两个档，否则会产生运动干涉，甚至会损坏零件。

3）设有倒档锁，防止误换倒档。否则会损坏零件或发生安全事故。

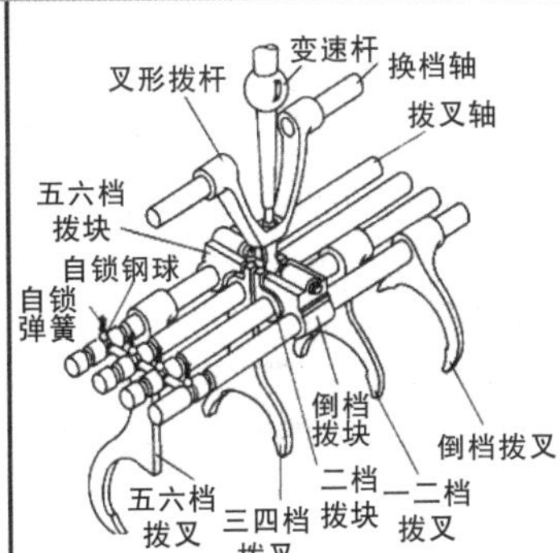

图1-39 变速器换档操纵机构

0109 惯性式同步器的作用及其应用

惯性式同步器的作用在于：

1）依靠锁环，借助惯性力，保证主、从动齿轮在“同步”之前产生锁止。

2）靠摩擦使换档主、从动齿轮迅速同步。

受结构布置的紧凑性、合理性以及锥面可产生摩擦力矩较小等方面限制，锁环式同步器多用于轿车、轻型载货汽车和中型载货汽车中。在传力较大的变速器中，可采用锁销式惯性同步器，它不仅能使齿轮结构更加合理，还因在摩擦锥面上可产生更大的摩擦力矩，使得同步时间得以缩短。

0110 自动变速器的档位安排及功能

自动变速器的档位一般有六个位置或七个位置：六个位置的档位一般是P、R、N、D、2、1，有的车型把2位标成S位，把1位标成L位；七个位置的档位标识一般是P、R、N、D、3、2、1，也有的标识为P、R、N、D、D3、2、1。

1）P：驻车档。当变速杆置于该位置时，自动变速器中的驻车锁止机构将变速器输出轴锁止，驱动轮不能转动，防止汽车移动。

2）R：倒档。当变速杆置于该位置时，变速器输出轴的转动方向与挂入前进档时输出轴的转动方向相反，即汽车以倒档行驶。

3）N：空档。当变速杆置于该位置时，换档执行机构使自动变速器处于空档状态。

4）D：前进档。汽车向前正常行驶时使用的档位。

5）2：S位或2位2档。当变速杆置于S位或2位时，自动变速器处于前进低档位行驶状态，只能在1、2档之间自动变换。将变速杆挂入此位后，汽车下坡时具有发动机制动的功能。

6）L：低速前进档1档。当汽车下陡坡挂入L位时，可以发挥最大的发动机制动作用，不用长时间地踩下制动踏板来降低车速。

0111 自动变速器的类型及特点

现代自动变速器主要有液力机械式自动变速器(简称AT)、机械式自动变速器(简称AMT)和无级自动变速器(简称CVT)三种结构形式。

1）液力机械式自动变速器以液力变矩器串接机械齿轮式变速器为结构特征，具有结构紧凑、传动平稳、换档冲击小等特点。

2）机械式自动变速器是在现有机械式离合器加固定轴式手动齿轮变速器的基础上，仿照手动换档过程，将变速器选档、挂档和离合器踏板与加速踏板的一系列配合动作转变成为由ECU为指挥核心的自动控制器来完成的动作，因此它对原手动变速器而言，具有很好的产品继承性，开发成本较低，制造比较容易，除此之外，它还保留了原有手动机械式变速器传动效率高和维修方便等优点。

3）目前在中小型轿车上使用的电控无级变速器均以金属V带为减速传力元件(图1-40)，这种变速装置的最大优点在于，它可以实现全程无级变速，可以始终使变速器保持最佳传动比，并使之平滑过渡，从而获得非常好的汽车行驶性能。

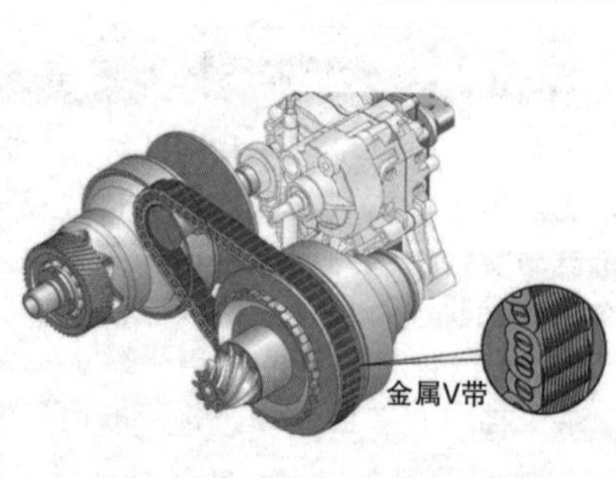

图1-40 无级自动变速器

0112 无级变速器实现“无级变速”的方式

无级变速器可变槽宽的主动带轮与从动带轮均由两个圆锥盘组合而成，每对圆锥盘中各有一个与变速器主动轴或从动轴相连接的固定圆锥盘和另一个可以在液压活塞控制下轴向滑动的滑动圆锥盘，通过滑动圆锥盘可以改变带轮的工作半径。当V形金属钢带嵌套在这两带轮上时，由于传动带长度不可改变，故当两带轮之一的滑动圆锥盘向内靠拢，直径变大，另一带轮的滑动盘向外移动，带轮直径相应减小时，该结构便可以提供连续变化的速比。

0113 液力变矩器的作用

液力变矩器是自动变速器上不可缺少的重要组成部分，它安装在发动机的飞轮上，起着将发动机的动力传递给齿轮变速机构的作用，它替代了传统传动系统中的离合器，实现了发动机与齿轮变速器之间的“柔性”连接，且其本身也具有一定的自动调节传动速比功能，从而给汽车传动带来益处。现代汽车自动变速器所采用的液力变矩器都属于包含有液力耦合器和液力变矩器功能的综合式液力变矩器，它能充分利用两者的优点，使变矩器的性能得到改善。

0114 液力耦合器的组成及主要特点

液力耦合器主要由壳体、泵轮和涡轮组成，泵轮与涡轮均为沿径向排列着许多叶片的半圆环，两者相向耦合布置，互不接触，中间留有约3～4 mm的间隙，形成一个圆环状的工作轮。安装在发动机飞轮上的壳体与泵轮焊接为一体，随发动机曲轴一起转动。

由于在液力耦合器内只有泵轮和涡轮两个工作轮，油液在循环流动过程中，除了与泵轮和涡轮之间的作用力以外，没有其他任何附加外力。依据作用力与反作用力相等原理可知，油液作用在涡轮上的转矩应该等于泵轮作用在油液上的转矩，即发动机传给泵轮的转矩与涡轮上输出的转矩相等，这便是液力耦合器的传动特点。

0115 液力变矩器的组成

液力变矩器在结构上与液力耦合器相似，它由泵轮、涡轮和导轮组成，如图1-41所示。

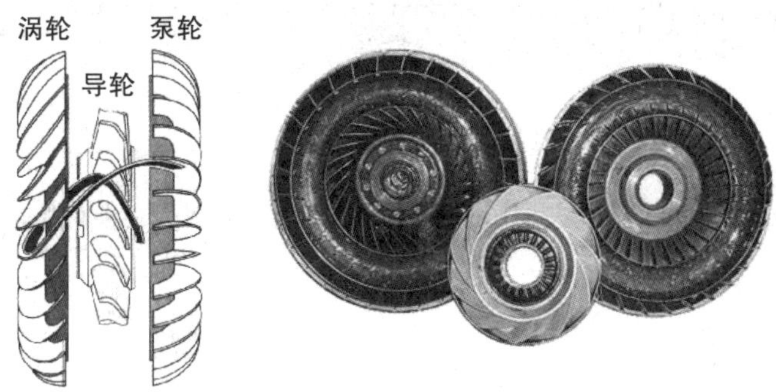

图1-41　液力变矩器

0116 液力变矩器与液力耦合器的主要差别

液力变矩器泵轮和涡轮的构造与液力耦合器基本相同。导轮也由沿径向排列的许多叶片构成，设置在泵轮和涡轮之间，并与它们保持一定的轴向间隙，互不接触，通过导轮固定套固定在变速器壳体上，三者相配形成圆环状的工作轮，内中充满液压油。发动机动力带动变矩器壳体和泵轮旋转，泵轮内的油液在离心力的作用下由泵轮叶片外缘冲向涡轮，随后借惯性沿涡轮叶片流向导轮，然后回到泵轮叶片内缘，形成油液的循环。

0117 自动变速器最终完成换档的执行元件

自动变速器换档执行机构由制动器、离合器和单向离合器三种不同的执行元件组成，依靠它们来完成连接、固定和锁止等动作。

1）离合器是产生连接或锁止的变速器执行机构，通常借助一组浸泡在油液中工作的摩擦片实现连接，故又称为湿式离合器。

2）制动器的作用是将行星齿轮系统中的某个基本元件固定，使之不能旋转。

3）单向离合器可以根据行星齿轮某一元件相对旋转运动方向控制其只能沿一个方向旋转，而另一个方向的转动被锁止。

0118 在四轮驱动汽车的传动系统中可以实现的电子控制

为了确保汽车在任何路面和行驶条件下具有较高的行驶稳定性，有些四轮驱动控制系统采用了三种控制方式：在轴间差速器上装用了电控液压多片离合器，用来限制轴间差速器的差动作用；在后轴差速器上装用了电磁离合器，用以限制后轴差速器的差动作用；此外将四轮差动控制与发动机控制和制动防滑控制结合，一并完成对牵引力的控制。

上述三种控制均在ECU控制下完成，在汽车行驶过程中，电子控制装置通过四个车轮不同转速、整车纵向与横向加速度、转向盘转角、节气门开度、发动机转速以及制动状况等信号，获知汽车运行工况、道路状态和驾驶人驾驶意图，进而控制四个车轮上的驱动力。

0119 对汽车实施驱动防滑控制的原因

在汽车加速过程中，若节气门控制不当时常会出现驱动轮转动速度高于车轮中心运动速度的“滑转”现象，路面越湿滑，这种现象越明显。这种滑转会引起汽车驱动力的下降，同时还能导致车轮的横向滑动，后者意味着汽车有可能出现行驶安全的隐患。其根本原因，是当轮胎接地点与地面之间出现相对滑动时，会引起车轮与地面纵向附着系数的下降和横向附着系数的丧失。

为了避免上述现象的发生，必须在驱动状态下控制驱动车轮的转矩，必要时能够依靠控制系统迅速降低驱动车轮上的主动转矩，以使车轮摆脱滑转的可能。驱动防滑控制系统能够专门用来防止汽车驱动轮在起步、加速和湿滑路面行驶时的驱动轮滑转。

0120 万向传动装置的作用

万向传动装置的功用是能在轴间夹角及相互位置经常发生变化的转轴之间传递动力。

0121 汽车上应用万向节的部位以及万向节的类型和特点

万向传动装置在汽车上的应用主要有以下几个方面：

1）变速器（或分动器）与驱动桥之间。

2）越野汽车变速器与分动器之间。

3）汽车的转向驱动桥的半轴是分段的，转向时两段半轴轴线相交且交角变化，因此要用万向节。

4）断开式驱动桥的半轴。主减速器壳在车架上是固定的，桥壳是上下摆动的，半轴是分段的，需用万向节。

5）某些汽车的转向柱装有万向传动装置，有利于转向机构的总体布置。

万向节按其速度特性分为普通万向节、准等速万向节和等速万向节。按其刚度大小，可分为刚性万向节和柔性万向节。

（1）普通万向节　普通万向节又称十字轴式刚性万向节，其特点是当十字轴式刚性万向节的主动叉是等角速转动时，从动叉是不等角速的，而主、从动轴的平均转速是相等的，即主动轴转一圈从动轴也转一圈。所谓不等速是指在转动一圈内的角速度而言。

（2）准等速万向节　准等速万向节是根据两个普通万向节实现等速传动的原理制成的。常见的有双联式和三销轴式万向节。

1）双联式万向节。它实际上是一套传动轴长度缩减至最小的双万向节传动装置。双联式万向节允许有较大的轴间夹角，且结构简单，制造方便。

2）三销轴式万向节。三销轴式万向节是由双联式万向节演变而来的准等速万向节。三销轴式万向节的最大特点是允许相邻两轴有较大的交角，最大可达45°。采用此万向节的转向驱动桥可使汽车获得较小的转弯半径，提高了汽车的机动性。

（3）等速万向节　等速万向节的常见结构形式有球笼式和组合式。

1）球笼式等速万向节。球笼式等速万向节工作时六个钢球都参与传力，故承载能力强、磨损小、寿命长。它被广泛应用于各种型号的转向驱动桥和独立悬架的驱动桥。

2）组合式等速万向节。结构紧凑，多为一次性使用。

0122 理解单个十字轴万向节的不等速性的特性及其对汽车性能的影响

主动轴转角从0°到90°时，从动轴转角相对主动轴转角是超前的，即在此范围内从动轴转速大于主动轴转速，在主动轴转角为45°时，转速差最大。同理可知，主动轴转角从90°到180°的范围内，主动轴转速大于从动轴转速。当主动轴转角为90°或180°时，主动轴转角与从动轴转角之差为0，即此时两轴的平均角速度相同。由此可以看出，当万向节存在夹角时，等角速旋转的主动轴联动的是不等角速转动的从动轴，且这种不等速性会随两轴夹角的增大而增大。同时也应注意到，这种传动的不等速性指的是瞬时角速度，就每转一圈的平均角速度而言，主、从动轴是相等的。

十字轴万向节瞬时传动的不等速性会使从动轴以及与之相关的传动件产生扭转振动与冲击，破坏汽车行驶的平顺性，也会降低汽车部件的使用寿命，因此必须加以消除。

0123 普通十字轴万向节传动时等角速传动的条件

根据运动学分析，十字轴万向节欲实现等速传动，需要同时满足以下三个条件：

1）万向节成对使用(图1-42)。

2）两万向节上的输入轴与输出轴所夹角度相同。

3）中间传动轴上的万向节叉处于同一平面内。

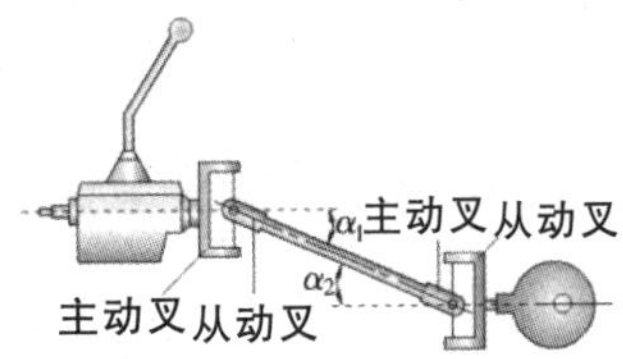

图1-42 双万向节等速传动布置图

0124 十字轴万向节的结构

十字轴万向节主要由两个万向节叉、十字轴和轴承等组成，如图1-43 所示。具有一定交角的两传动轴分别与两万向节叉相连，两万向节叉上的孔借滚针轴承与十字轴的两对轴颈相套，使得主动轴转动时，从动轴既可随之转动，又可绕十字轴中心在任意方向上摆动，以协调运动干涉。

十字轴轴颈在万向节叉孔内的转动靠滚针轴承减少磨损、提高效率，轴承可借螺栓和端盖封装在万向节叉孔中，也可借弹性挡圈实现封装。为实现轴承润滑，通常十字轴中部设有油道，润滑脂可通过注油嘴和油道到达轴承滚针表面，轴承内端部的油封可起防尘和防润滑脂流出的作用。

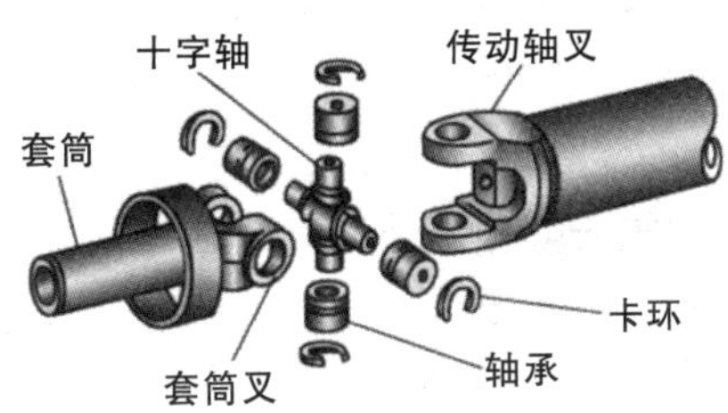

图1-43 十字轴万向节的结构

0125 球笼式万向节等速传动的原因及球笼式万向节的类型

通过运动学分析可知，万向节欲实现等速传动的基本条件是工作过程中万向节传力点始终位于两轴交点的平分面上。球笼式万向节（图1-44）是现代车辆上使用最多的一种等速万向节，主要由球形壳、星形套、钢球和保持架组成。星形套以内花键与主动轴相连，其外表面的圆弧形凹槽与球壳内表面上的凹槽一起构成钢球的滚动球道，保持架将钢球限制在球道内，并将它们维持在一个平面内传递转矩。

球笼式万向节可分为普通型和伸缩型，伸缩型球笼式万向节能满足轿车转向驱动桥上既需等速传动，又需改变长度的要求。

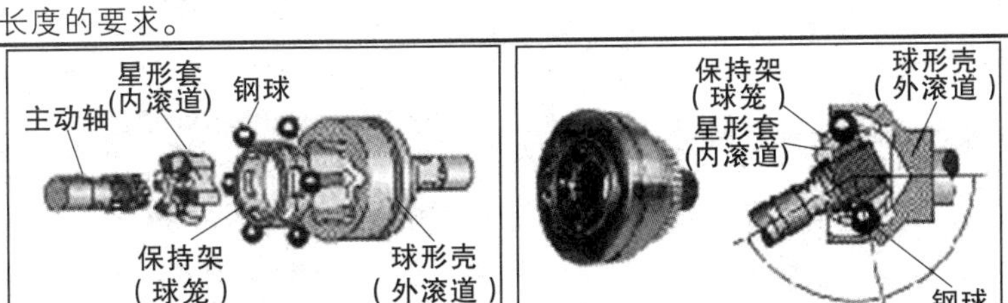

图1-44 球笼式万向节

0126 传动轴上使用滑键的原因

传动轴是连接两个万向节传递转矩的刚性杆件。由于汽车在行驶过程中由万向传动装置连接的部件在位置上经常发生变化，为了避免运动干涉，往往在传动轴上设置有可以轴向伸缩滑动的花键，以适应传动轴改变长度的需要。

花键由花键轴和滑动套配合而成，为了减小两者轴向滑动阻力和磨损，提高使用寿命，在结构上它还设有加注润滑脂的油嘴，以及密封用的油封、堵盖和防尘套。

0127 传动轴较长时分成几段的原因

随着传动轴长度增加，其自振频率降低，易导致传动轴产生共振，因此当实际使用中传动轴过长时，常将传动轴分成两段或者三段，并且以中间支承加以固定。通常，中间支承安装在车架横梁上，它应能够补偿传动轴轴向和角度上的安装误差和车架变形引起的干涉。

0128 传动轴中间支承的作用及部件组成

双节式传动轴的中间支承（图1-45）通常装在车架横梁上，能补偿传动轴轴向和角度方向的安装误差，以及汽车行驶时因发动机窜动或车架变形等所引起的位移。

中间支承常用弹性元件来满足上述要求，它主要由轴承、带油封的盖、支架、弹性元件组成。

有的汽车采用摆动式中间支承，它可绕支承轴摆动，改善了发动机轴向窜动时轴承的受力状况。橡胶衬套能适应传动轴轴线在横向平面内少量的位置变化。

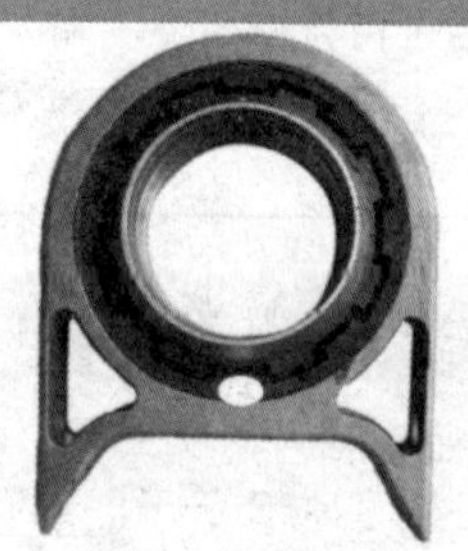

图1-45 双节式传动轴的中间支承

0129 传动轴产生不平衡现象的原因及影响

传动轴总成中万向节十字轴的轴向窜动、传动轴滑动花键中的间隙、传动轴总成两端连接处的定心精度、高速运转时传动轴的弹性变形、传动轴上点焊平衡片时的工艺处理等因素，都能改变传动轴总成的不平衡度。

由于上述种种原因致使传动轴离开其平衡位置，便会发生相对于平衡位置的弯曲振动。当传动轴的转速等于它的弯曲振动的固有频率时，便会发生共振，致使振幅急剧增加，有使传动轴折断的危险。

由于传动轴总成的不平衡，汽车在起步时，传动轴会产生异响，车身振动；改变车速时响声更明显，脱档滑行时声响会更清晰地从传动轴部位发生，严重时会使传动轴明显弯曲和断裂。

0130 进行传动轴动平衡试验的原因

传动轴在制造中，它的质量沿圆周方向分布往往不均匀。当传动轴高速旋转时，微小的质量偏心都有可能产生较大的离心力，从而导致剧烈的振动。因此在传动轴与万向节装配完成后，需经过动平衡处理，即以平衡片校正传动轴上的不平衡量。为了防止使用中拆出花键后错误地安装破坏已有的平衡，在花键轴和滑动套上均刻有指明装配位置关系的记号。

0131 汽车行驶中传动轴既有振动又有声响的原因

行驶中传动轴颤抖现象：汽车中速出现异响，车速越高响声越大，到一定程度时，车身、车门、玻璃、转向盘均有强烈振动；脱档滑行声响更严重，当降低车速后颤抖逐渐减轻甚至消失，而异响仍然存在。其产生原因如下：

1）传动轴失去动平衡，如传动轴管上平衡块脱落，未按传动轴上花键轴与滑动叉上标记装配。
2）万向节凸缘叉凸缘偏心。
3）万向节十字轴颈与滚针轴承配合间隙过大，超过0.2mm。
4）传动轴中间轴承磨损过大，轴承支架衬垫磨损后松旷。
5）传动轴管有弯扭变形。
6）滑动叉与花键轴啮合副配合间隙过大，超过0.80mm。
7）曲轴、飞轮与离合器压盘总成动平衡不佳。
8）发动机前、后固定支架固定螺栓松动等。

0132 驱动桥的组成及作用

驱动桥是传动系统的最后一个总成，主要功用是将万向传动装置输入的动力经降速增矩，改变传动方向以后，分配给左右驱动轮，且允许左右驱动轮以不同转速旋转。

驱动桥主要由桥壳、主减速器、差速器和半轴等组成。

1）主减速器用来降低转速、增加转矩，且改变转矩的传递方向(纵置发动机改变90°)，适应汽车的行驶方向。

2）差速器可使汽车两侧车轮以不同的转速旋转，适应汽车转弯及在不平路面上行驶。

3）半轴是将转矩从差速器传至驱动桥。

4）桥壳是主减速器、差速器等传动装置的安装基础，支承汽车的部分质量，且承受驱动轮上的各种作用力。

0133 车辆驱动桥的两种类型及其结构特征

根据桥壳与驱动轮的连接关系，驱动桥分为非断开式和断开式两种。

（1）非断开式(图1-46) 整个驱动桥通过弹性悬架与车架相连，桥壳是整体刚性结构，两侧半轴和驱动轮在汽车横向平面内无相对运动。

图1-46 非断开式驱动桥

（2）断开式(图1-47) 为了提高汽车行驶平顺性和通过性，有些轿车、越野车的全部或部分驱动轮采用独立悬架，两侧驱动轮分别用弹性悬架与车架相连，两轮可彼此独立地相对于车架或车身上下跳动。

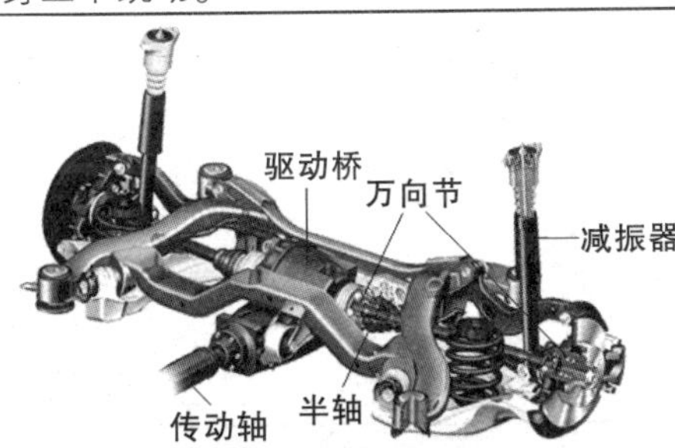

图1-47 断开式驱动桥

0134 主减速器的功用

主减速器（图1-48）的基本作用是进一步增大驱动转矩，降低发动机转速。当采用发动机纵置的布置形式时，主减速器还具有改变转矩传递方向的作用。

图1-48 主减速器

0135 主减速器齿轮大多采用准双曲面齿轮的原因

准双曲面齿轮越来越多地应用在汽车上，其主要原因是，与螺旋锥齿轮相比较，准双曲面齿轮工作平稳性更好，轮齿的弯曲强度和接触强度更高。同时，它还具有让主动齿轮轴线可相对从动齿轮轴线向下偏置的特点。这种下偏置可在保证汽车离地间隙的同时，降低主动锥齿轮和传动轴的位置，从而降低车身和整车重心高度，提高汽车行驶的稳定性。

0136 两种典型的主减速器主动锥齿轮的支承方式及其特点

主动锥齿轮通常与轴制成一体，其支承方式有跨置式和悬置式两种。

跨置式可获得较大的支承刚度，有利于主动锥齿轮使用寿命的提高，在输入端可采用相互贴近的轴承支承，有利于减小主减速器纵向长度。但是由于在主减速器内部需要设置主动锥齿轮支承点，所以主减速器壳的结构比较复杂。

0137 单级主减速器与双级主减速器定义

单级主减速器它只有一对锥齿轮传动，结构简单。质量小、体积小、传动效率高，故轿车和一般轻、中型货车采用单级主减速器。

所谓双级主减速器就是采用了两级减速的主减速器，一般第一级为锥齿轮传动，第二级为圆柱斜齿轮传动。这是因为减速比较大的主减速器，若用一对锥齿轮传动，从动锥齿轮直径就太大，使汽车的最小离地间隙过小，通过性太差，故常采用双级主减速器。

0138 轮边减速器的定义及作用

在重型货车、越野车或大型客车上，需有较大的主传动比和较大的离地间隙时，可将双级主减速器的第二级减速齿轮机构制成结构相同的两套，其安装位置靠近两侧驱动车轮，称为轮边减速器(图1-49)。轮边减速器有外啮合圆柱齿轮式、内啮合齿轮齿圈式和行星齿轮式等多种形式。

图1-49 轮边减速器

1）行星齿轮式轮边减速器可在获得较大主减速比的同时，使驱动桥主减速器尺寸减小，相应增大了离地间隙。由于半轴在轮边减速器之前，所承受的载荷大为减小，换句话说，半轴和差速器的尺寸可以进一步减小。

2）在外啮合圆柱齿轮式轮边减速器中，与半轴相连的主动小齿轮和与轮毂相连的从动大齿轮啮合，也可获得轮边减速比。当主动齿轮位于上方时，可增大驱动桥离地高度，适于为越野车采用，满足通过性需要。当主动齿轮位于下方时，可降低驱动桥壳的离地高度，有利于降低客车地板高度。

0139 采用空毂润滑时不能将轮毂轴承的空腔填满的原因

采用空毂润滑方法的目的是为了降低润滑脂的工作温度，如果将空毂填满，就会使轴承因旋转阻力增加，温度升高，给散热带来困难，当润滑脂流失后，润滑效果会大为降低，同时轴承温度升高，受热膨胀的润滑脂会挤破油封，稀释了的润滑脂就有可能流到制动蹄片上，造成制动失灵。

0140 车辆使用差速器的原因和差速器应用的部位以及差速器的工作原理

当汽车转弯行驶时，外侧车轮驶过的曲线距离大于内侧车轮。若两侧车轮以同一角速度转动，则外轮必然会边滚动边滑移，而内轮却会边滚动边滑转。同样的情形也会发生在不平路面的直线行驶时，因为此时两侧车轮实际运动的曲线距离仍然会不相等。此外，由于轮胎承载不同、气压不同、磨损不同，也会导致各轮胎的滚动半径实际上不可能完全相等，因此，只要各轮角速度相等，即使在非常平直的路面上，车轮相对路面的滑动也必然存在。

车轮相对路面的滑动一方面会加速轮胎磨损，增加动力损耗，另一方面还会影响轮胎与地面的附着，破坏汽车转向、驱动、制动性能。为此，汽车在结构上必须能够保证允许各个车轮以不同角速度旋转。需要将连接两车轮的半轴之间加入一个差速器，其结构如图1-50所示。

同上理，在多轴驱动的汽车上，各驱动桥间由传动轴相连，所有驱动轮在转速上也会出现运动干涉的现象，为了消除这些不利影响，需要在各驱动轴间加设轴间差速器。

差速器按其用途分为轮间差速器和轴间差速器。轮间差速器装在驱动桥内，而轴间差速器装在各驱动桥之间(用于四驱车)。

差速器的工作原理(图1-51)如下：

1）当直线行驶时，行星齿轮随差速器壳公转，当汽车直线前进时，左右后轮所受的地面摩擦阻力相等。发动机动力通过传动轴、主减速器啮合齿轮副、差速器壳、行星齿轮而平均分配到两侧的半轴齿轮上，转矩平均分配给左右半轴，左右半轴等速旋转，差速器不起差速作用。

2）转弯时，行星齿轮既自转，又随差速器壳公转。当车辆转弯时，内侧车轮有滑转的趋势，阻力较大，而外侧车轮有滑拖的趋势，阻力较小，此时行星齿轮与内轮的半轴齿轮啮合面比其与外轮的半轴齿轮啮合面受力大，行星齿轮必须依着受力较大的方向绕轴自转，外轮的半轴齿轮即被加速旋转(外轮的转速等于公转转速加自转转速，内轮的转速等于公转转速减自转转速)，从而保证了汽车转弯两侧车轮按不同的转速前进。

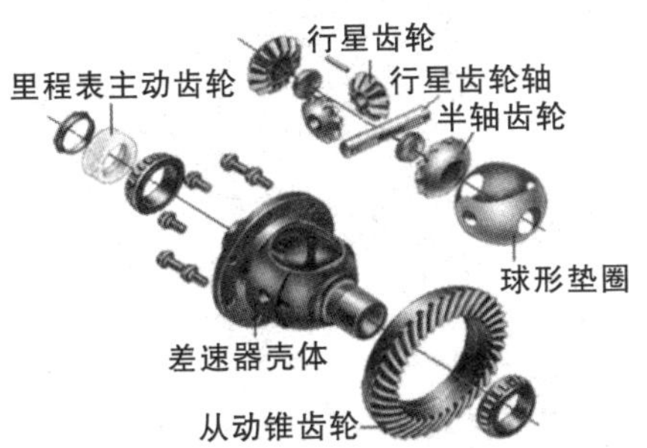

图1-50　差速器结构图

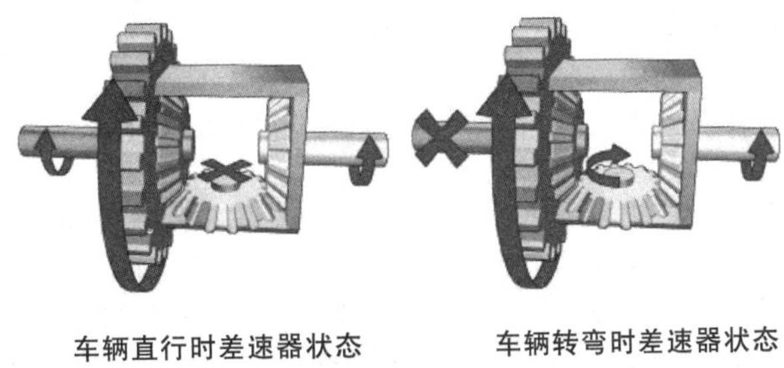

图1-51　差速器的工作原理

0141　防滑式锁止差速器的类型

普通差速器不仅使汽车通过坏路面的能力变差，且高速转弯时，因内侧车轮附着力减小而产生滑转，这使汽车动力不足，操纵性和稳定性也受到影响。为此，某些越野汽车上装用了防滑差速器。常用的防滑差速器分为人工强制锁止式和自锁式两大类。

（1）人工强制锁止式差速器　为实现转矩流按需传递，简单有效的办法是在差速器上设置差速锁，即当一侧驱动轮滑转时，利用差速锁锁止差速器，使其不起作用。这种差速器称为强制锁止式差速器。

（2）自锁式差速器　自锁式差速器的种类较多，它们共同的特点是在两驱动轮（轮间差速器）或两驱动桥（轴间差速器）转速不同时，自动地向慢转一方多分配一些转矩，提高汽车的通过性和操纵稳定性。

0142　驱动桥壳的作用、种类以及特点

驱动桥桥壳具有支承并保护主减速器、差速器和半轴，固定左右驱动轮轴向位置，支承车架和车身，承受车轮传来的各种路面反力等作用。

驱动桥壳可分为整体式和分段式桥壳两大类。

1）整体式桥壳具有较大的强度和刚度，便于主减速器装配、调整和维修。

2）分段式桥壳通常分为两段，由螺栓相连。分段式桥壳比整体式桥壳易于铸造，加工方便，但维修保养不便，易泄漏。

0143 半轴的作用、支承形式以及各支承形式的特点

半轴是差速器与驱动轮之间传递动力的实心轴，其内端与差速器的半轴齿轮相连，外端与驱动轮轮毂相接。

现代汽车常用的半轴支承形式主要有全浮式和半浮式两种。

（1）全浮式半轴支承　全浮式支承对地面反力及弯矩均通过桥壳传至车身，故全浮式半轴只承受转矩，不承受任何反力和弯矩作用，受力状态简单，广泛用于各种载货汽车。全浮式支承的半轴易于拆装，只需拧下半轴凸缘上的螺钉，即可抽出半轴。

（2）半浮式半轴支承　半浮式半轴将作用在车轮上的各种反力通过半轴才能传递给驱动桥壳，故此种支承形式只能使半轴内端免受弯矩，而外端却需承受全部弯矩。

半浮式支承结构紧凑，质量小，但半轴受力情况复杂且拆装不方便。多用于轿车以及微型、轻型汽车上。

0144 托森差速器在汽车上的应用部位

托森差速器（图1-52）是一种新型的差速器，它利用蜗轮蜗杆传动的不可逆性原理和齿面高摩擦条件，使差速器能根据其内部差动转矩的大小自动在“差速”和“锁死”之间转换，即当差速器内差动转矩较小时起差速作用，而当差速器内差动转矩过大时差速器将自动锁死，这样可以有效地提高汽车的通过能力，因而在现代四轮驱动轿车上得到了广泛应用。

托森差速器由于其结构和性能上的诸多优点被广泛用作全轮驱动轿车的轴间差速器和后驱动桥的轮间差速器。但是由于在转速差较大时该结构具有自动锁止作用，所以一般不用做转向驱动桥的轮间差速器。

图1-52　托森差速器

0145 汽车转向中心的含义

为了避免在汽车转向时产生的路面对汽车行驶的附加阻力和轮胎过快磨损，要求转向系统能保证在汽车转向时，所有车轮均做纯滚动，显然，这只有在所有车轮的轴线都相交于一点时方能实现。此交点称为转向中心，如图1-53所示。

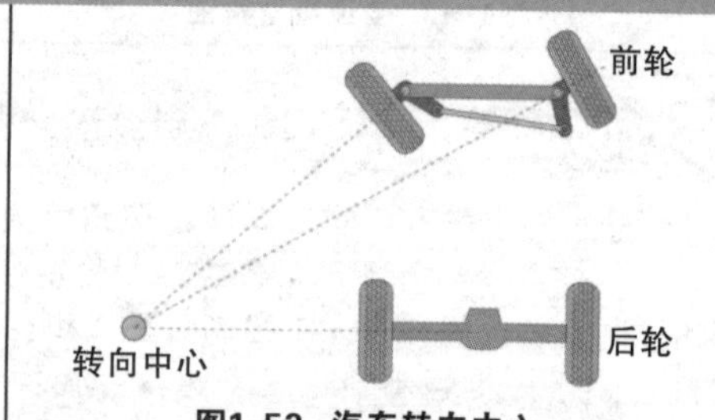

图1-53　汽车转向中心

0146 汽车转向系统的功用及机械式转向系统的组成

汽车在行驶过程中，需要经常改变行驶方向，方法是通过转向轮相对于汽车纵轴线偏转一定角度实现的。汽车在直线行驶时，转向轮也往往受到路面侧向干扰力的作用自动偏转而改变行驶方向。因此，驾驶人需要通过一套机构随时改变或恢复汽车行驶方向。该套专设机构即为汽车的转向系统。

机械式转向系统（图1-54）以驾驶人的转向力作为转向能源，其中所有传力件都是机械的。机械转向系统由转向操纵机构、转向器和转向传动机构三大部分组成。

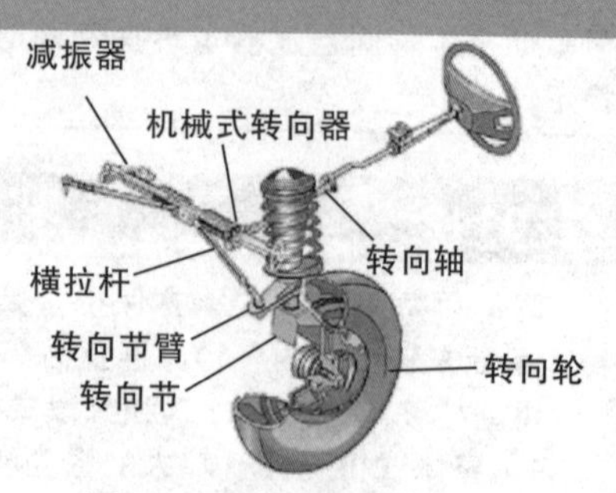

图1-54　机械式转向系统

0147 对转向系统的工作要求

转向装置是控制汽车行驶方向的装置，它必须满足以下要求：

1）工作安全可靠。转向系统直接影响到汽车行驶安全，因此要求所有的零件有足够的刚度、强度和耐磨性，连接部件必须牢固可靠。随着汽车行驶车速提高，对工作可靠性提出了更高要求。

2）操纵轻便灵活。当汽车行驶在窄小弯曲的道路上要转弯时，转向系统必须保证灵活、平顺、精确地转动前轮。汽车直线行驶时转向盘要稳，无抖动和摆振现象。

3）适当的转向力。如果没有其他的阻碍，转向力在汽车停止时较大，随汽车行驶速度提高而减小。因此，为了驾驶容易且能够从道路上得到较好的反馈，在低速行驶时应有较小的操纵力，而在高速时应较大。

4）平顺的回转性能。汽车在转弯时，作用在转向盘上的力适当，转向灵活平顺，具有自动回正作用。

5）从道路上传来的冲击小。转向装置绝不可发生因道路表面不平坦而使转向盘失去控制及造成反转的情形，同时冲击力要小。

0148 转向器的作用及转向器的类型

转向器是转向系统中的减速增矩传动装置，其功用是增大转向盘传到转向节的力并改变力的传递方向。

目前技术成熟且应用甚广的转向器有循环球-齿条齿扇式、循环球-曲柄指销式、齿轮齿条式和蜗杆曲柄指销式等几种。现代汽车的转向器已演变定型，中型和重型汽车多采用循环球式转向器，小型车多采用齿轮齿条式转向器。

0149 转向盘自由行程的定义及正常的自由行程范围

不论哪一类型转向器，各连接零件之间和传动副之间，总是存在间隙。当汽车处于直线行驶时，转动转向盘消除这些间隙和克服机件的弹性变形使车轮开始偏转，这时转向盘转过的角度称为转向盘自由行程。转向盘自由行程对于缓和路面冲击及避免驾驶人过度紧张是有利的。

一般规定转向轮处于直线行驶位置，转向盘向左、向右的自由行程不超过15°。当零件磨损，转向盘自由行程大于规定值时，必须进行调整或换件。转向盘自由行程的大小主要是通过调整转向器传动副的啮合间隙和轴承间隙来实现的。因此，转向器一般都设有传动副啮合间隙和轴承间隙调整装置。

0150 极限可逆式转向器及其优点

当作用力可以由转向盘很容易地经转向器传到转向摆臂，而转向摇臂受到的路面冲击只有在很大时，才能经转向器传到转向盘，即正效率远大于逆效率的转向器称为极限可逆式转向器。

采用这种转向器时，驾驶人能有一定的路感，也可实现转向轮自动回正，而且路面冲击力只有在很大时方能部分地传到转向盘。

0151 转向传动机构的功用及部件组成

转向传动机构（图1-55）的功用是将转向器输出的力和运动传到转向桥两侧的转向节，使两侧转向轮偏转。转向传动机构的组成和布置因转向器位置和转向轮悬架类型而异。

1）与非独立悬架配用的转向传动机构。与非独立悬架配用的转向传动机构主要包括转向摇臂、转向主拉杆、转向节臂和转向梯形。

2）与独立悬架配用的转向传动机构。当前桥采用独立悬架时，每个转向轮与车架(或车身)之间做相对独立运动，因此，转向桥是断开式结构。与此相应的转向传动机构的转向梯形也必须分成两段或三段，从而使得独立悬架的转向传动机构要比非独立悬架的转向传动机构复杂。

图1-55　转向传动机构

0152　循环球式转向器的特点及工作原理

循环球式转向器（图1-56）的特点是：循环球式转向器的正传动效率很高(最高可达90%～95%)，故操纵轻便，使用寿命长。但其逆效率也很高，容易将路面冲击力传到转向盘。

循环球式转向器的工作原理是：当转向螺杆转动时，通过钢球将力传给转向螺母，螺母即沿轴向移动。同时，在螺杆与螺母两者和钢球间的摩擦力偶作用下，所有钢球便在螺旋管状通道内滚动，形成“球流”。钢球在管状通道内绕行两周后，流出螺母而进入导管的一端，再由导管另一端流回螺旋管状通道。故在转向器工作时，两列钢球只是在各自的封闭通道内循环，而不致脱出。通过转向盘和转向轴转动转向螺杆时，转向螺母不能转动，只能轴向移动，并驱使齿扇轴转动。

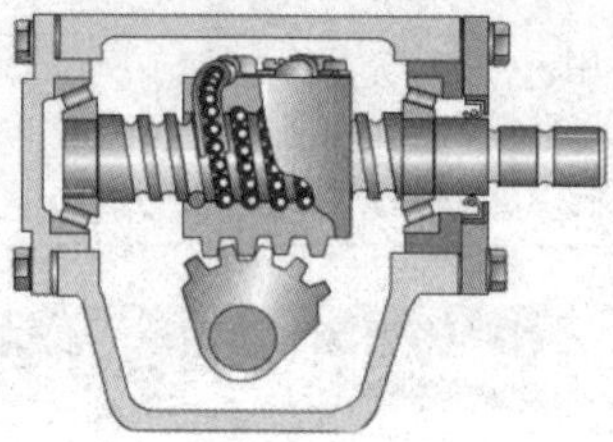
图1-56　循环球式转向器

0153　齿轮齿条式转向器的结构和原理

齿轮齿条式转向器（图1-57）的壳体两端借支架用螺栓与车身连接。作为传动副主动件的转向齿轮垂直地安装，通过轴承支承在转向器壳体中，其上端通过花键与转向轴上的柔性万向节连接，下端轮齿与转向齿条啮合。弹簧通过压块将齿条压靠在齿轮上，保证无间隙啮合。弹簧的预紧力可用调整螺钉调整。在转向齿条的左端有两个连接孔，用螺钉与转向拉杆托架连接，借此与转向左右横拉杆相连。

当转动转向盘时，转向器主动齿轮转动，使与之啮合的齿条沿轴向移动，从而使左右横拉杆带动转向节左右转动，使转向车轮偏转，以实现汽车转向。为了避免转向轮的摆振，在转向系统中装有转向减振器。

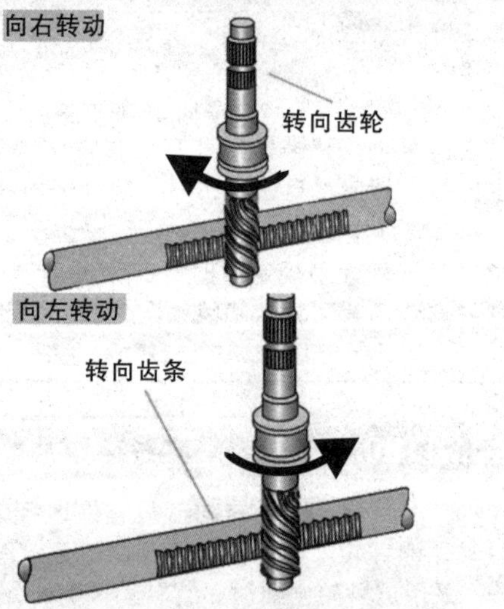

图1-57　齿轮齿条式转向器的工作原理示意图

0154　纵拉杆球头销的松紧度的检查和调整

检查纵拉杆球头销松紧度的简便方法是：一人在驾驶室内左右来回摇动转向盘，一人在车下观察纵、横拉杆球头是否松旷。

调整球头销松紧度可按以下步骤进行：

1）取出用于锁紧调整螺塞的开口销，用专用工具把螺塞拧到底，使弹簧座压紧球头碗，然后再将螺塞退回1/4~1/2圈，直到能插上开口销为止。

2）此时球节应转动自如，稍有阻力但又不过紧，无卡住现象。装复开口销并锁止牢固。

0155 转向纵拉杆、横拉杆的结构特点

转向纵拉杆的本体是一根钢管，它与转向节臂和转向摇臂的连接是用球形铰接。在纵拉杆两端部的扩大处，装有球头销、球头销座、弹簧座、弹簧和螺塞等组成的球铰组件。

横拉杆由两端装有球形铰链的接头和中部的杆组成。杆用钢管或圆钢制成，两端分别制有正、反螺纹(即一端为左旋螺纹，一端为右旋螺纹)。转动拉杆可以改变总长度，从而调整转向轮的前束。

0156 安全转向柱及其类型

安全转向柱由上转向轴和下转向轴组成，两者采用可脱开万向节连接，再通过柔性万向节与齿轮齿条式转向器连接。在汽车遇到碰撞时安全转向柱的上下两轴能自动脱开，缓和冲击，从而可以有效保护驾驶人的安全。

有几种常见的安全转向柱结构既能依靠自身长度的收缩保护驾驶人的安全，同时还能借助这种收缩吸收碰撞冲击能量。

1）波纹管式安全转向柱。它能在撞车时，依靠波纹管被压缩而吸收撞击能量，同时减小转向柱和转向盘朝驾驶人侧的移动量，起到较好的保护效果。

2）网格状安全转向柱。利用网格状管柱削弱局部强度，撞车时此处被压缩并能吸收冲击能量，使转向柱和转向盘后移量较小，从而对驾驶人起到缓冲保护作用。

3）双层管式安全转向柱。双层管式安全转向柱结构可以在撞车时，利用内管和外管产生的相对运动，依靠装配时在两者之间具有较大过盈量的钢球，在相对运动中产生较大的摩擦力有效吸收撞击能量，起到缓冲保护作用。

0157 液压动力转向系统的组成和工作原理

（1）组成　液压动力转向系统的转向泵安装在发动机上，由曲轴通过传动带驱动运转向外输出油压，转向油罐有进、出油管接头，通过油管分别和转向泵和转向控制阀连接。动力转向器为整体式动力转向器，其转向控制阀用以改变油路。由齿条-活塞和缸体形成R和L两个工作腔。R腔为右转向动力腔，L腔为左转向动力腔，它们分别通过油道和转向控制阀连接(图1-58)。

（2）工作原理　当汽车直线行驶时，转向控制阀将转向泵泵出来的工作液与油罐相通，转向泵处于卸荷状态，动力转向系统不工作。当汽车需要转弯时，如右转弯，驾驶人向右转动转向盘，转向控制阀将转向泵泵出来的工作液与R腔接通，将L腔与油罐接通，在油压的作用下，齿条-活塞移动，通过扇齿使摇臂轴逆时针转动，拉动主拉杆通过转向节、转向梯形使左、右轮向右摆动，从而实现右转向。左转弯则相反。

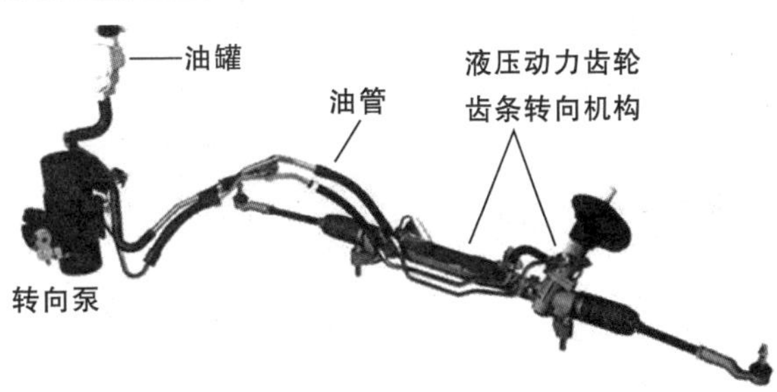

图1-58　液压动力转向系统

0158 EPS的优点及其工作原理

EPS就是英文Electric Power Steering的缩写，即电动动力转向系统(图1-59)。电动动力转向系统是汽车转向系统的发展方向。该系统由电动动力机直接提供转向动力，省去了液压动力转向系统所必需的动力转向泵、软管、液压油、传动带和装于发动机上的带轮，既节省能量，又保护了环境。另外，还具有调整简单、装配灵活以及在多种状况下都能提供转向动力的特点。

驾驶人在操纵转向盘进行转向时，转矩传感器检测到转向盘的转向以及转矩的大小，将电压信号输送到电子控制单元，电子控制单元根据转矩传感器检测到的转矩电压信号、转动方向和车速信号等，向电动机控制器发出指令，使电动机输出相应大小和方向的转向动力转矩，从而产生辅助动力。

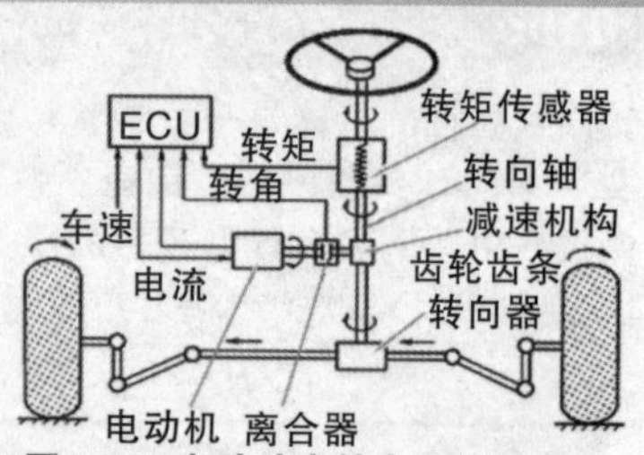

图1-59 电动动力转向系统示意图

0159 四轮转向系统及其类型

所谓四轮转向系统，是指当驾驶人转动转向盘时，能够同时操纵四个车轮偏转的一种转向系统。

四轮转向系统的汽车在后轮增加了转向机构，通过机械或电子控制装置来控制后轮的转向。根据后轮转向的控制方式，四轮转向系统可以分为三种类型：机械式四轮转向系统、机电组合控制四轮转向系统和电控四轮转向系统。

0160 机械式四轮转向系统的特性及其特点

机械式四轮转向系统由前轮转向器、中央传动轴和后轮转向器三部分组成。前轮采用齿轮齿条式液压动力转向器，后轮采用机械式转向器，通过中心传动轴驱动后轮转向器。同时，后轮横拉杆形成转向联动装置。当小角度转动转向盘时，后轮与前轮同向偏转，随着转向盘转角的增大，后轮转角逐渐减小、回正，然后再反向偏转，后轮的最大转角大约为5°。

机械式四轮转向系统是结构最简单的一种形式，其转向特性是一定的，完全由后轮转向器的结构确定，与车速无关。因此，即使汽车在停车时转向，后轮也必须经过先同向后反向的偏转过程。

0161 前轮前束的定义及其调整

前轮前束是指汽车两前轮的前端距离小于后端距离，其距离之差叫作前束值。从汽车的上面往下看，左右两个前轮形成一个开口向后的“八”字形，如图1-60所示。

如果前束不符合规定，可改变横拉杆的长度进行调整。调整时，将横拉杆锁紧螺母松开，转动左、右横拉杆，调节左、右横拉杆的长度，即可调整出所需要的前束数值。

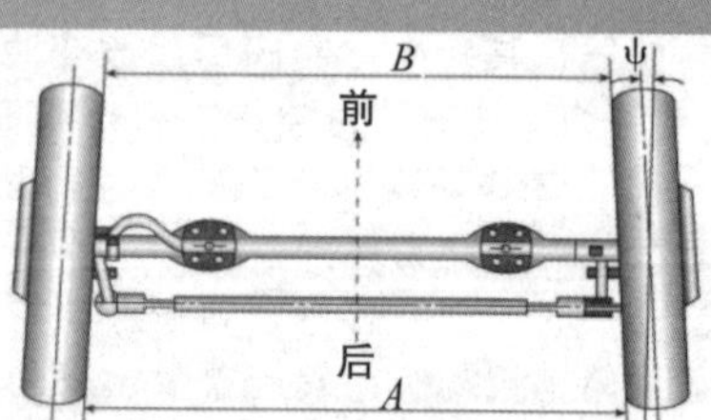

图1-60 前轮前束

0162 前轮前束与外倾的作用

前轮前束的作用是：

1）前轮外倾有使前轮向外转动的趋势，前轮前束有使车轮向内转动的趋势，可以抵消因前轮外倾带来的不利影响，使车轮直线滚动而无横向滑拖的现象，减少轮胎磨损。

2）悬架系统铰接点的变形，也使前轮有向外转向的趋势，也要靠前轮前束来补偿。

车轮外倾角是另一个重要的车轮定位角，它具有与主销内倾一道减小转向盘作用力的作用。同时还能补偿因载荷增加引起车桥变形而带来的车轮内倾，减少轮胎的偏磨。

0163 汽车制动系统的作用及对制动系统的要求

（1）汽车制动系统的功用　汽车制动系统(图1-61)的功用是：根据需要使汽车减速或在最短的距离内停车，以保证行车的安全。使驾驶人敢于发挥出汽车的高速行驶能力，从而提高汽车运输的生产率，又能使汽车可靠地停放在坡道上。

（2）对制动系统的要求　为了保证汽车能在安全的条件下发挥出高速行驶的能力，制动系统必须满足下列要求：

1）具有良好的制动性能。其评价指标有：制动距离、制动减速度、制动力和制动时间。

2）操纵轻便。即操纵制动系统所需的力不应过大。

3）制动稳定性好。即制动时，前后车轮制动力分配合理，左右车轮上的制动力矩基本相等，汽车不跑偏、不甩尾。磨损后间隙应能调整。

4）制动平顺性好。制动力矩能迅速而平稳地增加，也能迅速而彻底地解除。

5）散热性好。即连续制动时，制动鼓的温度高达400℃，摩擦片的抗“热衰退”能力要高；水湿后恢复能力快。

6）对挂车的制动系统，还要求挂车的制动作用应略早于主车；挂车自行脱挂时能自动进行应急制动。

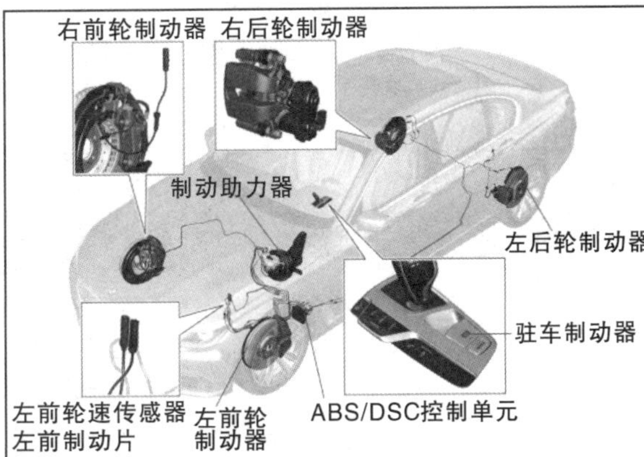

图1-61　汽车制动系统

0164　汽车制动液需要满足的使用要求

（1）应有较高的沸点　现代汽车在行驶中的制动比较频繁，制动鼓（盘）的温度不断升高，如使用沸点较低的制动液，常会在管路中产生气阻而导致制动失灵，因此制动液的蒸发性要低，不易在高温下汽化。

（2）适宜的高温黏度和良好的低温流动性　制动液在各种条件下都能及时传递压力，并同时使传动机构中的运动件得到一定的润滑。

（3）具有抗氧化、抗腐蚀和防锈的性能　制动液长期与金属相接触，应不会因氧化而产生胶状物和腐蚀性物质，或因锈蚀而变色，甚至形成坑点。

（4）吸湿性低、溶水性好、沸点下降少　即使有水分进入制动液，要求能形成微粒而和制动液均匀混合，不产生分离和沉淀现象。

（5）对橡胶的适应性好　制动液对橡胶件不应有溶胀作用，否则会使其失去应有的密封作用，因此制动液对橡胶件要有良好的适应性。

0165　汽车用制动液的种类及各自特点

就原料来源而言，汽车制动液分为醇型制动液、矿物油型制动液和合成型制动液三类。

1）醇型制动液是由低炭醇类和蓖麻油配制而成的，其价格虽低廉，但由于其高低温性能均差，容易引发交通事故。

2）矿物油型制动液温度适应性较醇型好，可在-50~150℃的温度范围内使用，但由于其对天然橡胶有溶胀作用，故在使用本制动液以前应将制动系统的所有皮碗、软管更换成耐油橡胶制品，以免受到腐蚀而使制动失灵。

3）合成型制动液的工作温度范围宽，黏温性好，对橡胶和金属的腐蚀作用均很小，故适合于高速、大功率、重负荷和制动频繁的汽车使用，是目前使用最多、最广的一种制动液。

0166　真空助力器的作用

普通轿车常采用真空助力伺服制动系统，来自发动机进气喉管处的真空度被引入真空助力器（图1-62）伺服气室中，用来产生助力效果。真空助力器安装在制动主缸的后端，制动时可以产生辅助推力，该力与制动踏板力一起直接作用在制动主缸的活塞上，以减小制动操作力。

图1-62　真空助力器

0167 液压制动系统采用双回路的原因

由于单缸式制动主缸工作可靠性差，一旦制动管路某一轮缸发生漏油，会使制动力下降，甚至失去制动效果。为了提高制动系统的安全性，目前较多采用串联双缸式制动主缸。它是双管路制动系统，主缸具有两套独立的液压系统，每套用于一半车轮，在行车中若某一套液压系统发生漏油，另一套仍能维持工作，仍保持一定的制动效果。

前轮后轮交叉各设一套制动装置。发动机前置采用前轮驱动汽车，前轮负荷较重，制动效果主要以前轮为主，若前轮轮缸或管路发生故障，光靠后轮制动效果差，故采用双管路制动系统交叉供给液压为好。

0168 串联双缸式制动主缸的结构

串联双缸式制动主缸（图1-63）壳体内装有两副活塞皮碗和回位弹簧，两个储液筒分别供应两个缸，前活塞有限位螺钉，以保证前活塞的正确位置。两个缸的出油口分别与所控制的轮缸相连接。前活塞靠后活塞的液压推动，后活塞直接由推杆推动。

当串联双缸式制动主缸正常时，工作过程与单缸式制动主缸一样。一旦前缸控制的管路发生故障时，前活塞不产生液压，在后活塞的压力作用下，前活塞仍可一直被推到主缸的最前端，后活塞产生的液压使相应的车轮制动；一旦后缸控制管路发生故障时，后活塞不产生液压，但在推杆的作用下，后活塞前移，并与前活塞接触，从而推动前活塞活动，使前活塞产生液压，也使相应的车轮制动。

图1-63 串联双缸式制动主缸

0169 鼓式制动器的主要类型及各自特点

鼓式制动器因制动蹄支承点设置不同有多种结构形式，它们分别被称为领从蹄式、双领蹄式、双从蹄式、单向自增力式和双向自增力式等。

（1）领从蹄式制动器的特点　领蹄的制动效能要高些，从蹄的制动效能低些。领从蹄的划分主要是按照制动蹄张开方向与制动旋转方向的一致性来分的，若一致即为领蹄，否则就是从蹄。一般来讲，在前进时的领蹄，在倒车的时候就变成了从蹄。

（2）双领蹄式制动器的特点　在制动鼓正向旋转时，两蹄均为领蹄的制动器称为双领蹄式制动器。双领蹄式制动器与领从蹄式制动器在结构上主要有两点不相同，一是双领蹄式制动器的两制动蹄各用一个单活塞式轮缸，而领从蹄式制动器的两蹄共用一个双活塞式轮缸；二是双领蹄式制动器的两套制动蹄、制动轮缸、支承销在制动底板上的布置是中心对称的，而领从蹄式制动器中的制动蹄、制动轮缸、支承销在制动底板上的布置是轴对称的。

（3）双从蹄式制动器的特点　前进制动时两制动蹄均为从蹄的制动器称为双从蹄式制动器，这种制动器与双领蹄式制动器结构很相似，二者的差异只在于固定元件与旋转元件的相对运动方向不同。虽然双从蹄式制动器的前进制动效能低于双领蹄式和领从蹄式制动器，但其效能对摩擦系数变化的敏感程度较小，即具有良好的制动效能稳定性。

（4）单向自增力式制动器的特点　当汽车前进制动时，单活塞式轮缸将促动力加于第一蹄，使其上压靠到制动鼓上。第一蹄是领蹄，并且在各力作用下处于平衡状态。顶杆将促动力施于第二蹄。故第二蹄也是领蹄。

（5）双向自增力式制动器的特点　其特点是制动鼓正向和反向旋转时均能借蹄鼓间的摩擦起自增力作用。它的结构不同于单向自增力式之处主要是采用一个双活塞式制动轮缸，可向两蹄同时施加相等的促动力。

0170 汽车的制动性能要求及制动系统包含的分系统

汽车制动系统是保证汽车动力性能发挥和行车安全的最基本的系统，它通常必须具备让汽车在行车过程中的及时减速甚至停车的功能；让汽车在下长坡时具有稳定车速，不使汽车速度越来越快的功能；对已停驶（特别是在坡道上停驶）的汽车维持汽车停驻功能，所有这些能力统称为汽车的制动性能。它们分别代表了汽车的行车制动、辅助制动和驻车制动的要求。为满足这三种要求，汽车上所配置的制动系统又包括了行车制动系统、辅助制动系统和驻车制动系统。

0171 驻车制动器的功用及形式

驻车制动器的作用是使汽车停放时不致溜滑，在特殊情况下，还可配合行车制动器进行紧急制动。其形式有：

1）中央制动式驻车制动器安装于变速器或分动器的后面，制动力矩作用在传动轴上。

2）车轮制动式驻车制动器与车轮制动器处于一体，制动力矩作用在车轮上。还有一些采用储能弹簧式的驻车制动器也是作用在车轮上。

0172 缓速器及其类型

为了保证经常在山区行驶的汽车下长坡时的安全性，不让它在自身重力作用下加速到危险程度，必须持续地对汽车实施制动，以使车速稳定在某个安全的范围内。为此，需要在这类车辆上增设一套能够产生持续制动效果的辅助制动系统，以便在不使用或尽可能少使用行车制动器的情况下，降低或稳定车速。这种作用称为缓速作用，相应的装置称为缓速器。

一般说来，汽车的缓速作用可以通过发动机缓速装置、电涡流缓速器和液力缓速器等途径实现。

0173 鼓式制动器的结构和工作原理

现在鼓式制动器（图1-64）的主流是内张式，它的制动块位于制动轮内侧，在制动的时候制动块向外张开，摩擦制动轮的内侧，达到制动的目的。典型的鼓式制动器主要由底板、制动鼓、制动蹄、轮缸、回位弹簧、定位销等零部件组成。底板安装在车轴的固定位置上，它是固定不动的，上面装有制动蹄、轮缸、回位弹簧、定位销，承受制动时的旋转扭力。每一个制动鼓有一对制动蹄，制动蹄上有摩擦衬片。制动鼓则是安装在轮毂上，是随车轮一起旋转的部件，它是由一定重量的铸铁做成的，形状似圆鼓状。当制动时，轮缸活塞推动制动蹄压迫制动鼓，制动鼓受到摩擦减速，迫使车轮停止转动。

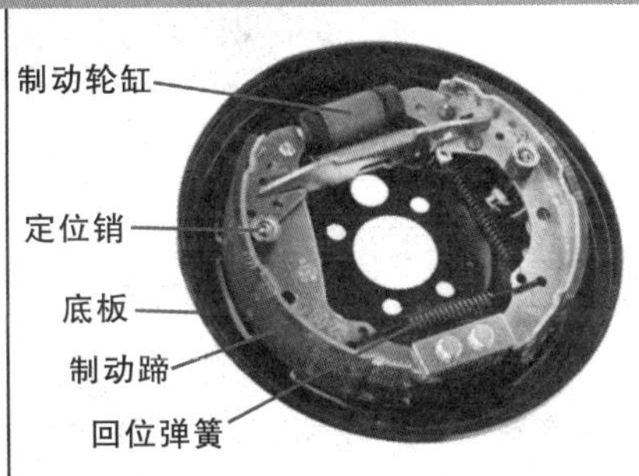

图1-64　鼓式制动器

0174 盘式制动器的工作原理和结构特点

盘式制动器（图1-65）用制动钳夹持与车轮一同旋转的制动盘而使汽车制动，盘式制动器分类一般以钳体内活塞数目的不同来分。还可以制动钳体固定在支架上的形式来分，可分为固定式和浮动式两种。浮动夹钳式的制动轮缸相对于制动盘安装在一侧，除轮缸活塞移动外，夹钳也可轴向移动。固定夹钳式的制动轮缸相对于制动盘分置在两侧，只有轮缸活塞能够移动，制动力较大。

盘式车轮制动器的特点如下：

1）盘式制动，使制动力上升平稳。

2）散热性好，减少了制动力的衰退现象。

3）结构简单、维修方便，更换摩擦片容易。

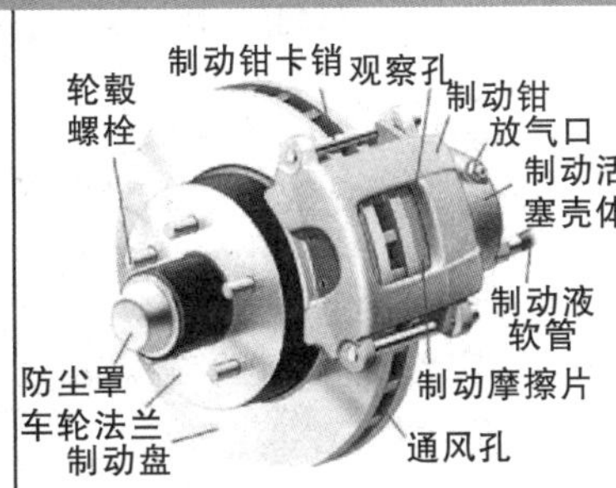

图1-65　盘式制动器

0175 发动机可变气门的作用和特点

发动机上的气门可变驱动机构(图1-66)可以通过两种形式实现，一种是凸轮轴和凸轮可变系统，就是通过凸轮轴或者凸轮的变换来改变配气相位和气门升程；另一种是气门挺杆可变系统。工作时凸轮轴和凸轮不变动，气门挺杆、摇臂或拉杆靠机械力或者液压力的作用而改变，从而改变配气相位和气门升程。

可变气门是指发动机气门的正时和升程足可以根据行驶情况变化的，以提高动力性能和节油效果。把气门提得更高些(改变升程)或延长气门的打开时间(改变正时)，便能满足需求，从而提高动力；反之，当在低速时，最好少吸入混合气，则可以降低气门的升程或缩短打开时间，从而节省燃料。

虽然各个厂家所采用的执行机构不尽相同，但基本上都是控制气门的升程或正时，或对气门正时和升程同时进行控制，因为气缸的进气量或排气量主要取决于气门的升程和正时。可变气门可以使气门在低速时进排气少点，在高速时进排气多点，使燃烧更完全，对动力、节油、排放都有更好的效果。

图1-66 发动机CVTC可变气门装置

0176 宝马Valvetronic可变进气升程系统

宝马Valvetronic是具有全可变进气门升程控制功能的气门驱动系统，发动机输出由无级可变进气门升程控制，不再需要以往汽油发动机必不可少的节气门。这种进气门升程功能可以通过控制吸入发动机的空气量，将功率损失保持在极低的水平。表现在实际行驶过程中，Valvetronic电子气门技术带来的是更高的燃油经济性、更低的废气排放量以及更佳的响应和更高水准的运转平稳性。

BMW的Valvetronic系统在传统的配气相位机构上增加了一根偏心轴、一个步进电动机和中间推杆等部件，该系统借助步进电动机的旋转，再在系列机械传动后很巧妙地改变了进气门升程的大小。

当凸轮轴运转时，凸轮会驱动中间推杆和摇臂来完成气门的开启和关闭。当电动机工作时，蜗轮蜗杆机构会首先驱动偏心轴发生旋转，然后中间推杆和摇臂会产生联动，偏心轴旋转的角度不同，最终凸轮轴通过中间推杆和摇臂顶动气门产生的升程也会不同。在电动机的驱动下，进气门的升程可以实现0.18~9.9mm范围内的无级变化。

BMW的Valvetronic技术已经覆盖了旗下的多款发动机，包括目前陆续推出的涡轮增压新动力。该技术能够让发动机对驾驶人的意图做出更迅捷的反馈，同时通过发动机管理系统对气门升程的精确控制，实现了车辆在各种工况和负荷的最佳动力匹配。宝马Valvetronic系统结构图如图1-67所示。

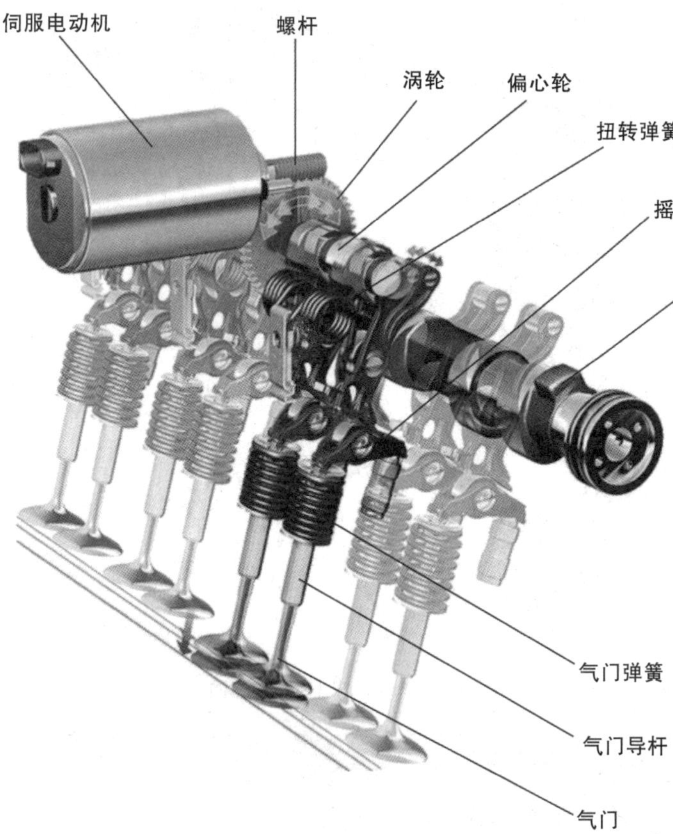

图1-67　宝马Valvetronic系统结构图

0177　VVT-i系统的作用和特点

VVT-i(Variable Valve Timing and Lift With Intelligence)是丰田注册的发动机可变气门技术，即“智能可变配气正时系统”。最大的特点是可根据发动机的状态来控制进气凸轮轴，通过调整凸轮轴转角对配气时机进行优化，以获得最佳的配气正时，从而在所有速度范围内提高转矩，并能在一定程度上改善燃油经济性，有效提高汽车的功率与性能，减少油耗和废气排放。

VVT-i(图1-68)由传感器、电控单元、液压控制阀和控制器等组成，按控制器的安装部位不同而分成两种：一种是安装在排气凸轮轴上的，称为叶片式VVT-i，比如说丰田大霸王；另一种是安装在进气凸轮轴上的，称为螺旋槽式VVT-i，雷克萨斯400、雷克萨斯430等高级轿车就是采用的此种形式。

丰田VVT-i发动机的ECM在各种行驶工况下自动搜寻一个对应发动机转速、进气量、节气门位置和冷却液温度的最佳气门正时，并控制凸轮轴正时液压控制阀，并通过各个传感器的信号来感知实际气门正时，然后再执行反馈控制，补偿系统误差，达到最佳气门正时的位置，从而能有效地提高汽车的功率与性能，尽量减少耗油量和废气排放。

发动机可变气门正时技术(VVT，Variable Valve Timing)是近些年来被逐渐应用于现代轿车上的新技术中的种类，发动机采用可变气门正时技术可以提高进气充量，使充量系数增加，发动机的转矩和功率可以得到进一步的提高。

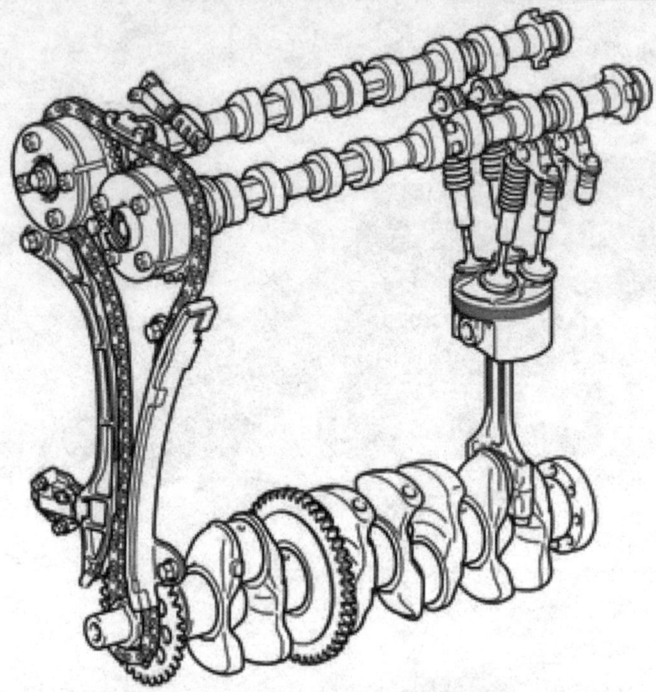

图1-68 丰田VVT-i系统构造图

0178 双VVT-i系统的作用和特点

VVT-i系统只对进气门的正时进行控制和调节，而双VVT-i系统对进气门和排气门都进行控制和调节。相对而言，双VVT-i可以使发动机的运行效率更高。

丰田卡罗拉双VVT-i系统是分别控制发动机的进气系统和排气系统。在急加速时，控制进气的VVT-i会提前进气，而控制排气的VVT-i会推迟排气，此效果如同一个较小的涡轮增压器，能有效地提升发动机动力。同时，由于进气量的加大，也使得汽油的燃烧更加完全，实现低排放的目的。

发动机ECU根据发动机的转速、进气量以及节气门位置和冷却液温度计算出一个最优气门正时，并且向凸轮轴正时机油控制阀发出控制指令。凸轮轴正时机油控制阀根据所发出的指令选择至VVT-i控制器的不同油路，使之处于提前、滞后或保持三个不同的工作状态。此外，发动机ECU根据来自凸轮轴和曲轴位置传感器的信号检测实际的气门正时，从而尽可能地进行反馈控制，以便获得预定的气门正时。

0179 本田i-VTEC系统的作用和特点

i-VTEC是“智能可变气门正时和气门升程电子控制系统”(Intelligence Variable Valve Timing and Lift Electronic Control system)的英文缩写。可以说i-VTEC是VTEC的升级版，VTEC是本田更早些时候开发的发动机技术，也是为了省油而产生的，最早用在本田的Fl赛车上，后来才引用到批量生产的车型上。

与普通发动机相比，VTEC发动机所不同的是凸轮与摇臂的数目及控制方法，它有中低速用和高速用两组不同的气门驱动凸轮，并可通过电子控制系统的调节进行自动转化。通过VTEC系统装置，发动机可以根据行驶工况自动改变气门的开启时间和提升程度，达到改变进气量和排气量的效果，从而降低油耗，还能在一定程度上降低不必要的排放。

i-VTEC系统是在VTEC的基础上添加了一个智能型可变正时控制系统，通过ECU控制程序调节进气门的开启与关闭，使气门的重叠时间更加精确，达到最佳的进、排气时机，并且进一步提高了发动机的功率。如今在本田的主要产品上VTEC已被i-VTEC所取代。

0180 可变进气系统的作用和特点

可变进气系统是通过改变进气管的长度和截面面积，提高燃烧效率，使发动机在低转速时更平稳，转矩更充足；高转速时更顺畅，功能更强大，如图1-69所示。

进气歧管的一端与进气门相连，另一端与进气总管后的进气谐振室相连，每个气缸都有一根进气歧管。当发动机在运转时，进气门不断地开启和关闭，气门开启时，进气歧管中的混合气以一定的速度通过气门进入气缸，当气门关闭时混合气受阻就会反弹，周而复始会产生振动频率。如果进气歧管很短，显然这种频率会更快；如果进气歧管很长，这个频率就会变得相对慢一些。如果进气歧管中混合气的振荡频率与进气门开启的时间达到共振，那么此时的进气效率显然是很高的。因此可变进气歧管在发动机高速和低速时都能提供最佳配气。

当发动机在低转速时，用又长又细的进气歧管可以增加进气的气流速度和气压强度，并使得汽油得以更好地雾化，燃烧得更好，提高转矩，如图1-70所示。

发动机在高转速时需要大量混合气，这时进气歧管就会变得又粗又短，这样才能吸入更多的混合气，提高输出功率。

图1-69 装配可变进气系统的发动机

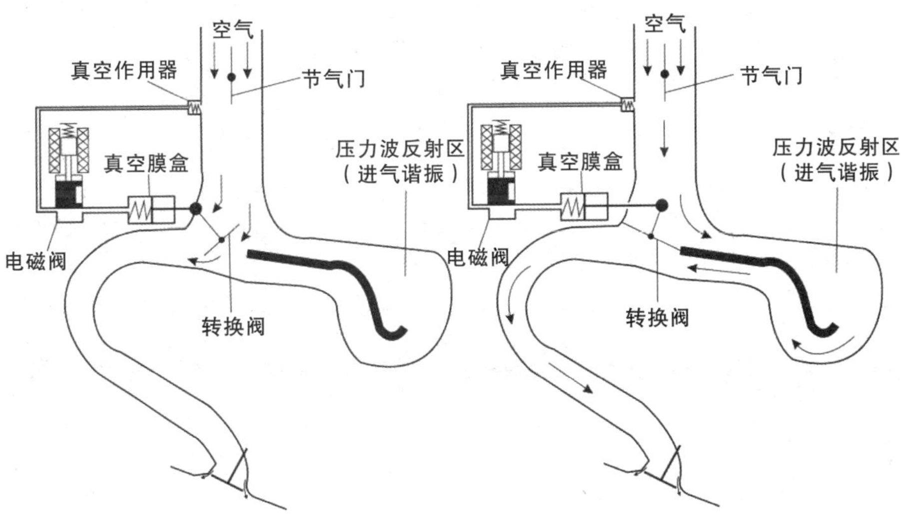

图1-70 可变进气系统结构图

0181 可变进气系统的工作原理

当发动机转速低时，进气流速比较低，这不利于保证低速时的流速。如果能将进气管道的长度变短一些，便可提高进气速度，从而将进气流速控制在一个合理的范围内。具体做法是关闭或打开进气道中的一些阀门，让气流走捷径或绕远便可达到改变进气管长度的目的。

当发动机在2000r/min低转速运转时，黑色控制阀关闭，气流被迫从长歧管流入气缸，此时，进气歧管的固有频率得以降低，以适应气流的低转速，如图1-71a所示。当发动机转速上升到一定程度时，如5000r/min，此时该控制阀开启，气流绕开下部导管直接注入气缸，这样更利于高速进气，如图1-71b所示。

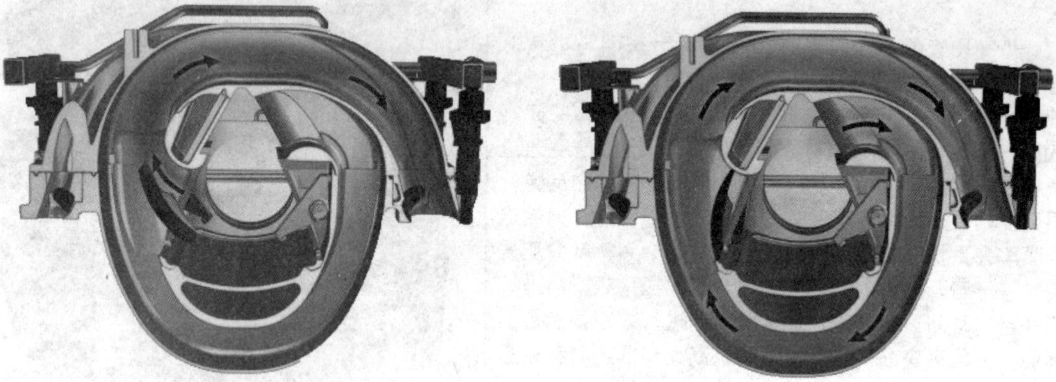

a) 图1-71 可变进气系统的原理 b)

a）低转速进气情况　b）高转速进气情况

0182 GDI和FSI的区别

分层燃烧技术和缸内直喷技术一直是相关联的。分层燃烧的真正目的是实现较稀混合气的点燃，要实现分层燃烧，必须基于缸内直喷，对于缸外喷射的发动机，是无法实现分层燃烧的。设计缸内直喷的主要目的则是为了实现稀薄燃烧。发动机的稀薄燃烧技术是为了让混合气更加充分燃烧，达到降低油耗和排放的目的。

GDI(Gasoline Direct Injection)发动机，起源日本三菱。

在GDI发动机中，中间布置火花塞，侧面安装喷油器。喷油器将油束直接喷射到燃烧室内，利用特殊的活塞凹坑形状配合气体滚流运动，将燃油蒸气导向火花塞，并在火花塞周围形成合适含量的混合气。由于从混合物的形成到点火的时间较长，就会有较大的可燃空燃比混合物的区域。

FSI大众的FSI喷油是间接式的。它把喷油器安放在进气门附近，同样是两次喷油，但其喷油是对准活塞的，在活塞上有个U形槽，燃油喷射出来后，会随着凹槽转变方向，目的地是火花塞附近，因此会在火花塞附近形成较浓的混合气，达到燃油分层的目的。大众FSI的目的似乎很单纯. 就是想要节油，活塞上的U形槽有助于产生更多的缸内涡流，使混合更充分。

0183 缸内直喷技术特点

汽油发动机的改进空间已经很小了，增加更多的气门已经无法大幅度提高性能和经济性了。汽油直喷技术可能是汽油发动机的未来。缸内直喷所宣扬的是通过均匀燃烧和分层燃烧，实现了高负荷，尤其是低负荷下的燃油消耗降低，动力还有很大提升。它在部分负荷时具有巨大的节油作用。无论是哪家公司，其汽油直喷技术都大同小异。

开发直喷技术的最初想法是，由于在大多数的情况下，发动机的空燃比可以调节到比用化学计算法得出的14.7:1更稀薄的状态，而不会对发动机性能造成负面影响。然而其局限性却是稀薄混合气体很难点燃，而且还会随之产生相应的排放物，其主要成分是氮氧化合物。

采用直喷技术后，燃油以细微滴状的薄雾方式进入气缸，而不足以混合气的方式进入气缸。这也就意味着当燃油雾滴吸收热量变为可燃气体时，实际上对发动机的气缸起到了冷却的作用。这种冷却作用降低了发动机对辛烷的需要，所以其压缩比可以有所增加。而且正如柴油样，用较高的压缩比可以提高燃料的效率，如图1-72所示。

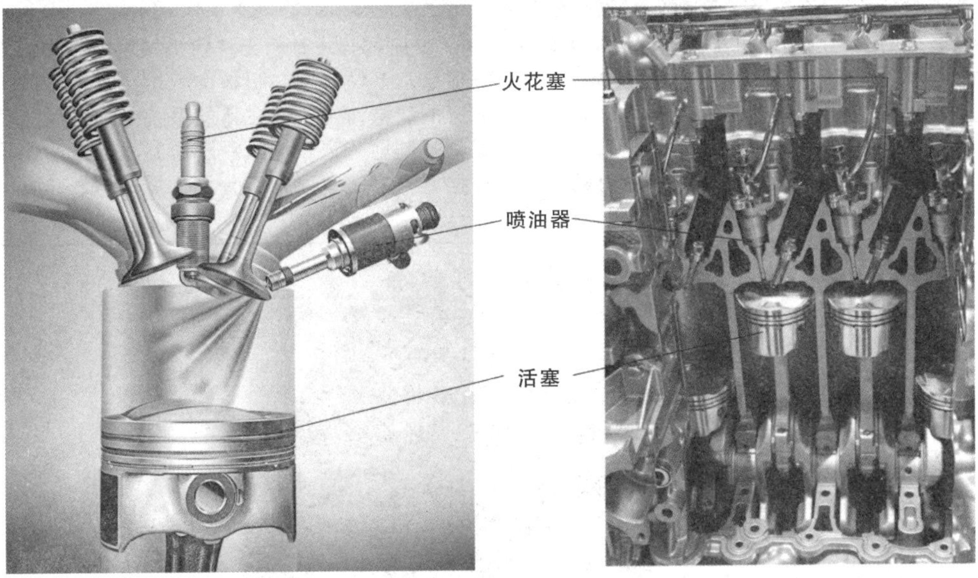

图1-72 缸内直喷

0184 TFSI发动机和TSI发动机的区别

TFSI是指带涡轮增压的缸内燃油直喷发动机，主要应用在奥迪和大众车型上。这种发动机不仅可以像传统的涡轮增压发动机那样提高动力性，而且由于在低速和高速时分别采用分层燃烧和均质燃烧的方式而使燃油消耗控制得比较好。

TSI也是指带涡轮增压的缸内燃油直喷发动机。大众1.8/2.0TSI中的TSI则代表着Turbo Fuel Stratified Injection，通过字母表面意思可以理解为“涡轮增压+分层燃烧+缸内直喷”，不过国内则省掉了分层燃烧。

所以在国内主要由于油品的问题，国产奥迪轿车上使用的TFSI并没有分层燃烧技术，只有均质燃烧，它实际上和TSI是基本一样的。

0185 SIDI发动机的特点

通用将燃油直喷技术的代号定为SIDI，SIDI是Spark Ignition Direct Injection 的缩写，直译为火花点燃直接喷射技术。

其实现火花点燃直接喷射技术的原理和一般的直喷发动机是一样的。凸轮轴驱动的燃油泵为供油系统提供高压燃油，共轨喷油器将高压燃油直接注入气缸，点火时间就可以得到精确地控制，而且高压喷射和极细的喷油器设计保证了喷油量的精确计算。缸内直喷技术代替了传统MPFI(多点电喷)技术之后，发动机在低转速下燃烧效率被进一步提升。

另外，通用的SIDI技术依靠的是缸内均质燃烧来提升效率，并没有使用稀薄分层燃烧技术。由于国内燃油品的限制，引入国内的直喷发动机均不使用分层燃烧，通用的SIDI也没有例外，如图1-73所示。

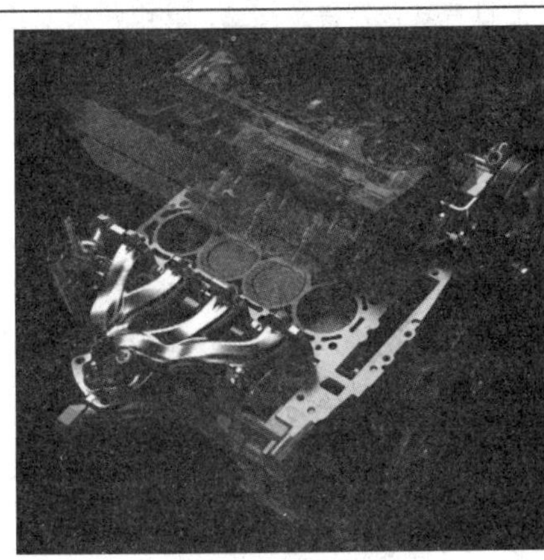

图1-73 SIDI发动机

0186 涡轮增压系统的特点

废气涡轮增压利用发动机排出的废气达到增压目的。增压器与发动机无任何机械联系，由内燃机废气驱动的涡轮来带动。它的优点是增压效率要高于机械增压系统，但与机械增压相比，增压效果滞后于节气门开启。这种发动机是利用发动机排放出的废气的能量，冲击装在排气系统中的涡轮，使之高速旋转，同时带动压气机一同旋转，压缩机压缩进气，强制地将进气增压后压送到气缸中。由于发动机功率与进气量成正比，因此可提高发动机功率。根据增压方式不同，可分为机械式与涡轮式，现代的增压发动机一般是指涡轮增压发动机，如图1-74所示。

图1-74　涡轮增压发动机

0187 涡轮增压器构造与原理

涡轮增压器本体是涡轮增压系统中最重要的部件，也就是一般所说的“蜗牛”或“螺仔”。因涡轮的外形与蜗牛背上的壳或海产摊内的海螺十分近似而得名。

涡轮增压器本体是提高容积效率的核心部件，其基本结构分为进气端、排气端和中间的连接部分。其中进气端包括压气机壳体、压气机进风口、压气机出风口和压气机叶轮。

而排气端包括涡轮壳体，其中包括涡轮进风口、涡轮出风口和涡轮叶轮。

在两个壳体间负责连接两者的还有一个轴承室，安装有负责连接并承托起压气机叶轮、涡轮叶轮，应对上万转速的涡轮轴，以及与之对应的机油入口、机油出口等(甚至包括水入口和出口)，如图1-75所示。

当涡轮工作时，内部会产生极高的压力，涡轮本体虽然有释放高压气体的孔径，但是面对连续增压状态，仍显得有些不足，通过减压阀可使高压气体得以迅速释放，以便下次的增压动作。这样不仅保护涡轮，也可消除部分的涡轮迟滞现象。

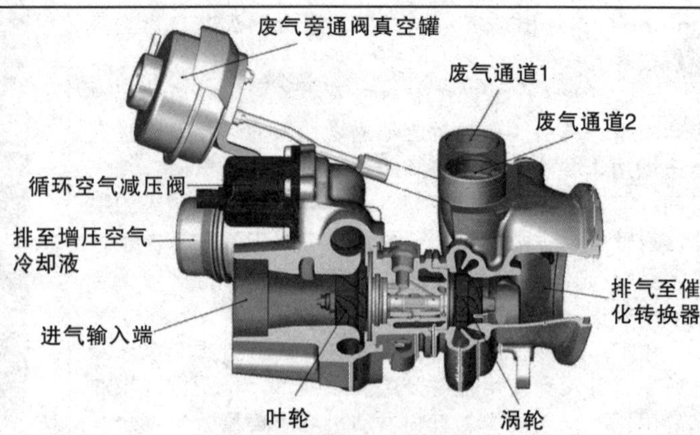

图1-75 涡轮增压器构造

0188 双涡轮增压器发动机特点

在一台发动机上采用两个涡轮增压器，也称为双增压发动机。涡轮增压与机械增压两者的优劣无法简单判断，前者的作用在中高速时明显，而后者在中低速时作用更大。大众1.4L发动机早在2005年就开始应用，双增压发动机在进气系统上安装一个机械增压器，而在排气系统上安装一个涡轮增压器。从而保证在低速、中速和高速时都能有较佳的增压效果。

机械增压器就像发动机的转向助力泵一样安装在发动机上，并由发动机传动带驱动，将压缩空气输送到进气歧管。机械增压器结构简单，工作温度介于70～100℃范围内，不需特殊冷却系统，机件维护简单。不过增址值会随发动机转速的提高而降低，当达到某一界限时，由于本身的阻力，增压器反而会成为发动机的负担，严重影响发动机转速的提升。

涡轮增压是利用发动机排出的废气驱动增压器，由于废气有上千度，需要增设空气中间冷却器来给高温压缩空气进行冷却。优点是增压效率高于机械增压，缺点是受发动机转速影响，低转速时效果不明显，待发动机提升到一定转速时才会有出色表现。涡轮迟滞也是涡轮增压发动机的最大难题，如图1-76所示。定性和灵活性之间必须做出取舍，找到合适的平衡点。

图1-76　双涡轮增压发动机

0189 造成柴油机起动困难的原因

造成柴油机难以起动的原因很多，归纳起来，主要来自以下四个方面：

（1）供油系统产生的故障　柴油机供油系统如果出现气阻、水阻、冰阻和异物阻塞，以及输油泵、喷油泵、喷油器等部件因产生机械故障而使喷油器不能很好喷油，均会造成起动困难。

若所有的高压油管脉动均时有时无，且无规律性，则可能是低压油路供油不足，可对输油泵进行检查。

（2）起动机及其电路的故障　当起动柴油机时，若接通起动机开关而起动机不转，用手摇把摇转曲轴又不感到十分沉重，说明起动机或其电路出了问题。

（3）柴油机产生的故障　因柴油机故障造成难以起动的原因主要有两个。一是起动阻力矩过大，这除了因气温过低而机油过于黏稠外，造成柴油机旋转阻力矩过大的主要原因是主轴承、连杆轴承烧结，或活塞销咬死，活塞环折断造成拉缸等。二是气缸密封不严，对于长期使用的柴油机来说，活塞、缸套及活塞环因严重磨损使缸内密封不严，是柴油机难以起动的一种常见原因。而气门漏气，致使柴油机难以起动也是一种常见现象。

（4）使用条件的变化　使用条件发生变化，而维护和保养却没有跟上，也会造成柴油机难以起动。例如：所加的柴油牌号不对，或是柴油中混入汽油等其他油品，都会明显地损害燃料的发火性。再如：天气突变，气温骤降，致使燃油和机油变得黏稠，其流动性能变差，燃油不能良好雾化，机油造成阻力矩增大，也会造成暂时性起动困难。

在冬季，起动前未对柴油机进行充分的预热，也是造成起动困难的原因之一。要想使柴油机顺利起动，必须具备四个基本条件，即机温度在20℃以上，缸内压力符合要求，起动转速超过120r/min，并保证燃油能良好雾化。

0190 柴油发动机动力不足的原因

柴油机动力不足是指发动机达不到其额定功率和最高转速，其主要原因如下：

1）燃油箱通气孔堵塞，燃油箱开关出油不畅或低压油管接头松动。

2）燃油滤清器堵塞。

3）空气滤清器堵塞。

4）油路中有空气或柴油中有水分。

5）输油泵供油不足。

6）喷油泵供油量不均或不足。

7）喷油时间过早或过迟。

8）喷油泵操纵臂转不到最大供油量位置。

9）调速器调整不当。

10）个别缸喷油器喷射不良，柴油雾化质量差。

11）喷油泵柱塞磨损过甚或卡住。

12）活塞环磨损过度。

13）配气机构气门关闭不严。

0191 柴油机排气管冒蓝烟的原因

发动机冒蓝烟，主要是烧机油所致。下面列出几种常见的故障原因：

1）空气滤清器中机油过多。空气滤清器油盘内的机油过多，在热车的情况下，机油变稀，容易被带入气缸内燃烧，使发动机冒蓝烟，所以活塞环油盘内的油面不能超过油面环槽。

2）油底壳内机油过多。油底壳内机油过多，溅到缸壁上的机油也相应增加，部分机油从活塞环的缝隙中挤窜到燃烧室燃烧，产生蓝烟。因此油底壳内的机油，不得超过机油标尺的上刻线。

3）活塞环对口或磨损后与缸套间隙过大。活塞环对口被积炭胶结时，缸壁上的机油不能全部刮净；活塞环磨损与缸套间隙过大，降低刮油能力，机油上窜，都会造成缸套排气管冒蓝烟，严重时还能排出机油。

4）缸套与活塞组磨合不好。新车或大修后的发动机，缸套与活塞、活塞环没有经过良好的磨合，在开始工作时由于活塞环不能刮净缸壁上的机油，也会冒蓝烟。但经一段时间的磨合后，即可自行消除。

此外，活塞环锥面装反、气门导管磨损等也发生烧机油而冒蓝烟的现象，必须重新安装活塞环或更换导管。

0192 喷油泵不喷油的原因与排除方法

(1) 喷油泵不喷油的原因
1) 燃油箱中无油或开关未开。
2) 输油泵故障。
3) 燃油滤清器或油管堵塞。
4) 柴油中有空气。
5) 柱塞偶件磨损或咬死。
6) 出油阀关闭不严或断裂。

(2) 不喷油的排除方法
1) 加油或打开开关。
2) 检修输油泵。
3) 更换燃油滤清器并清洗油路。
4) 排除油路中的空气。
5) 更换柱塞偶件。
6) 拆开出油阀进行清洗、研磨修整、更换油封垫圈。

0193 喷油泵喷油不足的原因与排除方法

(1) 喷油泵喷油不足的原因
1) 出油阀关闭不严。
2) 接头漏油。
3) 柱塞偶件磨损。
4) 装配调整不当。
5) 油量调节机构松动。
6) 调速手柄行程过小。
7) 活塞、推杆磨损，止回阀关闭不严，自紧油封损坏。

(2) 喷油不足的排除方法
1) 研磨修整或更换出油阀。
2) 检修油管接头。
3) 更换柱塞偶件。
4) 重新装配调整。
5) 检查紧固油量调节机构。
6) 检查调速手柄。
7) 更换磨损零件。

0194 柴油发动机喷油不均匀的原因与排除方法

(1) 喷油不均匀的原因
1) 供油系统中有空气。
2) 出油阀弹簧折断。
3) 出油阀偶件磨损。
4) 柱塞弹簧折断。
5) 杂质使柱塞阻滞。
6) 低压油路油压过低。
7) 各缸供油量调节不均匀(油量调节机构)。
8) 油量调节机构松动。

(2) 喷油不均匀的排除方法
1) 排除供油系统中的空气。
2) 更换出油阀弹簧。
3) 研磨修整或更换出油阀偶件。
4) 更换柱塞弹簧。
5) 清洗低压油路。
6) 检查输油泵、滤清器及低压油路。
7) 重新调整供油量。
8) 检查紧固油量调节机构。

0195 柴油发动机喷油时间过早的原因

若柴油机气缸内发生有节奏而清脆的“嘎、嘎”金属敲击声、发动机过热、无力、冒黑烟、怠速不良或不能起动时，一般是喷油泵喷油过早所致。

造成喷油过早的原因如下：

1) 连接盘固定螺栓松动移位。

2) 喷油泵内柱塞挺杆定时调整螺钉调整不当或发生松动。判断时，可将固定盘固定螺栓松开，慢慢推迟喷油时间，若情况好转，则可判断为喷油过早。

0196 柴油发动机喷油时间过迟的原因

若柴油机气缸内发出低沉而不清晰的敲击声，发动机的转速不能随着加速踏板的加大而迅速提高，发动机过热、无力、冒白烟，一般是喷油时间过迟所致。

造成喷油时间过迟的原因如下：

1) 喷油泵驱动齿轮半圆键滑动或漏装。

2) 连接盘固定螺栓松动而移位，使喷油时间失准。

3) 喷油泵柱塞挺杆上的定时调整螺钉失调。

0197 柴油发动机喷油量过多的原因与排除

（1）现象

1）排气管排出大量黑烟。

2）当发动机转速升高后，在迅速收回加速踏板后，转速不能立即降低。

3）车辆在高速行驶中，遇到障碍，收回加速踏板，车速不能迅速降低。

（2）故障原因

1）喷油泵的喷油量调得过大。

2）泵杆行程过小。

（3）检查与排除

1）在发动机高速运转时，在迅速收回加速踏板的瞬间，用手摸高压油管，若油管仍有“脉动”的感觉，即可确定发动机不易降速故障。

2）检查喷油量调节拉杆，如调整合适有好转即行。若调整仍无效，可将喷油泵在试验台上进行试验和调整。

0198 柴油发动机工作发抖、排气管冒黑烟的原因与排除方法

（1）柴油发动机工作发抖、排气管冒黑烟的原因

1）空气滤清器堵塞。

2）供油时间过早。

3）气缸内温度、压力低。

4）发动机个别缸不工作或工作不良。

（2）排除方法

1）检查空气滤清器或进气道是否堵塞。

2）检查供油提前角。

3）检查各缸工作情况。

通过检查，找出故障，予以排除，使发动机能正常工作。

0199 柴油发动机工作粗暴的原因与排除

工作粗暴是指柴油机工作时产生较高的噪声和剧烈的振动，并伴有强烈的敲击声。

1. 故障现象

1）发动机起动后即有颤抖现象，转速越高，颤抖越烈。

2）发动机发出清脆而有节奏的金属敲击声，急加速时声响更大，排气管冒黑烟。

3）有时也发出无节奏或低沉不清晰的敲击声，但也冒黑烟。

2. 故障原因

（1）抖动原因

1）发动机支架螺栓松动，支架断裂，减振垫老化、破损、脱落。

2）发动机支承位置不当。

（2）敲击和冒烟的原因

1）喷油时间过早或过迟。

2）喷油雾化不良或喷油器滴漏，会出现有规律的敲击声，并伴有放炮和冒烟现象。

3）发动机温度过低，燃烧不充分，工作不均匀，冒黑烟。

3. 故障排除

1）先检查发动机支架、支架螺栓、减振垫是否破损、松动，安装位置是否准确。

2）若声响均匀，可先检查喷油正时，再检查气缸充气是否充分，最后检查燃油品质。

3）若声响不均匀，表明各缸工作不一致，用单缸断油法确定故障缸，可用标准喷油器代替旧喷油器，以确定故障是否在喷油器；再用减油或停车法试出是供油量过大还是喷油时间过早；鉴别供油量大小，还可用手触试各缸排气管的温度，温度高者为供油量大。

0200 柴油机飞车的原因

飞车是指柴油机转速失去控制，突然超过允许的最高转速，并伴有巨大声响的现象。其故障原因如下：

1）喷油泵故障。供油齿杆与调速器脱离连接，加速踏板或供油齿杆卡滞，柱塞弹簧折断，柱塞卡在最大供油量位置，调节齿圈松脱，凸轮轴轴向间隙过大。

2）调速器故障。调速调整螺钉或最大供油量调整不当；调速器内机油过多，黏度太大或太脏，致使飞块难以张开；调速器杠杆、销子脱落或飞块销轴断裂，飞块甩脱；飞块质量不等或滑套轴承损坏；调速弹簧折断或弹力下降；全速调速器飞球歪斜，传动盘松旷，推力锥盘与滑套配合表面不光滑。

3）额外燃油进入燃烧室，无法熄火停车。

①气缸窜油。

②油浴式空气滤清器存油过多。

③增压器、低温起动装置密封不良，机油漏入气缸。

④多次起动不着火，气缸内存油过多。

0201 柴油发动机飞车时的应对措施

飞车是很危险的，如若不能及时采取有效的措施予以制止，则会酿成毁机事故。发现飞车前兆时，应立即设法熄火，故障排除前不准再次起动。紧急熄火的方法有以下几种：

1）迅速收回加速踏板。

2）有减压装置的，迅速将减压手柄拉到减压位置。

3）堵塞进气管，切断空气供给。

4）快速放松高压油管接头。

诊断步骤如下：

① 若收回加速踏板时，踏板抬不起来，发动机达到最高转速时不再升高，可检查供油齿杆是否卡滞。

②当抬起加速踏板时，若转速随之下降，则故障在调速器。

③上述检查正常，可调整调速弹簧张力来限制最高转速。

④若抬起加速踏板，发动机转速仍高，则故障在喷油泵。

⑤若供油系统良好，则应检查有无额外燃油或机油进入气缸。

0202 造成柴油发动机突然停车的主要原因

造成柴油发动机突然停车的原因有：燃油箱内燃油用尽，燃油中混入水分，输油泵不工作，油管突然破裂，柱塞突然卡住，喷油泵柱塞弹簧断裂，气门卡住，点火正时突然改变，燃油冻结，气门卡住，进气管或空气滤清器堵塞，机油压力过低，主轴承及连杆轴承烧干，柴油发动机活塞卡住等。

0203 柴油机的气缸压缩压力低的原因及故障排除

1）活塞环或气缸壁磨损严重。需更换活塞环或缸套。

2）活塞环卡死或各环开口朝同一侧，密封不严。应换环或重新装配。

3）气门密封不严。检查气门弹簧是否折断或变形，并检查气门密封性。

4）活塞压缩终了时气缸温度低。采用起动预热装置，将进气管内的空气加热。

5）气缸垫密封不严。检查缸盖螺栓拧紧力矩，缸垫是否有烧蚀等。

6）喷油器未拧紧。按要求拧紧力矩进行调整并密封螺纹处的间隙。

0204 发动机过热的原因及故障排除

发动机过热，除了冷却液温度表显示出来之外，还会表现出动力不足、配气机构异响、排气管烧红等现象，严重的还会导致活塞拉缸。

（1）故障分析　引起发动机过热的因素较多，由冷却系统引起的过热主要有以下原因：

1）风扇传动带打滑或断裂。

2）冷却液量不足。

3）电动风扇故障。

4）节温器失效。

5）温控开关故障。

6）水泵损坏。

7）循环水路堵塞。

8）散热器水垢过厚、堵塞或散热片过脏、变形、损坏。

（2）故障排除

1）检查冷却液量。检查冷却液膨胀水箱中的冷却液面，不应低于MIN刻线，否则，应添加到位。

2）检查风扇转速和双速温控开关。

3）检查节温器。

4）检查冷却系统有无渗漏。

5）检查散热器与水套中水垢是否过多。

6）检查气缸垫。发动机在运转当中，打开散热器口时发现冒气泡，发动机熄火时气泡消失，说明冷却系统与气缸相通，可能是气缸垫损坏，查看机油中有无漏入冷却液。

0205 发动机温度过低的原因及故障排除

发动机温度过低是指发动机工作时，很长时间或全部工作时间内，冷却液温度达不到正常工作温度，这时，发动机出现动力不足、燃油消耗增加等。长久下去会降低发动机的使用寿命。

（1）故障原因

1）节温器卡在打开位置上。发动机工作一开始，冷却液就处在大循环状态。

2）不能实现发动机快速升温的功能，温控开关失效，低温时冷却风扇起动。

3）冷却系统散热量太大。

4）环境温度过低，逆风行驶，上下通风道无保温措施。

（2）故障诊断

1）检查散热器通风道通风是否正常。

2）检查冷却液温度是否正常。

3）检查温控开关、节温器及风扇电动机工作是否正常。

0206 冷却液消耗过快的原因及故障排除

（1）故障原因

1）散热器及冷却系统各胶管连接处渗漏。

2）暖风热交换器渗漏。

3）水泵水封损坏、渗漏。

4）气缸体或气缸盖破裂。

5）气缸垫损坏或缸盖螺栓松动。

（2）故障排除

1）直观检查机体、水泵、散热器及各胶管连接处有无冷却液渗出，必要时可进行加压检查，出现渗漏，应查明原因予以排除。

2）发动机行驶无力，且排气管冒白烟，表明气缸垫损坏或缸盖螺栓松动，应拆检，更换气缸垫并按规定的次序和力矩拧紧缸盖螺栓。

0207 机油变质的现象、原因以及诊断

（1）故障现象

1）机油取样检查颜色变黑，用手捻搓，失去黏性感并有杂质感。

2）含水分的机油呈悬浊状并有泡沫。

（2）故障原因

1）机油使用时间过长，高温和氧化作用使机油形成氧化聚合物而逐渐老化变质。

2）气缸漏气、曲轴箱通风不良、泄漏的废气中的燃油凝结沉淀，促使机油变质。

3）发动机缸体裂纹，冷却液漏入油底壳。

4）润滑系统供油过少，使少量机油承受过大载荷而变质。

（3）故障诊断与检测

1）首先检测机油的品质。对于已用机油的品质，主要检测分析机油的污染性质和程度。

2）如若机油中有水，进而检查气缸有无渗漏。

3）检查粗滤器和机油道是否堵塞。

0208 发动机异响的含义及引起发动机异响的因素

发动机异响是指发动机在正常工作中发出的超过技术文件规定的不正常的响声。

发动机的异响与配合间隙、润滑条件、温度、负荷和转速有关。

（1）配合间隙　当润滑、温度、负荷和转速等一定时，异响是随配合间隙的增大而变得明显的。如活塞与缸套的配合间隙越大，响声也越明显。

（2）润滑条件　品质好的润滑油和适宜的压力就能产生较好的润滑油膜。润滑油膜越厚，机械冲击就越小，噪声也就越小，异响就不易发生。

（3）温度　金属零部件受到高温作用引起几何形状变化，这种变形又影响到配合间隙的变化，润滑油在高温下易变质和变稀(润滑油黏度下降)，使润滑油膜变薄，润滑性能变差。

（4）负荷　负荷越大异响就越明显，根据异响随负荷变化的规律和特点就可判定故障的性质和位置。

（5）速度　发动机之所以出现异响，是因为每种异响都有其特定的振动频率，当运动速度的频率是异响频率的整数倍时，会产生共振现象，于是异响加剧。即每种异响在其响声最明显时都对应一个速度范围。如活塞敲缸响在发动机的低速段最明显；连杆轴承响在发动机的中速段最明显；传动轴不平衡响在汽车中速以上行驶时最突出，随着车速的升高，传动轴的振动也随之加剧。

（6）部位　异响部位一般离故障位置较近，据此可以判定是什么机构、总成或系统出现故障，从而缩小诊断故障的范围。如异响在气门室处明显，说明气门机构有故障；在曲轴箱内异响明显，说明活塞、活塞销、连杆或曲轴轴承有故障等。

0209 发动机异响的鉴别方法

（1）分清主机与附件的响声　如果将V带松开后响声消失，说明该响声与水泵或发动机及其旋转部件有关；松开空气压缩机V带后响声消失，说明该响声与空气压缩机及其旋转部件有关。若将V带松开后响声仍不消失，应考虑是主机及其他部件发响。

（2）分清连响与间响　连响是指曲轴每转一周响一次，间响是曲轴每转两周响一次。气门机构所发出的响声属于间响，活塞连杆组间隙过大发出的响声一般也是间响。这是由于摩擦副配合间隙较大，活塞在工作行程中产生的冲击所造成的。如果活塞顶部与气缸盖相撞，更换活塞环时未刮缸口或燃烧室里进入异物，所发出的撞击声一般都是连响。

（3）分清“上缸”与“反上缸”　将某缸单缸断火后，响声减弱或消失，复火时又重新出现，称该响声“上缸”；若单缸断火后响声增强或出现，称“反上缸”。活塞、活塞销、连杆衬套及轴瓦由于配合间隙过大所发出的响声一般都“上缸”。活塞有破损、连杆螺栓松脱、连杆轴瓦合金严重脱落，有时容易造成“反上缸”。

（4）分清良性响声与恶性响声

1）良性响声是指在短期内不会对机件造成明显损坏的响声。例如，气门间隙稍大所发出的碰击声，发动机怠速运转时空气滤清器发出的振动声等。这些响声虽不会马上对机件带来损害，但容易与其他响声混淆，造成误判。

2）恶性响声是指能很快造成机件严重损坏的响声。发动机有明显的“上缸”响声时，应引起足够的注意，特别是“反上缸”响声及汽车所发出的沉重或振动较大的响声，都属于恶性响声。若此种响声随着温度、转速及负荷的升高而增大，则应立即停车检查。

0210 曲轴主轴承异响的诊断方法

（1）故障现象　发动机稳定运转时声响不明显，急加速或负荷较大时，发出较沉重、有力、有节奏的“铛铛”声，严重时机体颤抖。

（2）故障原因

1）因主轴颈磨损失圆造成的主轴承配合间隙过大或配合不良。

2）润滑不良。

3）主轴承盖螺栓松动，轴承合金脱落、烧损、轴承破裂等。

4）曲轴弯曲。

（3）故障诊断

1）改变发动机转速，转速升高，响声增大，中速向高速过渡时响声明显，急加速异响明显。

2）负荷增大(如爬坡、载重时)，响声加大，负荷变化时响声较明显。

3）当发动机温度变化时，异响变化不明显。

4）当单缸断火时，响声不变(主轴承响，响声减弱)，相邻两缸均断火时，响声明显减弱。

5）发动机跳火一次，发响两次，即每工作循环响两次。

6）当润滑不良时，响声加重，一般有明显的油压降低现象。

7）反复抖动节气门，从加机油口（或曲轴箱通风管口）处听诊，可听到明显的沉重有力的金属敲击声。或用听诊器接触在油底壳或曲轴箱与曲轴轴线平齐的位置上听诊，响声最强的部位即为发出异响的主轴承。

8）伴随现象。主轴承异响往往会伴随有油压降低现象，严重时发动机颤抖，尤其是在高速或大负荷时。

0211 连杆轴承异响的诊断方法

（1）故障现象　发动机怠速运转时无异响或响声较小，急加速时有较重且短促的“铛铛铛”明显连续的敲击声。这是连杆轴承响的主要特征，严重时怠速也能听到明显响声。连杆轴承响比主轴承响清脆、缓和、短促。

（2）故障原因

1）连杆轴承或轴颈磨损，使配合间隙过大或配合不良。

2）油压过低，或机油变质，或连杆轴颈油道堵塞，致使润滑不良。

3）连杆轴承盖螺栓松动或折断。

4）连杆轴承尺寸不符，引起转动或断裂。

5）连杆轴承减摩合金脱落或烧毁。

（3）故障诊断

1）改变发动机转速，怠速时声响较小，中速时较为明显，稍稍加大节气门开度有连续的敲击声，急加速时敲击声随之增加，高速时因其他杂音干扰而不明显。

2）负荷增大，响声加剧。

3）当发动机温度变化时，响声通常不变，但有时也受机油温度的影响。

4）单缸断火，响声明显减弱或消失，但复火时又能立即出现，即响声上缸。但当连杆轴承松旷过甚时，单缸断火声响无明显变化。

5）点火一次，发响两次，即每工作循环响两次。

6）连杆轴承响声在油底壳侧面较大。如用听诊器触在机体上听诊，响声不十分清晰，但在加机油口处或曲轴箱通风管口处直接检查，可清楚听到连杆轴承敲击声。

7）伴随现象。连杆轴承响伴随有油压明显降低现象，严重时机体颤抖，这有别于活塞销响、活塞敲缸。可用手将螺钉旋具或听诊器抵住缸体下部或油底壳处，当检查相应的故障缸位时有明显振动感。

0212 活塞敲击声响的诊断方法

活塞敲击声指活塞上下运动时在气缸内摆动或窜动，其头部或裙部与气缸壁、缸盖碰撞发出的响声。通常专指活塞与气缸壁间隙较大，活塞上下运动时撞击气缸壁发出的响声。

（1）故障现象 当发动机怠速或低速运转时，在气缸的上部发出清晰而明显的、有节奏的“嗒嗒”的连续不断的金属敲击声，严重时响声变沉重，即为“铛铛”声响。

（2）故障原因

1）活塞与气缸壁配合间隙过大。

2）活塞裙部腐蚀，或气缸磨损过大。

3）油压过低，气缸壁润滑不良。

（3）故障诊断

1）怠速或低速时比较清晰，中速以上运转时，异响减弱或消失。

2）负荷加大，响声加大。

3）一般冷车时响声明显，热车后响声减弱或消失，即冷敲缸；严重时冷热均敲缸，并伴有颤抖。

4）将发动机置于异响明显的转速下，进行单缸断火试验，响声明显减弱或消失。

5）曲轴转一圈，发响一次，且有节奏性，转速提高响声加快。

6）润滑不良响声加重。

7）将听诊器或听诊杆接触在机体上部两侧进行听诊。若响声较强并稍有振动，再结合断火试验，即可确定出异响气缸。

8）伴随现象。排气管排蓝烟、缸压降低等。用手将螺钉旋具或听诊器抵紧气缸侧部，有明显的振动感。

0213 活塞销异响的诊断方法

（1）故障现象 在怠速、低速和从怠速向低速抖动节气门时，发出响亮、尖脆而有节奏的“嘎嘎嘎”金属敲击声，类似两个钢球相碰的声音，呈上下双响。略将点火时间提前，声响加剧，在同样转速下比活塞敲缸响连续而尖锐。

（2）故障原因

1）活塞销与销孔、连杆衬套磨损严重，配合间隙过大。

2）卡环松旷、脱落。

3）润滑不良等。

4）活塞销断裂。

（3）故障诊断

1）当转速变化时，响声也随之周期性变化，加速时声响更大，在发动机转速稍高于怠速时比较明显，比轴承响清脆。抖动节气门，从怠速向低速加速时，响声能随转速的变化而变化，且在转速升高的瞬间，发出清脆、连续而有节奏的响声。

2）温度上升，响声没有减弱，甚至更明显。有时冷车时响声小，热车时响声大。

3）当单缸断火时，响声减弱或消失。复火时响声会明显出现一响或连续两响。严重时，在响声较大的转速下进行断火试验时，往往响声不消失且变得杂乱。

4）用螺钉旋具或听诊器抵触在发动机上侧部或气缸盖上检查，同时变换转速，在气缸壁上部听诊比在下部明显。

5）根据不同症状具体诊断如下：

①若转速越高，响声越大，单缸断火时响声反而杂乱则故障为活塞销与衬套间隙过大。

②当怠速运转时，响声为有节奏而较沉重，提高转速声响不减，同时伴有机体轻微抖动，断火试验响声加重，则说明活塞销自由窜动。

③若急加速时，声响尖锐而清晰，断火试验响声减轻或消失，则很可能是活塞销折断。

0214 活塞环漏气声响及点火敲击声响的诊断

活塞环漏气声响的诊断如下：

（1）现象

1）严重漏气，响声类似敲缸声，钝哑的“啪、啪”声，随转速升高而增大。

2）在加机油口处听时，听到响声特别清晰并有大量气体冒出；将机油口盖好后，声音显著减弱。

（2）原因

1）活塞环弹性过弱或缸壁有沟槽。

2）活塞环质量不好或活塞失圆。

3）活塞环折断。

4）活塞环在活塞环槽中发生黏结、咬住。

（3）检查判断

1）此种声响，如不打开机油口盖，一般不易听出。当发动机高速运转时，可从加机油口处听到响声，关小节气门，响声减弱或消失，同时在加机油口处查看到往外冒烟，可断定是活塞环漏气响。

2）可用“断火”方法试验，即某缸“断火”后，响声和漏气立即消失，但如多缸漏气时上述现象就不太明显。

3）可在初步确定某缸声响时，在该缸内倒入少许机油，然后装上火花塞，起动发动机。如在较短时间内，响声减弱或消失，则再次断定是该缸发响。

点火敲击声响的诊断如下：

（1）故障现象　汽油机空转急加速或负荷较大时，发出尖锐、清脆的“嘎啦嘎啦”的金属敲击响，好像几个钢球撞击的声音，随转速升高而逐渐消失。

（2）故障原因　汽油机点火敲击响是由爆燃和早燃引起的。爆燃发生在火花塞点火之后，而早燃发生在火花塞点火之前，爆燃可引起早燃，早燃又促进爆燃，两者相互促动，因此很难进行区别。

其主要原因为混合气过稀、汽油质量差、辛烷值太低、点火时间过早、压缩比过高、燃烧室积炭过多、发动机过热、负荷过大等。

（3）故障诊断　路试是诊断点火敲击响常用的可靠方法。热车后以最高档最低稳定车速行驶，然后将加速踏板急速踩到底，如在急加速中发出“嘎啦嘎啦”的强烈响声并长时间不消失，而当稍抬加速踏板时响声又会立即减弱或消失，再加速时又重新出现，即可确诊为点火敲击响。

诊断中应注意点火敲击响与气门响的区别。气门响可发生在任何转速下，而点火敲击响发生在汽车加速行驶、爬坡和满载等情况下。发动机产生点火敲击响后，只要适当推迟点火正时，即可继续运行。如响声仍不消除，应进一步查明原因，检查是否有发动机过热或积炭过多等现象。

0215 凸轮轴异响的诊断

（1）现象　这种响声是有节奏的断续响，声音比气门挺杆响得更沉重，低沉。在发动机中速运转时，响声比较明显；怠速时也能听到；高速时一般消失，也有时变得杂乱。在发响的同时，凸轮轴轴承附近常常有振动。

（2）原因　凸轮轴和轴承配合松旷或凸轮轴弯曲，当凸轮轴转动时，轴颈和轴承相互撞击而发出响声。

1）凸轮轴和轴承配合松旷，间隙超限，轴承外圈与座孔配合过松，使轴承在座孔内转动而烧损。新换轴承未经镗削或刮削精度不够，使轴承加速磨损，形成早期松旷。

2）凸轮轴弯曲变形，凸轮轴受到摔碰和挤压，修磨凸轮轴时装夹不当。

3）当更换轴承后，轴承加工精度低。

（3）诊断方法　此响声“断火”试验无反应。当发动机运转时，倾听发响部位。如果声音是在凸轮轴一侧，可缓慢变换节气门试验。怠速时响声较清晰，中速时明显，高速时声音变得杂乱或减弱以至消失，则可能是这种响声。

0216 气门脚响声的诊断

（1）故障现象 怠速时，在气门室处发出连续不断的有节奏的“嗒嗒”声，响声清脆有节奏，易区分。若有多只气门脚响，则声音杂乱，且断火试验响声无变化。

（2）故障原因

1）气门脚润滑不良，或因磨损、调整不当造成气门间隙过大。

2）气门间隙处两接触面不平。

3）气门杆与气门导管配合间隙过大。

4）摇臂轴配合松旷。

（3）故障诊断

1）转速升高响声增大，节奏加快。怠速、低速时响声明显，中速以上变得模糊杂乱。

2）负荷、温度、缸位对气门脚响声无影响，断火试验异响无变化。

3）怠速下在气门室或气门罩处听诊异响非常明显，气门脚响声清脆有节奏，在发动机周围就能听到较为清晰的响声。

4）将气门室盖拆下，在怠速时用适当厚度的塞尺插入气门间隙处，若响声消失或减弱即可确诊为该气门间隙过大。

5）插入塞尺后，气门没有间隙，若响声不变，可用螺钉旋具撬动气门杆；若响声消除，说明气门杆与气门导管磨损过大。

0217 气门挺柱响声的诊断

（1）现象 此响声是有节奏的间歇响声，发响部位是在凸轮轴一侧。侧置式气门的发动机，把气门室盖板拆开，听得更加明显。气门挺柱响的特征是发动机怠速运转时，听到类似气门间隙过大产生的“嗒嗒”声，响声清脆而有节奏，当温度变化或进行单缸断油试验时，响声并不变化，但中速以上可减弱或消失。

（2）原因

1）挺柱或导孔有较大的圆柱度、圆度误差，或配合松旷。

2）由于挺柱大端球面或凸轮磨损变形(凸轮失去原有轴向斜度)，致使挺柱在导孔内不转动或转动不灵活。

3）飞溅润滑不良。

（3）检查判断

1）检查时，拆下气门室罩盖，用手按住靠近缸盖边的推杆侧并朝凸轮轴旋转方向给以适当的侧向力，使其上下移动工作时减小摆动。再仔细听，声音减小或消失者为该挺柱响。

2）发现挺柱响，先检查推杆是否变形，若有变形应予以校正或更换。当更换新件时，必须注意质量检查。

3）当推杆完好时，再检查挺柱与挺柱孔的圆度、圆柱度或配合间隙是否过大。应及时予以修复，并且对润滑油路进行检查、保养。

0218 气门液压挺柱响声的诊断

（1）故障现象

1）发动机怠速运转时发出有节奏的金属敲击声，中速以上响声减弱或消失。

2）用听诊器检查，凸轮轴附近响声明显，断火试验，响声无变化。

（2）故障原因

1）挺柱与导孔配合面磨损严重。

2）挺柱液压偶件磨损。

3）润滑油供油不足。

（3）故障诊断与排除 改变发动机转速并用听诊器检查响声的变化。怠速时发动机顶部响声明显，中速以上响声减弱或消失，断火试验响声无变化，即为液压挺柱响声。具体部位可用听诊器根据响声变化来判断。在起动时液压挺柱有不大的响声是正常的(润滑油未充分进入液压挺柱)，发动机转速达到2500r/min后继续运转2min，若挺柱仍有响声，应先检查调整机油压力。若机油压力正常，则应更换液压挺柱。

0219 发动机油耗过大的诊断

（1）故障现象　发动机动力良好，但耗油量过大，加速时排气管冒黑烟。

（2）故障原因

1）冷却液温度传感器失常。

2）空气流量传感器或进气歧管绝对压力传感器失常。

3）节气门位置传感器失常。

4）燃油压力过高。

5）冷起动喷油器漏油或冷起动控制失常。

6）喷油器漏油。

（3）故障诊断与排除

1）检测冷却液温度传感器，其在不同温度下的电阻值应符合标准。

2）检测空气流量传感器或进气歧管绝对压力传感器，其数值应符合标准。

3）检查节气门位置传感器。

4）测量燃油压力。

5）检查冷起动喷油器控制是否正常。

6）拆卸喷油器，检查各喷油器有无漏油。如有异常，应清洗或更换喷油器。

0220 发动机点火不正常的诊断

（1）故障现象　发动机不能起动或起动困难，起动后运转不稳，有断火现象，排气管放炮，汽车行驶无力。检查高压火花为粉红色或暗红色，甚至无高压火花。

（2）故障原因

1）点火线路接触不良。

2）高压线电阻过大或漏电。

3）点火线圈击穿、短路或断路。

4）点火器损坏。

5）曲轴位置传感器损坏。

6）ECU内点火控制模块损坏。

（3）故障诊断与排除

1）检查点火线圈、点火器、分电器（曲轴位置传感器）的线束插头是否连接可靠。

2）测量各高压线电阻，每根高压线的电阻应小于25kΩ。

3）打开点火开关，测量点火线圈正极接线柱上有无12V电压。

4）检查点火线圈。

5）检查曲轴位置传感器。

6）检查点火控制系统线路。

0221 发动机排气管放炮的诊断

（1）故障现象　发动机工作不正常，排气管放炮。

（2）故障原因及故障部位

1）点火时间过迟。

2）冷起动喷油器不正常供油。冷起动喷油器漏油，温控开关不能断开。

3）喷油器漏油。

4）燃油压力调节器不良(喷油压力过高)。

5）点火系统缺火或火花弱。点火线圈不良，火花塞电极烧蚀或积炭，高压分线漏电或松脱，分电器盖漏电。

6）喷油器控制信号不良。节气门位置传感器不良，氧传感器不良，传感器至ECU信号线路不良，ECU故障。

7）排气门漏气。

8）怠速控制系统不良。

0222 发动机喘抖的诊断

（1）故障现象　在车辆起步或加速时发动机喘抖，汽车加速困难。

（2）故障原因及故障部位

1）离合器打滑。

2）制动器拖滞。

3）进气系统漏气。空气软管破损或软管接头松脱，废气再循环系统EGR阀不能关闭，机油滤清器盖关闭不严。

4）空气滤清器堵塞。

5）点火系统工作不良。火花塞积炭或电极间隙不正常，高压导线漏电或松脱，分电器盖或分火头漏电，点火线圈不良，点火正时不正确。

6）喷油压力过低。输油管路有泄漏，燃油滤清器或输油管路阻塞，燃油泵工作不良或滤网堵塞，燃油压力调节器不良。

7）喷油器工作不良。喷油器阻塞，串联电阻漏电，喷油器驱动电源线路不良。

8）喷油器控制信号不良，空气流量传感器不良，冷却液温度、进气温度传感器不良，节气门位置传感器不良，有关线路和插接器接触不良，ECU故障。

9）个别缸不工作。气缸垫损坏，个别缸火花塞不良，个别缸喷油器不良，高压分线不良，个别缸进排气门漏气。

0223 发动机加速不良的诊断

（1）故障现象　踩下加速踏板后发动机转速不能马上升高，有迟滞现象，加速反应迟缓，或在加速过程中发动机转速有轻微的波动。

（2）故障原因

1）点火提前角不正确。

2）燃油压力过低。

3）进气系统中有漏气。

4）节气门位置传感器或空气流量传感器故障。

5）喷油器工作不良。

6）废气再循环系统工作不正常。

（3）故障诊断与排除

1）进气故障自诊断，检查有无故障码。

2）检查点火正时。在发动机怠速时点火提前角应为10°～15°。

3）检查进气系统有无漏气。测量进气管真空度。

4）检查空气滤清器。如有堵塞，应清洗或更换。

5）检查节气门位置传感器。

6）检查燃油压力。

7）拆卸、清洗各喷油器。

8）检测空气流量传感器。如有异常，应更换。

9）对于设有废气再循环系统的电控发动机，可以拔下EGR阀上的真空软管，并将其塞住，然后再检查发动机的加速性能。

0224 发动机间歇熄火的诊断

（1）故障现象　发动机突然熄火，过后会自动着火（或可以起动）正常运转，不定时又会突然自行熄火。

（2）故障原因及故障部位

1）空气流量传感器信号不连续。

2）节气门位置传感器不良。

3）曲轴位置传感器信号线路时通时断。

4）EFI主继电器、燃油泵继电器触点接触不良(时通时断)。

5）有关线路插接器松动。

6）ECU不良。

0225 曲轴箱通风不良的原因

（1）单向阀堵塞　发动机怠速时靠阀端小孔通风，堵塞后怠速时通风系统失去作用，应定期维护清洗，保证随时畅通。

（2）弹簧弹力失效　工作中单向阀不能开启，通风面积不适合发动机工况需要，应予更新。

（3）单向阀装反(或漏装)　通风装置失去作用，从而影响进气管内的混合气空燃比，而使发动机工作不正常(尤其是无怠速)，甚至造成从加机油口等处向外喷出混合气，以及有关结合部位渗油。

（4）安装不妥　维护修理时如将曲轴箱通风装置后挺杆室盖弯管接头上的密封垫圈漏装或其位置装错，会导致弯管接头尾端与拦油板距离太近，甚至接触而引起堵塞，造成曲轴箱通风系统工作失效。遇此情况应予拆检修复。

0226 底盘参数

底盘的参数包括：驱动方式、前后悬架类型、转向助力类型、前后轮制动器类型、驻车制动器类型、前后轮胎规格、备胎规格、最小转弯直径（半径）、最小离地间隙、最大爬坡角度、接近角、离去角等。

0227 离合器分离时对发动机的影响

在离合器分离过程中，分离轴承通过分离杠杆内端对离合器、飞轮和曲轴这一组合件整体向前施加一个轴向推力，将使曲轴向前窜动。这一轴向力经曲轴传至曲轴推力轴承。这就是曲轴需要轴向定位和曲轴推力轴承后片磨损严重的主要原因。

由此可知，若曲轴轴向窜动量过大，会严重影响分离杠杆的有效行程，造成离合器不能彻底分离。

0228 将从动盘本体制成波浪状的原因

为了使离合器接合柔和、起动平稳，单片离合器从动盘钢片具有轴向弹性结构。从动盘钢片与后衬片之间有六块波浪形弹簧片就起这个作用。钢片辐射状切槽之间的扇形面上有六个孔，其中两孔与前衬片铆接，弹簧片有两孔与后衬片铆接，最后扇形面中间的两孔将钢片和弹簧铆接在一起。这样，从动盘在自由状态时，后衬片与钢片之间有一定间隙。在离合器接合时，弹性变形使压紧力逐渐增大，产生轴向弹性，接合柔和。

0229 离合器技术状况变化的影响因素

影响离合器技术状况变化的因素有以下方面：

1）摩擦衬片的磨损超过允许值，造成压紧弹簧工作长度增加，摩擦力矩减小，后备系数降低。

2）由于压紧弹簧长期使用，因疲劳引起弹力减弱。

3）摩擦衬片材料表面清洁程度低，如有油污、脏物，使摩擦系数减小。

4）离合器压盘工作面磨损与表面粗糙度有关。

5）离合器踏板的自由行程变化后未及时调整。

0230 离合器从动盘的主要损伤表现

从动盘（图1-77）是离合器的一个主要零件，离合器传递动力就是靠从动盘摩擦衬片与主动部分的摩擦作用来实现传递转矩的。常见的损伤有：花键毂键齿的磨损，钢片与接合盘间铆钉松动，钢片翘曲破裂，摩擦衬片磨损、烧蚀、硬化、龟裂以及铆钉松动等，在修理过程中，要认真检查给予修复。若摩擦衬片需更换进行铆接时，更要注意防止离合器从动盘的翘曲度。

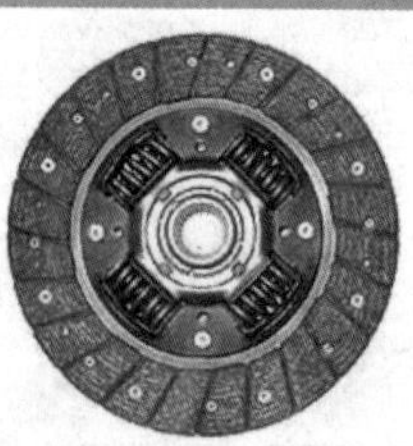

图1-77 离合器片（从动盘）

0231 离合器分离不彻底故障的诊断与排除

离合器分离不彻底的故障可按下列步骤进行判断和排除：

1）将变速杆放在空档位置，踩下离合器踏板，另一人在车下拆下离合器底盖，用螺钉旋具拨动从动盘。若拨不动或拨转费劲，则表明离合器不能彻底分离。

2）检查离合器踏板自由行程，视情况予以调整。

3）检查分离杠杆内端高低是否一致，分离杠杆支架螺栓是否松动，必要时调整或拧紧。

4）双片式离合器，应逐个检查调整限位螺钉与中间主动盘之间的间隙，使之符合要求。

5）如新换摩擦片过厚，可在离合器盖与飞轮间增加适当厚度的垫片予以调整，各垫片的厚度应保持一致。

6）如经上述检查调整仍然无效，应将离合器拆下分解，仔细检查各机件的技术状况，必要时予以修理或更换。

0232 离合器分离不彻底的原因

当汽车起步时，将离合器踏板踩到底，仍感到挂档困难或不能挂档，且变速齿轮发出碰撞声；或者挂上档未抬离合器踏板前，车辆就起步或发动机熄火。其主要原因有以下几方面：

1）离合器踏板自由行程过大。

2）分离杠杆调整高度不在同一平面上或杠杆内端过低。

3）从动盘翘曲，铆钉松脱，摩擦片破损或新换的摩擦片过厚，从动盘方向装反。

4）双片式离合器中间主动盘限位螺钉调整不当，或分离弹簧过软、折断，或中间压盘磨损后过薄。

5）从动盘毂键槽与变速器第一轴键齿锈蚀，使从动盘移动困难。

6）液压操纵式离合器的液压操纵系统泄漏或有空气。

0233 离合器打滑故障的诊断与排除

打滑的判断和排除可按下列步骤进行：

1）拉紧驻车制动器操纵杆，变速杆放在低速档，慢慢放松离合器踏板，与此同时徐徐踩下加速踏板时，若汽车不动，发动机继续运转不熄火，说明离合器打滑。当变速杆放入档内，拉紧驻车制动器操纵杆，用手摇柄能摇动发动机，也说明离合器打滑。

2）检查离合器踏板自由行程，如不符合规定，应予以调整。

3）若自由行程正常，应拆下离合器底盖，检查离合器盖与飞轮连接螺栓是否松动，摩擦片外沿有无油污抛出。离合器盖如与飞轮之间有较多的调整垫片，可酌情减少或拆除垫片。

4）经上述检查和排除后离合器仍然打滑时，可拆下离合器，首先检查摩擦片状况。如摩擦片硬化、过薄和铆钉外露应更换新片重铆。若有油污，可用汽油清洗后烘干，然后找出油污来源，并设法排除。

5）如摩擦片完好，则应分解离合器，检查压盘弹簧弹力，凡弹簧折断或弹力过弱应予更换。若弹簧弹力稍有减弱时，可在弹簧下面加适当厚度的垫圈继续使用。

0234 离合器打滑的原因

1）离合器踏板无自由行程或自由行程过小。

2）压盘弹簧过软或折断。

3）摩擦片磨损过薄、硬化，铆钉外露或表面沾有油污。

4）离合器盖与飞轮连接螺栓松动。

5）分离轴承套筒轴向移动不自如。

0235 离合器发抖故障的诊断与排除

1）使发动机怠速运转，挂上低速档，慢慢松抬离合器踏板并徐徐踩下加速踏板起步时，如感到车身有明显抖动，则为离合器发抖。

2）先检查发动机、变速器与飞轮壳的固定螺栓是否松动，如正常，再拆下离合器底盖，检查飞轮固定螺栓有无松动。同时检查分离叉轴与衬套的配合是否过于松旷，视情况修理。

3）检查分离杠杆高度是否一致，必要时，拆下变速器，对分离杠杆内端高度进行测量。

4）经上述检查，如查不出故障原因所在，可拆下离合器，分别检查压盘和从动盘是否翘曲变形，铆钉是否外露和松动，减振弹簧和压盘弹簧是否折断或弹力不均，再视情况检修。

0236 离合器发抖的原因

1）分离杠杆内端高度不一，不在同一平面。

2）压紧弹簧弹力不均，个别弹簧折断，高低不等。

3）压盘或从动盘翘曲变形或磨损不均。

4）从动盘摩擦片油污、破裂、凹凸不平或铆钉外露、铆钉松动，从动盘减振弹簧松弛或折断。

5）发动机固定螺栓、飞轮固定螺栓、变速器与飞轮壳之间的紧固螺栓松动。

6）分离叉轴及衬套磨损过甚。双片式离合器中间主动盘传动销孔与传动销间隙不当，移动时阻滞。

0237 变速器参数

变速器参数主要有：简称、前进档位个数、变速器类型。如迈腾2011款 1.4TSI标准型的变速器简称为7速双离合，7个前进档位，类型为双离合变速器(DCT)。

0238 变速器齿轮磨损的原因

变速器齿轮经常在高转速、高负荷、转速和负荷不断交变的情况下工作。齿轮除了由于正常磨损外，还会由于润滑油品质、润滑条件不良、驾驶操作不当、维修时齿轮装配相互啮合位置不当等原因，均会造成齿轮冲击，轮齿啮合得不好以及起步抖动等，都会加速齿轮的磨损和损伤。另外，齿轮其他部位或其他零件（如齿轮孔中花键槽、轴承）的磨损以及花键轴弯曲等，离合器或传动轴的装配不当，制造上的某些缺陷(如渗碳层不均匀、齿轮翘曲等)，也会加速齿轮的磨损。

0239 变速器轴承磨损的原因

变速器轴承一般采用径向球轴承、圆柱滚子轴承，而轴承的工作条件是在高速、重载、轴承运转工作时承受很大的交变负荷，因此滚动体（钢球、圆柱滚子等）与滚道往往产生严重磨损、疲劳剥落、烧蚀、破裂等现象，从而使轴承本身的径向和轴向间隙变大。当速度升高、负荷增大或润滑不良时，由于滚动体与滚道间的撞击而产生噪声，加剧轴承本身的磨损。

0240 变速器产生异响的原因

变速器产生声响的主要原因有以下方面：

1）变速器轴承经常处在高速、重负荷条件下工作，并承受较大的交变负荷。因而轴承的滚动体与滚道会产生磨损、斑点、疲劳剥落、烧蚀等现象，使轴承的轴向和径向间隙增大，发生撞击而产生响声。

2）齿轮在啮合传动时，从动轮齿顶到齿根存在着滑动摩擦，所以磨损是不可避免的。由于齿轮的磨损，导致啮合间隙变大，因此，车辆在行驶中，如起步、换档时轮齿会产生撞击声响。

3）由于轴承磨损后松旷，轴的变形或壳体变形引起两啮合齿轮中心距离变化及轴线之间不平行；轴上滑动键槽与滑动齿轮内端花键磨损；操纵机构中紧固螺栓松动及变速叉的磨损变形，引起齿轮位移；另外，驾驶人操作不当，如起步过猛，换档时手与脚配合不当，均会在传动中引起较大的冲击负荷，导致轮齿断裂或破碎后产生异响。

0241 变速器换档困难的原因

变速器换档困难的原因有以下方面：

1）离合器分离不彻底，不能完全切断动力。

2）同步器磨损过度或损坏。

3）换档拨叉松脱、弯曲，变速叉轴弯曲、锈蚀，移动困难。

4）个别啮合齿齿端粗糙。

0242 变速器跳档的原因

1）滑动齿轮与接合套啮合轮齿磨成锥形。由于频繁换档，换档部件若采用滑动齿轮与接合套时，工作中因碰击和磨损，齿轮的啮合齿逐渐磨短并成锥形。当磨损成锥形的啮合齿相互作用而传递转矩时，就会产生轴向力，这个轴向力随着啮合齿磨成锥形的程度增加而加大，也随着传递转矩的增加而增大，当轴向力超过自锁机构的锁紧力时，即造成变速器跳档。

2）自锁机构失效。如自锁钢球磨损，自锁弹簧弹力减弱、折断或变速叉轴定位凹槽磨损等，均使自锁机构的锁紧定位作用失效或减弱。

3）轴承松旷。变速器第一轴、第二轴与前后轴承松旷以及轴承与轴承座孔松旷，在工作过程中会引起轴和齿轮的轴向窜动，导致跳档的产生。

4）变速叉端面磨损过大。变速叉与齿轮槽接合端磨损过大，使其与齿轮槽的配合间隙过大，使换档齿轮换上档位后，轴向失去约束而产生跳档。

5）第二轴上直齿滑动齿轮花键槽与轴上花键槽齿磨损后侧隙过大，产生跳档。

6）飞轮壳变形。飞轮壳座孔与曲轴中心线不同心，飞轮壳与变速器壳结合平面与曲轴中心线不垂直，产生跳档。

7）同步器锁销松旷或锥环油槽严重磨损产生跳档。

0243 变速器乱档的原因

变速器产生乱档的主要原因有以下方面：

1）变速杆球头定位销松旷，定位销磨损或脱出，变速杆球头磨损过大。

2）变速杆下端弧形工作面磨损或变速叉轴导块上的槽磨损过大。

3）变速叉轴互锁机构中的锁销或锁球磨损过大(超过0.2mm)，失去了互锁作用。

4）在三轴变速器中，当第二轴前端滚针轴承烧结，将使变速器第一轴、第二轴连成一体，会造成仅有空档与直接档，其余档位不能转动。

0244 变速器漏油的原因及故障排除

变速器漏油的主要原因有以下几方面：

1）机油数量超过规定标准。

2）密封垫圈损坏或未装。

3）紧固螺栓或放油螺塞松动。

4）油封损坏或未装。

5）变速器壳体破裂。

6）安装里程表部位松脱或破损。

7）轴承盖回油螺纹阻塞或因轴承松旷而磨损，与轴的配合间隙过大。

8）变速器气缸堵塞。

判断时，可先将漏油处擦净，行驶一段路后仔细观察，根据造成漏油的部位和原因，采取相应措施，排除漏油故障。

0245 影响前轮前束值发生变化的原因

前桥总成和转向机构某一零部件的损坏和失调都会引起前束值的改变。如横拉杆弯曲、球头销及销座磨损过大、转向梯形机构调整不当、前轮轴承松旷以及车架变形和钢板弹簧安装不符合要求等。

0246 前轮前束值不正确对轮胎的影响

前轮前束值失准引起轮胎磨损的特征如下：

1）当前束值大于原厂规定数值时，货车、大客车的前轮外侧磨损严重，内侧花纹沟边部起绒毛状磨损，或似荷叶边的微耗磨损，磨损痕迹从内到外逐步加重，对于前轴采用独立悬架装置的轿车来说，由于转向盘的位置不同，其磨损也不一样，一般是左盘右驶或右盘左驶时，右前轮外侧磨耗严重，其痕迹也为从内到外横过胎面边缘的磨损，呈羽毛状。

2）当前束值小于原厂规定数值时，载货汽车的前轮胎内侧磨损严重，而外侧边部花纹沟边起毛。具有独立悬架装置的轿车，则左前轮内侧将出现轻微的磨损，拖曳的痕迹横过胎面。

0247 液压制动不灵和液压制动失效的主要原因

（1）液压制动不灵的原因

1）制动系统中有空气。

2）制动主缸和油路不通畅或制动液不足、制动液变质、混进其他油液、油管破裂漏油、油管接头松动漏油。

3）主缸进油孔或加油盖上通气孔堵塞。

4）主缸、轮缸皮碗老化、损坏，活塞与缸筒间隙过大；轮缸皮碗渗油。

5）制动鼓壁过薄，制动时制动鼓会发胀；制动鼓内圆柱面对轴承孔中心线的径向圆跳动量大。

6）摩擦片与制动鼓结合面不良，摩擦片表面硬化，有油污。

7）制动蹄摩擦片磨损过大，与制动鼓配合间隙过大。

（2）液压制动失效的原因

1）主缸内无油或缺油。

2）主缸皮碗踏翻。

3）管路结冰或有异物堵塞。

4）管路在汽车行驶中振裂或接头脱落。

5）制动踏板与主缸机械联动接头脱落。

0248 液压制动不灵的判断方法

液压制动不灵判断方法如下：

1）一脚制动不灵，连续踏下制动踏板时，踏板位置逐渐升高，而且制动效果良好，这说明制动踏板自由行程过大，或制动鼓与摩擦片之间的间隙过大。应先检查调整制动踏板的自由行程和制动鼓与摩擦片之间的间隙。

2）当踏下制动踏板时，位置很低，连续踩制动踏板，制动踏板能逐渐升高但感到软弱有弹性，制动效果差，说明制动系统内有空气，应用放空气的方法排除。

3）初次踏下制动踏板时，位置很低，连续踩踏，制动踏板位置仍不能升高，一般为主缸通气孔或补偿孔堵塞，应检查疏通。

4）若连续踩制动踏板，制动踏板位置能升高，但用力踩踏制动踏板，制动踏板有下沉感觉，这说明制动管路或接头处有漏油之处或主缸阀门关闭不严，应进行检查修理。

5）当踏下制动踏板时，制动踏板高度合乎要求，且无软弱感觉，但制动效果差，则一般为车轮和车轮制动器故障。此时应检修车轮制动器，必要时镗削制动鼓，更换制动蹄片。

6）制动液质量不好，或使油管存在局部堵塞，或管外有凹陷变形存在，影响液体流动畅通。

0249 后桥的常见故障及原因

1）后桥响声，主要的原因是主传动器、主从动齿轮接触区啮合不良、齿隙间隙过大。

2）轴承座处发热，主要的原因是主动锥齿轮上的轴承预紧力过大，或者是后桥内缺油。

3）后桥壳折断，主要的原因可能是超载，或者驾驶操作不当，受冲击载荷以及铸造缺陷所致。

4）后桥壳弯曲，轮胎有规律地磨损，也可吃胎。

5）差速器齿轮垫片是经过磷化处理的特殊垫片，若采用塑料垫片时，必须有充分的润滑油，否则润滑油供不上来，垫片容易烧坏。

0250 真空助力器液压制动系统，踏制动踏板感到沉重的原因

1）当踏制动踏板时，用力才能踏下制动踏板，沉重的主要原因是真空助力器损坏。首先，应检查真空软管接头是否松动，橡胶软管有无老化破损，空气滤清器是否过脏、堵塞。

2）若是由于真空助力器上的空气滤清器过脏，制动时空气流动受阻而造成的，则将空气滤清器清洗后，制动效能就能恢复正常。

3）若真空软管接头螺钉松动，橡胶软管老化，真空储筒内无负压，踏制动踏板驾驶人则无省力的感觉，应安装牢固或更换新的橡胶软管。

0251 装有真空助力器的汽车滑行时不能熄火的原因

装有真空助力器的轿车，动力室外的真空是用软管同发动机的进气歧管真空相连接。工作时取决于发动机进气管中的真空度。当发动机熄火后，动力室无真空存在，使用制动时不能起到助力作用。若熄火后遇到紧急情况时，驾驶人踩制动踏板感到费力，制动欠灵。

0252 真空助力器性能的简易诊断法

当使用制动踏板，发现踏板较重且制动性能差，应对真空助力器的工作性能进行检查。一般采用简易的诊断方法如下：

1）将发动机熄灭，快速反复踏制动踏板时，使制动踏板到最低位置。起动发动机，如感到踏板稍微下降，则为真空制动助力器工作基本正常。如踏板无下降感觉，则为真空制动助力器无助力作用，应检修或更换。

2）起动发动机并运转1~2min，然后缓慢地踏几次制动踏板，每次踏下制动踏板有下吸感觉时，为真空制动助力器密封良好。如制动踏板连续踏动不下吸，助力器动力缸的密封不良，应检查或更换。

3）在发动机运转情况下，用脚踏下制动踏板并将发动机熄火，如30s左右制动踏板位置不发生变化，为真空制动助力器密封良好。如制动踏板位置很快变动，为密封不良，应检修或更换。

0253 气压制动装置制动失效与制动不灵的主要原因

1）制动气压不足，空气压缩机工作不良，泵气量小，储气筒无气或气压低于441kPa。

2）气压制动控制阀调整不当；自由行程与最大工作气压两个调整螺栓调整不当；平衡弹簧弹力过软(制动阀开度太小)，膜片破裂或使用不合格橡胶进气阀。

3）制动管路漏气。

4）制动踏板自由行程过大或制动气室气压不足。

5）制动阀进气阀与芯杆间隙过大，影响进气量。

6）制动蹄摩擦片与制动鼓结合面不良，制动蹄摩擦片有油污或磨损过甚。

0254 前轮定位的目的及内容

为了使转向轻便和行驶稳定，减少轮胎和机件的磨损，应使主销和转向轮保持一定的安装角度，这就是前轮定位的目的。

前轮定位的内容包括：主销后倾、主销内倾、前轮外倾和前轮前束四项。

0255 轿车的后轮也有前束值的原因

由于轿车的后轮也同样存在车轮外倾角，为了克服车轮向外滚的趋势，后轮也需设置车轮前束。同时，当汽车行驶时，为了使前、后轮在路面上运动轨迹重合，提高后轮轴承的安全性，保证轿车高速行驶的稳定性，很有必要设置后轮前束，还有助于减少轮胎及悬架各零件的磨损。

0256 车身参数

车身的参数主要包括：车身长度、宽度、高度、轴距、前轮距、后轮距、最小离地间隙、整备质量、车身结构、车门数、座位数、燃油箱容积、行李箱容积等。

二、常用工具和仪器的使用方法

0257 螺钉旋具的作用和使用方法

螺钉旋具俗称起子，是用来拧紧或旋松带槽螺钉的工具。螺钉旋具分为木柄螺钉旋具、穿心螺钉旋具、夹柄螺钉旋具、一字槽螺钉旋具、十字槽螺钉旋具和偏心螺钉旋具。螺钉旋具的规格(杆部长)分为50mm、65mm、75mm、100mm、125mm、150mm、200mm、250mm、300mm和350mm等几种。

当使用螺钉旋具时，要求螺钉旋具刃口端应平齐，并与螺钉槽的宽度一致，螺钉旋具上无油污。让螺钉旋具口与螺钉槽完全吻合，螺钉旋具中心线与螺钉中心线同心后，拧转螺钉旋具，即可将螺钉拧紧或旋松。

0258 钳子的作用和使用方法

钳子的种类很多，汽车修理常用鲤鱼钳和尖嘴钳两种。

1）鲤鱼钳。用手夹持扁的或圆柱形零件，带刃口的可以切断金属。使用时，擦净钳子上的油污，以免工作时打滑。当夹牢零件后，再弯曲或扭切；当夹持大零件时，将钳口放大。不能用钳子拧转螺栓或螺母。

2）尖嘴钳。尖嘴钳用于在狭小地方夹持零件。

0259 扳手的种类和各自适用的范围

扳手用于拆装有棱角的螺栓和螺母。汽车修理常用的有呆扳手、梅花扳手、套筒扳手、活扳手、扭力扳手、管子扳手和特种扳手。

1）呆扳手。呆扳手开口宽度为6~24mm范围内，有6件、8件两种。适用于拆装一般标准规格的螺栓和螺母。

2）梅花扳手。梅花扳手适用于拆装5~27mm范围的螺栓或螺母。每套梅花扳手有6件和8件两种。梅花扳手两端似套筒，有12个角，能将螺栓或螺母的头部套住，工作时不易滑脱。有些螺栓和螺母受周围条件的限制，梅花扳手尤为适用。

3）套筒扳手。套筒扳手每套有13件、17件、24件三种。适用于由于位置所限，普通扳手不能拆装螺栓和螺母的场合。拆装螺栓或螺母时，可根据需要选用不同的套筒和手柄。

4）活扳手。此种扳手的开度可以自由调节，适用于不规则的螺栓或螺母。使用时，应将钳口调整到与螺栓或螺母的对边距离同宽，并使其贴紧，让扳手可动钳口承受推力，固定钳口承受拉力。

5）扭力扳手。扭力扳手用以配合套筒拧紧螺栓或螺母。在汽车修理中扭力扳手是不可缺少的，如气缸盖螺栓、曲轴轴承螺栓等的紧固都需使用扭力扳手。

6）特种扳手。特种扳手或称为棘轮扳手，应配合套筒扳手使用。一般用于螺栓或螺母在狭窄的地方拧紧或拆卸，它可以不变更扳手角度就能拆卸或装配螺栓或螺母。

0260 使用锤子的注意事项

锤子的使用注意事项如下：

1）使用前，必须检查锤柄有无松动或破裂现象，以免工作中锤头飞出发生危险。

2）使用时，应将手上和锤子上的油污擦净，以防工作中滑脱伤人。

3）以右手握住锤柄的后端，锤击时，锤头不可东倒西歪，锤面应与工作物平行接触，眼睛应注视工作物。

4）挥锤的方法有腕挥、肘挥和臂挥三种。腕挥是靠手腕的前后弯曲运动，锤劲较小，适用于铲凿开始和结尾；肘挥是靠手和肘的运动，这种挥锤法击力较大，又比较省力，适用于各种作业；臂挥是肘和上臂一起运动，需要重击时才能这样挥锤。

0261 活塞环装卸钳的使用方法

活塞环装卸钳用于装卸发动机活塞环，避免活塞环受力不均匀而折断。活塞环装卸钳如图1-78所示，使用时，将活塞环装卸钳卡住活塞环开口，轻握手柄，慢慢收缩，活塞环就慢慢张开，将活塞环装入或拆出活塞环槽。

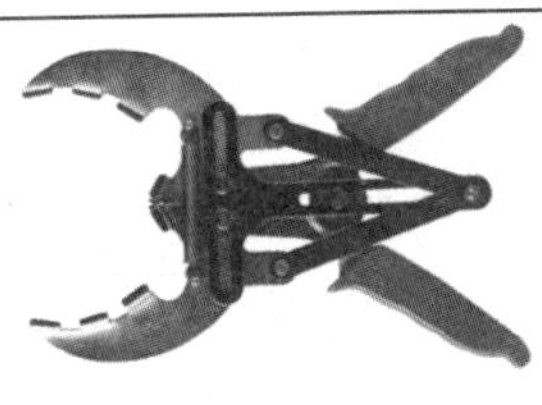

图1-78　活塞环装卸钳

0262 气门弹簧装卸钳的使用方法

气门弹簧装卸钳是用以拆装气门弹簧的专用工具。

当拆气门弹簧时，应先把气门弹簧装卸钳的钳口收缩到最小位置，并从气门弹簧座下部插入，然后用手旋转螺栓手柄，使两钳口贴紧气门弹簧座而伸张；而另一只手向前撑持压牢，防止滑出。由于两钳口伸张，气门弹簧受压缩短，则可取出锁销或锁块，从而将气门弹簧拆出。

装上气门弹簧时，方法与上述相似，即气门弹簧装卸钳的两钳口伸张时，装上锁销或锁块，然后旋松手柄，取下气门弹簧装卸钳。

0263 使用千斤顶应注意的问题

汽车上通常使用的千斤顶分为液压和机械式两类，有3t、5t、8t等几种。

使用液压式千斤顶时应先把油压开关拧紧，将千斤顶放好并对准要顶起的部位，随即压动手柄，工作物便会逐渐升起。当落下千斤顶时，可将油压开关慢慢旋松，工作物就会逐渐下降。

使用千斤顶时应注意以下几点:

1）在顶起之前应用三角木将汽车轮子塞好。

2）如在松软的路面上，应在千斤顶底座下加垫木板以减小对地面的单位压力。

3）顶起时要确保与工作物垂直对正，以防止滑脱，造成事故。

4）在千斤顶起升和下降时，严禁在车底下工作。

5）当千斤顶缺油时，应加注规定的油液，不能以其他油代替。

6）千斤顶柱设有调节螺柱，可根据需要旋出或旋入。

0264 润滑脂枪的作用及使用注意事项

润滑脂枪是用来加注润滑脂（黄油）的工具，在汽车维修中可用润滑脂枪向装有滑脂嘴的润滑部位加注润滑脂。

使用润滑脂枪时应注意以下几点:

1）向润滑脂枪中装润滑脂时，应一小团一小团地装，以便于排除空气；加进的润滑脂团相互间要贴紧，不能有空隙；所用润滑脂必须干净，不得含有杂质。

2）出油脂口必须对正润滑脂嘴，不能偏斜，以便润滑脂顺利进入润滑部位。

3）当发现不进油脂时，应停止注脂，检查润滑脂枪和润滑脂嘴是否有故障。润滑脂枪的故障一般有储脂筒内存有空气、出脂阀堵塞、弹簧弹力不足或损坏以及柱塞磨损等，润滑脂嘴的故障一般是油孔堵塞或损坏。

0265 塞尺的作用

塞尺可用来检验两个接合面之间的间隙大小。塞尺具有两个平行的测量平面，是由一片标准的钢片或一束具有各种不同厚度的钢片组成的，如图1-79所示。它是在汽车修理工作中常用的量具之一。塞尺每片上都标有它的厚度，片上所刻的读数为百分之几毫米或千分之几英寸。

测量时，不允许将钢片做剧烈的弯曲，同时也不可以将它用大的力量插进去。片上不能有污垢和金属屑，否则会影响其精确性。

图1-79　塞尺

0266 卡钳的种类和各自的用途

卡钳是一种间接量具，使用时必须与钢直尺或其他刻线量具配合。

卡钳分为内卡钳和外卡钳两种。普通卡钳是利用铆钉来连接两个卡脚，而较好的卡钳是用弹簧连接两个卡脚的。

内卡钳用以测量工件的内部，外卡钳用以测量工件的外部，所测量的尺寸大小，都应用量尺来确定。其分度值可达0. 50mm。

0267 游标卡尺的读数方法

游标卡尺是最常用的量具之一，用它可直接量出工件的内外直径、宽度和长度等。其分度值有0. 10mm、0. 02mm 和0. 05mm等几种。

游标卡尺主要由尺身、游标、固定卡脚和活动卡脚等组成。固定卡脚和尺身一体，活动卡脚和游标一体。固定螺钉是用以固定游标的。上卡脚测量内表面，下卡脚测量外表面。有的游标卡尺，在尺身背面有深度尺，与活动卡脚一齐移动，可测量沟槽的深度。

读数时，先看游标的零线指在什么地方，例如游标的零线指在尺身11mm 过一点；再看游标上的哪一条刻线和尺身上的刻线垂直重合，例如游标上的2和尺身上的3对齐，这说明游标的零线移过尺身的11mm刻线以及2×0.10mm=0.20mm，所以测得的尺寸是11. 20mm。

0268 千分尺的作用及读数方法

千分尺（图1-80）是一种精密量具。由于它的精度比游标卡尺高，而且比较灵敏，因此，测量加工精度要求比较高的零件时多应用千分尺。

千分尺有内径千分尺和外径千分尺两种，是用来测量零件的内径和外径的。除外形不同外，其内部构造和原理是相同的。因此，下面只介绍外径千分尺的读数方法。

一般千分尺的测微读数为0.01mm。它的分格原理是：在螺杆后面有精密螺纹，螺距是0.50mm，旋转活动套管或棘轮转一圈时，螺杆和活动套管一道前进或后退0.50mm。在固定套管上，每隔0.50mm时刻一条直线；在活动套管一周上刻有50条线，分成50等份。固定套管上的刻度相当于尺身，活动套管上的刻度相当于游标。活动套管每转过一条线相当于螺杆前进或后退0.01mm(0.5mm÷50)。

读数为5.5mm+0.00=5.5mm和5mm+0.46mm=5.46mm，如图1-81所示。其读数方法是：

1）读出活动套管边缘在固定套管线最近的轴向线后面的数。

2）读出活动套管上哪一格与固定套管上基准线对齐，即轴向刻度中心线重合的圆周刻度数。

3）将以上两部分读数加起来，即为总尺寸。

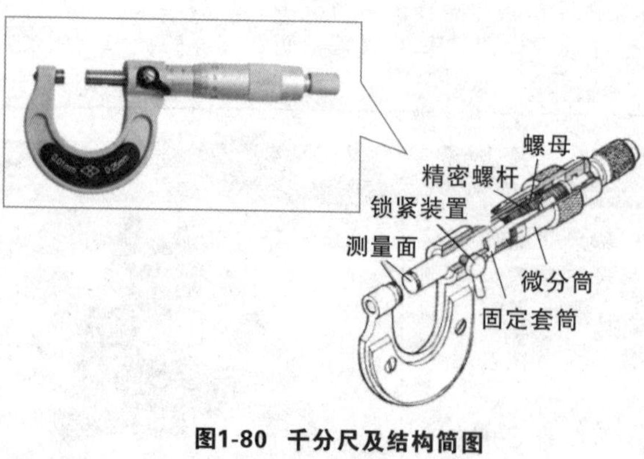

图1-80 千分尺及结构简图

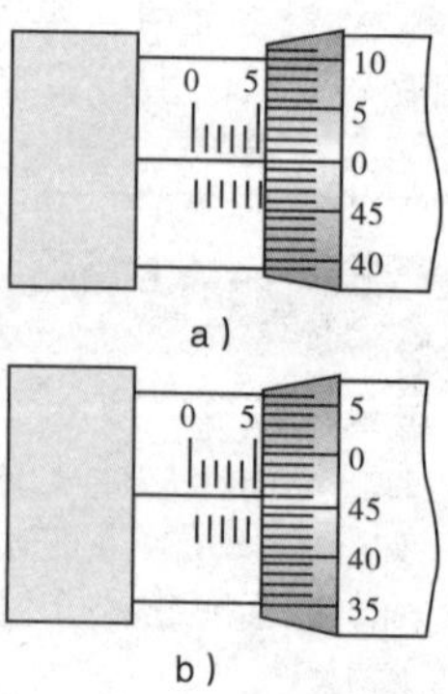

图1-81 千分尺读数

0269 千分尺误差的调整方法

在使用千分尺之前，应检查千分尺有无误差。检查的方法如下：

旋转棘轮，使螺杆前移，当两个砧端靠拢时(棘轮发出“咔咔”的声响)，活动套管的前端应与固定套管的零线对齐，同时活动套管的零线还应与固定套管的基线对齐。如有误差，就需要进行调整。调整的方法如下：

1）手握活动套管拧松调整螺母，转动活动套管使零线与固定套管上的基线对齐，然后旋紧调整螺母。

2）用小跨径扳手插入固定套管上靠近弓架处的一个小圆孔内，并轻轻向需要调整的方向扳动固定套管，直到使活动套管斜面上的零线和固定套管上的基线对齐为止。

0270 百分表的用途和使用方法

百分表是一种比较性的测量仪表，可用来测定工件偏差的大小。如校验零件的垂直度和平面度以及轴的游隙，轴或气缸的圆度、圆柱度等。

百分表的表盘刻度如图1-82所示，一般为100格，每10格用数字10mm、20mm、30mm等标记。当量头移至0.01mm，大指针转动一格，即表示0.01mm；当大指针转动一周时，则小指针转动一格，表示1mm。量头在弹簧的作用下能自动顶住或退回。

当使用百分表测量时，应将百分表固装在支架上，以测杆端的量头抵住被测量面，并使被测量物在一定的要求下移动，即可从表盘上读出测量物中的间隙或其尺寸偏差。在测量时，测杆的轴线应垂直于被测量的表面，否则会使测量结果不准确。

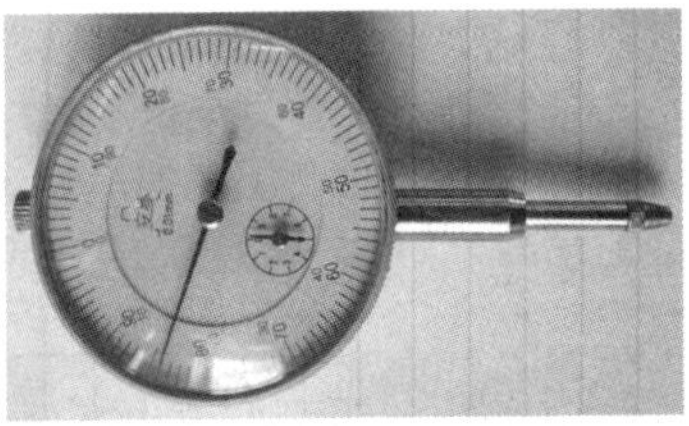

图1-82 百分表的表盘刻度

0271 气缸压力表的类型和作用

气缸压力表是用以测量气缸压缩压力的量具，如图1-83所示。

气缸压力表的测值单位为kPa。常用气缸压力表的规格有0～1000kPa和0～2000kPa两种。

现在还有一种比上述更为理想的气缸压力表，是记录式气缸压力表。它依靠记录卡，使各缸的压力变化曲线记录在一张小卡片上。根据记录在卡片上的曲线，可分析压力最高值和变化情况。同时，还将此卡片作为车辆技术档案的一部分，以备查阅。

图1-83 气缸压力表

0272 机油滤清器拆装工具的使用方法

拆装机油滤清器的方法如下：

1）把机油滤清器拆装工具放在机油滤清器靠近端部的地方，然后逆时针用力，即可拆下，如图1-84所示。

2）安装时反方向操作。

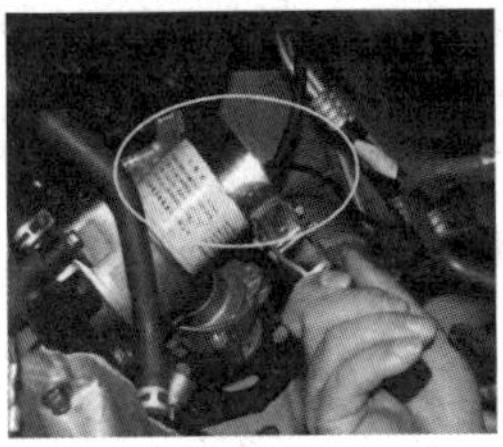

图1-84 拆卸机油滤清器

0273 传动带张紧轮扳手

使用传动带张紧轮扳手拆装前端轮系传动带，如图1-85所示：

1）将通用套筒扳手与此工具接在一起。

2）然后将套筒放到张紧轮上面的外六方头上，即可拆装前端轮系传动带。

图1-85 拆装前端轮系传动带

0274 发动机前悬架拆装架的使用方法

1）把专用工具放到千斤顶支架上，如图1-86所示。

2）用专用工具上的两个螺钉孔对准千斤顶托板上两个连接孔，用螺钉固定，拧紧螺母。

3）调整销子1对准前悬架的前面左侧的孔。

4）调整销子3放进前悬架后面右侧的孔，销子2、4 自动会对准相应的位置。

5）用带子将前悬架拆装架与前悬架固定住，并用压扣压紧带子(图1-87)。

6）把专用工具上的四个螺母紧固好，与前悬架相连的部位拆开，然后通过千斤顶的升降就可以拆装前悬架，如图1-88所示。

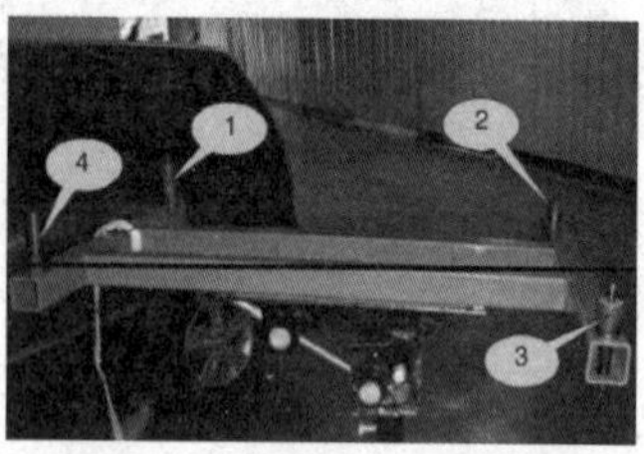

图1-86 发动机前悬架拆装架

图1-87 前悬架拆装架安装

图1-88 拆装前悬架

0275 发动机平衡架的使用方法

1）安装好专用工具，调整两个支脚的方向，保证工具的横梁水平，并且把吊钩移动到发动机右吊耳的正上方，如图1-89所示。

2）两边的支脚放到两边的前翼子板的凹槽内(图1-90)。

3）调整两支脚到合适的位置，拧紧上面的蝶形螺母。

4）把吊钩钩在发动机右侧的吊耳上(图1-91)。

5）把螺杆调垂直后，拧紧上面的蝶形螺母2，直到钩紧吊耳；然后用举升机把车升起，进行变速器的拆装作业(图1-92)。

图1-89 发动机平衡架

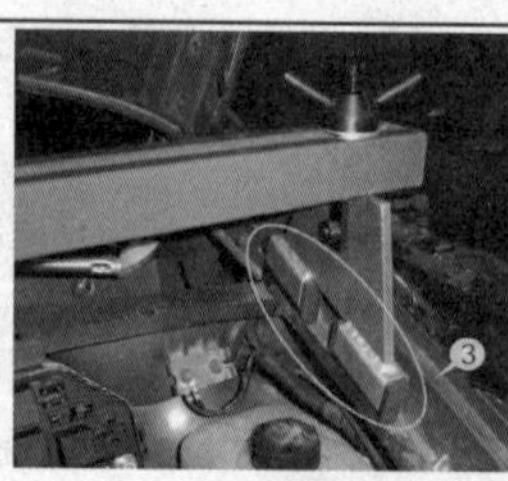

图1-90 平衡架安放位置

图1-91 吊钩

图1-92 变速器的拆装

注意：吊钩刚好钩紧吊耳即可，切勿大力钩起发动机。

0276 发动机固定螺栓拆装扳手的使用方法

发动机固定螺栓拆装扳手如图1-93所示，使用此工具拆装发动机后端固定螺栓的方法如下：

1）把内六方扳手套到螺栓的外六方上，顺时针用力，即可拧松螺栓。

2）然后可以用外形较小的套筒扳手，快速地从上面把螺栓拧下(图1-94)。

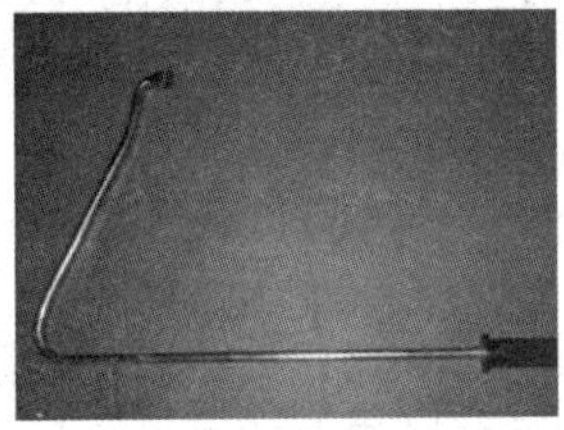

图1-93　发动机固定螺栓拆装扳手

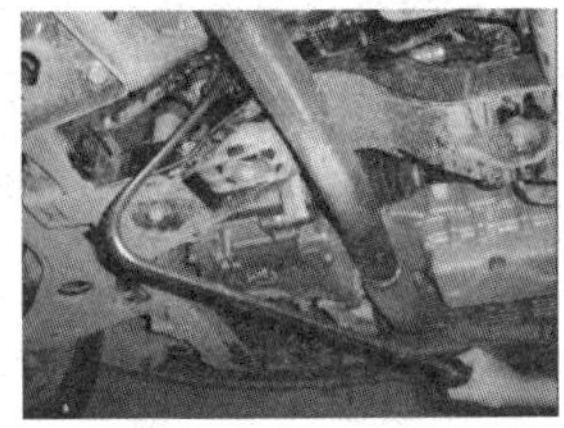

图1-94　拆卸螺栓(一)

0277 曲轴带轮工具的使用方法

1）当安装正时带时，为了固定飞轮的位置，把此专用工具从发动机的侧面孔里插入(图1-95)。

2）旋转齿盘，直到销子的前端进入飞轮上面的定位孔为止。此时飞轮被固定，曲轴无法转动(图1-96)。

图1-95　拆卸螺栓(二)

图1-96　定位孔

0278 凸轮轴正时卡板的使用方法

进行凸轮轴正时定位（装正时带）时按如下方法使用凸轮轴正时卡板：

1）先用曲轴带轮工具固定飞轮。

2）在安装正时带时，当两凸轮轴标记一致向上，就可用凸轮轴正时卡板固定两凸轮轴，如图1-97所示。

3）借用气缸盖的两个螺栓，把此工具固定。

4）安装凸轮轴驱动齿轮，然后完成正时带的安装。

图1-97　凸轮轴

0279 曲轴带轮螺栓扳手的使用方法

1）首先固定曲轴带轮。如图1-98所示，先把带轮固定工具的两个销子放入孔内。

注意：销子的前端有方向性，要转动才能放入，作业时防止销子滑脱。

2）然后拆装曲轴带轮固定螺栓。如图1-99所示，用此工具的内六方套到中心的外六方螺栓上。

3）用力方向如图1-99所示，拆下曲轴带轮固定螺栓即可卸下带轮。

4）安装时，方向相反即可。

5）这两件专用工具也可以直接在车上进行拆装作业。

图1-98　曲轴带轮螺栓扳手

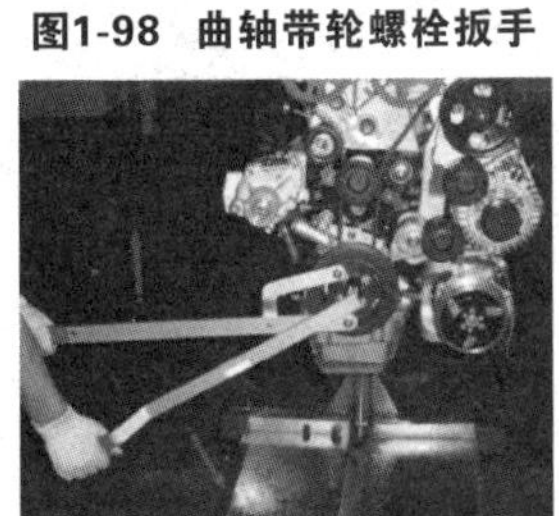

图1-99　固定螺栓

0280 凸轮轴前油封安装工具的使用方法

使用凸轮轴前油封安装工具安装凸轮轴油封的方法如下：

1）将凸轮轴前油封导向管套到凸轮轴的端部，如图1-100所示。

2）用手将油封沿该工具推到轴上。

3）取下凸轮轴前油封导向管，然后用凸轮轴前油封压装套压装凸轮轴油封直到油封表面和盖表面平齐为止(图1-101)。

图1-100 凸轮轴前油封

图1-101 前油封安装

0281 拾取器的使用方法

按如下方法使用拾取器拾取气门挺柱，如图1-102所示：

1）把拾取器的磁力端垂直吸附在气门挺柱上，稍稍用力，即可取出气门挺柱。

2）此工具还可以拾取气门锁片，以及其他小金属部件。

图1-102 拾取器

0282 气门弹簧锁块拆装工具的使用方法

1）让气门弹簧锁块拆装工具的一端顶住气门，另一端的压头对准气门弹簧，然后如箭头所示拧紧挤压气门弹簧，直到锁块全部露出。

2）用镊子取下气门锁块，即可进行相关的作业(图1-103)。

3）安装时，也要用此专用工具压气门弹簧，并将气门两个锁块装入气门杆的凹槽内，拧松黄色部位的压头，取下专用工具。

4）此工具的底部要顶的位置如图1-104所示。

图1-103 气门弹簧锁块

图1-104 安装气门弹簧锁块

0283 气门油封夹钳的使用方法

用气门油封夹钳夹紧油封，然后稍稍用力即可取出，如图1-105所示。

图1-105 气门油封夹钳

0284 气门油封安装工具的使用方法

1）将少许机油加到油封和气门油封安装工具前端后，将油封装到气门导管上，如图1-106所示。

2）用手压气门油封安装工具，将油封装到气门导管上(图1-107)。

图1-106 气门油封

图1-107 气门油封安装

0285 气缸盖螺栓拆装扳手的使用方法

将此气缸盖螺栓拆装扳手与通用套筒扳手相连，即可拆装气缸盖螺栓，如图1-108所示；此工具也可以在车进行拆装。

注意：

1）先拆下凸轮轴，才能把气缸盖螺栓拿下。

2）安装时，先安装气缸盖螺栓，然后再安装凸轮轴。

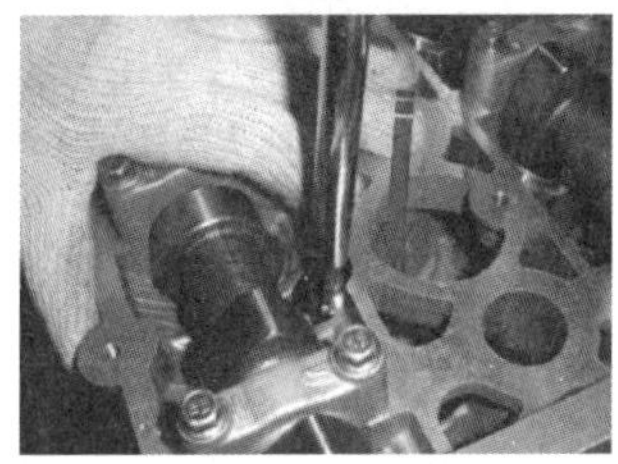

图1-108 气缸螺栓

0286 曲轴前油封安装工具的使用方法

曲轴前油封安装工具的使用方法如下：

1）将曲轴前油封导向管插到曲轴上(图1-109)。

2）用手将油封推到轴前油封导向管上。

3）用曲轴前油封安装工具将油封安装到轴上。

4）取下曲轴前油封导向管，然后用曲轴前油封压装套压装曲轴前油封，直到油封表面和盖表面平齐为止。

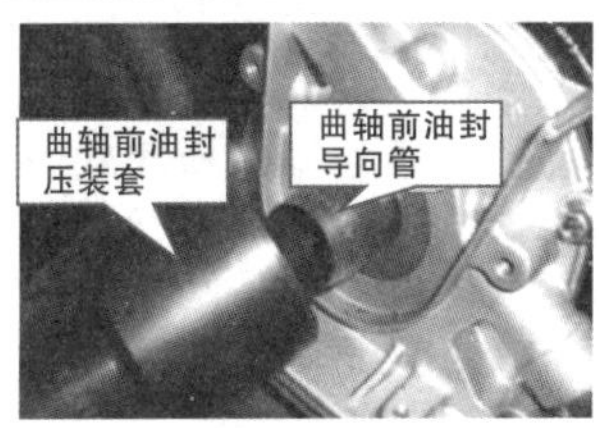

图1-109 曲轴前油封导向管

0287 摩擦片安装心轴的使用方法

1）先将离合器外壳固定，但不要把螺栓拧紧，然后把摩擦片安装心轴放入花键孔内。

2）把摩擦片安装心轴的前端推到位即可，然后拧紧离合器螺栓，最后把工具取出(图1-110)。

图1-110 安装心轴

0288 活塞环压缩器的使用方法

当安装活塞时，需要用到活塞环压缩器，才能将活塞装入气缸，其使用方法如下：

1）安装活塞前，在环槽和气缸内径上涂抹一层机油。

2）拆卸连杆盖，并把橡胶软管插入连杆螺栓上，防止越过螺纹端。

3）安装活塞环压缩器，并检查轴承是否稳固就位，然后将活塞安装在气缸内，并用锤子的木制手柄推入活塞。

4）在分离活塞环压缩器后停止敲击，并在将活塞推入位置之前，检查连杆至连杆轴间是否对齐。

0289 曲轴后油封安装工具的使用方法

曲轴后油封安装工具的使用方法如下：

1）将曲轴后油封导向管插到曲轴上(图1-111)。

2）在油封的唇部涂少许机油。

3）用手将油封沿该工具推到轴上。

4）取下曲轴后油封导向管，然后用曲轴后油封压装套压装曲轴后油封，直到油封表面和盖表面平齐为止。

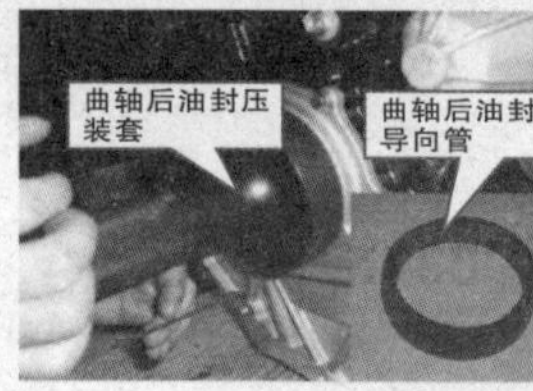

图1-111 曲轴后油封导向管

0290 连杆护套的使用方法

连杆护套的使用方法如下：

1）在连杆的螺纹孔内装上此连杆护套，如图1-112的1和2所示。

2）拆装连杆时，就可避免曲轴表面被刮伤损坏。

图1-112 螺纹孔

0291 机油压力检测软管的使用方法

按如下方法使用机油压力检测软管测试机油压力：

1）拆下机油压力报警器。

2）将机油压力检测软管拧到螺纹孔内(图1-113)，另一端接压力表。

3）按照维修手册的操作步骤即可进行压力测试。

注意：重新安装机油压力报警器前，记住在报警器螺纹处涂密封胶，并按规定的力矩拧紧。

图1-113 机油压力检测软管

0292 发动机修理架的使用方法

发动机修理架的使用方法如下：

1）先把发动机修理架装配好。

2）把发动机修理架连接头上的两个螺栓对准发动机上面的两个螺纹孔(用于连接变速器的)，如图1-114所示。

3）将发动机修理架另外的两个螺栓对准发动机下面的螺纹孔(用于连接变速器的)。

4）安装后大体位置如图1-115所示，先拧紧螺栓1、3、2、4，再拧紧5、7、6、8。

5）用吊架钩住发动机的两个吊耳，安装到如图1-116所示的状态。

6）把销子插到发动机修理架立柱顶端孔中，防止在作业时转动。

7）取下销子，通过转动手柄，可以对发动机进行旋转，进行全方位的维修作业(图1-116)。

注意：

在放置发动机时，先把万向轮锁死，防止发动机修理架移动。

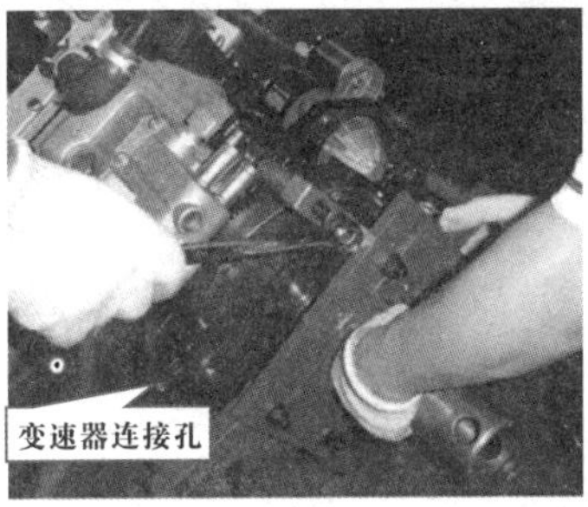

图1-114　拆卸修理架

图1-115　安装位置图

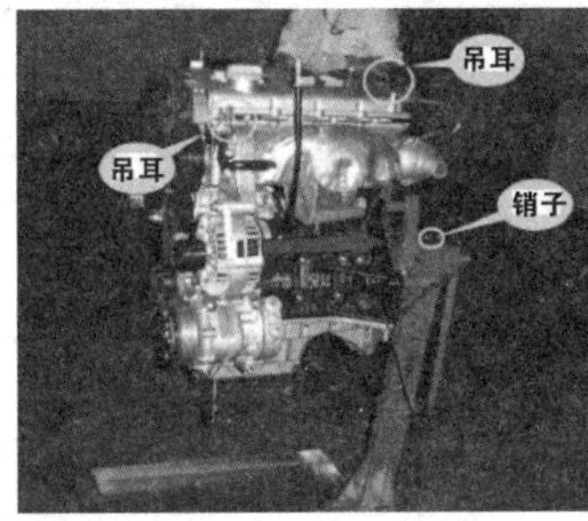

图1-116　检测维修

0293　半轴油封拆卸工具的使用方法

把半轴油封拆卸工具前端放到油封内孔，然后拧紧蝶形螺母，让前面两个支脚紧紧地扣住金属凸缘，然后用力滑动撞锤即可拆下油封，如图1-117所示。

图1-117　拆卸半轴油封

0294　半轴油封安装工具的使用方法

1）更换一只新的变速器半轴油封。

2）在半轴油封安装工具上端用锤子敲击，即可安装到位，如图1-118所示。

3）装上半轴和轮胎，试车，看半轴油封处是否漏油。

图1-118　安装半轴油封

0295　变速器拆解安装支架的使用方法

变速器拆解安装支架的使用方法如下:

1）先取下变速器的上壳，然后把此工具按对应的轴放置到上面，如图1-119所示。

2）把变速器整体翻转过来，注意不要用力过猛。

3）取下轴端螺母，接着便可以用变速器外壳分离器分离外壳。

图1-119 变速器拆解安装支架

0296　变速器外壳分离器的使用方法

1）首先安装变速器外壳分离器，先拧紧四个支承螺柱1，然后中间两个轴2放在轴承的内孔，固定外壳，用力旋转螺纹，即可取下外壳，如图1-120所示。

2）拉出拉杆1，即可把其中的一个轴分开，然后另外两轴即可同时取出，如图1-121所示。

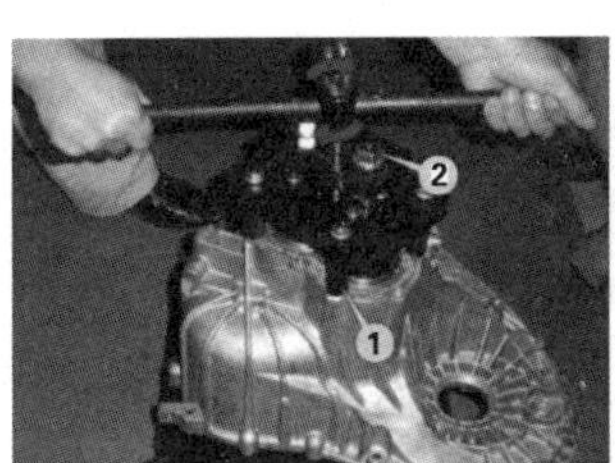

图1-120　安装变速器外壳分离器

图1-121　分解变速器

0297 圆锥滚子轴承拆卸工具的使用方法

圆锥滚子轴承拆卸工具的使用方法如下：

1）首先用一字螺钉旋具将安装在差速器一端的车速信号检测环取下。

2）把圆锥滚子轴承拆卸工具的侧面螺栓拧松，取下外套3，把1和2两部分分开，然后把工具的凸缘卡住圆锥滚子轴承的下端外缘，再放上外套，如图1-122所示。

3）装好圆锥滚子轴承拆卸工具后如图1-123所示，固定好后，顺时针旋转即可拆下。

图1-122　安装圆锥滚子轴承拆卸工具

图1-123　安装好圆锥滚子轴承拆卸工具后

0298 圆锥滚子轴承安装工具的使用方法

圆锥滚子轴承安装工具的操作方法如下：

1）将圆锥滚子轴承安装工具放置在差速器上，如图1-124所示。

2）用锤子敲打圆锥滚子轴承安装工具即可将轴承安装到位。

图1-124　圆锥滚子轴承

0299 横拉杆球头拔卸器的使用方法

横拉杆球头拔卸器用于拆卸横拉杆球头，其使用方法如下：

1）拆下横拉杆球头锁紧螺母。

2）将球头拔卸器安装到横拉杆与转向节连接处，把槽口卡到合适的位置，如图1-125所示。

3）用扳手顺时针拧螺杆，即可拆下横拉杆球头。

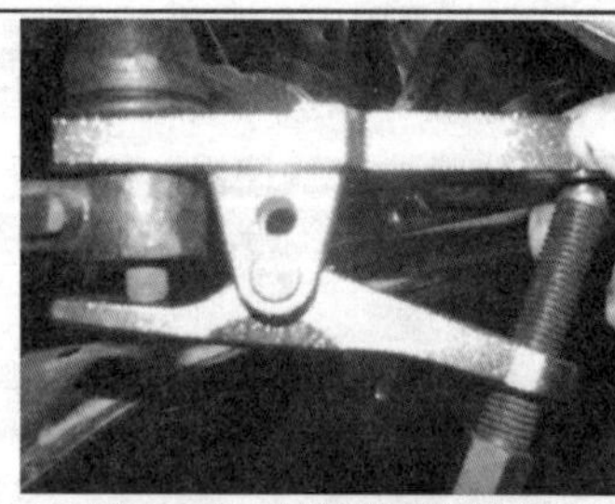

图1-125　拆卸横拉杆球头

0300 驱动轴防尘套夹箍拆卸钳的使用方法

驱动轴防尘套夹箍拆卸钳用于拆卸半轴密封套夹箍，使用方法如下：

1）使用举升机将汽车举升到合适的高度。

2）使用专用驱动轴防尘套夹箍拆卸钳拆卸半轴密封套夹箍，如图1-126所示。

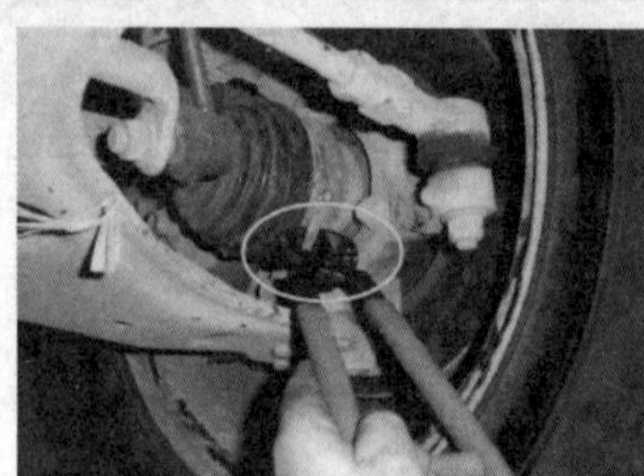

图1-126　防尘套夹箍

0301 制动轮缸调整工具的使用方法

制动轮缸调整工具用于安装盘式制动器的制动片，其使用方法如下：

1）举升汽车，拆下车轮。

2）使用制动轮缸调整工具，前端对准两个凹槽，旋转件1，固定专用工具，如图1-127所示。

3）旋转调整工具的手柄，从而压缩制动轮缸活塞，拿下制动工具，即可安装制动片。

图1-127　制动轮缸调整工具

0302 驻车制动器拉索调节扳手的使用方法

驻车制动器拉索调节扳手用于调节驻车制动器拉索，即俗称“调手刹”。方法步骤如下：

1）拆卸驻车制动器控制盖板。

2）放下驻车制动器控制杆。

3）使用驻车制动器拉索调节扳手松开调整螺母，调整驻车制动器拉索，先紧固调整螺母，然后拧紧锁紧螺母。

4）测试驻车制动器是否工作正常。

5）安装驻车制动器盖板。

0303 减振支柱拆装扳手的使用方法

减振支柱拆装扳手的主要作用是用于拆装减振支柱螺母，其使用方法如下：

1）使用外六角扳手1防止螺杆转动，如图1-128所示。

2）使用套筒2和外六角扳手3拆卸螺母。

3）将件1 套到如图1-128所示的外螺杆内。

4）将件2 与通用套筒扳手连接好，然后套到外面的螺母上。

5）用件1固定螺杆，用力拧件2，即可拆下减振支柱螺母，如图1-129所示。

6）安装时件2的拧紧方向相反。

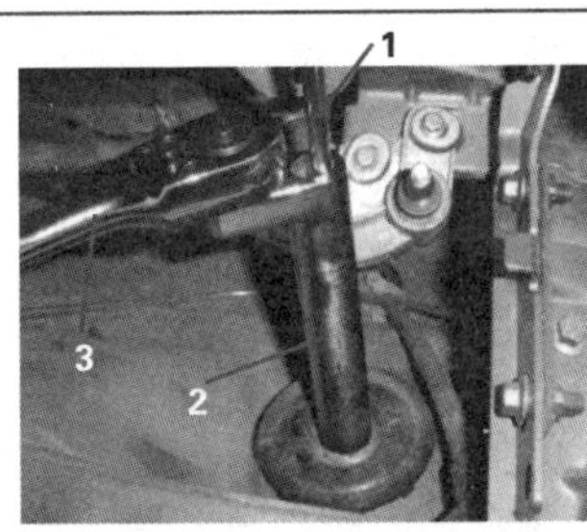

图1-128　减振支柱拆装扳手

图1-129　拆卸螺母

0304 驱动轴拆卸工具的使用方法

驱动轴拆卸工具用于拆卸变速器两侧的驱动半轴。

将驱动轴拆卸工具插入半轴与变速器之间的空隙，从变速器由里向外撬出驱动轴，如图1-130所示。

注意：用力要适度，防止损坏变速器。如果最终无法取出，只能通过拆解变速器取出。

图1-130　拆卸驱动轴

0305 管卡拆卸钳的使用方法

管卡拆卸钳主要用于一些管路的卡夹，操作较为简单。

用管卡拆卸钳把燃油管卡打开，然后从燃油滤清器上拆下滤清器油管，如图1-131所示。

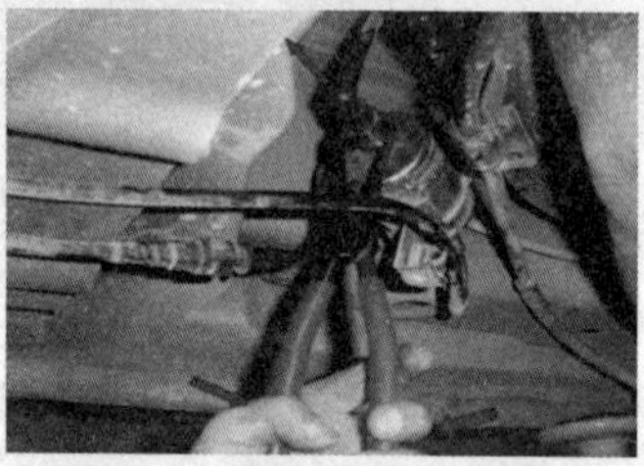

图1-131 管卡拆卸钳的操作

0306 弹簧压缩器的使用方法

弹簧压缩器用于拆卸悬架螺旋弹簧，其使用方法如下：

1）把支承总成置于弹簧压缩器总成内。拧紧压缩器，缓慢压弹簧。

2）从支承总成和滑柱座释放张紧力后，从滑柱总成顶部拆卸活塞杆螺母和垫片。

3）如果要更换弹簧，缓慢释放弹簧压缩器上的张紧力，使弹簧完全伸展。如果只更换支承，则弹簧可保留在压缩器总成内。

4）拆卸上滑柱座、垫片、支座和滑柱防护，对每一零件都标注好位置，以便安装。

0307 风窗玻璃除胶工具的使用方法

风窗玻璃破碎后，需要更换时，将风窗玻璃拆下，即割除固定风窗玻璃的胶。风窗玻璃除胶工具的使用方法如下：

1）拆卸前风窗玻璃时，先用穿线针，把线从某一部位穿进去(图1-132)。

2）取长度合适的一段钢丝，两端分别用把手固定，来回拉锯，环绕风窗玻璃一周，即可拆下风窗玻璃(图1-133)。

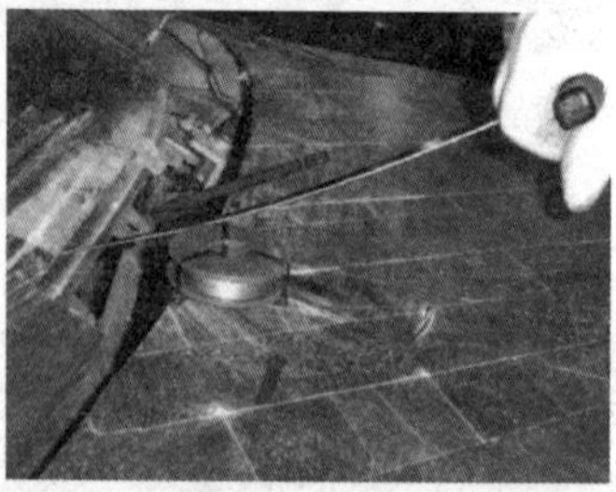

图1-132 割除风窗玻璃胶示意图

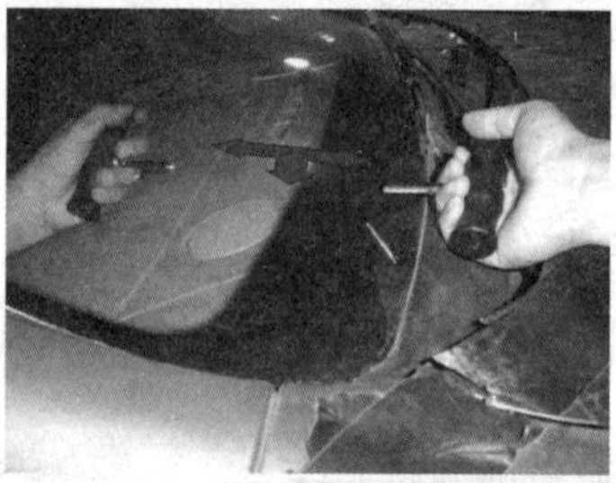

图1-133 拆风窗玻璃图

0308 内外饰件拆卸工具的使用方法

内外饰件拆卸工具用于拆卸各种规格的胶帽和卡扣。如图1-134所示，将内外饰件拆卸工具的开口卡入饰件胶帽或卡扣的颈部，稍用力即可向外撬出胶帽和卡扣。

图1-134 内外饰件拆卸方法

0309 汽车故障诊断仪的使用方法

现代汽车的电控系统越来越复杂，集中自动化控制程度越来越高，而且采用了各种数据总线，将各电控模块连接在一起进行通信，采用传统的诊断方法和诊断工具显然越来越吃力。

汽车的各个电控系统一般具有一个或几个控制单元，控制单元检测各传感器的输入信号，并对执行器发出控制指令。当系统存在故障时，控制单元将故障码储存在记忆芯片上。使用故障诊断仪能快速地读取故障码和数据流，并且还可以对执行元件进行动作测试。汽车故障诊断仪强大的功能对现代汽车维修诊断技术具有很大的帮助，弥补了人工诊断的不足。

0310　汽车故障诊断仪的功能

汽车故障诊断仪是维修中非常重要的工具(图1-135)，一般具有如下几项或全部的功能：

1）读取故障码。

2）清除故障码。

3）读取发动机动态数据流。

4）示波功能。

5）元件动作测试。

6）匹配、设定和编码等功能。

7）英汉词典、计算器及其他辅助功能。

故障诊断仪大都随机带有使用手册，按照说明书极易操作。一般来说有以下几步：在车上找到诊断座；选用相应的诊断接口；根据车型，进入相应诊断系统；读取故障码；查看数据流；诊断维修之后清除故障码。

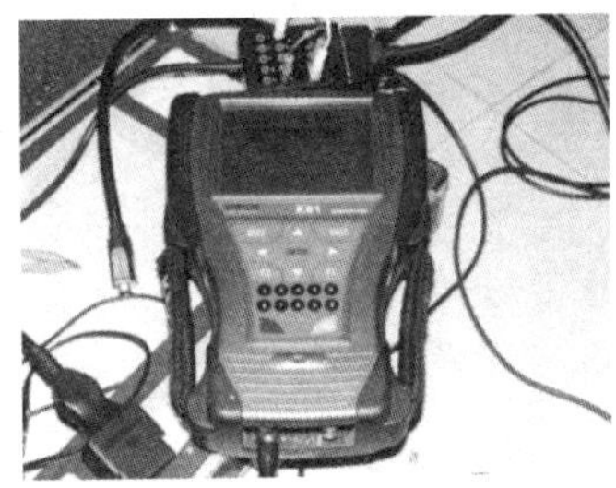

图1-135　汽车故障诊断仪

0311　汽车故障诊断仪的种类

汽车故障诊断仪现在有很多，分为专用型和通用型。

1）专用型就是一般4S店内使用的，针对某一特定厂家开发的诊断仪，即原厂诊断仪。类似于通用的TECH-2、福特的WDS，都是美国SPX公司开发的，大众使用的是西门子开发的5051/5052。

2）通用型目前市场上以国产为主，比较知名的有元征、金德、车博士、金奔腾等，提供的功能大同小异，国外的有博世和SPX OTC，但价格较贵，而且升级需付费。对一般修理厂来说，肯定是选择国产的较为适宜，因为国外品牌对国产车支持严重不足，能及时更新其实是第一位的。

0312　汽车诊断仪（解码器）的使用技巧

尽管故障诊断仪的使用方法比较简单，但是要充分发挥仪器的各项功能，快速找准故障，维修人员在使用中还应掌握一些技巧。

1）故障内容与故障现象相结合进行分析，迅速确定故障成因所在。使用故障诊断仪的故障码查询功能，可以对故障车辆的电控系统进行扫描。在大部分情况下，故障记录并不是故障成因。但是故障记录的内容，提供了确定故障所在的范围，结合故障现象和其他辅助检查，可以迅速排除故障。

2）根据多个故障的储存内容，分析和发现它们的共同成因。在大多数情况下，通过读取故障码进行故障查询时，会调出多个有关故障记录，有时这些故障内容并不是孤立的，往往是由一个隐藏的故障造成的，或者有一定的因果关系。通过这个角度分析故障储存的内容，再结合其他检测方法和维修经验，可以迅速判断故障。

3）充分利用数据流查询功能。通过查询数据流，可以得知控制单元收集的相关传感器和执行元件的数据信息，以及开关状态信息，并以具体的数值显示出来。充分利用这些数据，有助于故障的正确分析和判断。

4）重视数据状态信息的含义。故障诊断仪读取的控制单元中的数据信息表示方式多种多样，单位也不一样。了解这些数据信息的表达方式和含义，有助于更加全面地了解控制单元的工作状态以及一些传感器和执行元件的信息。

三、汽车的维护与保养

0313 汽车维护保养的意义

汽车维护保养是保持汽车处于良好技术状况的基础，也是汽车实现高效、低耗、安全、低污染运行的基本技术保证，同时也是减少故障、延长汽车使用寿命的重要措施。定期对车辆进行维护保养，将对车辆时刻保持良好的技术状况有着至关重要的作用。

0314 车辆维护保养的级别

汽车维护保养分为定期保养和不定期保养。

定期保养分为日常维护、一级维护、二级维护。日常维护周期有出车前、出车中、收车后维护。

不定期保养包括走合期保养和季节性保养。

0315 一级保养（维护）

一级保养是对行驶一定里程的机动车辆进行的以紧固和润滑为中心的保养作业。包括检查、紧固汽车外露部位的螺栓和螺母；按规定的润滑部位加注润滑剂；检查各总成内润滑油平面，添加润滑油；清洗空气滤清器等。目的在于维护汽车完好的技术状况，保证车辆正常运行。平时正常的更换机油、三滤就属于一级保养。

0316 二级保养（维护）

二级保养是对行驶一定里程的机动车辆进行的以检查、调整为中心的保养作业。保养范围除一级保养的作业项目外，检查调整发动机和电气设备的工作情况，拆洗油底壳和机油滤清器，检查调整转向、制动机构，拆洗前后轮毂轴承，添加润滑油，拆检轮胎并进行换位等。其目的在于维护车辆各零部件、机构和总成具有良好的工作性能，确保其在两次二级保养之间的正常运行。

0317 三级保养（维护）

三级保养是对机动车辆进行的以总成解体清洗、检查、调整和消除隐患为中心的保养作业。保养范围除执行一、二级保养的全部作业项目外，要拆检发动机，清除积炭、结胶及冷却系统污垢；视需要对底盘总成进行解体清洗、检查、调整、消除隐患；对车架、车身进行检查或除锈、补漆。其目的在于巩固各总成、组合件的正常使用性能，确保正常运行。

0318 三级保养时，发动机部分包括的作业内容

三级保养时，发动机部分的作业内容如下：

1）起动发动机，倾听发动机在怠速、中速和高速运转时有无杂音异响，拆下发动机总成。

2）清洗、拆卸发动机，清除积炭、油污和结胶，清理水垢、主油道、油底壳，检查各机件的技术状况，研磨气门，检验气门弹簧，修校轴承衬瓦，根据情况更换活塞环，检查油封，根据情况进行更换。

3）拆检、清洗节气门体、汽油泵，在试验台上进行试验使其符合标准，拆洗空气滤清器和更换机油，清洗燃油滤清器及其管道。

4）检验气缸盖，根据情况更换气缸盖衬垫，清洗进、排气歧管及消声器并紧固其螺栓、螺母，检查并紧固飞轮壳与缸体的螺栓。

5）清理机油粗、细滤清器，更换细滤器滤芯，拆检机油泵、机油集滤器，装上油底壳并紧固，发动机装配后，按规定加注新机油至规定高度。

6）检查空气压缩机工作情况及管道密封性，根据情况进行拆修，调整传动带松紧度，排出储气筒内的油水及污物，检查刮水器及其气道。

7）拆检水泵，根据情况更换密封皮碗和垫圈，水泵轴加注润滑脂，检查节温器，疏通水道及分水管。

0319 三级保养时，离合器及传动部分包括的作业内容

三级保养时，离合器及传动部分的作业内容如下：

1）分解、清洗、检查和调整离合器(根据情况更换从动盘摩擦片和分离轴承)，调整离合器踏板的自由行程，向踏板轴加注润滑脂。

2）分解、清洗、检查和调整变速器，根据情况进行修整或更换，按规定加注适当牌号的齿轮油至所需高度，运转，检验质量，检查并紧固变速器壳与飞轮壳螺栓。

3）拆检万向节，根据情况进行更换，检查传动轴的弯曲并进行校正，检查传动轴与伸缩套的松旷程度，拆检中间轴承及支架，加注传动系统润滑脂，检查并紧固拖车挂钩及螺母。

4）拆检、清洗、调整驻车制动器，根据情况更换制动摩擦片，向制动蹄销加注润滑脂。

5）拆检、清洗主减速器和差速器，根据情况更换垫片，更换齿轮油，疏通通气孔，检查其紧固情况和有无漏油现象。

0320 三级保养时，前桥部分包括的作业内容

三级保养时，前桥部分的作业内容如下：

1）拆卸、清洗、检查前制动鼓、制动蹄片(根据情况更换制动摩擦片)，检查弹簧、轴承、油封、蹄片轴、凸轮的磨损情况，调整制动蹄片与制动鼓之间的间隙，调整前轮毂轴承的松紧度，更换润滑脂，拆检转向节和主销磨损情况，根据需要更换衬套、垫圈或推力轴承，加注润滑脂，紧固轮胎螺母。

2）拆检、清洗、调整转向器，加注润滑脂，检查调整转向盘的自由行程和游隙，拆检润滑横、直拉杆，直拉杆臂转向臂球头及弹簧、钢碗，调整松紧度，紧固锁销。

3）拆卸、清洗、检查减振器，更换减振液，拆检、清洗、润滑钢板弹簧、钢板销、支架和吊耳，检查、清洗夹子、U形螺栓、螺母，装复并紧固。

4）紧固前保险杠，前拖钩，翼子板，发动机罩，驾驶室的固定螺栓、螺母等，拆检制动器气室、软管，拆检制动凸轮调整臂，向凸轮轴加注润滑脂。

5）检查前轴（工字梁）有无弯曲、断裂现象，拆检转向横拉杆球头，加注润滑脂，并调整其松紧度，调整前轮的定位及转向角。

0321 三级保养时，后桥部分包括的作业内容

三级保养时，后桥部分的作业内容如下：

1）拆卸、清洗、检查后制动鼓、制动蹄片(根据情况更换制动摩擦片)、弹簧、轴承、油封、蹄片轴、凸轮的磨损情况，调整制动蹄片与制动鼓的间隙，调整后轮毂轴承的松紧度，更换润滑脂，检查轴距，检查半轴，紧固半轴凸缘螺栓、螺母和轮胎螺栓、螺母，拆卸制动器气室，检查通气管道，拆

检制动凸轮臂，向制动凸轮轴加注润滑脂。

2）拆检、清洗、润滑主、副钢板弹簧，钢板销，支架和吊耳(根据情况更换钢板销和衬套)，检查和清洗夹子、U形螺栓、螺母。

3）检查、紧固燃油箱架螺栓、螺母，车厢挡板，后门挡板，车厢固定螺栓、螺母，挡泥板螺栓、螺母等。

4）检查、紧固备胎架、工具箱。

0322 三级保养时，电气设备包括的作业内容

三级保养时，电气设备的作业内容如下：

1）检查蓄电池，如110h放电容量小于40%额定容量时，可根据具体情况进行充电或解体修理，检查或修整起动导线。

2）检查汽车全部电气设备，检查各仪表、熔丝、继电器盒及各开关和线路，拆检点火系统、灯光、喇叭、转向开关及闪光器等，必要时进行拆修或调整。

3）清理、检查发电机及调节器、起动机的工作性能，根据情况进行拆检修整。

0323 三级保养时，轮胎部分包括的作业内容

三级保养时，轮胎部分的作业内容如下：

1）清除胎纹里的石子等夹杂物，检查外胎有无鼓包、脱层、断线、裂伤、变形、老化等。

2）拆检轮胎，检查钢圈有无变形，清除轮辋锈污和补漆，检查内胎和垫带有无损伤或褶皱，按规定充足气压，配齐轮胎嘴帽，进行轮胎翻边或换位。

3）检查轮胎与翼子板、车厢底板、钢板弹簧、挡泥板等有无摩擦碰挂现象。

0324 三级保养时，车架部分包括的作业内容

三级保养时，车架部分的作业内容如下：

1）检修保险杠，检查车架有无断裂、扭曲或变形，铆钉有无松动，并根据情况进行修整。

2）清洗散热器水垢，焊修渗漏点，清洗燃油箱，焊修渗漏点。

3）修整车头面、翼子板、驾驶室等裂缝及不平整等缺陷。

4）检查全车门窗是否完整，开关是否灵活合适，门锁是否良好，并根据情况进行修整。

5）检修坐垫、篷布。

6）检修车厢、工具箱等。

7）检查车头面、翼子板、驾驶室、车门、车厢等油漆情况，根据情况进行补漆，车架、前后桥、脚踏板等处的补漆。

0325 三级保养后，整车检验项目包括的内容

整车的检验项目如下：

1）检查汽车全部外表完好状态及油漆情况，检查制动系统的工作效能及管路密封情况，调整制动阀拉臂自由行程和最大气压，调整制动踏板自由行程，按照“全车润滑图”中的规定检查润滑情况，如发现故障或不合技术要求时，应由有关工位进行修理。

2）进行路试，倾听发动机的加速、减速时的运转情况，有无不正常的响声，底盘部分有无不正常的响声，在不同速度下试验制动器的制动性能，应无跑偏、颤抖及制动不正常的响声。

3）将汽车停在陡坡上，将驻车制动器操纵杆拉紧，车辆应停止不动。

4）检查变速器壳、后桥主减速器壳、各制动鼓处是否过热。如路试发现有不正常现象，应予以消除。

0326 汽车保养的工作内容

汽车保养是指保持和恢复汽车的技术性能，保证汽车具有良好的使用性和可靠性。为了达到这一要求，汽车保养应做的工作有：清洁、检查、紧固、润滑、调整和补给。

0327 汽车保养应当坚持的原则

汽车保养应坚持以预防为主的原则，摒弃“以修代保”的观念。因缺少保养或保养不当引起的汽车故障和交通事故屡有发生。此外，汽车保养应按规定定期或不定期进行，如在汽车行驶到规定首保或二保里程时，应及时更换机油。

0328 汽车日常维护作业的内容

汽车日常维护作业的内容如下：

1）对汽车外观、发动机外表进行清洁，保持车容整洁。

2）对汽车各部润滑油(脂)、燃油、冷却液、制动液、各种工作介质、轮胎气压进行检视补给。

3）对汽车制动、转向、传动、悬架、灯光、信号等安全部位和位置以及发动机运转状态进行检视、校紧，确保行程安全。

日常维护可由驾驶人自行完成。

0329 行车前，驾驶人应对车辆进行的检查项目

行车前，驾驶人应坚持对车辆进行下列检查：

1）检查车灯和转向信号灯工作是否可靠。

2）检查制动装置工作是否良好，包括对制动器、制动液面、制动管路以及制动灯的检查。

3）检查燃油量。

4）检查后视镜位置是否合适。

5）检查前照灯、后尾灯、制动灯及车窗玻璃是否清洁。

6）检查轮胎气压和轮胎状况是否正常。

7）检查发动机机油液面是否符合要求。

8）检查刮水器和风窗玻璃清洗液液面及工况是否符合要求。

9）检查车辆外露部位螺栓、螺母是否安全。

10）起动发动机，检查发动机运转是否正常，有无异响，各仪表、警告指示灯工作是否正常。

0330 行驶途中的检查保养项目

当长途行车时，行驶一段路程或一定时间后，应选择平坦、宽阔、安全可靠、能遮风或遮阳的地方停车，进行检查保养。通常进行下列项目：

1）检查发动机和底盘的工作情况是否正常，各种仪表工作是否有效、可靠。

2）检查转向器、驻车制动器和离合器的工作是否正常可靠。

3）检查轮胎气压，清除轮胎花纹中的夹杂物。

4）检查有无漏水、漏油、漏气现象。

5）检查和补充燃油、机油、冷却液。

6）巡视全车，检查有无异常情况。

0331 收车后的检查保养项目

1）检查发动机运转是否正常，检查有无漏气之处，检查和补充燃油、机油、冷却液。

2）按规定对润滑点进行检查和加注润滑油(脂)。

3）用手摸制动鼓是否发热或过烫。

4）检查轮胎气压是否充足。

5）气温在0℃以下时，无防冻液的应将冷却液放净。

6）检查并配齐随车工具及附件。

7）清洁全车外部，打扫驾驶室和车厢。

8）检查制动液液面是否符合规定。

0332 车辆在走合期内必须注意的事项

车辆在走合期内必须注意：

1）严禁高速行驶。汽车在各档行驶速度不得超过发动机最高转速的70%。不允许长时间高速行驶。

2）严禁超负荷运行，不允许超载。一旦发动机工作不平稳，立即换入低档。

3）当发动机刚起动后，不允许猛踩加速踏板，待冷却液温度达到正常工作温度后，再平稳起步。

4）注意发动机冷却液温度、润滑油液面高度等，发现故障要及时排除。

5）当走合期结束后，对汽车进行一次走合保养。

0333 走合期结束时应完成的保养作业

走合期结束时，应完成下列作业：

1）清洗发动机油底壳，更换润滑油。

2）清洗机油集滤器滤网。

3）按规定力矩和顺序，重新紧固气缸盖螺栓。

4）检查调整气门间隙。

5）更换机油滤清器，清除空气滤清器滤芯上的尘土。

6）检查供油提前角。

7）紧固喷油泵支架和过渡支架螺栓。

8）检查传动带的松紧度，并适当调整。

9）紧固进排气歧管螺栓。

10）检查悬置软垫是否有裂纹，螺母是否松动。

0334 夏季日常保养应防止的事项

夏季的日常保养方面应防止以下几点：

（1）防蒸发　高温下，油及水的蒸发都将增加，油箱盖要盖严，油管要防止渗油；经常检查散热器的液位，曲轴箱的机油油面高度，制动主缸内的制动液液面高度及蓄电池内电解液密度和液面高度等。

（2）防过热　为防止发动机产生过热现象，保养时，应注意风扇传动带不能沾油，以防打滑，传动带松紧度应适当。行驶途中适时休息，休息时尽量选择阴凉处，并打开发动机罩通风散热。当轮胎气压因受热而增大时，应停车降温。

（3）防自燃、自爆、爆胎　夏季气温较高，日最高气温常常在35℃以上，这使得汽车自身的故障率也大大提高。气温高时散热慢，汽车散热器的温度常常因为居高不降而影响发动机的功率，甚至可能引起混合气自燃、自爆，使得发动机不能正常工作。夏季公路路面温度高，汽车轮胎因为受热，胎内气压升高，一旦长距离行驶，容易爆胎。所以当进入到夏季以后就应该适当地把轮胎气压降低一些，还有要对整个轮胎进行检查，看看轮胎是否有鼓包和暗伤，如果有鼓包和暗伤要及时进行更换，防止突然爆胎。

（4）防润滑不良　润滑油易受热变稀，抗氧化性变差，易变质，甚至造成烧瓦抱轴等故障。因此，应将曲轴箱和齿轮箱里换上夏用润滑油，经常检查润滑油数量、油质情况，并及时更换。

0335 冬季车辆保养的注意事项

冬季气温较低，如遇雨雪天气，路面较滑，对行车安全有较大影响。因此，冬季车辆的保养应注意如下事项：

（1）冷却液　更换冷却液要严格按产品使用方法操作，要做到勤检查，勤补充。冬季在寒冷地区一般加注-25℃的冷却液。

（2）注意检查轮胎　冬季气温寒冷，橡胶在低温环境里相对变硬、变脆，因此气压是否合适直接影响轮胎寿命和行车安全。气压过低，会使轮胎壁折曲度增大，加上低温很容易使胎壁橡胶发生断裂；气压过高会使轮胎抓地力降低。要注意检查各个轮胎的充气是否均衡。

（3）蓄电池保暖及充电　汽车的蓄电池多为铅酸蓄电池，在严寒的环境里往往会因受冻而降低功效，可采取适当措施为蓄电池保暖和充电。

（4）燃油、润滑油、齿轮油的选用　根据当地温度选用合适牌号的燃油、润滑油、齿轮油。

0336 汽油车定期保养的里程或时间

汽车的定期保养里程或时间一般在汽车使用手册或维修保养手册中看到，不论是按里程还是按时间都以先达到规定的来计算。汽油车一级保养的间隔里程为5000km，每年行驶不足5000km的车辆，应每年进行一次一级保养；二级保养的间隔里程为20 000km，每三年行驶不足20 000km的车辆，每三年进行一次二级保养；三级保养的间隔里程为40 000km，每六年行驶不足40 000km的车辆，每六年进行一次三级保养。

0337 柴油车定期保养的里程或时间

柴油车定期保养的间隔里程规定为：

1）一级保养5000km，每年行驶不足5000km的车辆，每年进行一次一级保养。

2）二级保养15 000km，每三年行驶不足15 000km的车辆，每三年进行一次二级保养。

3）三级保养30 000km，每六年行驶不足30 000km的车辆，每六年进行一次三级保养。

0338 选用柴油的注意事项

柴油含硫量的高低直接影响柴油机的排放，柴油机使用的柴油含硫量应低于0.05%(质量分数)。柴油机使用的柴油应根据环境温度的情况来确定牌号，在冬季气温低的环境下，应使用低凝固点的柴油，夏季则反之，驾驶人可按表1-2的推荐来选用。例如：环境温度为–27℃时，应选用–35号柴油。

柴油必须保持高度的清洁，不被灰尘杂质所污染，柴油注入柴油箱前必须静置72h以上并选用上层柴油，这对防止喷油泵柱塞早期磨损极为重要。

表1-2 柴油牌号的选用

柴油牌号/号	0	–10	–20	–35	–50
凝固点/℃	0	–10	–20	–35	–50
适用最低气温（柴油机工作环境温度）/℃	4	–5	–5~–14	–14~–29	–29~–44

0339 选用润滑油的注意事项

我国内燃机润滑油黏度等级等效采用SAE标准。该标准将冬季用润滑油分为0W、5W、10W、15W、20W及25W六个等级。按100℃时的运动黏度把春秋和夏季用润滑油分为20、30、40、50四个等级，其黏度也依次递增。冬用润滑油或夏用润滑油称为单级油；如果一种润滑油，它的低温性能各项指标和100℃运动黏度能同时满足冬夏两种黏度分级要求的，称为多级油，如5W/20 。

润滑油黏度太大，流动性不好；机油黏度太低，油膜容易被破坏，不易形成足够厚的油膜；密封作用差。选用润滑油可按表1-3对应选择。

表1-3 黏度等级与使用环境温度范围

黏度等级	使用温度/℃	黏度等级	使用温度/℃
5W	–30 ~ –10	5W/30	–30 ~ 30
10W	–25 ~ –5	10W/30	–25 ~ 30
20	–10 ~ 30	10W/40	–25 ~ 40
30	0 ~ 30	15W/40	–20 ~ 40
40	10 ~ 50	20W/40	–15~40

0340 选用冷却液的注意事项

冷却液具有冷却、防垢、防腐、防冻等作用。一般情况下，冷却液的冰点应选择比当地最低环境气温低5℃左右。

注意：

1）当气温低于0℃时，应定时检查冷却液含量。

2）对于常年运行的在0℃以上地区，可以使用经过防锈、防垢处理的水作为冷却液，禁止使用自来水或天然水作为发动机冷却液。

3）打开散热器盖，注意要在散热器已冷却的状态下观察冷却液中是否有杂质，膨胀水箱液面要保持在MAX与MIN范围内，查看结束后要将散热器盖拧紧。

0341 选用齿轮油的注意事项

齿轮油一般按黏度分为75W、80W、85W、90、140、250等牌号。选用齿轮油可参照表1-4选择合适的牌号。

表1-4 各黏度牌号齿轮油适用的温度范围

黏度牌号	环境温度/℃	黏度牌号	环境温度/℃	黏度牌号	环境温度/℃
75W	-57 ~ 10	85W/90	-15 ~ 49	90	-12 ~ 49
80W/90	-25 ~ 49	85W/140	-15 ~ 49	140	-7 ~ 49

0342 汽车技术状况良好的标准

汽车技术状况良好的标准如下：

1）发动机容易起动，怠速平稳，动力性、经济性和加速性良好，无异常响声，温度和机油压力正常。

2）离合器分离彻底，接合平稳，无异常响声。

3）转向装置调整适当，操纵轻便、灵活、可靠，前轮定位符合技术要求。

4）制动装置调整适当，作用良好，符合技术要求。

5）各齿轮箱和传动机件润滑良好，无异常响声，无过热现象，工作可靠。

6）发电、起动、仪表、照明、信号及附属装置齐全，性能良好，全车线路完好、整齐，连接和固定可靠。

7）空气滤清器和机油粗滤器及燃油滤清器清洁完好。

8）全车各润滑点润滑充分。

9）轮胎气压正常，装配合理。

10）蓄电池清洁完好、固定可靠，起动电压、电解液密度和液面高度符合要求。

11）钢板弹簧、减振器性能良好。

12）底盘各部调整适宜，车辆滑行性能良好。

13）全车清洁，无漏气、漏水、漏油现象，各部连接紧固可靠。

14）尾气排放达到环保标准要求。

四、汽车维修安全操作规程

0343 车辆维修的程序

车辆维修业务流程是：汽车进厂、车辆交接、维修检测、竣工检验、填写维修档案、维修结算、汽车出厂。

0344 发动机大修竣工的技术要求

1）装配的零部件和附件均应符合经规定程序批准的制造或修理技术条件。

2）发动机应按规定程序批准的装配技术条件进行装配，并配备齐全。

3）装配后的发动机，应按规定程序批准的工艺和技术条件进行冷、热磨合，拆检和清洗。

4）发动机在正常工作温度下，5s内能起动。柴油机在环境温度不低于5℃，汽油机在环境温度不低于-5℃时，起动顺利。

5）发动机怠速运转稳定，其转速应符合原设计规定。

6）四冲程汽油机转速在500~600r/min时，以海平面为准，进气歧管真空度应在57~71kPa范围内。其波动范围，6缸汽油机一般不超过3kPa，4缸汽油机一般不超过5kPa。

7）发动机在各种转速下运转稳定，在正常工况下，不得有过热现象。改变转速时，应过渡圆滑。突然加速或减速时，不得有突爆声，消声器不得有放炮声。

8）在规定转速下，发动机机油压力应符合原设计规定。

9）气缸压缩应符合原设计规定，各缸压缩压力差，汽油机应不超过各缸压力的8%，柴油机应不超过10%。

10）发动机起动运转稳定后，只允许有正时齿轮、机油泵齿轮、喷油泵传动齿轮及气门脚轻微均匀响声，不允许活塞、连杆轴承、曲轴轴承有异响及其他异响声。

11）发动机最大功率和最大转矩均不得低于原设计标定值的90%。

12）发动机最低燃料消耗不得高于原设计规定。

13）发动机不应有漏油、漏水、漏电现象，但机油、冷却液密封接合面处允许有不致形成滴状的浸渍。

14）发动机排放应符合国家有关规定。

0345 发动机大修后应有的质量保证

承修单位对大修竣工的发动机应给予质量保证，质量保证自出厂之日起，不少于3个月或行驶里程不少于10 000km。在送修单位严格执行磨合期的规定，合理使用、正常保养的情况下，质量保证期内出现的修理质量问题，承修单位应负责包修。

0346 汽车大修竣工出厂的一般技术要求

1）装配的零件、部件、总成和附件应符合相应的技术条件。

2）主要结构参数应符合原设计规定。由于经修理而增加的自重，不得超过原设计自重的3%。

3）驾驶室、客车厢应形状正确、曲面圆顺、蒙皮平整，无松弛、污垢及机械操作等缺陷。

4）喷漆颜色协调、均匀、光亮，漆层无裂纹、剥落、起泡、流痕和皱纹等现象。不需涂漆的部位，不得有漆痕。刷漆部位允许有不明显的流痕和刷纹。

5）驾驶室、客车厢、货箱及翼子板左右对称。

6）座椅颜色的形状、尺寸、座间距及调节装置应符合原设计要求。

7）门窗启闭灵活，关闭严密，锁卡可靠，合缝匀称，不松旷。风窗玻璃透明，不眩目。

8）转向机构各连接部位不松旷，锁卡可靠。转向盘自由行程(带转向助力器的除外)：总重不小于4.5t的汽车不大于30°，总重小于4.5t的汽车不大于15°。

9）离合器踏板、制动踏板的自由行程和驻车制动操纵杆的有效行程应符合原设计要求。

10）仪表、灯光、信号和标志齐全，工作正常。

11）轮胎充气气压应符合原设计要求。

12）各部润滑应符合原设计要求。

13）各部件运行温度正常，各处无漏油、漏水和漏电现象。但润滑油、冷却液密封接合面处允许有不致形成滴状的浸渍。

0347 举升机安全操作规程

1）使用前应清除举升机附近妨碍作业的器具及杂物，并检查操作手柄是否正常。

2）操作机构灵敏有效。

3）待举升车辆驶入后，应将举升机支承块调整移动对正该车型规定的举升点。

4）支车时，四个支角应在同一平面上，调整支角胶垫高度使其接触车辆底盘支承部位。

5）支车时，车辆不可支得过高，支起后四个托架要锁紧。

6）举升时人员应离开车辆，举升到需要高度时，必须插入保险锁销，并确保安全可靠才可开始车底作业。

7）有人作业时严禁升降举升机。

8）发现操作机构不灵，电动机不同步，托架不平或液压部分漏油，应及时报修，不得带故障操作。

9）作业完毕应清除杂物，打扫举升机周围以保持场地整洁。

10）除保养及小修项目外，其他烦琐笨重作业，不得在举升机上操作修理。

11）定期检查举升机各传动机构、链条、钢丝绳、锁止装置、各部位润滑及工作情况。

0348 轮胎拆装机安全操作规程

1）使用前清除轮胎拆装机上及附近妨碍作业的器物，并检查机器各部是否正常。

2）拆卸轮胎时先将轮胎内的气完全放净，去掉钢圈上所有铅块。

3）拆胎前，将轮胎放到轮胎挤压位置，反复转动轮胎并操作挤压臂使轮胎和钢圈彻底分离，挤压过程中应防止手、脚伸入挤压臂内。

4） 轮胎搬上拆装台时应避免碰撞设备，踩下踏板锁住钢圈前，应确认卡盘和钢圈之间没有异物。

5） 拆装轮胎前应用毛刷在轮胎内圈抹好润滑液，禁止使用矿物油作为润滑液。

6）拆装轮胎过程中，用撬棍将轮胎边挑到鸟头(气门嘴位置)上时，应注意撬棍的用力方向和力度，绝不允许将手伸入撬开的缝隙中。轮胎边挑上鸟头取出撬棍后，才能踩下踏板使卡盘旋转，将轮胎扒出钢圈。

7）轮胎充气前应首先确认轮胎气压表是否正常，充气时一定要注意安全。

8）每天工作结束时必须对机体及周边进行清洁，对转动部位注油润滑。

0349 轮胎平衡机安全操作规程

1）轮胎平衡机在使用前必须先检查机体各部分润滑情况及通过电器部分的自检程序。

2）轮胎装卸时应防止碰撞平衡机体。

3）轮胎平衡机开机前，必须检查底座及固定螺母是否锁紧，以防运转时轮胎脱出。

4）轮胎平衡机开机前，应仔细清理轮胎花纹中潜入的石子等异物，防止运转时飞出伤人。有保护罩的必须正确使用保护罩。

5）轮胎平衡机在运转过程中，不得用手或其他物品接触旋转部位，在轮胎旋转径向两侧均严禁站人。

6）轮胎平衡机在使用过程中，必须确认轮胎完全停止旋转后才能打开防护罩。

7）在工作过程中，若发现异常的现象，必须立刻停机检查。

8）当镶嵌平衡块时，应确保镶嵌牢固，镶嵌过程中要注意用力方向和力度，避免大力冲击主轴，造成主轴弯曲变形。

9）每天工作结束时必须对机体及周边进行清洁，对转动部位注油润滑。

0350 四轮定位仪操作规程

（1）定位前车辆检查

1）检查车辆悬架装置、车轮轴承、转向系统等是否存在间隙和损坏。

2）同一车桥上的轮胎胎纹深度差不超过2mm。轮胎充气压力合乎规定。

3）车辆装备为全装置重量。

（2）定位要求

1）将车辆驶入举升器，且车辆中心与举升器和转盘中心重合。

2）检查，必要时更改车辆规格。

3）应严格按定位仪显示步骤进行操作，不允许省略。应按要求做车轮偏差补偿和轮胎检测。

4）各轮定位参数(前束、外倾角)的调整应符合各车型维修手册的要求，对检测不符合规定要求的均应进行调整(原车不能调整的除外)。

5）定位结果应予以保存和打印。

0351 油压机操作规程

1）检查液压储油箱的油量应充足。

2）清除压头行程空间和模具空间的杂物。

3）校正或压制工件时，应将工件置于压头的中心位置进行，不得偏斜，不准偏压。压头要慢慢接近工件，防止工件受力飞出。

4）严禁用生铁或脆性材料作为垫铁。

5）开动压床时，头、手不准伸到滑块和工件之中。

6）当操纵阀或安全阀失灵时，不准继续工作。

7）压力机械地脚必须安装牢固。液压件的连接部分必须牢固，无泄漏。

8）除节流阀外其他液压阀门不准擅自调整。

0352 空气压缩机安全操作规程

1）应在安全阀限定压力和规定排气量的条件下使用设备。

2）必须保证空气压缩机使用现场环境的清洁和通风，严禁在空气中尘量过高或有腐蚀性和易燃性气体的场合使用。

3）空气压缩机严禁断油运行，使用者要经常注意检查机油油位是否正常，要定期更换机油。

4）不要使用横截面面积小于1.5mm^{2}而长度大于5m的导线作为电源线。

5）每日工作结束后，必须旋开储气罐放污阀排出污水，第二日空气压缩机起动前再合上放污阀。

6）当空气压缩机运转，停电或临时停机时，需要重新起动，应将储气罐中的压缩空气排放完后再开机。

0353 修理工安全操作规程

1）工作前应检查所使用的工具是否完好。施工时工具必须摆放整齐，不得随地乱放，工作后应将工具清点检查并擦干净，按要求放入工具箱。

2）当拆装零部件时，必须使用合适工具或专用工具，不得大力蛮干，不得用硬物、锤子直接敲击零件。所有零件拆卸后要按顺序摆放整齐，不得随地堆放。

3）废油应倒入指定废油桶收集，不得随地倒流或倒入排水沟内。

4）修理作业时应注意保护汽车漆面光泽、装饰、座位以及地毯，并保持修理车辆的整洁。车间内不准吸烟。

5）用千斤顶进行底盘作业时，应用角木将前后轮塞稳，然后用安全凳将车辆支承稳固。严禁只用千斤顶顶起车辆作业。

6）修配过程中应认真检查原件或更换件是否符合技术要求，并严格按修理技术规范精心进行作业和检查调试。

7）修竣发动机起动前，应先检查各部件装配是否正确，是否按规定加足润滑油、冷却液，置变速器于空档，起动发动机试运转。严禁车底有人时发动车辆。

8）当发动机过热时，不得打开散热器盖，谨防烫伤。

9）当指挥车辆移位时，不得站在车辆正前方与后方，并注意周围障碍物。

0354 汽车电工安全操作规程

1）当装卸发电机和起动机时，应将汽车电源总开关断开，切断电源后进行，未装电源开关的，卸下的电源插头应包扎好。

2）汽车内的线路插头必须拉牢，并用胶布扎好，穿孔而过的线路要加胶护套。

3）需要起动发动机检查电路时，应注意车下有无其他人工作，预先打好招呼，放空档，拉驻车制动然后发动。

4）当装蓄电池时，应在底部垫橡皮胶料，蓄电池之间也应用木板塞紧。

5）当配制电解液时，应穿戴橡胶水鞋和橡胶手套，戴防护眼镜，将硫酸轻轻加入蒸馏水内，同时用玻璃棒不断搅拌，达到散热的目的，严禁将水注入硫酸内。

6）充电时将蓄电池盖打开，电解液温度不得超过45℃。

7）蓄电池应用防电叉测量，不可用手钳及其他金属试验，防止发生爆炸。

0355 氧气瓶的安全操作规程

（1）运输

1）在运输前，要检查瓶嘴、气阀、安全胶圈是否齐全，瓶身、瓶嘴是否有油类等。

2）装卸时，瓶嘴阀门朝同一方向，防止互相撞击、损坏和爆炸。

3）不准装运其他可燃气体。

4）在强烈阳光下运输时，要用帆布遮盖。

（2）氧气瓶保管与存放

1）库房周围不得放易燃物品。

2）库内温度不得超过30℃，距离热源明火在10m以外。

3）氧气瓶减压阀、压力计、接头与导管等，要涂标记。

（3）氧气瓶使用规定

1）安装减压阀前，先将瓶阀微开1~2s，并检验氧气质量，合乎要求方可使用。

2）瓶中氧气不准用净，应保留0.1MPa的氧气。

3）检查瓶阀时，只准用肥皂水检验。

4）氧气瓶不准改用充装其他气体使用。

0356 气动工具安全操作规程

1）起动前，首先检查工具及其防护装置完好，夹紧正常，无松脱，气路密封良好，气管应无老化、腐蚀；压力源处安全装置完好。气管连接处牢固，工具部分无裂纹、毛刺。

2）起动时，首先试运转。开动后应平稳无剧烈振动，动态进行检查无误再工作。

3）气动工具应保持自动关闭阀完好，保证在操作时，只有用力起动，才能工作。

4）气动工具应有专人负责检查、保管，定期维修。

0357 镗缸工安全操作规程

1）修理缸体平面，校正缸体中心，固定好镗缸机。

2）检查镗缸机自动进刀量和自动停车装置工作是否良好。

3）选好刀排，准确测量刀杆长度，擦净刀排孔，镗削过程中多加检查测量，以留好光磨余量(不准在运转中测量尺寸或用手摸加工面。不准通过转动镗杆拿取工具和物件)。

4）磨缸时，磨头与缸筒中心线尽可能平行，磨头上下移动速度和停留时间要均匀，注意最后精磨时要修正好砂条，防止缸筒拉出螺旋形划痕。

5）停机时，应关闭各开关，把机床各手柄扳回空位，及时清除残留铁屑及冷却液，做好保养工作。

0358 钣金工安全操作规程

1）工作前要将工作场地清理干净，以免其他杂物妨碍工作，并认真检查所用的工具、机具技术状况是否良好。

2）进行校正作业或适用车身校正台时应正确夹持、固定、牵制，并使用适合的顶杆、拉具及站立位置，谨防物件弹跳伤人。

3）使用车床、电焊机时，必须事先检查焊机搭铁情况，确认无异常情况后，方可按起动程序开动使用。

4）电焊条要干燥、防潮，工作时应根据工作大小选择适当的电流及焊条。电焊作业时，操作者要带面罩及劳动保护用品。

5）当焊补油箱时，必须放净燃油。

6）氧气瓶、乙炔气瓶要放到离火源较远的地方，不得在太阳下暴晒，不得撞击，所有氧焊工具不得粘上油污、油漆，并定期检查焊枪、气瓶、表头、气管是否漏气。

7）搬运氧气瓶及乙炔气瓶时必须使用专门搬运小车，切忌在地上拖拉。

8）进行氧焊点火前，先开乙炔气阀后开氧气阀，熄火时先关乙炔气阀，发生回火现象时应迅速卡紧胶管，先关乙炔气阀再关氧气阀。

五、汽车上常用的紧固件、密封件和密封剂

0359 螺栓定义

螺栓就是由头部和螺杆（带有外螺纹的圆柱体）两部分组成的一类紧固件，需与螺母配合，用于紧固连接两个带有通孔的零件。这种连接形式称为螺栓连接。如把螺母从螺栓上旋下，又可以使这两个零件分开，故螺栓连接是属于可拆卸连接。

0360 螺栓种类

1）按连接的受力方式分，螺栓可分为普通的和有铰制孔用的两种。

2）按头部形状分，螺栓有六角头的、圆头的、方形头的、沉头的等。其中六角头是最常用的。

0361 螺栓性能等级

螺栓性能等级分为3.6、4.6、4.8、5.6、6.8、8.8、9.8、10.9、12.9等10余个等级，其中8.8级及以上螺栓材质为低碳合金钢或中碳钢并经热处理(淬火、回火)，统称为高强度螺栓，其余统称为普通螺栓。螺栓性能等级标号有两部分数字组成，分别表示螺栓材料的公称抗拉强度值和屈强比值。例如:

1）性能等级4.6级的螺栓，其含义如下:

①螺栓材质公称抗拉强度达400MPa级。

②螺栓材质的屈强比值为0.6。

③螺栓材质的公称屈服强度达400MPa×0.6=240MPa级。

2）性能等级10.9级高强度螺栓，其材料经过热处理后，能达到:

①螺栓材质公称抗拉强度达1000MPa级。

②螺栓材质的屈强比值为0.9。

③螺栓材质的公称屈服强度达1000MPa×0.9=900MPa级。

0362 连杆螺栓断裂的主要原因

1）装配时拧紧力矩过大，用力不均匀。由于装配中没有严格地配用扭力扳手，具体拧紧力矩又不太了解，认为越紧越好；紧固连杆螺栓用较长的加力杆，拧紧力矩过大，超过了螺栓材料的屈服极限，使连杆螺栓出现屈服变形，使之在冲击载荷的作用下因过度伸长而断裂。

2）柴油机的连杆分为多种级别，在检修中应注意不能换用不同级别的连杆。如果在检修中将连杆盖搞乱、错装，会造成连杆大头结合面的配合不紧密，在发动机运行中会造成连杆盖松动而导致连杆螺栓的断裂。

3）柴油机在运行中出现飞车故障或活塞在气缸内卡死的故障，将连杆螺栓拉断。如果发动机在使用中出现过飞车的故障，应对发动机做一次全面检查，最好更换连杆螺栓；如果在运行中个别气缸出现过较严重的拉缸，在更换气缸活塞组件时也应将连杆螺栓更换。

4）材质问题、加工缺陷及热处理工艺问题也会导致连杆螺栓在发动机运行中出现断裂。

0363 预防螺栓断裂的方法

1）防止螺栓表面层的增碳。脱碳通常有利于延迟破坏性能的提高，但是必须充分考虑疲劳强度的下降，并且不至于螺栓脱扣、滑牙。对原材料的预先退火工序必须严格注意脱碳和增碳，而在最终调质淬火时对于螺纹表面增碳是不允许的。

2）防止渗磷。拉拔是生产高强度螺栓的第一道工序，但在拉拔前，盘条需经过磷化锌薄膜处理，增加粗糙度，冷镦、调质淬火处理制成螺栓，会有磷渗入表面层里。对于高强度螺栓，可在热处理前用金属清洗剂和酸洗洗净磷化膜，达到防止渗磷的目的。

3）减少应力集中的形状。螺栓头部是应力集中部位，应在允许的范围内，做到形状尽可能缓和应力集中。

4）预先防止奥氏体晶粒粗大。在调质时要防止奥氏体晶粒粗大，淬火温度的控制显得特别重要。尤其是局部加热镦锻的螺栓，应增加退火软化工序和减小拉拔量，延迟断裂发生。

5）防止电镀脆性。表面处理通常是电镀、有机和无机物涂层或磷化，所有这些工艺都有一个共同的前提——必须除去螺栓表面黑色氧化皮，为此就必须对螺栓进行酸洗。

通常电镀螺栓由于在镀前酸洗和电镀时在钢中渗进并储存了氢，比没有电镀的螺栓容易发生延迟断裂，尤其是自攻螺栓。

6）每次运行12 000km进行二级保养时，均应拆卸发动机油底壳，检查发动机轴瓦的使用情况，如果发现个别轴瓦间隙过大，应更换，更换同时也应更换连杆螺栓。平时运行中如果发现发动机运行不平稳，有异响，也应及时停车检查。

7）每次维修中应对新更换的连杆螺栓进行检查，应注意螺栓的头部、导向部分、螺纹各部是否有裂纹或凹痕，螺纹的形状、螺距是否异常，有异常情况应坚决不用。

8）当装配连杆盖时，应用扭力扳手，按规定标准拧紧，防止扭力过大、过小。

0364 螺栓紧固力矩的确定方法

螺栓拧紧力矩应与螺栓的材料牌号和热处理状态有关，即与其强度等级有关。

螺栓拧紧力矩仅依靠理论计算是不够的，在实际应用中螺栓连接拧紧力矩主要是满足产品在工作、运输中的紧固和防松动。螺栓的紧固和防松动的确定常用振动试验来验证。

螺栓拧紧力矩的确定，应该是依据“螺栓拧紧力矩参考值”，然后实际观察螺栓是否拧到位，有无螺纹滑牙和损伤，以及做振动试验，螺栓连接不能发生松动现象。

0365 螺栓的热处理法

螺栓加工工艺为热轧盘条—(冷拔)—球化(软化)退火—机械除磷—酸洗—冷拔—冷锻成形—螺纹加工—热处理—检验。

1）球化(软化)退火沉头螺栓。

2）剥壳除磷。冷镦钢盘条去除氧化铁板工序为剥亮，除磷，有机械除磷和化学酸洗两种方法。

3）拉拔。拉拔的工序有两个目的，一是改制原材料的尺寸，二是通过变形强化作用使紧固件获得基本的力学性能。

4）冷锻成形。通常，螺栓头部的成形采用冷镦塑性加工。

5）螺纹加工。螺栓螺纹一般采用冷加工，使一定直径范围内的螺纹坯料通过搓(滚)丝板(模)，由丝板(滚模)压力使螺纹成形。

6）热处理。高强度紧固件根据技术要求都要进行调质处理。热处理调质是为了提高紧固件的综合力学性能，以满足产品规定的抗拉强度值和屈强比。

0366　螺栓与螺钉紧固不同之处

螺栓和螺钉的基本区别是螺栓需用螺母配合使用，螺钉直接拧在基体的螺孔内，不使用螺母。

1）螺栓是指一头有螺纹另一头是扩大端(大部分是适宜紧固的正多边形)或两头都是螺纹的零件，分别叫作单头螺栓和双头螺柱(全长都是螺纹的叫作螺杆)，它们必须和螺母配合方可使用，一般螺栓的直径较大。

2）螺钉是指直径较小，一头做成圆头(沉头)，中间做出横槽或十字槽以便用螺钉旋具紧固，另一头做成带螺纹的尖头，需要用加压的方法拧紧(自攻螺纹带钢头的铁螺钉例外)。

0367　螺栓装配标准

1）螺栓和螺母紧固时严禁打击或使用不合适的旋具与扳手。紧固后螺母和螺栓头部不得损伤。

2）有规定拧紧力矩要求的螺栓，应采用扭力扳手紧固。未规定拧紧力矩的螺栓，拧紧为止。

3）同一零件用多个螺栓紧固时，各螺栓需按一定顺序逐步拧紧，如有定位销，应从靠近定位销的螺栓开始。

4）用双螺母时，应先装薄螺母，后装厚螺母。两个螺母对顶拧紧，使螺栓在旋合段内受拉而螺母受压，构成螺纹连接副纵向压紧；正确的安装方法为：先用规定的拧紧力矩的80%拧紧里面的螺母，再用100%的拧紧力矩拧紧外面的螺母。

5）当螺栓和螺母拧紧后，一般螺栓应露出螺母1~2个螺距。

6）当螺栓和螺母拧紧后，其支承面应与被紧固零件贴合。

0368　螺栓力矩检测

螺栓力矩检测用带数字读数的扭力扳手或指针读数的扭力扳手检测，但必须注意测量力矩的范围。

0369　螺栓断裂处理办法

1）如果螺栓断面高于零件表面时，可以用钢锯锯槽，然后视螺栓大小用锥拧出，也可以找一个与断头螺栓直径相近的螺母套在断头处，从螺母内侧将螺栓螺母焊成一体后用扳手拧出。

2）如果螺栓断面与零件平面平齐或低于零件表面时，可在断面用电钻钻一个孔，将一断面为方形的淬火钢钉打入，用扳手转动拧出。也可用电焊将断头螺栓钻掉，然后加大螺孔。

0370　螺母定义

螺母是一种固定用工具，其中心有孔，孔的内侧有螺纹。螺母经常与大小相合的螺栓共用，以固定有关零件的接合部分。如果振动等环境因素会令螺母松脱，可使用胶水或别针等工具进一步为有关部分加固。螺母多呈六角形，其次为正方形。

0371 螺母的种类

螺母的种类可以按照材料分类，主要包括：

（1）不锈钢　自锁螺母、防松螺母、锁紧螺母、四爪螺母、旋入螺母、保险螺母、细杆螺钉连接螺母等。

（2）铜材　铜螺母、镶嵌铜螺母、滚花铜螺母、嵌装铜螺母、注塑铜螺母等。

（3）合金　锌铜合金螺母等。

0372 防松螺母原理

防松螺母一般是靠摩擦力，其原理是通过压花齿压入钣金的预置孔，一般方预置孔的孔径略小于压铆螺母。运用螺母与锁紧机构相连，当拧紧螺母时，锁紧机构锁住尺身，尺框不可自由移动，达到锁紧的目的；当松开螺母时，锁紧机构脱开尺身，尺框沿尺身移动。

0373 螺栓滑扣处理方法

1）找一个小平头錾子，对准外六方没有磨圆的部位，然后用锤子沿着螺栓中心逆时针反方向敲击，将螺栓松动取出。

2）用一根钢丝拉住螺栓，然后再用扳手边转边拉，将螺栓松动取出。

3）用电钻或电焊将滑扣螺栓钻掉，然后加大螺孔。

第二章 机械维修

一、发动机维修

0374 发动机修理前要检查的项目

发动机修理之前，一般应做好以下几项工作：

1）调查汽车的使用情况。

2）发动机的外部检查。

3）发动机工作情况的检查。

4）检查气缸压缩压力。

5）检查进气歧管真空度。

0375 发动机维修时的注意事项

不同类型的发动机在结构上是有所区别的，在维修时应注意以下几方面：

1）确认发动机的型号后，才能正确地配备维修配件和选用维修专用工具。

2）在拆卸发动机前，先拆除蓄电池电缆，以免搭铁起火。

3）拆卸下的零件要按顺序排放，以便重新组装。

4）不同类型的发动机都有相应的专用维修工具，必须确认专用工具的规格，并按正确的规程操作，以免损坏机件。

5）凡成对配合的零件或装配位置上有特殊要求的零件，在拆卸时应检查配对记号，若无记号应制作装配标记，确保按原位装复。

6）要注意真空管道的拆卸，拆卸时不能牵拉软管的中间部位，拆除中间带真空阀的软管时，应注意标记软管的连接端，以免安装错误。

7）当拉开电气插头时，应拉插头本身，不能拉引线部分。各类传感器和继电器等电气元件不能抛摔，如受较大的直接振动，应更换部件。各种传感器开关或热敏传感器件安装时不能过紧，以免损坏或影响精度。

8）装配时各种螺栓应按规定力矩拧紧，衬垫、密封圈、开口销应换用新件，某些防漏部位如有必要可涂密封胶以防泄漏。

0376 气缸修理尺寸的确定

气缸磨损超过允许限度后或缸壁上有严重的刮伤、沟槽和麻点，均应将气缸按修理级别镗削修理，并选配与气缸相符合加大尺寸的活塞及活塞环，以恢复正确的几何形状和正常的配合间隙。气缸的修理尺寸可按下式进行计算：

修理尺寸=气缸最大直径+镗、珩磨余量

镗、珩磨余量一般取0.10~0.20mm。计算出的修理尺寸应与修理级数相对照，如果与某一修理级数相符，可按某级数修理；如与修理级数不相符，比如计算出的修理尺寸在两级修理级数之间，则应按其中大的修理级数进行气缸的修理。对于多缸发动机应取磨损最大的一个缸为准。一般发动机前、后两缸磨损最大，测量时可重点测量这两个气缸。气缸磨损如超过最大一级修理尺寸时，则应镶装缸套。

发动机在更换活塞和气缸套时，只要有一个气缸需要镗、珩磨或更换气缸套，其余各气缸应同时进行镗、珩磨或更换，以保持发动机各气缸工作的一致性。

0377 卸下发动机总成的方法

发动机从车架上拆下，应在完全冷却状态下进行，否则可能会造成某些零件的变形，其步骤如下：

1）放出油底壳内的机油，放出散热器及水套内的冷却液，关闭燃油箱开关，拆下油管接头。

2）拆下蓄电池极桩夹头后，再拆下发动机的全部电线。

3）拆下发动机罩、翼子板、散热器及其附属装置。

4）拆下各种拉索、拉杆、变速器、传动轴及排气管。

5）拆下发动机撑杆及前、后支架螺栓。

6）用吊具将发动机和离合器总成一起从车架上吊下。

0378 解体发动机的流程

发动机解体工作，是把从车架上拆下的发动机，放在发动机工作台上进行，其步骤如下：

1）将发动机直立放置，拆下进、排气歧管及气缸盖出水管。

2）取下气缸盖罩，拆下缸盖上的摇臂总成，拆除气门室盖，取下推杆，按次序取出挺柱，并同时标写出顺序号。

3）拆下气缸盖及衬垫。

4）将发动机侧放，检查离合器壳与飞轮上有无标记，如无标记应做好记号。然后拆下离合器固定螺栓，取下离合器总成。

5）拆下起动爪，取下锁片，用顶拔器拆下曲轴带轮或扭转减振器。

6）拆下气门组，在气门关闭时，用气门弹簧钳将气门弹簧压缩，取出气门弹簧锁片和气门，各缸的进、排气门应按顺序放好，以免错乱。

7）拆下正时齿轮盖和油底壳、机油集滤器、机油泵出油管及机油泵。

8）检查正时齿轮上有无记号，如无记号，应在两个齿轮上做出相应记号(在第一缸压缩上止点位置进行)。再拆去凸轮轴止推凸缘固定螺栓，平稳地抽出凸轮轴。

9）拆下活塞连杆组。

10）将缸体倒置，拆下全部主轴承盖，取下轴承衬垫，并按顺序放好，抬下曲轴，再将轴承盖及衬垫装回原位。

11）旋出飞轮固定螺栓，取下飞轮。

12）拆下曲轴后端油封及飞轮壳。

13）分解活塞连杆组，检查活塞顶上记号，拆下活塞环、活塞销，并按顺序放好。

当发动机解体后，应按零件情况，加以清洗，分类检验和修理。

0379 检查机油压力前的检查项目

检查机油压力前，应首先检查以下几项：

1）机油盘中的油位。如果油位低，加油至机油尺上的满油位标记处。

2）机油的质量。如果机油变色或变质，应更换。

3）漏油。如发现漏油，应修理。

0380 检查机油压力的方法

1）拆下机油压力传感器。

2）将专用工具（油压表）旋入空出来的螺纹孔内。

3）固定好发动机转速表。
4）起动发动机并预热到正常工作温度。
5）预热后，将发动机的转速提高到3000r/min并测量油压。油压标准为320~480kPa(3000r/min)。
6）重新安装机油压力传感器前，记住在开关螺纹处缠上密封胶带，并按规定的力矩拧紧开关。
7）起动发动机并检查油压开关是否漏油。
8）关闭发动机，将端子与压力开关端子相连并用护罩将油压开关罩好。

0381 自动变速器定义

自动变速器(AT，Automatic Transmission)，又称为自动变速箱，通常来说是一种可以在车辆行驶过程中自动改变齿轮传动比的汽车变速器，从而使驾驶人不必手动换档。

电子液压式多档位自动变速器是目前应用最广泛、技术成熟的自动变速器。按照控制方式的不同，液力自动变速器可以分为液控液力自动变速器和电控液力自动变速器，目前轿车上都是采用电控液力自动变速器。

自动变速器由复杂的行星齿轮组和诸多的换档执行元件组成，自动变速器虽然速比变化是自动实现的，但各档速比也是固定不变的。

电子控制自动变速器是通过各种传感器、开关，将发动机转速、节气门开度、车速、发动机冷却液温度、自动变速器油温度等参数转变为电信号并传递给控制单元。

控制单元根据这些信号，按照设定好的换档规律、锁止规律及其他控制规律等，向换档电磁阀、TCC电磁阀、油压电磁阀等发出电子指令信号。

换档电磁阀、TCC电磁阀、油压电磁阀再将控制单元的电子控制指令信号转变为液压控制信号，液压控制阀体中的各个控制阀根据这些液压控制信号，控制换档执行机构、闭锁离合器执行机构的动作，从而实现自动换档、自动闭锁和自动油压调节控制。

0382 AMT变速器定义

AMT是英文Automated Mechanical Transmission的缩写，中文译为自动机械式变速器，即电控机械式自动变速器，AMT变速器是在传统的手动齿轮式变速器基础上改进而来的，它是综合了自动变速器和MT两者优点的机电液一体化自动变速器。它将手动变速器的离合器分离及换档拨叉等靠人力操纵的部件实现了自动操纵，即通过电动或液压动力实现。驾驶人操纵起来和自动变速器是一样的，这样就实现了手动变速器的自动化，即汽车电控机械式自动变速器。

0383 DTC变速器定义

DCT变速器即双离合变速器，在大众车系中也称为直接换档自动变速器(DSG)。

DSG可以形象地设想为将两台变速器的功能合二为一，并建立在单一的系统内。DSG内含两台自动控制的离合器，由电子控制及液压推动，能同时控制两组离合器的运作。当变速器运作时，一组齿轮啮合，而接近换档之时，下一组档段的齿轮已被预选，但离合器仍处于分离状态；当换档时一台离合器将使用中的齿轮分离，同时另一台离合器啮合已被预选的齿轮，在整个换档期间能确保最少有一组齿轮在输出动力，令动力没有出现间断的状况。

0384 CVT变速器定义

CVT变速器(无级自动)是一种采用主动轮与从动轮以及钢带的电控自动变速器，它具有无级前进档变速和二级倒档变速功能，装置总成与发动机直列布置。

CVT变速器只需两组变速滑轮就能实现无数个前进档位的速比变化，允许其在最大速比点到最小速比点之间做无级调节，它的速比变速是连续性的，不是固定不变的，只有倒档的传动比是固定不变的。

CVT变速器采用传动带和工作直径可变的主、从动轮相配合传递动力。没有传统变速器换档时的那种“停顿”的感觉，从而得到传动系统与发动机工况的最佳匹配。

0385 直接换档变速器控制方法

直接换档变速器控制方法主要考虑换档响应速度和换档舒适性。直接通过线性电磁阀控制离合器的油压，使变速时形成理想的离合器油压，从而在实现高品质换档的同时增加换档响应时间。

0386 双离合器变速器动力传递路线

从动力传递路径和结构上与手动变速器基本一致，但要注意的是，双离合器可以让从动轴上的同步器实现提前挂档。

双离合器安装在变速器壳体内，由两个传统的离合器接合在一起，构成一个双离合器(图2-1)，称作K1和K2。离合器K1通过花键将转矩传递给输入轴1，输入轴1将1档和3档的转矩继续传递给输出轴1，将5档和7档的转矩传递给输出轴2。离合器K2通过花键将转矩传递给输入轴2，后者将2档和4档的转矩继续传递给输出轴1，将6档和倒车档的转矩传递给输出轴2。

0387 双离合器（干式离合器）工作原理

双离合器中有两个独立的干式离合器。离合器可以处于两个位置：当发动机停机和怠速运转时，两个离合器分离；当行驶状态时，两个离合器中始终只有一个离合器接合。

离合器K1将1、3、5和7档的转矩传递给输入轴L，离合器K2未操纵。当离合器K1操纵时，接合杆将接合轴承压向盘形弹簧，这种压力运动在多个转向点处转换为拉力运动。因此，将离合器压盘拉向离合器从动盘以及主动轮，转矩传递给输入轴，如图2-2所示。离合器K1已操纵。离合器K2将2、4、6和R档的转矩传递给输入轴2。当K2操纵接合杆时，接合轴承压向离合器压盘的盘形弹簧。由于盘形弹簧支承在离合器壳体上，因此离合器压盘压向主动轮，转矩传递给输入轴2，如图2-3所示。离合器K2已操纵。

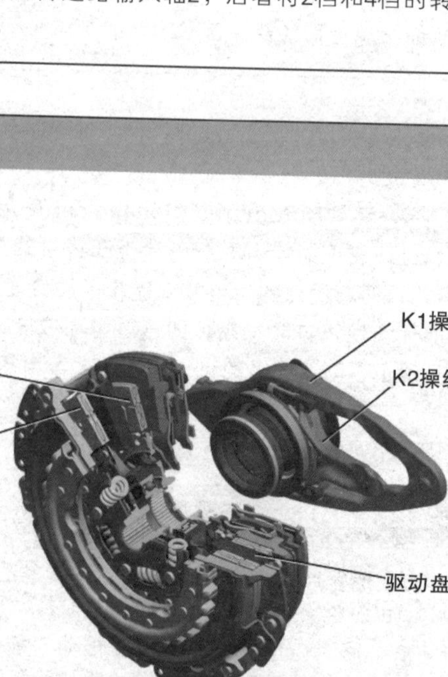

图2-1 0AM双离合器系统结构图

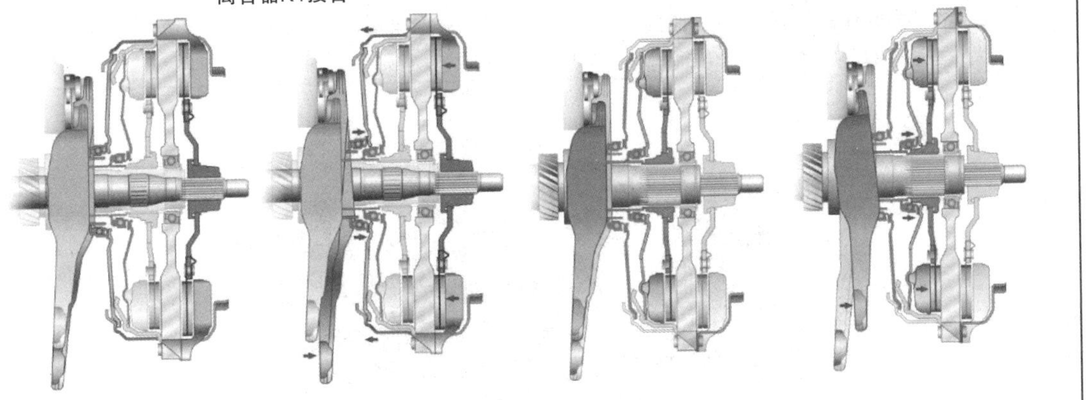

图2-2 双离合器工作原理图

0388 双离合器（湿式离合器）工作原理

湿式双离合器将离合器片浸泡在机油之中来对其进行冷却。离合器可以将动力输送给6个档位中的任何一个，由ECU控制的离合器根据汽车速度和转速对驾驶人的换档意图做出判断，可以预选下一档位从而实现档位的快速切换。变速器可以设定在ECU控制的“自动”模式之下，或者利用转向盘上的拨片来实现手动换档。

0389 大众02E DSG变速器结构

双离合变速器的技术关键就在于双离合，也就是有两个离合器，其中一个负责奇数档(1、3、5档)，另一个离合器负责偶数档(2、4、6档)。可以想象为将两台手动变速器的功能合二为一，并建立在单一的系统内，它没有液力变矩器也没有行星齿轮组。从齿轮部分乍一看很像一台手动变速器，因为它有同步器，但不同的是它用“双”离合器控制与发动机动力的通断，这两台自动控制的离合器，由电子控制及液压推动，能同时控制两组离合器的运作。

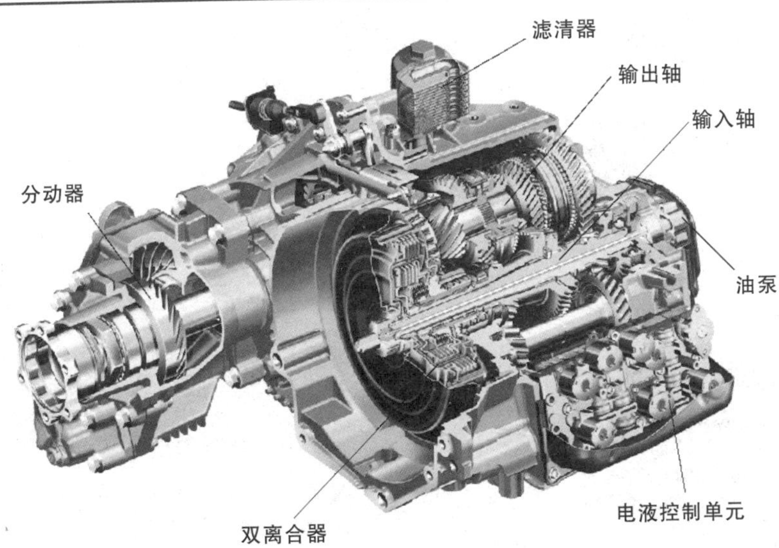

图2-3 02E变速器构造图

0390 大众02E DSG变速器齿轮传动结构

02E为湿式6速双离合器自动变速器，齿轮传动组件与6速手动变速器基本相同，不同点在于离合器部分。大众02E DSG变速器齿轮传动结构如图2-4所示。

图2-4 大众02E DSG变速器齿轮传动结构

0391 7速 0AM DSG变速器输入轴

0AM双离合器变速器有两根输入轴，输入轴1通过花键与K1相连，用于驱动1、3、5、7档，输入轴1上还装有变速器输入轴转速传感器1的脉冲靶轮；输入轴2为空心轴，套在输入轴1上，通过滚针轴承两轴可相互自由旋转，如图2-5所示。输入轴通过花键与K2相连，用于驱动2、4、6、R位(倒档)，输入轴2上还装有变速器输入轴转速传感器2的脉冲靶轮。

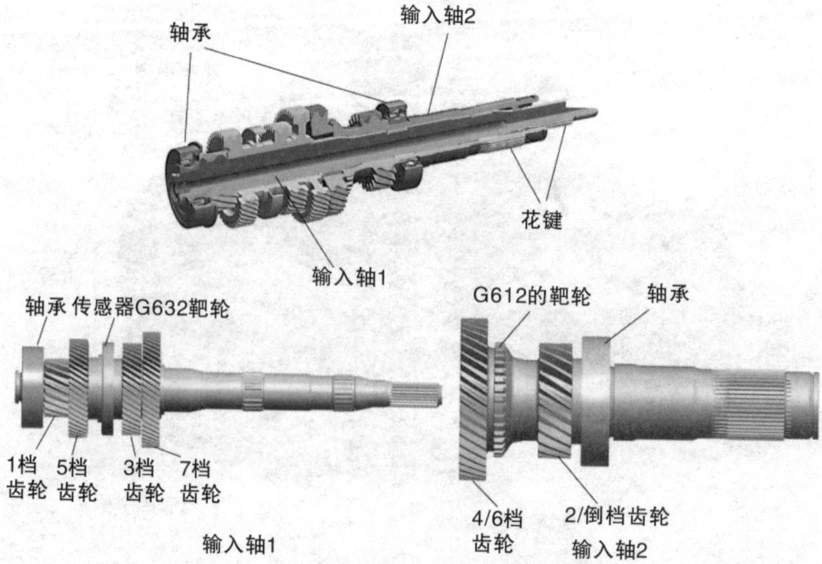

图2-5 0AM双离合器变速器输入轴构造

0392　7速 0AM DSG变速器输出轴

三根输出轴位于变速器壳体内，根据啮合的档位发动机转矩从输入轴传递到输出轴上。转矩通过各输出轴上的输出齿轮，传递至差速器主动齿轮上。

1、2、3、4档齿轮及1/3、2/4档同步器位于输出轴1上， 5、6、7档齿轮和倒档中间齿轮及5/7档、6/倒档同步器位于输出轴2上，倒档齿轮、倒档同步器及P档锁止齿轮位于输出轴3上，如图2-6所示。

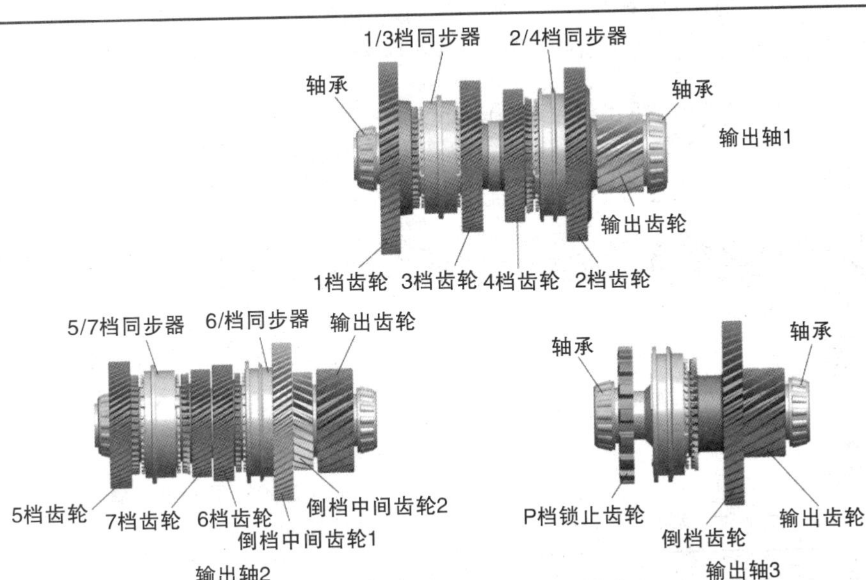

图2-6　0AM双离合器变速器输出轴构造

0393　7速 0AM DSG变速器换档拨叉

换档机构的活塞和换档拨叉(图2-7)相连，为实现档位的变换，有压力供应到换档机构的活塞上，推动活塞移动。当活塞移动时，换档拨叉和滑动齿套也随之移动，滑动齿套使同步器齿毂结合形成档位，如图2-8所示。变速器控制单元通过永久磁铁和换档机构位移传感器获得换档机构当前位置。

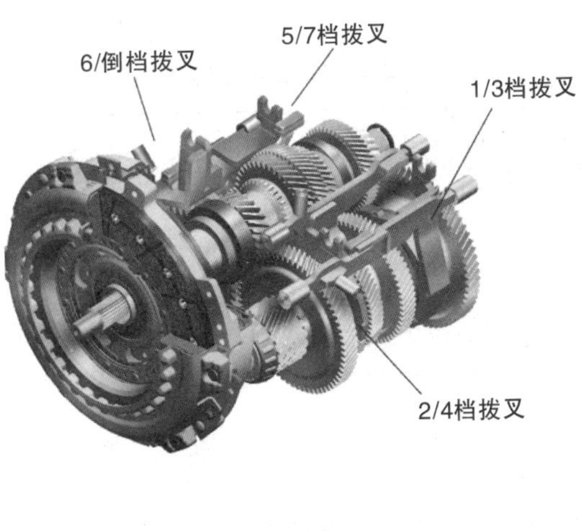

图2-7 换档拨叉总体组成图

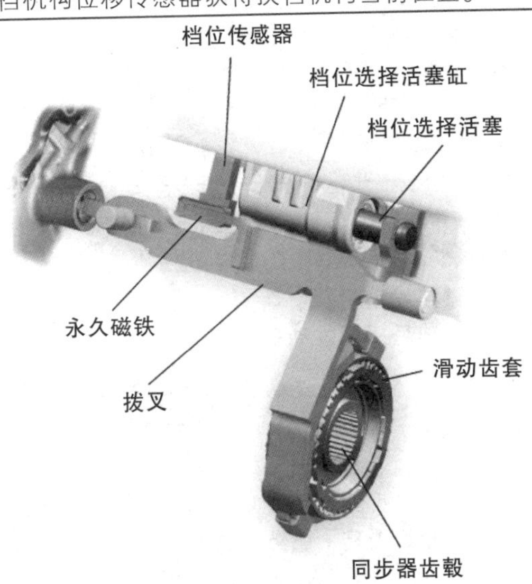

图2-8　换档拨叉结构图

0394 检查缸体密封表面的形状

缸体及缸盖在发动机使用过程中，往往产生变形。这种变形不仅破坏零件的几何形状，而且使配合表面的相对位置偏差增加。通过检验确定几何公差破坏的程度，进行整形修理，使其几何公差得到恢复。

缸盖变形的主要表现为翘曲，其变形程度可通过检测缸盖表面平面度获得。检查时，缸盖平面的平面度可用平板进行接触检验，或者用钢直尺和塞尺测试。捷达、桑塔纳车型发动机缸盖在检查时，沿两条对角线和纵轴线将钢直尺放置到缸盖上面，移动塞尺检查，最大允许偏差为0.10mm。

当缸盖平面的平面度超过允许限度时，会引起发动机漏水、漏气甚至冲坏气缸垫等故障，其修理方法如下：

缸盖平面的平面度在整个平面上不大于0.05mm或仅有局部不平时，可用刮研法修复。

当铸铁缸盖平面度误差较大时，应根据具体的情况分别采用磨削或铣削的方法修平，最大修磨量为0.15mm。

0395 拆卸气缸盖

1）拆卸发动机盖。
2）拆卸排气歧管。
3）拆卸进气歧管。
4）拆卸正时带。
5）拆卸气缸盖罩。
6）拆卸凸轮轴正时齿轮。
7）拆卸正时带自动张紧器。
8）拆卸凸轮轴轴承盖和凸轮轴。
9）拆卸发动机装配支承支架固定螺栓。
10）拆卸气缸盖螺栓，并拆卸气缸盖。

①使用六角扳手，按由两边向中间的对角顺序拧松并拆卸10个气缸盖螺栓。

②从气缸体的定位销上举起气缸盖，并将气缸盖放置在工作台的木块上。

0396 安装气缸盖

1）将气缸盖对准气缸体的定位销，然后放平，使用六角扳手，按由中间向两边的对角顺序拧紧10个气缸盖螺栓(图2-9)。
2）安装凸轮轴轴承盖和凸轮轴。
3）安装正时带自动张紧器。
4）安装凸轮轴正时齿轮。
5）安装气缸盖罩。
6）安装正时带。
7）安装进气歧管。
8）安装排气歧管。
9）安装发动机盖。

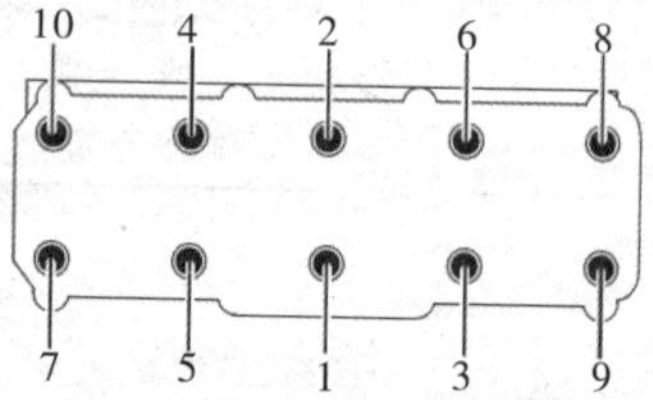

图2-9 缸盖螺栓拧紧顺序

0397 检查汽油机的气缸压力

1）预热发动机。
2）预热后关闭发动机。

注意：当发动机预热后，将变速器变速杆置于空档位置，并拉紧驻车制动器操纵杆和顶住驱动轮。

3）断开燃油喷射器的线束插头。
4）取下点火线圈总成及全部火花塞。
5）将专用工具（压缩压力表）装入火花塞孔。
6）踩下离合器踏板(减轻发动机的起动负荷)，将加速踏板向下压到最大限度，使节气门完全打开。
7）用充足电的蓄电池起动发动机，并在压缩压力表上读出最高压力。

为了测量压缩压力，用充足电的蓄电池起动发动机至少达250r/min。表2-1是一汽油机的气缸压力检测标准。

表2-1　汽油机的气缸压力检测标准

	压缩压力/kPa
标准	1450
极限	1250
两气缸之间的最大压差	100

0398　造成发动机气缸磨损的原因

（1）正常磨损　气缸磨成上大下小的主要原因是：上部润滑最差；活塞环在上、下止点运行速度接近0，油膜不易形成。

气缸径向磨损不均的主要原因是：进气的吹射、冲刷作用，使缸壁的机油被稀释并形成较多腐蚀性成分。

（2）异常磨损

1）腐蚀磨损是材料表面与周围介质发生电化学反应而产生的，发动机气缸在低温、燃油燃烧不充分的条件下将产生严重的腐蚀性磨损。当发动机冷却液温度较低或低温起动频繁时，易产生较多的酸性物质，酸性物质与气缸直接接触形成脆弱薄层，此薄层在外力作用下剥落，从而形成腐蚀性磨损。

2）进入气缸的空气中含有大量灰尘而造成严重的磨粒磨损。

3）机油中的杂质、尘粒等引起严重的磨粒磨损。

4）新的或大修后未经磨合的气缸直接投入作业时，由于气缸和活塞表面凹凸不平，运动时相互嵌入产生磨粒磨损，在气缸表面产生平行于气缸的轴线拉痕。

5）黏着磨损。气缸与活塞环在润滑不良的情况下相对滑动时，两者之间极微小部分金属表面的直接摩擦产生局部高温，使之熔融黏着、脱落，逐步扩大即产生黏着磨损。

6）断环后的磨损。活塞环通常有3~4道，第一道环较易断裂。该环断裂后，第二道环的润滑条件得到破坏，加剧了气缸的磨损。

0399　减少气缸磨损的主要措施

1）发动机的起动宜“少、慢、暖”。“少”即起动不宜频繁，“慢”即起动后先低速运转，“暖”即待发动机温度正常后才起步。据分析，1/3的发动机磨损发生在起动阶段，因发动机只有起动以后才转入正常润滑，特别是严寒的冬季，机油较稠，半干摩擦的时间较长，应当先冷摇慢转，使发动机各运动部件得到一定的润滑后再起动，必要时可以加热水预热加温。

2）运行中保持发动机正常工作温度。因温度过低对气缸有腐蚀磨损，温度过高则机油变稀、润滑不良，易产生黏着磨损。

3）定期清洗和更换空气滤芯。空气中的灰尘是造成气缸磨粒磨损的主要原因，不按规定对空气滤芯进行定期清洗和更换将大大缩短发动机的使用寿命。特别应注意空气滤芯安装后气道的密封。

4）确保发动机润滑良好。经常检查机油的数量和质量，及时清洗机油滤清器。

5）提高修理质量。

0400　确定气缸镗削量的方法

确定气缸的修理尺寸以后，就可以选配同级活塞，每级尺寸相差为0.25mm，逐级递增。目前一般采用按选定的活塞镗磨气缸，即先测量所选定的活塞裙部外径尺寸，再根据活塞和气缸的实际尺寸计算镗削量，其方法如下：

镗削量=活塞裙部最大直径−气缸最小直径+活塞裙部与气缸壁配合间隙−磨缸余量

0401 镗缸机的使用注意事项

1）首先必须对需要镗削的缸体进行清洁，检查定位基准，必要时应测量其基准面的平面度误差，如超差，则进行铲刮修整。然后按要求将其平稳地放在台架上。

2）当使用移动式镗缸机时，应逐缸进行对刀，对刀完毕后应随即将其固定卡紧，以防起动电动机时松动偏移，甚至发生事故。

3）起动电动机前，应用手试转动镗杆，并摇动几转进刀手柄，观察有无卡滞现象。

4）所选用的镗削工艺，应与机床、刀具的规格、性能及所镗削的缸体材质、性能相适应。

5）镗削中，如产生不均匀噪声及较大的冲击声，应立即停车检查和排除。

6）当镗削时，不能接近缸口观看走刀情况和用手摸缸体内，以防伤人。

7）当检查镗削尺寸时，应停机测量，不能边镗边测。

8）严禁镗削中途停机、调刀，或调整紧固螺栓。

9）镗削结束，进行清洁、擦拭镗缸机，并做好润滑各部位的工作。

0402 磨缸的工艺

1）清洁。将已镗过的气缸进行清洁，然后将缸体吊放在缸体架上。

2）选择砂条。根据需要选择合适的砂条装于珩磨头上。光磨铸铁气缸的砂条，一般采用的规格如下。

磨料：碳化硅。

粒度：粗磨时选用150粒度的磨条，细磨时选用320粒度的磨条。

硬度：中软(砂条代号ZR1、ZR2)或软(R1、R2、R3)。

3）安装砂条。成套安装在珩磨头上以后，应检查圆柱度偏差，当超过0.10mm时，应在较低的砂条下面加垫片，或把较高的砂条磨低。否则，会使气缸磨成锥形。

4）安装磨头。将磨头夹头座和转杆装在磨缸机上。

5）调整砂条压力。砂条对气缸的压力，是决定缸壁表面粗糙度的重要因素之一。压力大时，镗削效率虽高，但表面粗糙度大，过大时还会造成砂条破碎；压力过小，会使气缸圆度和圆柱度偏差增大。一般是将磨头放入气缸内，用手旋转调整盘，使砂条向外扩张，直到砂条紧贴气缸壁，松手后，磨头不会自由下落，上下移动时又没有很大的手感阻力为宜。

0403 拆下活塞的步骤

1）将气缸盖从气缸体上取下。

2）排出发动机机油。

3）将油底壳和机油泵集滤器以及主轴承盖加强板取下。

4）用铅笔或快干漆在所有的活塞、连杆和连杆轴承盖上标注气缸号。

5）取下连杆轴承盖。

6）在连杆螺栓的螺纹上装上橡胶护套，这是为了避免在取下连杆时，将轴颈轴承和连杆螺栓螺纹损坏。

7）从气缸里取出活塞以前，除去气缸上端的积炭。

8）将活塞和连杆从气缸上端推出。

0404 分解活塞的方法

1）用活塞环扩张器，从活塞上取下两个气环(第1、2环)和油环。

2）从连杆上取下活塞销。

①小心松开活塞销挡圈。

②压出活塞销。

3）用合适的工具，将活塞头和活塞环槽上的积炭清洗掉。

0405 测量活塞环各部位的间隙

（1）测量活塞环槽间隙　在检查前，活塞环槽必须清洁、干燥和无积炭。

将活塞环安装在环槽里，用塞尺测量环与环槽间的间隙，如图2-10所示。

若间隙超差，更换活塞。

（2）测量活塞环端隙　将活塞环嵌入气缸，并放平，用塞尺测量间隙。若间隙超差，则更换活塞环。

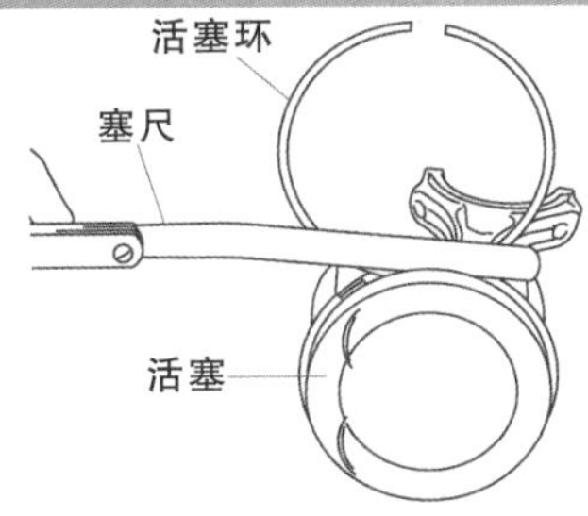

图2-10　测量活塞环槽间隙

0406 活塞环尺寸的确定

当发动机大修时，应按照气缸的修理尺寸，选用与气缸、活塞相适应的同级的活塞环。

活塞环除标准尺寸外，为了适应气缸修理尺寸的需要，活塞环还有与活塞修理尺寸相同的修理尺寸，即逐级加大，每级为0.25mm，即为+0.25mm、+0.5mm、+0.75mm、+1.0mm、+1.25mm、+1.50mm共6级。

0407 安装活塞环的方法

1）装环前应仔细检查活塞环，核对其机型、规格和数量，并保持活塞环及环槽的清洁，将环涂以极少的机油。

2）保持水平安装且不应随意拉开或捏合活塞环。用手随意拉开或捏合活塞环而不保持环的开口两端处于水平面，则环将产生扭曲或翘曲，外形也会改变且容易折断。故装环时最好使用专门的装卸卡钳而避免用手装配。

3）各道环的开口位置应相互错开，以便造成“迷宫”通道而减少漏气和窜油。开口位置应避免在活塞销方向及侧压力方向。

4）组合油环一般用手工安装，无论是片状钢带衬簧还是蛇形衬簧，合口部位不能在活塞销的轴线上。

0408 检查活塞环弹力

活塞环的弹力大小直接影响到气缸的密封性和气缸的使用寿命，因此活塞环要具有合适的弹力。

当检查活塞环的弹力时，将活塞环放在弹力检验器上，把活塞环的开口间隙放置在水平位置，移动检验器上的量块，当把活塞环开口间隙压缩至标准数值时，弹力大小应符合规定的技术要求。

0409 检查活塞环槽间隙

检查时，将活塞环放在环槽内，围绕环槽滚动一周，环应能自由地滚动，既不松动，又无阻滞现象。然后用塞尺测量活塞环槽间隙。间隙过大，需重新选配活塞环；间隙过小，也可将活塞环放在平板的砂布上研磨，直至符合要求为止，也可以重新选配尺寸合适的活塞环。

0410 检查活塞环漏光度

活塞环漏光的检验，可以在专用检验设备上进行，也可采用简易检验法。

1）采用简易检验法检验。将活塞环平放在气缸内，用活塞顶部推平活塞环，在活塞环上盖一个比缸径略小的硬纸板做成的遮光板，在气缸下部放置光源，观察活塞环外圆与气缸壁之间是否漏光。

2）用塞尺和量角器测量其漏光度。活塞环漏光度检验的一般技术要求是：在活塞环开口端左右对应的圆心角30°范围内不允许漏光，同一根活塞环上漏光不应多于两处，每处漏光弧长所对应的圆心角不得超过25°，同一环上漏光弧长所对应的圆心角总和不超过45°，漏光处的缝隙应不大于0.03mm。

0411 检查活塞环端隙

活塞环端隙的大小与气缸的直径及各环所受温度有关。

检验时，将活塞环置于气缸内，用活塞顶将活塞环推正，然后用塞尺插入开口处进行测量。若端隙大于规定值，应更换；若端隙过小时，可对环口的一端加以锉削。锉削时应注意只能锉修一端环口，环口应平整，并应边锉边量。然后去毛刺，以防止刮伤气缸。

0412 安装活塞的步骤

1）在活塞、活塞环、气缸壁、连杆轴瓦和曲柄销上涂发动机机油。

2）在连杆螺栓上安上橡胶护套。这个橡胶护套在安装连杆和活塞组装时，可保护曲柄销和连杆螺栓螺纹不受损坏。

3）在将活塞和连杆组装进气缸时，将活塞头上的标识（0或←）对着曲轴带轮一侧。

用特殊工具（活塞环压缩器）压缩活塞环。将连杆放在曲轴上。

用一个锤子柄敲活塞头，将活塞安装在气缸里。紧靠着气缸体，握着活塞环压缩器，直至所有的活塞环都进入气缸内。

4）安装轴瓦盖。将瓦盖上的箭头标识对着曲轴带轮侧。按技术要求紧固瓦盖螺母。

0413 检测和校直连杆弯扭变形的方法

先取下连杆大、小端孔内的轴承和铜套，将其装在连杆检验器上，固定好后，将三点规骑跨在连杆小端的标准销上，由其垂直平面的接触情况来判断连杆是否存在弯扭变形。若三点规的三个触点都能与检验器平面接触，则连杆无变形；若只有一个或两个接触，为连杆存在弯曲或扭曲。三点规的触点与检验器平面之间的间隙，可用塞尺进行测量。当三点规与检验器平面的距离一定时，可用测深尺测量连杆小端一侧端面与检验器平面的距离，然后将连杆反转180°固定后同法测量，如两次测得距离数值不等，说明连杆存在双弯曲。

连杆变形的校正：当连杆的弯扭变形超过规定时，应在校正器上予以校正，先校弯曲后校扭曲，连杆的双弯曲需反复校正方能消除。弯扭值过大时应采用热校，经过校正的连杆必须检验合格。

0414 检查连杆大端侧隙

在正常状态下，将连杆与曲柄销相连，拧紧连杆盖螺栓。使用合适的塞尺插入曲柄销和连杆大端之间的空隙，检查大端侧隙，若间隙测量值超差，则更换连杆。一般连杆大端侧隙的标准值范围是0.10~0.30mm。

0415 检查连杆轴瓦及轴瓦可供更换的类型

检查轴瓦有无熔化征象、凹坑、烧蚀或表层剥落，并观察接触形状。若轴瓦有以上明显情况，必须更换。

当需要更换时，可以根据曲轴和连杆的配合尺寸选择标准型轴瓦或0.25mm减小尺寸轴瓦。分辨这两种类型轴瓦的方法是：0.25mm减小尺寸轴瓦的背面有25的标记，如图2-11所示，而标准型无任何号码。

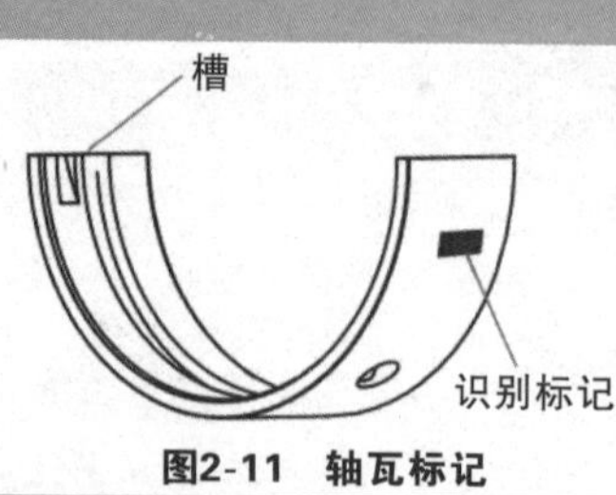

图2-11 轴瓦标记

0416 连杆轴瓦间隙

1）检查轴瓦间隙前，清洁轴瓦和曲柄销。

2）将轴瓦安装在连杆和瓦盖上。

3）当与轴瓦连接时，与曲轴轴线平行放一片塑料塞尺在全宽的曲柄销上，避开油孔。

4）安装连杆的轴瓦盖。当安装瓦盖时，要确定瓦盖上的箭头指向标志应在曲轴带轮一侧，在给连杆螺栓加发动机机油后，以标准力矩拧紧瓦盖螺母。不要旋转带有塑料塞尺的曲轴。

5）取下瓦盖，将标尺放在塑料塞尺的面上，在间隙最宽点测量塑料塞尺的宽度。

0417 检查活塞销

活塞销的检查方法如下：

1）检查活塞销、连杆小端孔和活塞孔是否有磨损或损坏，特别注意连杆小头衬套的情况。若销、连杆小端孔或活塞孔已严重磨损和损坏，则更换销、连杆或活塞。

2）检查活塞销间隙。在小端检查活塞销间隙，若小端已严重磨损或损坏，或间隙值超差，则更换连杆。

0418 拆装曲轴飞轮组的方法

1）用专用工具卡住或用撬棒固定住飞轮齿圈，拧下飞轮固定螺栓，从曲轴上拆下飞轮。

2）拆下曲轴前、后端油封及油封凸缘，拆卸曲轴前油封时先将油封取出器旋进曲轴，用油封取出器拆卸出油封。

3）拆卸飞轮内孔中的滚针轴承。

4）拆下主轴承盖紧固螺栓，取下各道主轴承盖及轴承，做好标记，按顺序摆放，不得错乱，抬下曲轴。

0419 对曲轴和飞轮进行动平衡的原因

多缸发动机的飞轮应与曲轴一起进行动平衡试验，否则会造成旋转时不平衡而产生附加载荷，造成发动机运转不平稳。为了保证在拆装过程中不破坏飞轮与曲轴间的装配关系，采用定位销或不对称螺栓布置方式，安装时应加以注意。

0420 检查曲轴的径向圆跳动

将曲轴第一道和最后一道主轴颈搁置在检验平板的V形架上，将百分表测头垂直地触及中间一道主轴颈，如图2-12所示。

用百分表在中心轴颈测量径向圆跳动，慢慢转动曲轴。如果径向圆跳动超过其极限值，更换曲轴。一般要求中型货车发动机曲轴径向圆跳动应不大于0.15mm，轿车发动机曲轴径向圆跳动不大于0.06mm，否则，应予校正。低于此限可结合磨削轴颈予以修正。

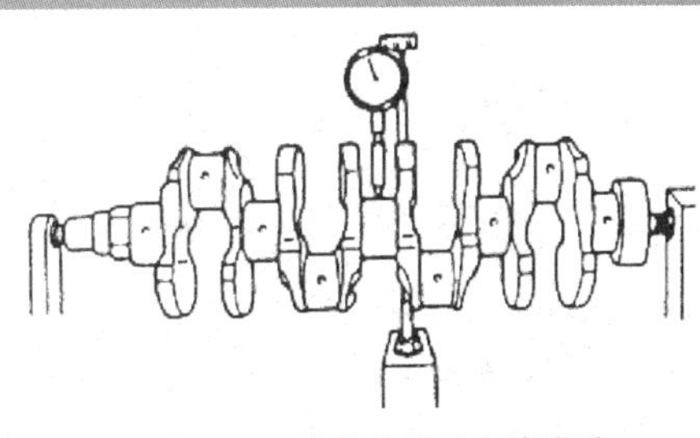

图2-12　检查曲轴径向圆跳动

0421 检查曲轴的止推间隙

1）按常规方法，即用安装止推片和轴颈轴承盖，把曲轴定位在缸体内测量这种间隙。

2）用百分表读出曲轴轴向（止推）方向的位移量，如图2-13所示。

3）如果超出其极限值，用新的、标准的止推片替换超出极限值的止推片。

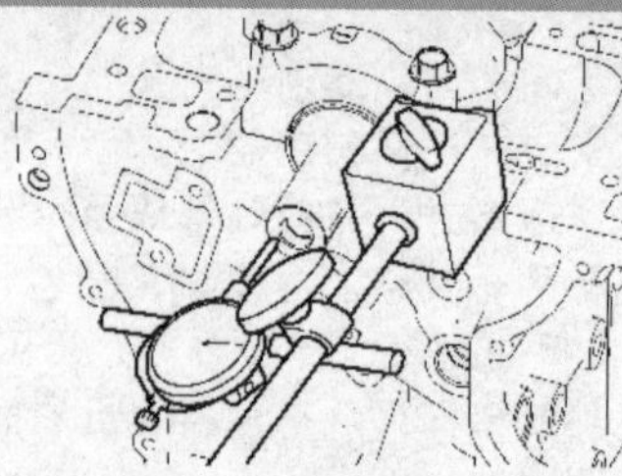

图2-13 检查曲轴止推间隙

0422 检查曲轴轴颈的磨损

曲轴轴颈的磨损通常都用外径千分尺进行测量。

每个轴颈测量两个截面，每个截面测量2～3个点的直径，将每次测量的直径值记录下来，最后计算出曲轴各轴颈的圆度误差和圆柱度误差，计算方法与测量气缸的方法类似。如果轴颈中的任一轴颈被严重损坏或不均匀磨损量超出了极限值，则重磨曲轴或更换一新的曲轴。

0423 曲轴轴承的损伤及原因

1）轴承的磨损。由于曲轴相对轴承所做的旋转运动，速度高，负荷大，起动初期有干摩擦，所以磨损伴随摩擦而生。而曲轴轴承的合金无论是强度还是硬度都比轴颈低得多，因此，相对磨损就更剧烈。

2）合金刮伤。主要是润滑油滤清不良，使机械杂质进入轴承间隙之中，硬质磨料把合金表面刮伤，严重时沿合金表面刮出一道道环状沟痕。

3）疲劳剥落。由于轴承长期承受交变冲击载荷的作用，使合金开始产生疲劳，继而出现裂纹，裂纹不断发展便导致合金层剥落。

4）烧瓦。一般都是润滑条件破坏出现干摩擦，使轴承温度急剧升高，合金发生膨胀，进一步加剧润滑条件的恶化，导致合金熔化。如原间隙过小会造成烧瓦抱轴现象。

0424 选配曲轴轴承的方法

1）根据轴颈选配轴承。轴承的修理尺寸与轴颈一样，具有相应的修理级别。因此在选配轴承时，应根据曲轴轴颈的修理尺寸，按修理级别选用相应缩小尺寸的新轴承。

2）对曲轴轴承的要求如下：

①瓦背光滑，定位凸起好。轴承背面应光滑无斑点，表面粗糙度应不低于1.25μm。凸榫是防止轴承转动起定位作用的，如凸榫损坏，应重新选配轴承。

②弹性合适。新轴承的曲率半径应大于轴承座孔的半径，保证轴承压入座孔后，借轴承自身的弹力能与座孔平顺贴合。

③轴承合金表面应无裂缝和砂眼。

④轴承的圆弧长度应符合要求。新的轴承装入座孔内，上下两片的每端均应高出座平面，一般为0.03～0.05mm，以保证轴承与座孔紧密配合，提高散热效果。

0425 修理凸轮轴的步骤

凸轮轴是气门传动组的主要部件，其作用是控制气门的开闭及升程的变化规律。凸轮轴的主要损伤有凸轮工作面磨损，轴颈、偏心轮、齿轮磨损，凸轮轴弯曲变形等。

1）首先，将凸轮轴清洗干净，检查有无裂纹，凸轮轴轴颈有无明显擦伤。如有，应换用新件。

2）检查凸轮的磨损。利用千分尺测量凸轮高度。如果测定高度在极限值以下，更换凸轮轴。

3）检查凸轮轴弯曲变形。将凸轮轴放在车床两顶尖间，或放在平台的V形块上，以两端轴颈为支点，将百分表测头抵在中间的轴颈上，并缓慢转动凸轮轴一周，如百分表摆动超过0.10mm，更换凸轮轴。

4）凸轮轴轴颈的修理。用外径千分尺测量轴颈的圆度及圆柱度误差，如超过规定值，则更换凸轮轴。

0426 气门间隙的调整原则

气门间隙调整的原则是：挺柱（或摇臂）必须落在凸轮的基圆上才可以调整气门间隙。因此，进、排气门在开启过程中不能调整。另外，在配气相位中，由于气门的早开迟闭，在刚要开启或关闭不久的一段时间也不能调整。即：正在进气、将要进气、进气刚结束的进气门不能调整，正在排气、将要排气、排气刚结束的排气门不能调整。

0427 调整发动机气门间隙的方法

1）逐缸调整法。转动曲轴至1缸压缩终了，调整1缸的进、排气门。然后摇转曲轴，按点火顺序使下一缸达到压缩终了，再调整这一缸的进、排气门，依次类推，逐缸调整完毕。

2）两次调整法。在生产实践中，普遍采用两次调整法调整气门间隙，即第1缸压缩终了上止点时，调整所有气门的半数，再摇转曲轴一周，便可调整其余半数气门，两次即调整完毕。

调整气门间隙的具体步骤为：先旋松锁紧螺母，用厚度符合规定间隙的塞尺插入气门杆端面与摇臂之间，同时旋转调整螺钉(顺时针转动，气门间隙减小；逆时针转动，气门间隙增大)。直至拉动塞尺感到稍有阻力，最后用锁紧螺母锁紧调整螺钉。锁紧时气门间隙不能发生变化。调整完毕后，应再用塞尺复查一次，如有变化需重新调整。

0428 气门间隙大小的确定

气门间隙的大小一般由发动机制造厂根据试验确定。一般在冷态时，进气门的间隙值为0.25~0.30mm，排气门的间隙值为0.30~0.35mm。如果间隙过小，热态下会导致漏气，发动机功率下降，甚至烧坏气门；如果间隙过大，会使传动零件之间以及气门和气门座之间产生撞击，产生异响，加速磨损，同时使气门的开启时间减少。气缸进气不充分，排气不彻底。

0429 气门导管的作用

气门导管的作用是保证气门上下往复运动时不发生径向摆动，准确落座，与气门座正确贴合。气门导管还起导热作用，将气门杆的热量传给气缸盖或气缸体。

气门导管用耐磨和导热性较好的材料制作，以过盈配合方式压入气缸盖或气缸体内。在导管上端装有骨架式氟橡胶气门油封，起密封发动机机油的作用。

0430 检修液压挺柱

液压挺柱的检修方法如下：

1）检查挺柱顶平面的磨损情况，若磨损严重或出现沟槽，需更换新件。

2）检查液压挺柱的密封性。

液压挺柱中的柱塞和液压缸是对精密偶件，其配合间隙不超过0.05mm。当间隙过大时，挺柱在工作中从间隙渗漏出油，影响挺柱正常工作，产生异响，其密封检查方法如下：

①先将液压挺柱浸泡在机油中，推拉柱塞若干次，排除内腔的空气。

② 将排净空气的挺柱放在试验台上，在柱塞上施加196N 的压力，柱塞下滑2mm左右。测量其

1mm滑降时间，在20℃时，其标准值应大于65s/mm，如低于该规定值，应成组更换液压挺柱。

0431 气门叠开的含义及其对废气排放的影响

由于进气门在上止点前就提前开启，且排气门在上止点后才延迟关闭，这就出现了一段时间内同一气缸的进、排气门同时开启的现象，把这个现象称为气门叠开。同时开启的角度，即进气提前角和排气迟后角的和称为气门叠开角。

由于叠开时气门的开度较小，且新鲜气体和废气流的惯性要保持原来的流动方向，所以，只要叠开角适当，就不会产生废气倒排回进气管和新鲜气体随废气排出的问题。

0432 检修气门

气门的常见损伤有：气门杆磨损、气门杆端面磨损、气门工作面磨损或烧蚀、气门杆变形等。

1）气门杆磨损的检修。气门杆磨损用外径千分尺测量。在气门杆磨损最大的部位和气门杆尾部未磨损部位进行对比测量，磨损量一般不得超过0.04mm。如桑塔纳轿车发动机气门杆磨损不得超过0.05mm，否则，应更换新件。

2）气门杆弯曲的检修。气门杆弯曲变形用百分表测量。

①将气门置于两个相距100mm的V形架上，用支承钉顶住气门两端面。

②将百分表测头抵在气门杆中间，转动气门杆一圈，百分表所示最大与最小读数之差，即为气门杆的弯曲度。

③将百分表测头抵住气门头平面，转动气门一圈，百分表最大与最小之差为气门头部摆差。

④弯曲度不能超过0.03mm，摆差不能超过0.05mm，否则，应冷压校直。

3）气门杆端面磨损的检验。将气门放置在两个V形架上，用百分表检查其端面，百分表指针摆差应不大于0.03mm，否则，可用气门光磨机将气门杆端面磨平。

4）气门工作面磨损的检修。气门工作面磨损将破坏气门与气门座的密封性，导致漏气，并改变气门间隙。气门工作面的检查，主要查看工作面是否有疲劳层引起的点蚀，擦伤引起的刻痕，烧伤和偏磨引起的凹陷。气门工作面的修理主要在气门光磨机上进行。

0433 测量气门座的接触宽度

为了测量气门座接触宽度，通常在各气门上制作接触印痕图形，例如：在气门座上均匀涂上一层印痕膜，气门座和气门头相对转动，然后用游标卡尺测量环形印痕的宽度。

在气门配合面产生的印痕图形，必须是连续无间断的环形痕迹，其环形痕迹的宽度必须在规定范围内。用相配合的气门进行试配，气门与气门座的接触面应位于气门座的中下部，接触面宽度一般为：进气门1～2mm，排气门1.5～2.5mm。如果接触面尺寸和位置不符合要求，可进行修铰。

0434 修理气门座

如果气门座与气门接触产生的印痕不均匀，或印痕宽度不在规定范围内，必须重新修磨，或切削、研磨并精磨抛光。

1）排气门座。用气门座铰刀如图2-14所示修理两次。必须使用两把铰刀进行修理：第一把刀以15°的角度，第二把刀以45°的角度。第二次修理一定要修理出所要求的气门座宽度。

2）进气门座。修复程序和排气门座相同。

3）气门研磨。研磨气门座分为两步。第一步，将粗研磨膏加到端面上进行研磨；第二步，用细研磨膏研磨，每步都用气门研磨工具按通常的研磨方法进行研磨。

图2-14 修理气门座

0435 进行气门密封性试验的方法

气门与气门座光磨或研磨后，需进行密封性试验，其方法如下：

1）渗油方法。将气门放入相配的气门座中，用汽油或煤油浇在气门顶面上，观察其有无渗漏现象，如无渗漏表明密封良好。

2）划线方法。用铅笔在气门工作面上划若干条分布均匀的素线。然后将气门插入气门座内，轻敲或转动，取出气门观察所划素线是否均匀切断，如果有线条未被切断则表明密封不严，需进行研磨。

3）拍打方法。将气门在相配气门座上轻拍数次，然后观察气门与气门座工作面，如有明亮又完整的光环，表明已达到要求。

4）用检验仪器检验。采用带有气压表的气门密封性检验仪进行检验。先将检验仪的空气容筒紧紧地压在装有气门的气门座上，捏动橡胶气囊，使空气筒内具有60～70kPa的压力时，停留30s，如气压表指示压力不下降，即密封性合格。

0436 检查气门弹簧

气门弹簧经长期使用后，由于受力压缩产生塑性变形，自由长度缩短或折断，必须进行检查。其方法如下：

（1）检视法　从外观上检查气门弹簧，不允许有任何变形、裂纹或折断，如有则应更换。

（2）气门弹簧自由长度的检查(图2-15)　用游标卡尺测量弹簧的自由长度。自由长度的缩短程度不得超过原来的3%～4%，否则应更换。

（3）弹簧弹力的测量　用检测仪测量弹力。将弹簧压至规定长度，台秤上所示弹力的大小即为所测弹簧弹力，弹力减弱不得超过原规定的7%～8%。

（4）气门弹簧垂直度的检查　利用直尺和平板，根据气门弹簧端部和直尺之间的间隙，检查各弹簧的垂直度。如果间隙超过极限值，必须更换气门弹簧。

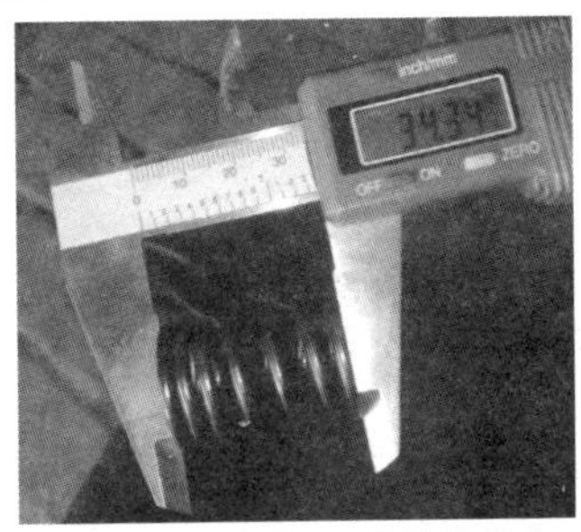

图2-15　检查气门弹簧的长度

0437 装配气门导管

气门导管一旦取出，就必须进行更换。

1）用直径小于导管外径1.0～1.5mm的铜冲压出或冲出旧的气门导管，然后清洁导管孔。

2）根据车型，选择新的气门导管。

3）均匀地把气缸盖加热到80~100℃范围内，这样气缸盖就不会变形。将选择好的新导管外面涂上一薄层机油，使用专用工具，把新的气门导管压入孔内。直到专用工具（气门导管安装器）接触到缸盖为止。安装后，确保气门导管伸出缸盖11.5mm。

0438 手工铰削气门导管的方法

装配好的新气门导管一般用气门导管铰刀进行铰削，以达到与气门杆的配合要求。

1）铰削时，将铰刀放入导管孔内，铰刀要求正直，用板钳夹住手柄顺时针转动刀杆，双手用力要均匀，边铰边试配，直至达到规定的配合要求。

2）检查气门杆与气门导管的配合间隙，除用百分表外，还可以用经验法检查。

3）先将气门杆与导管孔清洗干净，在气门杆上涂一层机油，放入导管内，上下拉动数次，然后提起气门，借助气门杆自身重量，徐徐下降，即为合格。

0439 手工研磨气门座的方法

1）研磨前，将气门、气门座及导管清洗干净，按顺序将气门做标记。

2）在气门工作面上涂上一层薄薄的研磨砂，在气门杆上涂上少许机油，套上一只细软螺旋弹簧，将气门杆插入导管内。

3）利用橡胶捻子或螺钉旋具往复旋转气门，转角一般以10°~30°为宜，并适时提起和转动气门以改变接触位置。研磨要轻，不要用力敲击，以免出现砂痕，不要使研磨砂进入导管，以免磨损导管。

4）当气门和气门工作面出现一条整齐无斑痕、麻点的接触带时，取出气门，洗掉粗研磨砂，换细研磨砂，继续研磨，直至工作面出现一条整齐、灰色、无光泽的环带时，再洗掉细研磨砂，涂上机油，继续研磨几分钟，然后进行密封性试验。

0440 镶配气门座圈

气门座经过多次铰削或磨削，当气门工作面下陷低于气缸盖2mm时，或原气门座圈有裂纹、严重烧蚀或松动时，应更换及重新镶配气门座圈。

镶配气门座圈的工艺如下：

1）取出旧气门座圈。原来未镶过气门座圈的，用镗削或钻削的方法除去原气门座圈；已镶过气门座圈的，用撬棒和顶拔器取出原气门座圈。

2）检查气门座承孔，其圆度误差超过0.02mm，圆柱度误差超过0.05mm，表面粗糙度大于1.25μm，需经镗削和铰削的方法加大原气门座承孔，镶配以合适的新气门座圈。

3）气门座圈材料的性能应与基体材料相近。

4）气门座圈与气门座孔为过盈配合。用冷镶法，过盈量为0.05 ~0.15mm；用热镶法，过盈量为0.20~0.25mm。座圈镶入后，上端面与基体平面平齐，高出平面部分应予修平。

0441 汽车空气滤清器的保养方法

汽车发动机是非常精密的机件，极小的杂质都会使其受损，而空气滤清器是保证进入到发动机中的空气是否清洁的重要零配件。如果在使用过程中，长时间不进行维护保养，空气滤清器的滤芯就会沾满空气中的灰尘，这不但使过滤能力下降，而且还会妨碍空气的流通，导致混合气过浓而使发动机工作不正常。因此，按期维护保养空气滤清器是至关重要的。

现在的汽车一般采用纸质空气滤清器，其保养方法如下：

1）定期检查，正确保洁。当清除纸质滤芯上的灰尘时，应用软毛刷沿折缝方向刷去滤芯表面尘土，并轻轻敲击端面使尘土脱落。进行上述操作时，应用干净的棉布或橡皮塞堵住滤芯两端，以压缩空气（气压不得超过0.2~0.3MPa，以防损坏滤纸）从滤芯内向外吹气，以吹去黏附在滤芯外表面上的灰尘。

2）不要用水或柴油、汽油清洗纸质滤芯，否则滤芯孔隙被堵塞，增加空气阻力；同时柴油易吸入气缸，造成“飞车”。

3）当发现滤芯破损，或滤芯上、下端面翘曲不平，或橡胶密封圈老化变形、破损，均应更换新件。

4）安装时，要注意各结合部位的垫片或密封圈不得漏装或错装，以免阻塞空气。滤芯蝶形螺母不要拧得过紧，以防压坏滤芯。

0442 检修活塞式输油泵

活塞式输油泵零件的磨损经常发生在顶杆与导管、止回阀与阀座、活塞与泵腔等部位。磨损后使输油泵密封性能变坏，输油压力、输油量减小。

1）检查输油泵泵体裂纹，当泵体各零件承孔及止回阀磨损严重或有裂纹时，应更换。

2）挺柱总成、顶杆、输油泵活塞及手油泵活塞等零件和承孔磨损严重或有裂纹、拉伤、变形，均应更换新件。

3）活塞弹簧、止回阀弹簧变形、折断或弹力下降，应换用新件，止回阀端面出现轻微磨损，可用细研磨膏在平板上研磨修复，注意研磨量不能太大，防止放松止回阀弹簧。

4）滚轮组件应进行整体间隙检查。用手试感到有明显的松旷量时，应换用新件。

5）手油泵活塞的橡胶密封圈老化、磨损过度或损坏，会引起渗气、漏油或输油量减小。用手油泵泵油时，感到松旷或阻力太小，应更换密封圈。

0443 检查柴油机气缸压缩压力的方法

起动柴油发动机，待机体温度达到80℃左右时开始检查。检查时，先用压缩空气吹净各喷油器安装孔周围的尘土和脏物，卸下喷油器上的高压油管和回油管接头，拆下各缸喷油器，在被检查的气缸上装上量程为10MPa的压力表，在保证压力表接头与喷油器座孔不漏气的前提下(接头与座孔之间应装密封垫圈，接头应紧固在座孔内)，按下起动按钮使曲轴转动，当听到被检查的气缸压缩三次后松开起动按钮，这时压力表指针所指的数值即为该缸的压缩压力。为保证柴油发动机具有良好的动力性和经济性，气缸压缩压力应不低于正常压力的80%。为保证柴油发动机工作平衡，各缸压力差应不大于平均值的5%；若压缩压力普遍低于规定的最低值，说明柴油发动机气缸密封性差；若各缸之间的压力差超过规定值，说明压力低的气缸密封不良；若相邻两缸的压缩压力都低且相近，说明气缸损坏，相邻两缸窜气。

例如，依维柯8140柴油发动机气缸压力正常值为2600~2900kPa，斯太尔正常值为2600~2800kPa。

0444 用压缩空气检查气缸漏气部位

用压缩空气检查气缸漏气部位可在检查气缸压缩压力后立即进行。检查时，各缸不装喷油器，被检查气缸的活塞要位于压缩上止点，挂上高速档并拉紧驻车制动器操纵杆，以保证压缩空气进入气缸后活塞不下移。为了把压缩空气导入气缸，可从检查气缸压缩压力的压力表上拆下气压表，在压力表接头上装上压缩空气的供气管，然后将接头装于喷油器座孔中。当打开压缩空气的供气开关将压缩空气充入气缸时，如气体从散热器加水口以及相邻喷油器座孔漏出，表明气缸垫密封不严。前者是气缸与水套连通，后者是冲缸垫造成“连缸”。如气体从空气滤清器漏出，表明进气门密封不严；如从排气管口漏出，表明排气门密封不严；如从机油加注口、机油尺口和通气口漏出，表明气缸与活塞组密封性差。

0445 利用废气检查气缸漏气部件

气缸壁存在微小裂纹和孔洞也能引起漏气。特别是柴油发动机由于穴蚀和燃烧气体压力大，这种漏气的可能性较大。对于这样的漏气部位，可用废气中的二氧化碳进行检查。其检查方法是：将冷却系统密封(堵住散热器溢水管口)，用胶管将其一端连接散热器加水口，另一端插入盛有生石灰水的玻璃杯中。当柴油发动机运转时，浸入生石灰水中的一端便不断有气泡冒出。若气缸套密封良好，水套内的气体为水蒸气，则通过生石灰水不起化学反应；若气缸套有微小裂纹或孔洞，或气缸垫不密封，水套内窜入二氧化碳气体，这时通过生石灰水后便引起乳浊反应(生石灰水由透明变成乳白色)，据此即可判明气缸的密封情况。想查明是哪一缸漏气，可用逐缸断油的方法(即拧松某缸的高压油管接头使该缸不工作)，结合查看生石灰水是否有变化，即可查明。

0446 桑塔纳轿车电动风扇和温控开关的检修方法

1）桑塔纳电动风扇的检修方法。当散热器中冷却液升到93~98℃时，风扇应开始运转，否则，应检查熔丝是否熔断。如熔丝完好，再拔下温控开关插头，将两插脚直接通电，此时若风扇仍不转，表明电动风扇损坏，应予以更换；两插片接通后风扇转动，表明温控开关损坏，应更换温控开关。

2）温控开关也可用万用表检查，将温控开关拆下放入水中，逐渐加热，并用万用表电阻档测量温控开关接线端与外壳间的电阻值。当水温达到(92±2)℃时，万用表指针应指示温控开关导通；当水温下降到(87±2℃)时，万用表指示温控开关断开(电阻为无穷大)，否则，表明温控开关损坏，应换用新件。

0447 转子式机油泵的检修方法

转子式机油泵的检修方法如下：

1）用塞尺测量外转子与泵体之间间隙，标准值为0.10～0.16mm，超过0.20mm应更换新件。

2）用塞尺测量内、外转子齿顶间隙，标准值为0.04～0.12mm，如超过0.18mm，应更换新件。

3）用钢直尺和塞尺测量内转子轴向间隙，标准值为0.03～0.09mm，使用极限为0.15mm。

4）检查限压阀是否有刮伤、磨损、松旷现象，弹簧弹力是否下降。如有以上问题，应换用新件。

0448 机油尺的使用方法

机油尺是一根扁平杆，插在缸体检查孔内，用来检查油底壳中机油的存量，其下端有2/4、4/4两道刻线。正常的机油油面应位于两刻线之间，当低于2/4刻线时，应及时补充机油；当高于4/4刻线时，易造成发动机漏油，运转阻力增加，应及时放出多余的机油。

当使用机油尺检查机油液面高度时，将汽车水平停放，在起动前或熄火一段时间后进行检查。先拉出机油尺，擦净尺上机油后，重新插入检查孔内，再拉出检查油面高度。

0449 曲轴箱通风的定期维护内容

1）定期检查各通气管道，尤其是抽气管的连接是否牢靠，有无漏气或堵塞。当发动机怠速运转时，用肥皂水涂抹于各接合处，观察是否有漏气之处。

2）检查单向阀是否处于良好的技术状况(尤其查看单向阀是否发卡、漏气和堵塞)，必要时清除积炭，清洗疏通。

3）机油加注筒上的小空气滤清器要适时清洗维护，清除油胶和尘污，不得使用布团等物堵塞而影响曲轴箱的空气对流。

4）定期维护发动机空气滤清器，对于封闭式PCV系统，要确保空气滤清器内的PCV滤清器畅通无阻，使其经常处于良好的工作状态。

曲轴箱通风系统的早期故障不易发现，这就需要定期检查维护；同时必须熟悉通风系统的结构、工作原理、故障特征，以保证发动机良好的工作性能。

0450 发动机重新装配后需要走合的原因

重新装配后的发动机摩擦副表面在修理加工过程中存在加工痕迹，同时还存在表面形状和相互位置误差，使摩擦副表面的实际接触面积变得很小，如果直接将发动机投入使用，工作中实际接触点上承受的压力很大，局部温度很高，极易产生剧烈的磨损，甚至出现零件表面烧蚀或拉伤等破坏性磨损现象。

磨合是发动机各摩擦副表面于工作初期在合适的条件下进行的摩擦加工过程。其目的是以最小的磨耗量，在较短的时间内降低零件表面粗糙度值，强化零件工作表面，改善摩擦表面间的配合，消除表面形状和相互位置误差，以防止出现破坏性磨损。此外，磨合也是全面检查修理和装配质量的过程，发现故障，及时排除，消除隐患，保证发动机工作的可靠性，提高其动力性和经济性，延长发动机的使用寿命。

0451 发动机走合的工艺规范

当发动机进行磨合时，主要是合理选择工艺参数——磨合时发动机的转速、各阶段的磨合时间和负荷。磨合的工艺规格如下：

1）当发动机进行磨合时，应采用低黏度的机油，一般常用2号或3号锭子油，6号或10号车用机油中加入15%~20%（体积分数）的煤油或轻柴油。

2）无负荷冷磨合，发动机由外界动力驱动，顶置式气门发动机不装火花塞或喷油器，侧置式气门不装气缸盖，冷磨合时间一般在2h左右，磨合开始速度以600r/min为宜，然后逐步增加转速，一般每级转速为100~200r/min。

3）冷磨后拆检和清洗。冷磨后放出全部机油，加入清洗油，再转5min左右后放出清洗器，必要时拆检其主要零件进行检验。

4）热磨合。热磨合时间一般在1.5h左右，分为无负荷热磨合和有负荷热磨合两个阶段进行。磨合开始转速可选1000~1200r/min，当无负荷热磨合时，应进行发动机油路和电路的调整，注意各部摩擦件的发热情况，观察油温、冷却液温度的变化，检查和排除发动机的故障。

有负荷热磨合，负荷一般为额定负荷的10%~15%，后期进行热试，其转速和负荷为额定值的一半，每次可以200r/min和4kW的递增测试5个点，绘出发动机的功率和油耗曲线。

0452 汽车发动机大修后的竣工验收内容

根据GB/T 3799.1—2005《商用汽车发动机大修竣工出厂技术条件第1部分：汽油发动机》的规定，发动机大修竣工验收技术条件如下：

1）发动机的零部件和附件应符合经规定程序批准的制造或修理技术条件，且装备应齐全。

2）发动机不应有漏油、漏水、漏气和漏电现象。

3）发动机在正常工作温度下，5s内能起动，柴油机在环境温度不低于5℃，汽油机在环境温度不低于-5℃时，应能顺利起动。

4）发动机怠速应符合原设计规定，怠速运转稳定，并且排放限值应符合国家有关规定。

5）发动机在各种转速下运转稳定，在正常工况下不得有过热现象；当改变转速时，过渡圆滑；当急加速或急减速时，不得有突爆声和回火、放炮现象。

6）主要性能参数应符合有关规定。

①进气歧管真空度。当四冲程汽油机转速在500~600r/min时，真空度应在57.3~70.7kPa范围内，其波动范围，六缸汽油机一般不超过3.3kPa，四缸汽油机一般不超过50.7kPa。

②机油压力。在规定转速下，机油压力应符合原设计规定。

③气缸压缩压力。应符合原设计规定，各缸压力差，汽油机应不超过各缸平均压力的8%，柴油机应不超过10%。

④发动机最大功率和最大转矩均不得低于原设计标定值的90%，最低燃料消耗率不得高于原设计规定。

7）发动机应按原设计规定加装限速片，或对限速装置做相应的调整，并加铅封。

8）发动机外表应按规定涂漆，涂层应牢固，不得有起泡、剥落和漏涂现象。

0453 汽车发动机性能的测试内容

汽车发动机性能测试包括下列11项性能试验：

（1）一般性起动试验　一般性起动试验是评定发动机一般起动性能。

（2）柴油机怠速试验　柴油机怠速试验是评定柴油机怠速稳定性。

（3）汽油机怠速试验　汽油机怠速试验是评定汽油机怠速稳定性及怠速排放量。

（4）功率试验　功率试验是评定发动机在全负荷下的动力与经济等性能。

（5）负荷性能试验　负荷性能试验是在规定转速下，评定发动机部分负荷的经济性。

（6）万有特性试验　万有特性试验是评定发动机在各种工况下的经济性，为汽车选用发动机提供依据。

（7）柴油机调速特性试验　柴油机调速特性试验是评定柴油机的稳定调速率。

（8）机械损失功率试验　机械损失功率试验是评定发动机的机械损失功率。

（9）各缸工作均匀性试验　各缸工作均匀性试验是为了提高发动机的燃油经济性，节省能源，减少爆燃及排气污染。

（10）机油消耗量试验　机油消耗量试验是评定发动机在规定工况下的机油消耗量。

（11）活塞漏气量试验　活塞漏气量试验是评定活塞组与缸筒之间的密封性，用来监测这对摩擦副的工作情况，能较早地发现拉伤或卡环等故障。

二、底盘维修

0454 离合器踏板自由行程的调节方法

随着汽车行驶里程的增加,从动盘摩擦片磨损量逐渐加大，离合器踏板自由行程逐渐减小。为避免该自由行程彻底消失，各种车辆均有规定，当汽车行驶一定里程后，需检查和调整离合器踏板自由行程。

最简单的机械式操纵机构的调整装置是利用拉杆调节叉，调整拉杆的长度就可调整离合器踏板的自由行程。

0455 摩擦式离合器的安装

离合器进行装配和调整，一般顺序如下：

1）将分离杠杆装在离合器盖上或压盘上，各活动部位应涂少量钙基润滑脂。

2）将绝热垫、弹簧和离合器盖放在压盘上，用物具压弹簧，压缩后装上分离杠杆的固定螺钉。装配时应注意：压紧弹簧如弹力不一致时，应对称均匀布置排放；有记号要求的应当按记号原位装复(如压盘和离合器盖、离合器盖与平衡片之间)。

3）当双片离合器在装配时，应检查中间压盘的锁孔与传动销的配合间隙。

4）调整离合器分离杠杆高度。

5）当离合器装车时，解放牌汽车的两个从动盘的短毂应相对，跃进牌汽车的短毂应装向飞轮一面。离合器从动盘与飞轮要同心，以便顺利安装变速器。飞轮与离合器壳上的记号对正，保证离合器的平衡。

6）当离合器装上车后，调整踏板自由行程。

0456 离合器液压传动装置空气的排除

离合器液压传动装置，由于空气进入液压传动系统，会引起离合器分离不彻底，在踩下离合器踏板时有发软的感觉，这说明有空气存在，应按下列方法排除空气：

1）擦净储油罐和放气阀的灰尘和油污。

2）检查储油罐中液面高度，必要时添加制动液。

3）在工作泵放气阀头部安装橡胶管，管子另一端浸没在制动液容器内。

4）将放气阀拧松1/2圈，迅速踩下踏板，缓慢放松踏板，直到橡胶管中不冒气泡为止。

5）踩下踏板，拧紧放气阀，取下橡胶管，装上放气阀防尘帽。

如果多次踩放踏板，从橡胶管中都有气泡冒出，应检查各连接部位有无渗漏现象，油管有无裂纹，主泵或工作泵密封圈是否可靠。

0457 变速器各档齿轮齿隙的测量方法

变速器的齿隙可用塞尺或百分表测量。一般齿隙可用塞尺测量，凸牙槽和凹牙槽的齿隙则用百分表测量。当用百分表测量时，可将百分表固定在变速器上，把表的测头抵住齿轮的齿面，并使与它相啮合的另一只齿轮保持不动，再慢慢转动被测齿轮，由于齿隙的存在，该齿轮可稍作转动，通过测头使百分表显示出齿隙的大小。

0458 变速器滚动轴承的检查

将轴承清洗干净，手托轴承内圈，转动外圈，如转动不灵活并有异响时，应进一步检查轴承的滚道和滚球，如发现有严重的麻点、脱皮剥落和破裂等缺陷，则应更换轴承。

如轴承转动均匀，但“哗哗”的噪声较大，则应检查轴承内外圈是否磨损过甚，必要时可在仪具上测量。如旷动量过大，应更换。滚球保持架断裂缺口、脱铆，滚球散架脱出，应设法重铆修复，必要时更换轴承。轴承外圈与壳体间应有一定的预紧度，当配合过松时，应更换滚动轴承。

0459 装配调整变速器应注意的问题

变速器在装配调整过程中，应注意下列各点：

1）所有零件应彻底清洗，用压缩空气吹净或擦干。

2）当安装锁止钢球及弹簧时，可采用导向杆，利用导向杆的斜面，将锁止装置压入孔内，变速叉轴便很容易跟随装入。

3）安装滚动轴承时应扶持平正，四周均匀用力。最好用专用工具拉入、压入或敲入，尽量避免用锤子直接敲打。当采用加热的方法安装轴承时，轴承应在恒温箱或油槽中加热，加热温度为60~100℃。

4）在安装过程中，当遇到必须通过轴端敲打的情况时，应用软质锤子或在轴端垫衬木块，如轴端有螺纹者，还需要套上螺母(螺母旋至与轴端平齐)，以免损伤螺纹。

5）当安装变速器盖时，应详细检查，不得有任何杂物遗留在壳内。将齿轮依次拨入各档位置试转无卡阻、异响，然后拨到空档位置，并注意将盖上的换档拨叉置于空档位置后再进行装复。

6）注意各配合件间的间隙调整及定位。

7）当安装前、后轴承盖时，所用衬垫厚度要合适，既要保证密封，又要能有效地压住相应的轴承座圈，防止其在座孔内转动。

8）各部轴承及滑动键槽、变速叉轴在安装前，应涂以变速器油。

9）在轴承端盖和螺纹孔周围可涂上密封膏以防漏油。

10）对不熟悉的新结构部分，应根据原厂说明，了解其结构和技术装配要求后再进行。

0460 传动轴装配方法

1）将万向节轴承涂抹润滑脂(按规定为2号锂基润滑脂或齿轮油)，配好油封，套于十字轴上，分别压入前后传动轴端万向节叉、伸缩套叉和凸缘叉孔中，再装上盖板和锁环，紧固并锁止。

2）在传动轴伸缩套筒内涂抹润滑脂，然后将伸缩套叉套于后传动轴的花键轴上，并旋紧油封盖。

3）将前传动轴凸缘叉与变速器第二轴凸缘连接，并将前传动轴安装于传动轴中间支承座架上，然后分别用螺栓将后传动轴两端的十字节装到前传动轴和后桥主动齿轮轴的凸缘叉上，旋紧凸缘固定螺栓和螺母。

4）传动轴花键护套及十字轴润滑脂嘴必须齐全完整。

0461 对主减速器的轴承实施预紧的原因及调整方法

支承主、从动锥齿轮的圆锥滚子轴承应有一定的预紧度，即在装配时就使轴承承受一定的轴向压紧力，滚道与滚动体之间产生一定的弹性变形，提高支承刚度。

主动锥齿轮轴承预紧度多用调整垫片调整，若两锥轴承外圈距离已定，就可增减两轴承内圈之间的距离来调整。

从动锥齿轮轴承预紧度的常见调整装置有两种：一种是多数主减速器用两个调整螺母调整差速器壳两侧的轴承预紧度，另一种是在差速器轴承外圈外端面或内圈内端面处加减调整垫片。

0462 前轮前束的测量

前轮前束(图2-16)是指前轮前端面与后端面在汽车横向方向的距离差，也可指车身前进方向与前轮平面之间的夹角，此时也称为前束角。

适当选择前束角，可使前束引起的侧向力与车轮外倾引起的侧倾推力相互抵消，从而避免了额外的轮胎磨耗和动力的消耗。因此通常可以说，前束角是因为外倾角的需要存在的。

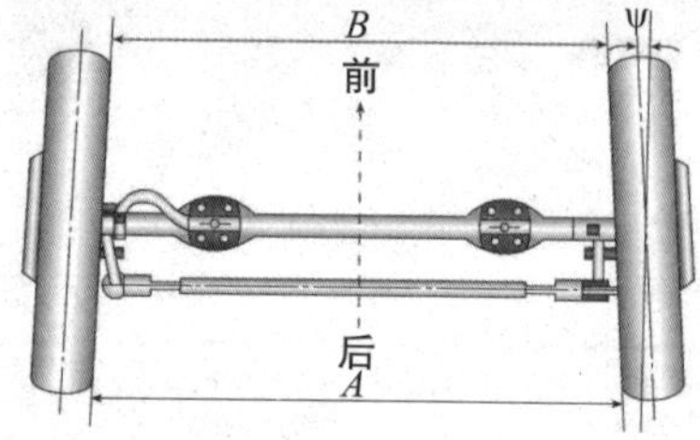

图2-16 前轮前束

0463 液压制动管路密封性的检查

为预防制动系统突然失效，确保行车安全，应定期地检查制动管路、液压密封性，只有保持良好的技术状况，才能消除事故隐患。

1）金属铜管不应有裂纹、凹陷，并不允许安装在容易碰刮的部位。

2）制动管路必须固定牢靠，松弛会引起管子振动、碰擦、疲劳，而导致管子折断。

3）管子接头处不允许有制动液渗漏现象(不允许接头处缠棉纱)。

4）制动橡胶软管不应与矿物油脂接触，检查制动软管工作可靠性，可用脚大力踏制动踏板，软管不应出现凸起胀大现象。

5）液压制动系统中橡胶软管原则上在二级维护中应更换新件，也可视情况更换。

0464 轿车液压制动器的维修注意事项

由于轿车的制动系统前轮制动器一般采用盘式，后轮采用鼓式，因此在维修时应注意以下方面：

1）注意前轮盘式制动器的支承销的润滑状况，否则将引起前轮拖滞和内外蹄块磨损不均。

2）当更换前制动蹄块时，必须待轮缸活塞完全回到底后进行，否则在使用初期会发生前轮制动呆滞和发热现象。

3）后轮鼓式制动器内的制动蹄块因为前片和后片有不同的助势增力效果，因此会引起前、后片磨损不均现象，可采用前、后两片互换的方法来延长使用寿命。

4）后制动器制动蹄片与鼓间隙自动调节装置的润滑不可忽视，必要时可用耐高温的润滑脂润滑各滑动表面，但用量必须要少，以免污染制动蹄和制动鼓。

5）当更换前制动轮缸密封圈时，必须保证绝对清洁，装配时最好用专用的橡胶润滑脂涂抹各配合表面，若无专用的橡胶润滑脂，可用制动液代替。

6）当进行制动液的选用、保管时，最好选用原车制动液，其次选用国产同类合成制动液，严禁两种制动液混用。

0465 制动踏板自由行程及其调整

踏板自由行程是为保证不发生制动拖滞和彻底解除制动而设置的。测量时在制动踏板与驾驶室底板之间立一钢直尺，用手向下按制动踏板至有阻力时，记下钢直尺读数。然后放松踏板，再看钢直尺读数。两次读数之差即为踏板自由行程。

液压制动踏板的自由行程一般在15~20mm，在调整时应按车型规定的数值进行调整。当自由行程不合适时，可松开主缸推杆的锁紧螺母，拧动推杆，通过改变其长度进行调整。

0466 鼓式制动器间隙的调整

汽车在使用过程中，频繁的制动会导致制动副元件的不断磨损，致使制动鼓与蹄片之间的间隙不同程度地增大，导致踏板行程加长、制动气室推力下降、制动滞后和制动力降低等。

随着制动磨损和制动间隙的增大，手动调整的不及时和随机性，可导致各制动器间隙不一致、制动响应时间延长、车轮跑偏、车辆甩尾甚至制动失效。为解决以上问题，需要定期检查并对制动器制动间隙进行手动调节，并使之保持恒定一致。

鼓式制动器制动间隙调整时通过凸轮轴和制动气室之间的连接杆系——制动臂实现的，在制动臂的内部有一蜗杆副，通过调整蜗杆转动带动凸轮转动，消除摩擦副间的多余间隙。

间隙自动调整臂是在制动臂内设置自动调节机构带动凸轮转动，消除摩擦副间设定间隙外的多余制动间隙。

第三章 电气维修

0467 汽车电路接线的特点和一般规律

汽车线路接线的特点和一般规律是：一般采用单线制、用电设备并联、负极搭铁、线路用颜色不同的线和编号加以区分，并以点火开关为中心分成几条主干线。

1）蓄电池正极线。从蓄电池引出直通熔断器盒，也有的从蓄电池正极线直接引到起动机正极接线柱上，再从熔断器盒引出较细的正极线到其他电路。

2）点火、仪表、指示灯线。必须经过汽车点火开关才能接通电路。

3）专用线。不管发动机是否工作都需要接入的电器，如收放机和点烟器等。

4）起动控制线。起动机主电路的控制开关(触盘)常用磁力开关来通断。其接线方式有两种形式：小功率起动机磁力开关的吸引线圈、保持线圈由点火开关的起动档控制，大功率起动机的吸引保持线圈则由起动继电器控制。

5）搭铁线。搭铁点分布在汽车全身，与不同金属相接。

0468 电源系统的接线规律

1）发电机与蓄电池并联，蓄电池负极必须搭铁。蓄电池正极经电流表(或直接)接发电机正极，蓄电池静止电动势一般为11.5～13.5V，发电机输出电压常限定在13.8～15V范围内(24V电源系统为28~30V)。发电机工作时电压比蓄电池电压高0.3～3.5V，这主要是为了克服线路压降，使蓄电池充电时既能充足，又不至于过度充电。

2）国产硅整流发电机的接线柱旁均有标记或名称，“+”或“B+”为电枢接线柱，此接线柱应与电流表或蓄电池“+”极相连；“F”为磁场接线柱，它与调节器磁场接线柱相连；“E”为搭铁接线柱，应与调节器的搭铁接线柱相接。

3）采用外装调节器的交流发电机的磁场线圈搭铁方式有两种：一种是磁场线圈直接在发电机内部搭铁；另一种是磁场线圈不在发电机内部搭铁，而是通过调节器搭铁。

0469 起动系统的接线规律

1）点火开关直接控制起动机的电路。点火开关在起动档直接控制起动机的吸引和保持线圈，多用于1.2kW以下的起动机的轿车电路；1.5kW以上起动机的磁力开关线圈的电流在40A以上，用起动继电器触点作为开关。

2）带起动保护的起动机控制电路。当点火开关在0档时，电路均断开。点火开关在1档时(未起动)的供电线路为：发电机励磁点火线圈→仪表点亮指示灯。当点火开关在2档时，除了接通上述电路，还要接通起动继电器电路：蓄电池正极→点火开关→起动继电器线圈→继电器常闭触点→搭铁→蓄电池负极，起动机驱动发动机。

当发动机点火工作后，发电机中性点N对搭铁的电压(约为发电机调节电压的一半)使起动继电器中的起动保护继电器常闭触点断开，切断充电指示灯搭铁电路，充电指示灯熄灭，表示发电机工作正常。同时也切断了起动继电器线圈的搭铁电路，当发电机正常工作时，即使误将点火开关扳到2档，起动机也不会与飞轮啮合，避免打坏飞轮齿圈与起动机，起到保护起动机的作用。

0470 照明系统的接线规律

汽车照明系统一般由前照灯、示宽灯(位置灯)、尾灯(后示宽灯)、牌照灯、仪表灯、室内灯等组成。其中前照灯又分为远光灯与近光灯，用变光开关控制。照明灯由灯光开关控制：灯光开关在0档时关断，1档时小灯亮(包括位置灯、尾灯、仪表灯、牌照灯)，2档时前照灯、小灯同时亮。

灯光系统的电流一般来自蓄电池正极，不受点火开关控制(由于前照灯远光功率较大，常用灯光继电器来控制通断，开关的2档用于控制继电器线圈)。超车灯信号常用远光灯亮灭来表示，属于短时接通按钮式。现代汽车的照明系统常用组合开关集中控制，组合开关多装在转向柱上，位于转向盘下侧，操作时驾驶人的手可以不离开转向盘。

0471 仪表报警系统的接线规律

1）所有电气仪表都受点火开关控制。

2）各仪表的表头与其传感器串联，燃油表、冷却液温度表一般还接有仪表稳压器。

3）指示灯、警告灯常与仪表装配在一个总成内或在附近布置，它们与仪表一同受点火开关的工作档（ON）和起动档（ST）控制。在ON档应能检验大多数仪表、指示灯、警告灯是否良好。

指示灯和警告灯按照电路接法可分为以下两种：

一种是灯泡接点火开关电源线，外接传感开关，开关接通则与搭铁构成通路，灯亮。如充电指示灯、驻车制动指示灯、制动液面警告灯、门未关警告灯、机油压力警告灯、冷却液液位过低警告灯等。

另一种接法是指示灯泡搭铁，控制信号来自其他开关的电源线端。如远光指示灯、转向指示灯、座椅安全带未系指示灯、防抱死制动指示灯(ABS)、巡航控制指示灯等。

4）汽车仪表常用双金属片电热丝式结构，表头一般只有两根线。例如，燃油指示表的两个接线柱是上下排列的，一般情况下应将上接线柱与电源线相连，下接线柱与传感器相连，否则将不会正常工作。此外，还有双线圈十字交叉，中间有一个磁性指针的仪表，都为三线引出，其中一条接点火开关，另一条线搭铁，还有一条线接传感器。机械式仪表不与电路相接，如软轴传动的车速里程表、直接作用的弯管弹簧式制动气压表、油压表以及乙醚膨胀式冷却液温度表、油温表等，这些仪表读数精度较高，但逐步被电子控制仪表所代替。

0472 信号系统的接线规律

信号系统主要有转向信号、危险警告信号、制动信号、倒车信号、喇叭等。

1）转向信号灯具有一定的闪频，国标中规定为60～120次/min，日本规定为(85±10)次/min。转向灯功率常为21～25W，其电路一般接法是：转向灯与转向灯开关、转向闪光继电器经危险警告灯开关的常闭触点与点火开关串联，即转向信号灯是在点火开关处于工作档（ON）时使用的。

2）危险警告灯的使用场合主要有：本车有故障或危险不能行驶；本车有牵引别车的任务，需要其他车注意；本车需要优先通过，需要其他车避让。

0473 电子控制系统的接线规律

电子控制系统电路的接线规律可归纳为：ECU控制电路必须接受点火开关控制，必须有各种传感器随时输入工况信号，例如：磁脉冲式或霍尔传感器能产生脉冲电压信号；有些传感器是由热敏电阻制成的，阻值发生变化，输出电压也随之发生变化，属于模拟量电压信号，如冷却液温度、进气温度传感器等；电子控制系统执行机构受ECU控制，具有自诊断功能。

0474 汽车用导线的种类、型号及规格

汽车线路导线分为低压导线与高压导线两种。

（1）低压导线

1）普通导线。普通低压导线为铜质多丝软线，根据外皮绝缘包层的材料不同又分为QVR型和

QFR型两种。

2）起动电缆。起动电缆是指连接蓄电池正极与起动机电源端子“30”之间的电缆，其横截面面积有$25mm^2$、$35mm^2$、$50mm^2$、$70mm^2$等多种规格，允许电流高达500~1000A以上。

3）搭铁电缆。蓄电池搭铁电缆俗称搭铁线，是由铜丝编织成的扁形软铜线。国产汽车常用搭铁线的长度有300mm、450mm、600mm、760mm四种。

（2）高压导线　高压导线用来传送高压，由于工作电压很高(一般都在10kV以上)、电流较小，因此高压导线的绝缘包层很厚、线芯截面面积很小，但耐压性能很好。国产汽车用高压导线有铜芯线与阻尼线两种。其型号与规格见表3-1。

表3-1　高压点火线的型号与规格

型　号	名　称	线芯结构		标称外径/mm
		根　数	单线直径/mm	
QGV	铜芯聚氯乙烯绝缘高压点火线	7	0.39	7.0±0.3
QGXV	铜芯橡胶绝缘聚氯乙烯护套高压点火线			
QGX	铜芯橡胶绝缘聚氯乙烯护套高压点火线			
QG	全塑料高压阻尼点火线	1	2.3	

0475 汽车用导线的常用颜色

随着汽车电器的增多，导线数量也不断增加。为了便于维修，低压导线常以不同颜色来区分。其中，横截面面积在$4mm^2$以上的采用单色，而$4mm^2$以下的采用双色，搭铁均用黑色。汽车低压导线常用的颜色与代号见表3-2。

表3-2　汽车低压导线常用的颜色与代号

导线颜色	黑	白	红	绿	黄	棕	蓝	灰	橙
代　号	B	W	R	G	Y	Br	Cr	V	O

0476 汽车电路图的定义

汽车电路图是将汽车的电源及各种用电设备按照它们各自的电路连接关系，通过开关、导线、熔丝等配电设备连接起来构成完整的电路，且用特定的符号形式表示出来的图形。它可以清楚地表示出汽车电气设备各系统和装置的工作原理及相互之间的内在连接关系。

0477 识别汽车电路图的基本方法

随着汽车工业的发展，现代汽车电器设备日益增多，汽车电路也日趋复杂。要修好汽车电器设备必须读懂和掌握汽车电路图，尤其是初学者更要学会如何识读汽车电路图。识别汽车电路图的基本方法如下：

1）认真读几遍图注。

2）牢记电器图形符号。

3）熟记电路标记符号。

4）牢记回路原则。

5）牢记搭铁极性。

6）将电路图化整为零。

7）掌握开关在电路中的作用。

8）掌握开关、继电器的初始状态。

9）掌握电器装置在电路图中的布置。

0478 蓄电池的功用

汽车蓄电池主要有以下两大作用：

1）为车子起动时提供瞬间大电流，这个电流很大，一般要达到几十安甚至更大。

2）发动机正常工作以后蓄电池的主要作用是持续为点火线圈、音响等用电设备供电，同时发电机再给蓄电池补充电，从而保证了蓄电池在使用过程中不亏电。

0479 影响蓄电池容量的因素

影响铅酸蓄电池容量的因素有以下这些：

1）活性物质的影响。

2）极板厚度的影响。

3）极板面积的影响。

4）活性物质空隙率的影响。

5）极板中心距的影响。

6）活性物质组成的影响。

7）电解液密度及纯度的影响。

8）电解液温度的影响。

9）放电电流的影响。

10）放电终止电压的影响。

0480 蓄电池的维护

1）由外到内查看蓄电池内部。

2）检查蓄电池外部。

3）检查蓄电池有无腐蚀或接头松弛、裂纹或压具松弛。

① 如果蓄电池已被腐蚀，需用温水和小苏打水的混合溶液进行清洗。在接头外部涂润滑脂以防止进一步的腐蚀。

② 如果接头连接松弛，需拧紧夹子的螺母。

③ 将压具拧紧至能够保持蓄电池固定在位置上即可，过度拧紧将损坏蓄电池箱。

4）检查蓄电池内部。根据指示器进行检查(表3-3)。再充电时，蓄电池将会放出氢气。因此，在充电之前应进行以下操作：

① 取下孔口塞。

② 如果利用安装在车辆上的蓄电池进行再充电时，需确认解开搭铁电缆。

③ 当连接和解开蓄电池充电电缆时，需确认蓄电池上的电源开关处于关闭状态。

5）安全隐患。蓄电池能产生可燃性和爆炸性的氢气。当使用工具时，不要让蓄电池产生火花。不要在蓄电池附近抽烟和点火柴。电解液中含有毒性和腐蚀性的硫。防止电解液接触到眼睛、皮肤或衣服。不要误饮电解液。在蓄电池附近工作时，需戴安全护目镜。

6）蓄电池保养。目前，车用蓄电池主要有普通蓄电池、干荷蓄电池和免维护蓄电池三种。

① 普通蓄电池：普通蓄电池的极板是由铅和铅的氧化物构成的，电解液是硫酸的水溶液。它的主要优点是电压稳定、价格便宜；缺点是比能（即每1kg蓄电池储存的电能）低，使用寿命短和日常维护频繁。

② 干荷蓄电池：它的全称是干荷式铅酸蓄电池，它的主要特点是负极板有较高的储电能力，在完全干燥状态下，能在两年内保存所得到的电量。使用时，只需加入电解液，等待20~30min就可使用。

③ 免维护蓄电池：免维护蓄电池由于自身结构上的优势，电解液的消耗量非常小，在使用寿命内基本不需要补充蒸馏水。 它还具有耐振、耐高温、体积小、自放电小的特点。

下面介绍蓄电池保养的小技巧：

1）用湿布把蓄电池外部擦洗一下，把面板、桩头上（即正负两个极头）的灰尘、油污、白色粉末等易造成漏电的污物擦拭干净。这样经常擦洗蓄电池，蓄电池的桩头不但不会积白色的酸蚀粉末，而且其使用寿命会比较长。

2）打开蓄电池加液盖，查看液位是否在正常的位置。

3）检查一下发电机是否充电正常。

表3-3　根据指示器的颜色检查蓄电池状况

指示器颜色		状　况
A型	绿色	良好
B型	蓝色	
A型	白色	需要充电，委托特约服务站
B型	浅黑色	
A型	无色或淡黄色	委托特约服务站检查蓄电池
B型	红色	

0481 判断蓄电池损坏的现象

当不存电的蓄电池有以下现象时，可判定蓄电池已损坏，无修复价值。

1）长时间充电后电解液仍无变化，不冒气，密度不变，端电压低，摸蓄电池外壳发热。

2）电解液混浊，呈棕色或青色，正极板或负极板脱落严重。

3）从加液口观察极板，可以看到极板厚度不均，负极板两面的隔板膨胀，几乎碰到正极板，出现弯曲。

4）原来蓄电池存电不足，充电时端电压快速上升、电解液沸腾、密度不变，待停止充电不久，端电压又下降。

5）塑料蓄电池壳四壁向外凸起，主要是极板脱落物质挤落在极板间而向外挤胀的缘故。

蓄电池常见的故障有以下几种：

①极板硫化。

②自动放电。

③极板短路。

④活性物质脱落。

⑤极板拱曲。

⑥外壳裂损、变形与封口胶破裂。

0482 蓄电池极板硫化时的现象及产生原因

（1）铅酸蓄电池极板硫化后的主要特征

1）充电时冒气泡过早或一开始充电即冒气泡。

2）充电时电压上升很快(2.8~3.0V或更高)。

3）放电时电压下降过快，1~2h内就降低到1.8V左右。

4）放电时容量显著降低。

5）正极板呈褐色，有白色斑点；负极板为灰白色，表面有粗大硫酸铅结晶颗粒。

6）电解液密度下降，充电时电解液温度上升超过45℃。

（2）铅酸蓄电池产生硫化故障的原因

1）缺少电解液。因液面过低，极板上部长期露出液面，造成极板上部的硫化。

2）电解液不纯。

3）经常使铅酸蓄电池过量放电或小电流深放电，会在极板深处生成较多的硫酸铅。

4）缺少应有的定期过充电或经常充电不足，在活性物质中或多或少残缺一部分未能还原的硫酸铅。

5）电解液密度过高或温度过高、过低。

6）内部有短路故障，未及时排除。

7）长期处于半放电或放电状态下。

8）放电后，24h内没有及时补充电。

0483 蓄电池的正确使用

为保持蓄电池良好的工作状态，延长其使用寿命，要做到以下几点：

1）安装。蓄电池在汽车上安装要牢固，减轻振动，否则，车子在颠簸路况行驶时，导致蓄电池抖动甚至脱落而损坏。

2）连接线。蓄电池连接线、活接头需要经常检查是否牢靠，线与接头之间是否接触良好。

3）防锈。除了检查安装牢固外，还要注意蓄电池卡子产生的氧化物、硫酸盐等。可以用凡士林在清理刮净锈物后涂抹，以防再受锈蚀。

4）清洁。保持蓄电池的外部清洁，经常清除蓄电池盖上的灰尘污物及溢出的电解液，有助于防止自放电。

5）封口胶。封口胶开裂后必须及时修复，保持蓄电池的可靠性。

6）电解液液面高度。保持正常的电解液液面高度，保障蓄电池的性能稳定。

7）低温气候下。当汽车进入低温区域时候，尽量避免蓄电池完全放电，并注意观察电解液是否会冻结。

8）充电。密切留意蓄电池过充电或长期亏电。过充电会促使极板活性物质硬化脱落，亏电会使极板硫化。

9）放电。蓄电池长时间大电流放电，将极大地损伤蓄电池内部结构。建议每次起动时间不能超过5s。需要两次连续起动，中间要间隔10~15s的时间。

0484 对新蓄电池的初充电

对新蓄电池进行初充电的方法是：将蓄电池正极接电源正极，蓄电池负极接电源负极。初充电分为以下两个阶段进行：

1）首先用初充电电流充到电解液放出气泡，单格电压升到2.3~2.4V为止。

2）然后将电流降为1/2初充电电流，继续充到电解液放出剧烈的气泡，电压连续3h稳定不变为止。全部充电时间约为45~65h。

充电过程中应常测量电解液温度，用电流减半、停止充电或冷却的方法，将温度控制在35~40℃，当初充电完毕时，若电解液密度不合规定，应用蒸馏水或密度为1.4g/cm^{3}的电解液进行调整。调整后再充电2h，直至密度符合规定时为止。新蓄电池第一次充电后往往达不到容量，应进行放电循环。用20h时放电率放电(即用额定容量1/20的电流放电至单格电压降到1.75V为止)，然后再充足电，经过一次充、放电循环，若容量仍低于额定容量的90%时，应再进行一次充、放电循环。

0485 蓄电池电解液的配制

1）电解液必须以纯硫酸与蒸馏水配制而成。电解液密度一般为1.25~1.29g/cm^3(15℃时)。工业用硫酸和一般的水，因含有铁、铜等杂质，会引起自放电和极板损坏，不能用于蓄电池。电解液在加入蓄电池时，其温度需控制在21~32℃范围内。

2）电解液相对密度的高低，应根据使用地区的气温而定。当室温为30~40℃时，电解液相对密度为1.270；当20~30℃时，电解液相对密度为1.280；当20℃以下时，电解液相对密度为1.290。

3）当配制电解液时，应将硫酸缓缓倒入蒸馏水中，而不可将蒸馏水倒入硫酸中，以免硫酸溅出伤害人体和腐蚀设备。

0486 恒流充电法及其特点

在充电过程中充电电流始终保持不变，叫作恒定电流充电法，简称恒流充电法或等流充电法。

恒流充电法在蓄电池最大允许的充电电流情况下，充电电流越大，充电时间就可以缩短。若从时间上考虑，可以采用此法。但在充电后期，若充电电流仍不变，这时由于大部分电流用于电解液上，电解液出气泡过多而显沸腾状，这不仅消耗电能，而且容易使极板上活性物质大量脱落，温升过高，造成极板弯曲，容量迅速下降而提前报废。所以，这种充电方法很少采用。

0487 恒压充电法及其特点

在充电过程中，充电电压始终保持不变，叫作恒定电压充电法，简称恒压充电法或等压充电法。

由于恒压充电开始至后期，电源电压始终保持一定，所以在充电开始时充电电流相当大，大大超过正常充电电流值。但随着充电的进行，蓄电池端电压逐渐升高，充电电流逐渐减小。当蓄电池端电压和充电电压相等时，充电电流减至最小甚至为零。

由此可见，采用恒压充电法的优点在于，可以避免充电后期充电电流过大而造成极板活性物质脱落和电能的损失。但其缺点是，在刚开始充电时，充电电流过大，电极活性物质体积变化收缩太快，影响活性物质的机械强度，致使其脱落。而在充电后期充电电流又过小，使极板深处的活性物质得不到充电反应，形成长期充电不足，影响蓄电池的使用寿命。

0488 脉冲快速充电及其特点

蓄电池的脉冲快速充电，是在充电过程中，通过电流的负脉冲来消除极化现象以实现大电流充电，从而达到缩短充电时间的一种方法。脉冲快速充电的特点如下：

1）充电时间短。常规充电，新蓄电池的初充电一般不少于45~65h，使用中蓄电池的补充充电也需要13~16h，而快速充电，一般初充电不多于5h，补充充电不多于1h。

2）蓄电池的容量增加。由于脉冲快速充电能够消除极化，化学反应充分，所以用脉冲法充电时，蓄电池的容量有所增加。同时，新蓄电池初充电不必经充、放电循环即可使用。

3）去硫化效果显著。一般去硫化充电方法，既费时又麻烦，而用脉冲快速充电法只需4~5h，并且效果良好。

0489 汽车发电机的功用

发电机是汽车的主要电源，其功用是在发动机正常运转时，向所有用电设备（起动机除外）供电，同时给蓄电池充电。

目前汽车采用三相交流发电机，内部带有二极管整流电路，将交流电整流为直流电，所以，汽车交流发电机输出的是直流电。交流发电机必须配装电压调节器，电压调节器对发电机的输出电压进行控制，使其保持基本恒定，以满足汽车用电器的需求。

0490 交流发电机的发电方式

交流发电机发电的工作原理如下：

1）在发电机内部有一个由发动机带动的转子(旋转磁场)。

2）磁场外有一个定子绕组, 绕组有3组线圈(3相绕组)，3相绕组彼此相隔120°。

3）当转子旋转时，旋转的磁场使固定的电枢绕组切割磁力线（或者说使电枢绕组中通过的磁通量发生变化）而产生电动势。

0491 交流发电机的结构

交流发电机一般由转子、定子、整流器、前后端盖、风扇和带轮等组成。

1）转子。转子的功用是产生磁场。转子由爪极、磁轭、励磁绕组、集电环和转子轴等组成。

2）定子。定子安装在转子的外面，和发电机的前后端盖固定在一起，当转子在其内部转动时，引起定子绕组中磁通的变化，定子绕组中就产生交变的感应电动势。定子由定子铁心和定子绕组（线圈）组成，定子铁心由内圈带槽、互相绝缘的硅钢片叠成。定子绕组有三组线圈，对称地嵌放在定子铁心的槽中。

3）整流器 。整流器的功用是将定子绕组的三相交流电变为直流电。整流器由整流板和整流二极管组成。

4）端盖及电刷组件。端盖分为前端盖和后端盖，起支承转子、定子、整流器和电刷组件的作用。

5）带轮及风扇。交流发电机的前端装有带轮和风扇，由发动机通过传动带驱动发电机的转子轴和风扇一起旋转。

0492 交流发电机的励磁方式

将电流引入到励磁绕组使之产生磁场称为励磁。交流发电机的励磁方式有他励和自励两种。

（1）他励　在发电机转速较低时(发动机未达到怠速转速)，自身不能发电，需要蓄电池供给发电机励磁绕组电流，使励磁绕组产生磁场来发电。这种由蓄电池供给磁场电流发电的方式称为他励发电。

（2）自励　随着转速的提高(一般在发动机达到怠速时)，发电机定子绕组的电动势逐渐升高并能使整流器二极管导通，当发电机的输出电压大于蓄电池电压时，发电机就能对外供电了。当发电机能对外供电时，就可以把自身发的电供给励磁绕组，这种自身供给磁场电流发电的方式称为自励发电。交流发电机励磁过程是先他励后自励。

0493 电压调节器的功用及工作原理

由于交流发电机的转子是由发动机通过传动带驱动旋转的，且发动机和交流发电机的速比为1.7～3，因此交流发电机转子的转速变化范围非常大，这样将引起发电机的输出电压发生较大变化，无法满足汽车用电设备的工作要求。为了满足用电设备恒定电压的要求，交流发电机必须配用电压调节器，使其输出电压在发动机所有工况下基本保持恒定。

交流发电机电压调节器的工作原理是：当交流发电机的转速升高时，调节器通过减小发电机的励磁电流来减小磁通，使发电机的输出电压保持不变。

0494 交流发电机的类型

（1）按总体结构分

1）普通交流发电机。这种发电机既无特殊装置，也无特殊功能特点，使用时需要装配电压调节器。

2）整体式交流发电机。发电机和调节器制成一个整体的发电机。

3）带泵的交流发电机。发电机和汽车制动系统用真空助力泵安装在一起的发电机。

4）无刷交流发电机。不需要电刷的发电机。

5）永磁交流发电机。转子磁极为永久磁铁制成的发电机。

（2）按整流器结构分

1）6管交流发电机。

2）8管交流发电机。

3）9管交流发电机。

4）11管交流发电机。

（3）按励磁绕组搭铁形式分

1）内搭铁型交流发电机。

2）外搭铁型交流发电机。

0495 无刷交流发电机及其特点

无刷交流发电机是指没有电刷和集电环的交流发电机。目前无刷交流发电机分为爪极式、激磁机式和永磁式三种：

1）爪极式无刷交流发电机。其优点是：结构简单、维护方便、工作可靠。其缺点是：爪极间连接工艺困难；转子刚性差，不适于高速发动机；由于磁路中附加气隙，并且转子漏磁大，发电机相同输出功率下需加大励磁电流。

2）激磁机式无刷交流发电机。这种无刷发电机的优点是磁路中无附加气隙，因而漏磁少，输出功率大，但结构复杂，成本高，低速激磁机输出不足，太高速度不允许。目前国内还没用在机动车辆上，但在工业发电机方面是主要的无刷形式。

3）永磁式无刷交流发电机。发电机本身结构简单、使用寿命长，但由于永磁体的磁场不可调节，只能调节电枢输出，而电枢输出功率大，可靠性差。

0496 发电机电刷的检查

1）电刷表面不得有油污，电刷在刷架中应能自由滑动，电刷架不得有裂痕或破损，电刷弹簧张力应符合出厂规定，一般为1.5～2N。电刷外露长度应符合出厂规定。

2）用游标卡尺检查两个电刷的长度。标准值长度为13mm，使用极限为5mm，如超过极限，应予更换。

0497 发电机转子的检查

1）转子对搭铁短路的检查。用电阻表的×1kΩ档，检查转子的集电环与转子轴头之间的电阻，应为∞，否则说明转子线圈短路，应更换。

2）转子线圈断路与短路的检查。用电阻表的×1Ω档，检查转子两个集电环之间的电阻值，应在2.8~3.0Ω范围内。如果电阻值在kΩ量级，则表示转子断路；如果电阻值低于上述值时，则表示转子短路。

3）转子集电环磨损的检查。检查集电环表面是否有伤痕，并用卡尺测量，若磨损伤痕深度超过0.22mm时，则应更换转子或集电环。

0498 发电机定子的检查

1）定子线圈对搭铁短路的检查。用电阻表的×1kΩ档逐个检查定子线圈的铁心与定子线圈抽头之间的电阻，均应为无穷大，若有较小的阻值，表示定子线圈对搭铁短路，应更换定子线圈。

2）定子线圈断路的检查。用电阻表的×1Ω档逐个检查定子线圈抽头1和2、1和3、2和3，所显示的值必须为0。若测量值为kΩ量级时，则表明断路，应更换定子。

0499 整流器的检查

（1）正极管检查　选择数字万用表的导通档，红表笔与二极管的正极相接，黑表笔（正极输出）与二极管的负极相接，万用表导通档的指示灯亮且发出蜂鸣声，否则说明该二极管已坏；将两表笔对调进行测试，此时万用表的导通档指示灯不亮且无蜂鸣声，否则说明二极管已坏。

（2）负极管检测　选择数字万用表的导通档，红表笔与二极管的正极相接，黑表笔（正极输出）与二极管的负极相接，万用表导通档的指示灯亮且发出蜂鸣声，否则说明该二极管已坏；将两表笔对调进行测试，此时万用表的导通档指示灯不亮且无蜂鸣声，否则说明二极管已坏。

0500 电压调节器的检查

在蓄电池充电正常及发电机传动带张紧正常的情况下，当发动机转速高于怠速且充电指示灯仍不熄灭时，从发电机上拆下调节器。用一根导线将调节器的接线柱“F”与接线柱“－”连接起来，再将调节器装在发电机上。此时调节器处于不正常的状态下，起动发动机并使转速提高，如充电指示灯熄灭，则表示发电机工作正常，故障在调节器方面；若充电指示灯仍亮，表示故障在发电机方面，而不在调节器方面。当调节器发生故障时，应整个更换。

0501 发电机不发电的原因

硅整流发电机不发电是最常见的故障，主要表现为充电指示灯常亮、蓄电池电量消耗过快、灯光逐渐变暗等。其主要原因如下：

1）传动带过松或有油污。

2）电刷接触不良。

3）励磁电路断路或无励磁电流。

4）转子和定子线圈短路、断路与搭铁。

5）发电机输出线路短路。

6）整流板二极管损坏等。

0502 发电机发电量不足的原因

发电机发电量不足可以通过电流表或充电指示灯来判断，车辆运行时电流表偏向负值或指示灯亮，表明发电机的发电量不足，主要原因有以下几点：

1）发电机传动带过松、有油污。

2）连线有松动或锈蚀。

3）怠速转速过低。

4）调节器工作不良。

5）发电机整流器个别二极管损坏。

6）发电机集电环脏污或磨损严重、电刷与集电环接触不良。

0503 发电机发电量过高的原因

发电机发电量过高一般表现为照明灯泡经常烧损、蓄电池电解液消耗过快、发电机或点火线圈过热等，主要原因有以下几点：

1）发电机正电刷与元件板短路。

2）励磁线圈断路。

3）温度补偿电阻断路，调节器电压调整值过高。

4）机械式调节器低速触点黏结。

5）机械式调节器高速触点接触不良。

0504 充电电流不稳定的原因及故障排除

当交流发电机在工作时，电流表指针往复摆动，即发电机充电电流不稳定。充电电流不稳定的原因如下：

1）发电机传动带过松。

2）发电机与蓄电池之间连线接触不牢。

3）电刷磨损不均或电刷弹簧失效。

4）调节器各触点烧蚀或有油污。

5）调节器调整不符合要求。

故障检查与排除方法如下：

1）检查发电机传动带的松紧度是否合适，若不合适应调整。

2）检查发电机与蓄电池的各接线柱之间的导线连接是否可靠，若有故障，应予排除。

3）用试灯检查发电机，使发动机稳定运转。这时，若试灯亮度有明暗变化，表示发电机有故障。

4）分解并检查发电机，检查电刷接触状况及电刷弹簧拉力，是否断裂、失效。若良好，应检查转子和定子线圈是否接触不良。

5）用试灯检查发电机发电良好稳定，这时应检查发电机调节器各触点是否烧蚀或有污物，若触点正常，则可用指甲扣压电阻丝，看有无断电现象。

若以上全部正常，则最后检查调节器的调整是否符合要求。

0505 交流发电机的使用和维护注意事项

目前汽车大都采用交流发电机，由于交流发电机和调节器中有若干电子元件，所以在使用和维护中应特别注意以下几点：

1）不能将交流发电机的极性接反，否则将导致发电机的输出整流二极管短路，最终将二极管烧坏。

2）不要接错调节器与发电机之间的连线，如果接错任何一条连线，都将导致调节器烧坏。

3）不要让交流发电机空载运行，否则，不但会烧坏调节器，严重时还会导致发电机定子绕组的一组或两组烧坏。

4）不要用大功率烙铁焊交流发电机调节器的电子元件。

5）不准在发电机运转时拆接元件或线路。在运转中拆接某些线路会造成其内部的电子元件工作失控，从而使某些较敏感的电器元件烧坏，导致发电机无法正常工作。

6）不准在停车时长时间接通点火开关。否则，蓄电池电流将通过调节器对发电机的励磁绕组长时间放电，烧坏绕组和调节器。

0506 交流发电机的维护内容

经常保持发电机外部清洁，并检查各接线柱有无松动。当汽车行驶3000km时，应拆开发电机检修一次，其检修内容如下：

1）用压缩空气吹净发电机内部的灰尘，并用汽油清洗各部位的油污和轴承。

2）检查内部各接线头接触是否牢靠。

3）清洁集电环，并用00号砂布打光。

4）检查电刷磨损程度，如磨损过多，应更换。

5）轴承如有明显松动，应更换。

6）轴承中加润滑脂不宜过多，否则因溢出溅在集电环上，造成与电刷的接触不良。

0507 发电机异响的表现形式及检修

1）整流器噪声。现象：在发动机怠速时，站在发电机异侧若能听到电刷的“哔哔”异响，措施：检查电刷压力和换向器表面。

2）轴承噪声。现象：怠速时若能听到连续而均匀的“哇哇”声，加注油后只能短时间内减弱而不能持久有效，措施：手持带轮试轴承间隙，严重者换用新轴承。

3）电枢扫膛声。现象：怠速时能听到“喳喳”声，随转速升高节奏变快，突然加速时会加速几下，措施：拆修转子，校直电枢轴。

4）传动带噪声。现象：在怠速时听到似鸟叫声，提高转速时声音变弱，但连续为“吱吱”声，措施：检查传动带张紧力和带轮是否对正。

0508 交流发电机传动带的检查

检查V带状况，若发现以下缺陷时必须立即更换：

1）基层裂纹(裂缝、芯部断裂、槽断面开裂)。

2）位置分离(覆盖层、拉绳)。

3）基座开裂，拉绳散线。

4）侧面磨损(散线、侧面材料损坏、侧面硬化、侧面发滑、上表面裂纹)。

5）当传动带放到带轮上时，传动带的内径与带轮槽底应有间隙，若无间隙时必须更换传动带。

0509 起动系统的功用及部件组成

起动系统的功用是通过起动机将蓄电池的电能转换成机械能，起动发动机。起动系统由蓄电池、点火开关、起动继电器和起动机等组成。

1）起动开关接通起动机电磁开关电路，以使电磁开关通电工作。汽油发动机的起动开关与点火开关组合在一起。

2）起动继电器由起动继电器触点(常开型)控制起动机电磁开关电路的通断，起动开关只是控制起动继电器线圈电路，从而保护了起动开关，有单联型(保护起动开关)和复合型(既保护起动开关又保护起动机)。

0510 起动机的功用及部件组成

起动机的功用是：利用起动机将蓄电池的电能转换为机械能，再通过传动机构将发动机拖转起动。

起动机一般由以下三部分组成：

1）直流串激式电动机。其作用是产生转矩。

2）传动机构。其作用是：在发动机起动时，使起动机驱动齿轮啮入飞轮齿圈，将起动机转矩传给发动机曲轴；而在发动机起动后，使驱动齿轮打滑与飞轮齿圈自动脱开。

3）控制装置(即开关)。控制装置(即开关)用来接通和切断起动机与蓄电池之间的电路。在有些汽车上，还具有接入和隔除点火线圈附加电阻的作用。

0511 采用串励直流起动机的优点

1）在起动机起动发动机的瞬间，因发动机的阻力矩很大，起动机处于完全制动状态。此时串励直流起动机电枢转速为零，反电动势为零，电枢电流达到最大值，转矩也相应地达到最大值。转矩与电枢电流的平方成正比，所以制动电流所产生的转矩很大，足以克服发动机的阻力矩，使发动机起动变得很容易。这就是汽车起动机采用串励式电动机的主要原因之一。

2）当串励式电动机在输出转矩较大时，电枢电流较大，电动机转速随电流的增大而急剧下降；反之，在输出转矩较小时，电动机转速又随电枢电流的减小而很快上升。串励式电动机具有轻载转速高、重载转速低的特性，对保证起动安全可靠是非常有利的，是汽车上采用串励式起动机的又一重要原因。

0512 串励直流起动机的构造

串励直流起动机由电枢、磁极、外壳、电刷与电刷架等组成。

1）电枢总成。电枢用来产生电磁转矩，它由铁心、电枢绕组、电枢轴及换向器组成。电枢铁心由多片互相绝缘的硅钢片叠成；电枢绕组采用很粗的扁铜线用波绕法绕制而成；换向器的铜片较厚，相邻铜片之间用云母片绝缘。

2）磁极。磁极由铁心和励磁绕组构成，其作用是在电动机中产生磁场，磁极铁心一般由低碳钢制成，并通过螺钉固定在电动机壳体上。磁极一般是四个，由四个励磁绕组形成两对磁极，并两两相对，常见的励磁绕组一般与电枢绕组串联在电路中，故被称为串励式直流电动机。

3）电刷和电刷架。电刷与电刷架的作用是将电流引入电枢，使电枢产生连续转动。电刷一般用铜和石墨压制而成，有利于减小电阻及增加耐磨性。电刷装在电刷架中，借弹簧压力紧压在换向器上。与外壳直接相连构成电路搭铁，称为搭铁电刷，与励磁绕组和电枢绕组相连，与外壳绝缘，称为绝缘电刷。

4）外壳。外壳由低碳钢卷制而成，或由铸铁铸造而成。起动机工作时间很短，所以一般采用滑动轴承。减速起动机由于其电枢的转速很高，电枢轴承则采用滚动轴承。

0513 减速式起动机的特点

在起动机的电枢轴与驱动齿轮之间装有齿轮减速器的起动机，称为减速式起动机。

串励式直流电动机的功率与其转矩和转速成正比，可见，当提高电动机转速的同时降低其转矩时，可以保持起动机功率不变，故当采用高速、低转矩的串励式直流电动机作为起动机，在功率相同的情况下，可以使起动机的体积和质量大大减小。但是，起动机的转矩过低，不能满足起动发动机的要求。为此，在起动机中采用高速、低转矩的直流电动机时，在电动机的电枢轴与驱动齿轮之间安装齿轮减速器，可以在降低电动机转速的同时提高其转矩。

0514 起动机的工作原理

起动机的工作原理是：当起动时，接通起动开关，磁化线圈通电，接通继电器触点，蓄电池为起动机的电磁开关供电，吸引线圈与保持线圈通电，产生吸力，接通主电路，通过拨叉使驱动齿轮与飞轮啮合，啮合后，起动机主电路接通，蓄电池供电，带动电动机旋转，通过减速齿轮减速后，通过螺旋花键将动力传递给单向啮合器和驱动齿轮，带动发动机起动。

0515 起动机单向离合器的功用及类型

起动机的单向离合器在起动发动机时，单向传递电动机的力矩，以起动发动机。当发动机起动后，发动机的速度就会大于起动机。为了保护起动机，单向离合器自动打滑，使起动机电枢不致产生飞散。

常见的起动机单向离合器有滚柱式单向离合器、摩擦片式单向离合器和弹簧式单向离合器。

0516 起动机电刷的检查

1）检查电刷的高度。用游标卡尺测量电刷的长度。电刷高度应不低于新电刷高度的2/3(国产起动机新电刷高度一般为14mm)，即7～10mm。若电刷长度小于使用极限值，应更换电刷。

2）检查电刷架的接触面积。电刷与换向器表面之间的接触面积应达到75%以上，否则应研磨电刷。

3）检查电刷在电刷架内是否活动自如，电刷架是否变形、破损，压簧弹力是否变软、折断或变形。若有上述不良现象，应予更换。

4）检查正、负两个电刷支架的绝缘情况，若发生短路，应进行修理。

0517 起动机电枢的检查

起动机电枢的检修，主要是检查电枢绕组有无断路、搭铁和短路故障以及电枢轴是否弯曲。

（1）电枢绕组的检查

1）电枢绕组搭铁的检修。当检修电枢时，用万用表检查电枢绕组有无搭铁情况。万用表的两表笔分别搭在换向器和铁心或电枢轴上，其阻值应为∞，若阻值为零，则为搭铁。

2）电枢绕组断路的检修。检查电枢线圈断路，检视电枢线圈的导线是否甩出或脱焊。再用万用表两表笔分别依次与两相邻换向器接触，在表上读数（电阻值）应一样。如果读数不一样，则说明断路。电枢线圈有严重搭铁、短路或断路时，应予以更换或重新绕制。起动机电枢绕组采用截面面积较大的矩形导线绕制。因此一般不会发生断路故障。如有断路发生，通过外观检查即可判断。当发现断路时，可用200W/220V电烙铁焊接修复。

3）电枢绕组短路的检修。电枢绕组流过电流较大，当绝缘层烧坏时就会导致绕组匝间短路。除此之外，当电刷磨损的铜粉将换向片间的凹槽连通时，也会导致绕组短路。

（2）电枢轴的检查　用百分表检查电枢轴是否弯曲，若铁心表面摆差超过0.15mm或中间轴颈摆差大于0.05mm时，均应进行校正或更换。另外，还应检查电枢轴上的花键齿槽，如严重磨损或损坏，则应修复或更换。

0518 单向离合器的检查

1）将单向离合器及驱动齿轮总成装到电枢轴上，握住电枢，当转动单向离合器外座圈时，驱动齿轮总成应能沿电枢轴自如滑动。

2）在确保驱动齿轮无损坏的情况下，握住外座圈，转动驱动齿轮，应能自由转动；反转时不应转动，否则就有故障，应更换单向离合器。

0519 起动机电磁开关线圈的检查

电磁开关线圈的检查，用万用表R×1Ω档分别测量吸引线圈和保持线圈的电阻，吸引线圈的电阻值一般在0.6Ω以下，而保持线圈的阻值一般在1Ω左右。如万用表指针不摆动即电阻无穷大，说明线圈断路；若电阻值小于规定值，说明线圈有匝间短路。线圈断路或短路均需更换。

0520 起动机不工作时的检查

（1）故障现象　蓄电池电量充足，导线连接正常，接通点火开关后起动机不转。

（2）故障部位　起动机、组合继电器和连接导线与开关等。

（3）检查与排除方法

1）检查导线的连接情况，开关的工作情况。

2）判断故障在起动机还是在起动继电器：用导线短接起动机电磁开关上的两接线柱，起动发动机，如果起动机运转，故障在起动继电器；若电动机不转，故障在起动机。

3）判断故障在电动机还是在电磁开关：用导线短接起动机上两主接线柱，如果电动机运转，故障在电磁开关，否则，故障在电动机。

0521 起动机运转无力的原因

（1）故障现象　起动机转动缓慢无力，带动发动机困难或接通起动开关后，起动机只有“咔嗒”一声并不转动。

（2）故障部位　蓄电池、点火开关、起动机和连接导线等。

（3）检查内容

1）蓄电池电量、导线连接情况。

2）电磁开关的工作情况。

3）起动机内部的磁场绕组或电枢绕组短路、搭铁以及轴承装配是否过紧。

0522 起动机空转的故障现象与检查内容

（1）故障现象　接通起动开关，起动机空转。

（2）检查内容

1）检查起动机主开关接触盘行程，若过短，则造成电磁开关提前接触，会听到轻微的摩擦声。

2）检查驱动齿轮或飞轮齿圈是否严重磨损、打滑。

3）检查单向离合器是否有打滑现象。

0523 起动机异响的原因

起动机异响的原因可能是电磁开关线圈中保持线圈发生短路、断路或搭铁不良。因为当接通起动开关并按下按钮时，在吸引线圈的作用下，仍可吸动活动铁心，使接触盘与触头接通，传动叉则将起动机小齿轮推向飞轮。但当接触盘与触点接通时，吸引线圈又被短路，保持线圈因断路、短路或搭铁不良而不能将活动铁心保持在吸合位置，于是传动叉在回位弹簧的作用下，使活动铁心和小齿轮又回到原来的位置；接触盘离开触头，吸引线圈又有电流通过，再次将活动铁心吸入，传动叉又将齿轮推向飞轮，如此反复进行，就会出现起动机小齿轮与飞轮周期敲击的现象。

0524 起动机的正确使用

1）经常检查各部连接状态及导线的松紧情况。

2）清除导线、接线柱的氧化物以及起动机外部灰尘和油污，使之保持干净。

3）冷天起动应使火焰预热器预热10~15s，再使用起动机。

4）起动机只能短时间工作，每次起动时间不能超过5s。若一次起动不着，应间隔1~2min后再起动。

5）当发动机起动后，应立即松开起动开关，避免不必要的空转，减少单向离合器的磨损。

0525 驱动齿轮位置的检查和调整

1）驱动齿轮与止推垫片间的间隙检查与调整。将杠杆压到底，使驱动齿轮移到最右位置，这时驱动齿轮的端面与止推片之间应有1.5~3mm的间隙。如不符合时，应进行调整。对于装电磁开关的起动机，可改变拉杆的长度来调整，拉杆调短，间隙变小，反之变大。对于杠杆式啮合机构的起动机，可调节操纵杆上的调整螺钉及限制螺钉，调整螺钉退出或限制螺钉拧入，则间隙增大，反之减小。

2）驱动齿轮安装位置的检查与调整。当安装电动机时，驱动齿轮端面与飞轮齿圈端面应保持2.5~5mm的距离。如不符合，可在起动机凸线平面与发动机机座间加减垫片调整，以保证齿轮啮合良好。

0526 汽油机电控系统的组成

跟其他电子控制系统一样，汽油发动机电控系统也是由传感器、控制单元（ECU）和执行器组成的。

（1）传感器(图3-1)　目前汽油机电子控制系统常用的传感器有：进气歧管绝对压力传感器(提供进气歧管绝对压力信息供计算负荷等)、燃油压力传感器(提供油轨燃油压力信息)、燃油箱压力传感器(提供燃油箱压力信息)、机油压力传感器(提供机油压力信息)、冷却液温度传感器(提供发动机温度信息)、进气温度传感器(提供进气温度信息供计算空气密度等)、空调蒸发器温度传感器(提供空调蒸发器温度信息)、空调冷凝器温度传感器(提供空调冷凝器温度信息)、空气流量传感器(提供空气流量信息供计算负荷等)、节气门位置传感器(提供负荷信息、负荷范围信息、加速减速信息)、加速踏板位置传感器(提供负荷信息、负荷范围信息、加速减速信息等)、霍尔传感器(提供转速信息、曲轴位置和相位信息)、感应式转速传感器(提供转速信息和曲轴位置信息)、燃油箱液面位置传感器(提供燃油箱液面位置信息)、爆燃传感器(提供发动机机体接收到的振动信息)和氧传感器等。

（2）执行器(图3-2)　目前汽油机电子控制系统常用的执行器有：电动燃油泵、电磁喷油器、点火线圈、各种怠速执行器、炭罐控制阀、废气再循环控制阀、电子节气门、气动回路电磁阀(用于可变进气管长度控制等)、全可变气门电子控制执行器、涡轮增压废气放空控制阀、电动二次空气泵、三元催化器加热元件、冷却风扇、空调压缩机电磁离合器及发动机上的其他辅助设备。

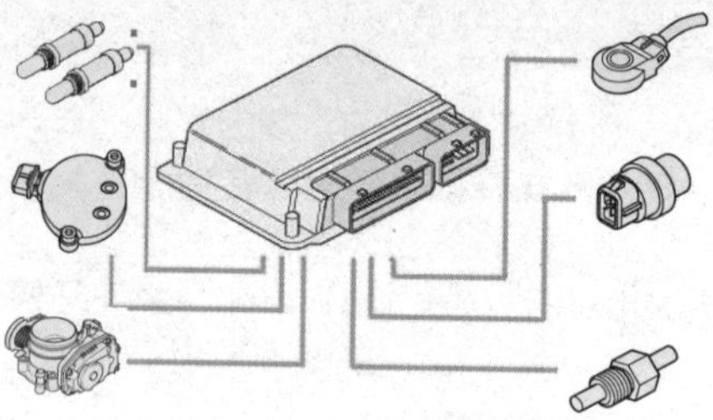

图3-1　发动机电控系统传感器

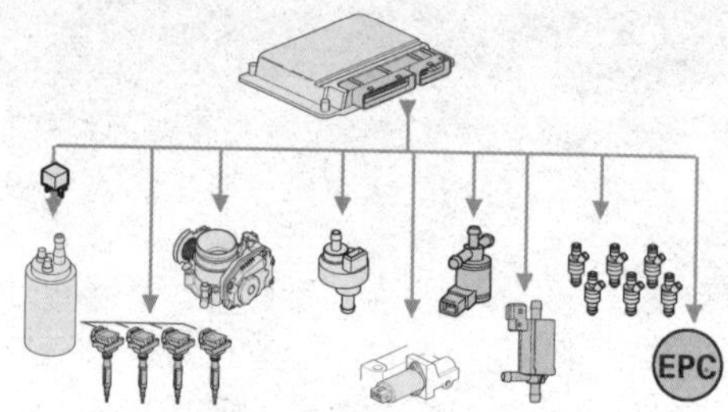

图3-2　发动机电控系统执行器

0527　柴油机电控系统的组成

跟汽油发动机电子控制系统一样，柴油发动机电子控制系统也是由传感器、ECU和执行器组成的。

（1）传感器　目前柴油机电子控制系统常用的传感器有：增压压力传感器(提供增压压力信息)、燃油压力传感器(提供共轨燃油压力信息)、机油压力传感器、冷却液温度传感器、燃油温度传感器(提供燃油温度信息)、进气温度传感器、排气温度传感器、空调蒸发器温度传感器、空调冷凝器温度传感器、空气流量传感器、节气门位置传感器、转角传感器(提供分配泵轴转角信息)、加速踏板位置传感器、霍尔传感器、海拔传感器、车速传感器、感应式转速传感器、燃油箱液面位置传感器、废气再循环阀阀杆位移传感器、氧传感器、压差传感器(提供微粒物捕集器的压差信息)、NO_x传感器(提供排气后处理系统的NO_x浓度信息)等。

（2）执行器　目前柴油机电子控制系统常用的执行器有：电动输油泵、各种燃油喷射泵、喷油量执行器(集成于燃油喷射泵内)、喷油提前角执行器(集成于燃油喷射泵内)、燃油切断阀(集成于燃油喷射泵内)、共轨高压泵、共轨压力控制阀、各种共轨喷油器、单元喷嘴系统和单元泵系统的高压燃油电磁阀、加热塞、废气再循环控制阀、电动节气门、可变气门控制执行器、可变进气管长度执行器、涡轮增压废气放空控制阀、冷却风扇、空调压缩机电磁离合器、发动机上的其他辅助设备等。

0528　电控燃油喷射系统的组成及各自作用

电控燃油喷射系统包括下列三个子系统：燃油供应系统、进气系统和电子控制系统。

1）燃油供应系统由汽油箱、输油泵、汽油滤清器、压力调节器、脉动衰减器、喷油器以及输油管、回油管等组成。

2）进气系统包括空气滤清器、节气门、空气流量传感器、进气室、怠速控制阀以及进气控制阀。

燃油供应系统和进气系统的作用是根据节气门位置（发动机负荷）和发动机转速，由ECM/ECU确定的喷油量和进气量混合成可燃混合气，进入气缸以供燃烧做功。

3）电子控制系统由若干检测发动机各种状况的传感器、一个按传感器信号确定喷油量的ECU，以及按ECU指令工作的喷油器组成。它的主要作用是根据发动机不同工况，决定最佳的喷油正时和喷油持续时间。

0529 电控燃油喷射系统的类型

电控燃油喷射系统可以按以下四大类来分:

（1）按喷油器安装位置分类

1）单点喷射式(安装在节气门体上，集中喷油)。

2）多点喷射式(安装在各缸的进气歧管上，分别喷油)。

（2）按喷油时刻分类

1）连续喷射式。喷油器在发动机运转期间连续不断地喷油，喷油量取决于机械（或机电）式燃油分配器。

2）间隙喷射式。由ECU控制喷油器的喷油量，在发动机运转期间间隙地喷油，其中还有各缸独立喷射、所有缸同时喷射和分组喷射三种。

（3）按空气流量分类

1）质量-流量式。直接测量空气质量流量并由此算出喷油量(K、KE、L、LH型)。

2）速度密度式。根据进气管压力和发动机转速，推算出吸入的空气量和喷油量(D型)。

3）节流速度式。根据节气门开度和发动机转速，推算出吸入的空气量和喷油量。

（4）按有无反馈信号分类

1）开环控制。

2）闭环控制。

0530 曲轴位置传感器的作用和工作原理

曲轴位置传感器用以检测发动机曲轴的转角和活塞上止点，并将检测到的信号及时送至发动机ECU，用以控制点火时刻和喷油正时。曲轴位置传感器也是测量发动机转速的信号源。

按传感器产生信号的原理，曲轴位置传感器可分为磁脉冲式、光电式和霍尔式。

1）磁脉冲式曲轴位置传感器。当发动机旋转时，曲轴上的齿圈也随着转动，传感器中电磁感应线圈的磁场相应变化，产生感应电压脉冲。电压脉冲的频率正比于发动机的转速，ECU通过频率信号计算出发动机的转速。当传感器相对于缺口时，传感器就发出一个宽的电压脉冲信号，ECU据此计算出发动机曲轴的位置。

2）霍尔传感器。霍尔传感器主要由转子叶轮、永久磁铁及霍尔元件等组成。霍尔元件的对面装有永久磁铁，中间有空气间隙。转子叶轮由凸轮轴驱动，其上的叶片数和气缸数相等，当叶片通过或离开间隙时即发出电信号。

0531 凸轮轴位置传感器的作用和工作原理

凸轮轴位置（CMP）传感器感应第一缸和第四缸压缩行程时凸轮轴位置，把它转化成脉冲信号，信号输入给发动机控制模块(ECM)，然后发动机控制模块根据输入的信号计算燃油喷射顺序等(图3-3)。

如果凸轮轴位置传感器不能正确地运行，就不能产生正确顺序的喷油，从而会导致发动机停转或怠速不均匀，或者不能正常加速。

图3-3　凸轮轴位置传感器

0532 节气门位置传感器的作用和工作原理

（1）作用　节气门位置传感器（图3-4）用于向ECU提供节气门转角、转角速率以及发动机怠速位置信息。根据这个信息，ECU可以获得发动机负荷信息、工况信息（如起动、怠速、倒拖、部分负荷、全负荷）以及加速和减速信息。该传感器一般为三线式，ECU通过监测电压变化来检测节气门开度。

（2）工作原理　该传感器的结构为滑动电阻片式(即线性可变电阻式、电位器式)，ECU通过监测信号输出端的电压，在ECU内部通过对比电路，得出节气门的开度信号。ECU内部并不直接接收电压信号，而是检测输出输入信号比值，这样可以防止由于电压波动所导致的信号波动问题。

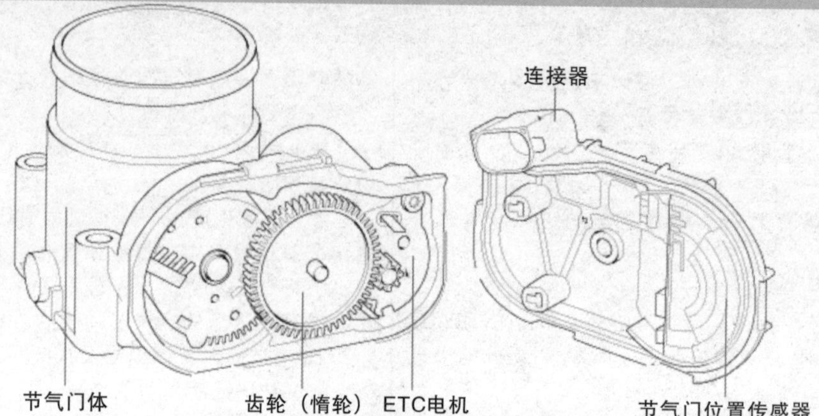

图3-4 节气门位置传感器的工作原理

0533 进气压力温度传感器的作用和工作原理

有的电喷系统采用速度密度空气计量法，检测进入发动机内的空气量，进而控制喷油脉宽，精确控制发动机动力输出。进气压力（MAP）传感器把进气歧管压力转换成电压信号。发动机控制模块利用这个信号确定发动机负荷的状况。

进气温度（IAT）传感器内置在进气压力传感器中，是用来检测进气温度的电阻型传感器。根据从传感器发来的进气温度信号，发动机控制模块提供所需的燃油喷射量控制。进气温度传感组件是一个负温度系数(NTC)的电阻，随着进气温度的升高电阻值降低，发动机ECU通过内部的一个对比电路来监测进气温度的变化。

0534 爆燃传感器的作用和工作原理

（1）作用　爆燃传感器用于向ECU提供发动机爆燃信息，进行爆燃控制。

（2）工作原理　爆燃传感器是一种振动加速度传感器，装在发动机气缸体上，一般安装在二、三缸之间，有利于发动机爆燃平衡，ECU利用爆燃传感器输出的振动频率信号通过ECU内部滤波，进而判断发动机是否发生了爆燃，当检测到爆燃信号的时候，ECU会逐步减小点火提前角，直到不发生爆燃为止，然后再逐步恢复，直到爆燃边缘，如此反复。

0535 氧传感器的作用和工作原理

（1）作用　氧传感器用于提供喷入发动机气缸中的燃油在吸入的空气中完全燃烧后氧是否过剩的信息。ECU利用这一信息可以进行燃油定量的闭环控制，使得发动机排气中三种主要的有毒成分即碳氢化合物(HC)、一氧化碳(CO)和氮氧化合物(NO_x)都能在三元催化转化器中得到最大程度的转化和净化。

（2）工作原理(图3-5)　氧传感器的传感组件是一种带孔隙的陶瓷管，管壁外侧被发动机排气包围，内侧通大气。传感器根据内外侧的氧含量差计算出空燃比信号，传送给ECU，由ECU再次控制喷油。同时，检测后氧传感器输出数据，在ECU内部将前、后氧传感器的数据进行对比，监测三元催化转化器的工作是否良好。

氧传感器的工作电压在0.1～0.9V范围内波动，10s应该变化5～8次，低于这个频率说明传感器老化，需要更换。该传感器无法修复。

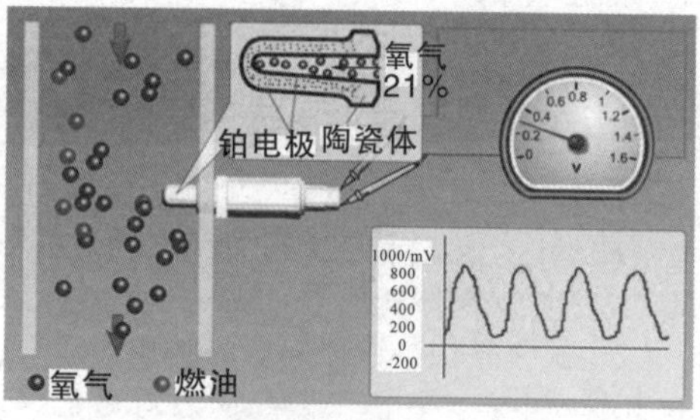

图3-5 氧传感器的工作原理

0536 发动机电控系统的输出控制功能

（1）燃油喷射控制　燃油喷射控制是控制喷油器的喷油次数和喷油正时，从而为不断变化的发动机运行状态提供最佳可燃混合气。

（2）怠速转速控制　根据怠速期间怠速状态和发动机负荷的变化，通过控制绕过节气门的空气量来保持最佳的转速。根据发动机冷却液的温度和空调负荷，PCM(动力控制单元)驱动怠速控制电动机保持发动机在预设的目标怠速下运行。另外，根据发动机的负荷情况来调节节气门的空气量，以避免发动机转速的波动。

（3）点火正时控制　点火功率晶体管在点火初级回路上，通过它的开启和关闭来控制流入点火线圈的初级电流。它控制点火正时，根据发动机工况获得最佳点火正时。点火正时是由PCM根据发动机转速、进气量、发动机冷却液温度和大气压力来确定的。

（4）其他控制功能

1）燃油泵控制。当发动机起动或运行时，继电器闭合，供给燃油泵电流。

2）空调压缩机离合器继电器控制。打开或关闭空调压缩机的离合器。

3）风扇继电器控制。根据发动机冷却液温度和车速控制散热器风扇和冷凝器风扇速度。

4）蒸发排放净化控制。

0537 汽油发动机点火系统的类型

（1）按点火信号发生器类型分类

1）霍尔式电子点火系统。其突出的优点是输出信号准确可靠，不受发动机转速影响。

2）磁感应式电子点火系统。其突出的优点是结构简单、工作可靠。

3）光电式电子点火系统。

（2）按储能方式分类

1）电感储能式电子点火系统。储能元件为点火线圈，系统结构简单、成本较低，因此在汽车上普遍采用。

2）电容储能式电子点火系统。储能元件为电容器，结构复杂、成本较高，放电持续时间较短，对发动机起动、低速点火和燃烧极为不利，因此主要用于转速较高的赛车发动机。

（3）按初级电流控制方式分类

1）信号触发式点火系统。霍尔式、磁感应式和光电式电子点火系统均为信号触发式电子点火系统。信号触发式电子点火系统控制的点火时机不可能实现精确控制。

2）微处理器控制式点火系统。当发动机运转时，微处理器根据与发动机工作参数有关的各种传感器输入的信号，经过数学运算和逻辑判断，再对点火时机进行控制。微处理器控制点火系统能对点火时机实现精确控制。微处理器控制点火系统可分为机械配电式点火系统和电子配电式点火系统两种类型。

0538 现代汽车一般采用的点火系统及其优点

现代汽车越来越多地采用无触点式的电控点火系统。

汽车发动机电控点火系统是利用微处理器通过传感器采集发动机工作时的实际工况，再由微处理器计算出最佳点火时间，达到降低排放、节约能源、提高动力性能的要求。电控点火系统彻底改变了有触点电子点火装置，采用微处理器这一高新技术，来采集正时、温度、节气门开度、转速等传感器发出的信号，然后通过中央计算机中的数理逻辑方程对各参数进行处理，得出在该工况下的合理点火时间，提高动力性能。

0539 分组点火

分组点火又叫作双缸同时点火，特点是点火线圈的数量是气缸数的一半，即每两个缸的火花塞共用一只点火线圈。点火线圈的次级绕组的两端采用开放式分别接两个缸上的火花塞，点火时两个缸的火花塞形成串联电路同时跳火。

在两个缸的火花塞同时跳火时，一个缸的活塞处于排气行程的上止点，另一个缸的活塞处于压缩行程的上止点。其中一个缸的火花塞在常规方向跳火，即从正中央电极到负旁电极，而另一个缸的火花塞跳火从负旁电极到正中央电极。在两个缸的火花塞同时跳火时，只有处于压缩行程气缸的火花塞跳火才是有效的。

0540 独立点火

独立点火是指每一个气缸分配一个点火线圈，点火线圈直接安装在火花塞上的顶上，这样还取消了高压线。这种点火方式通过凸轮轴传感器或通过监测气缸压缩来实现精确点火，它适用于任何缸数的发动机，特别适合每缸四气门的发动机使用。因为火花塞点火线圈组合可安装在双顶置凸轮轴（DOHC）的中间，充分利用了间隙空间。由于取消分电器和高压线，能量传导损失及漏电损失极小，没有机械磨损，而且各缸的点火线圈和火花塞装配在一起，外用金属包裹，大幅减少了电磁干扰，可以保障发动机电控系统的正常工作。

0541 点火线圈的作用及产生高压火的方式

点火线圈的作用是把车上的低压电转变为15～20kV的高压电，然后在火花塞上实现跳火，点燃气缸里的混合气体。

通常的点火线圈里面有两组绕组：初级绕组和次级绕组。初级绕组用较粗的漆包线，通常用0.5~1mm^{2}的漆包线绕200~500匝；次级绕组用较细的漆包线，通常用0.1mm^{2}左右的漆包线绕15 000~25 000匝。初级绕组一端与车上低压电源(+)连接，另一端与开关装置(断电器)连接。次级绕组一端与初级线圈连接，另一端与高压线输出端连接输出高压电。

点火线圈的工作原理是当初级绕组接通电源时，随着电流的增长，四周产生一个很强的磁场，铁心储存了磁场能；当开关装置使初级绕组电路断开时，初级绕组的磁场迅速衰减，次级绕组就会感应出很高的电压。初级绕组的磁场消失速度越快，电流断开瞬间的电流越大，两个绕组的匝比越大，则次级绕组感应出来的电压越高。

0542 无触点电子点火系统的特点

（1）无触点电子点火系统与传统点火系统比较

1）结构上取消了断电器。用信号发生器代替凸轮，用点火器取代了铂金触点。

2）原理上，初级绕组电流的通、断由信号发生器和点火器配合完成，其他工作过程变化不大。

3）点火器除了控制初级绕组电流的通、断外，内有控制电路(闭合角控制和恒流控制)可改善点火性能。

（2）优点

1）由于采用了信号发生器，从根本上消除了由触点引起的一系列问题。

2）在所有转速范围内都能可靠点火(闭合角控制和恒流控制)，在提高点火电压和点火能量方面很有成效。

（3）缺点　对点火时刻的控制依然依靠离心式和真空式两套机械式点火提前装置来完成，不能保证发动机点火时刻始终处于最佳状况(因为最佳点火提前角除了与转速和负荷有关外，还和其他因素有关)。

0543 无触点晶体管点火系统的主要组成

无触点晶体管电子点火系统由以下部件组成：

1）分电器。分电器内有配电器、信号发生器、机械式点火提前装置(离心式和真空式)。

2）点火器。点火器接收信号发生器的控制信号，控制点火线圈的初级绕组电流的通、断。

3）点火线圈、火花塞等。

0544 汽油机的点火提前角与点火闭合角

点火时刻是点火系统控制的最重要的要素，因为点火时刻决定了高压点火产生的时刻与发动机工作过程之间的配合关系。为了提高发动机的燃烧效率，提高其动力性、经济性及获得较低的排放污染，要求在发动机压缩行程进行到上止点前一定的曲轴转角处切断点火线圈初级线圈中的电流开始点火。这样对于理论意义上的点火时刻来说就是提前了一个曲轴转角，这个提前的角度就是点火提前角(图3-6)。

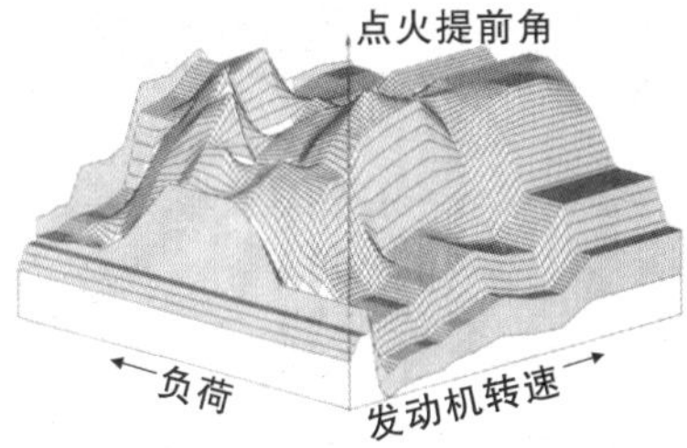

图3-6 点火提前角控制

0545 传统点火系统点火正时的调整

（1）无正时灯调整方法

1）首先将分电器触点间隙按要求调整到合适。

2）找到第一缸压缩上止点位置。取下第一缸的高压分线。用火花塞套筒拆下第一缸火花塞，用拇指或布团堵住火花塞孔，然后摇动发动机曲轴。当感到气缸有阻力时，慢慢摇转曲轴，同时观察，使正时记号对正。

3）待上述部位都达到要求后，接通点火开关，松开分电器外壳固定螺栓，转动分电器外壳使断电器触点闭合。然后将分电器再逆向转动，至分电器触点刚刚张开，此一瞬间可看到触点间产生一微小电火花，再将分电器外壳固定螺栓拧紧，并将辛烷值调整到刻度为零的位置，此时，分火头所指的方向即为第一缸位置。

4）按点火顺序插好分电器盖上的高压分线，用手拧紧螺栓，暂时固定分电器。

5）起动发动机检验点火正时，如果此时发动机点火系统及燃油供给系统调整良好，则发动机排气管应滴水，发动机振动最小及噪声降到最低。

（2）正时灯调整法

1）起动发动机暖机达到正常工作温度。

2）将点火正时灯两个黑色夹头分别接于蓄电池正、负极桩头上，传感器夹于第一缸高压分线上。

3）调整发动机转速至正常怠速状态下，利用点火正时灯照射于正时带轮上，查看带轮上记号是否为厂家规定角度(一般为6°~10°)。

4）若需调整，松开分电器螺栓，利用点火正时对准正时带轮再转动分电器（左右转）直至刻度记号在规定值为止，最后锁紧分电器螺栓即可。

0546 火花塞的作用

火花塞（图3-7）的作用是把高压导线送来的脉冲高压电放电，击穿火花塞两电极间空气，产生电火花以此引燃气缸内的混合气体。高性能发动机的基本条件：高能量稳定的火花、混合均匀的混合气、高压缩比。

图3-7 火花塞

0547 火花塞的类型及各自特点

按照热值高低来分，有冷型和热型；按照电极材料来分，有镍合金、银合金和铂合金等，火花塞的类型大体上有如下几种：

（1）标准型火花塞 其绝缘体裙部略缩入壳体端面，侧电极在壳体端面以外，是使用最广泛的一种。

（2）绝缘体突出型火花塞 绝缘体裙部较长，突出于壳体端面以外。它具有吸热量大、抗污能力好等优点，且能直接受到进气的冷却而降低温度，因而也不易引起炽热点火，故热适应范围宽。

（3）细电极型火花塞 其电极很细，特点是火花强烈，点火能力好，在严寒季节也能保证发动机迅速可靠地起动，热范围较宽，能满足多种用途。

（4）座型火花塞　其壳体和旋入螺纹制成锥形，因此不用垫圈即可保持良好密封，从而缩小了火花塞体积，对发动机的设计更为有利。

（5）多极型火花塞　侧电极一般为两个或两个以上，优点是点火可靠，间隙不需经常调整，故在电极容易烧蚀和火花塞间隙不能经常调节的一些汽油机上常常采用。

（6）面跳火型火花塞　即沿面间隙型，它是一种最冷型的火花塞，其中心电极与壳体端面之间的间隙是同心的。

此外，为了抑制汽车点火系统对无线电的干扰，又生产了电阻型和屏蔽型火花塞。电阻型火花塞是在火花塞内装有5~10kΩ的电阻，屏蔽型火花塞是利用金属壳体把整个火花塞屏蔽密封起来。屏蔽型火花塞不仅可以防止无线电干扰，还可用于防水、防爆的场合。

0548　火花塞热值的含义

火花塞热值实际上是指受热和散热能力的一个指标，其自身所受热量的散发量称为热值。热值包括1~9九个数字，其中1~3为低热值，4~6为中热值，7~9为高热值。火花塞的热值代表其散热快慢，数值越大则散热越快(或称为火花塞越冷)，不同的发动机要求使用的火花塞不同，必须正确选配。一般而言，小汽车行驶速度快，气缸内压缩比高，需用热值高(散热快)的火花塞，大车一般行驶速度慢，一般用热值低(散热慢)的火花塞。

0549　冷型火花塞与热型火花塞

冷型与热型（图3-8）是相对而言的，它反映了火花塞的热特性性能。火花塞要有适当的温度才能工作良好，没有积炭才能工作正常。实践证明，火花塞绝缘体保持在500~600℃温度时，落在绝缘体上的油滴能立即烧去不会形成积炭，高于这个温度会早燃，低于这个温度有积炭。

在不同发动机上的温度会不一样，设计者就利用绝缘体裙部的长度来解决这个矛盾。有些裙部短受热面积小，散热快，因此裙部温度低些，称为冷型火花塞，适用于高速高压缩比的大功率发动机；有些裙部细长受热面积大，散热慢，因此裙部温度高些，称为热型火花塞，适用于中低速低压缩比的小功率发动机。

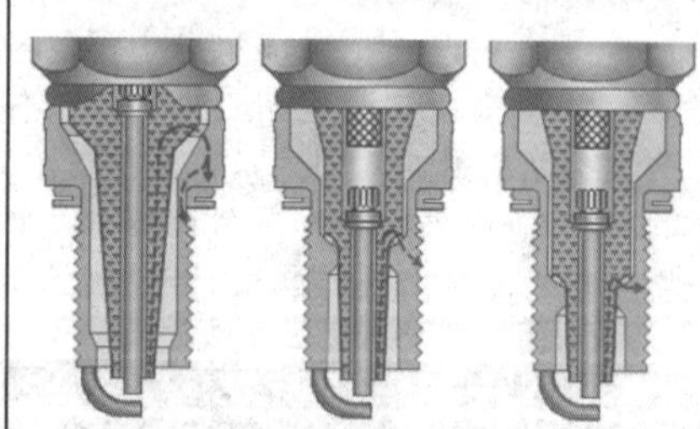

图3-8　火花塞的形式

0550　火花塞在使用时出现的常见故障现象

火花塞在使用中常见的故障现象如下：

（1）火花塞严重烧蚀　火花塞顶端起疤、破坏或电极熔化、烧蚀都表明火花塞已经毁坏，应更换。更换时应检查烧蚀的症状以及颜色的变化，以便分析产生故障的原因。

1）电极熔化且绝缘体呈白色。表明燃烧室内温度过高。这可能是燃烧室内积炭过多，使气门间隙过小等引起的排气门过热或是冷却装置工作不良，也可能是火花塞未按规定力矩拧紧等。

2）电极变圆且绝缘体结有疤痕。表明发动机早燃，可能是点火时间过早或者汽油辛烷值低，火花塞热值过高等原因。

3）绝缘体顶端碎裂。爆燃燃烧是绝缘体破裂的主要原因。而点火时间过早、汽油辛烷值低、燃烧室内温度过高，都可能导致发动机爆燃燃烧。

4）绝缘体顶端有灰黑色条纹。这种条纹标志火花塞已经漏气，应更换新件。

（2）火花塞有沉积物　火花塞绝缘体的顶端和电极间有时会粘有沉积物，严重时会造成发动机不能工作，如清洁火花塞可暂时得到补救。为了保持良好的性能，必须查明故障根源。

1）油性沉积物。火花塞上有油性沉积物，表明润滑油进入燃烧室内。如果只是个别火花塞，则可能是气门杆油封损坏。如果各缸火花塞都粘有这种沉积物，表明气缸窜油，应检查空气滤清器和通风装置是否堵塞。

2）黑色沉积物。火花塞电极和内部有黑色沉积物，表明混合气过浓，可以升高发动机运转速度，并持续几分钟，就可烧掉留在电极上一层黑色的煤烟层。

0551 火花塞使用状况的检查

（1）就车检查法

1）触摸法。起动发动机，使其怠速运转，用手触摸火花塞绝缘陶瓷部位，如温度上升得很高很快，表明火花塞正常，反之为不正常。

2）短路法。起动发动机，使其怠速运转，然后用螺钉旋具逐缸对火花塞短路，听发动机转速和响声变化，转速和响声变化明显，表明火花塞正常，反之为不正常。

3）跳火法。旋下火花塞，放在气缸体上，用高压线试火，若无火花或火花较弱，表明火花塞漏电或不工作。

（2）观色法

1）拆下火花塞观察，如为赤褐色或铁锈色，表明火花塞正常。

2）如为渍油状，表明火花塞间隙失调或供油过多，高压线短路或断路。

3）如为烟熏的黑色，表明火花塞冷热型选错或混合气浓，机油上窜。

4）如顶端与电极间有沉积物，当为油性沉积物时，说明气缸窜机油，与火花塞无关；当为黑色沉积物时，说明火花塞积炭而旁路；当为灰色沉积物时，则是汽油中添加剂覆盖电极导致缺火。

5）若严重烧蚀，如顶端起疤、有黑色花纹破裂、电极熔化，表明火花塞损坏。

0552 点火系统低压电路故障的检修

1）按喇叭响，开前照灯也亮。用螺钉旋具或导线在点火线圈“-”接线柱上试火，如无火，则为点火线圈低压接线柱至电流表之间断路。按点火线圈“开关”→点火线圈“开关→电源”接线柱→点火开关→电流表的顺序试火，根据有火与无火来诊断断路故障所在部位。若是接线柱与导线连接不牢或接触不良，应清洁接线柱，紧固固定螺母；若是某段导线断路，就更换该段导线，所更换的导线应与原导线规格相同。

2）按喇叭不响，开前照灯不亮。用导线在起动机接线柱试火，如有火，则故障为起动机接线柱至电流表之间线路断路；如无火，则故障是蓄电池电量不足或其线路故障。蓄电池电量不足，应充电；线路断路，应重新接通。

3）用螺钉旋具在点火线圈“-”接线柱上试火，如有火，再在分电器活动触点臂与底板间试火。

如果有火，则为触点故障(如触点烧蚀、太脏、不能闭合等)，可用“铂金砂条”修磨触点和调整触点间隙等方法来排除故障。如无火，转入下一步。

4）在分电器绝缘接线柱与分电器壳处试火，如无火，则为分电器绝缘接线柱至点火线圈“-”接线柱间的导线断路故障；如果有火，则为绝缘支架至绝缘接线柱间导线断路故障。

若系接线柱与导线接触不良而断电，应清洁和紧固接线柱与导线头；若是某段导线断路，用相同规格导线更换该段导线即可。

0553 点火系统高压电路故障的检修

1）拆下分电器盖上中央的高压线，用螺钉旋具插进高压线极头，手持木柄或橡胶柄，以螺钉旋具金属杆身去接近发动机的铁质凸起部位，然后起动，看看有无火花闪跳。在起动时，如果发现有火花闪跳且强有力，那就可以证明点火系统高压电路起码到分电器之间都是好的。

2）如果火花强有力但发动机起动不了，就要归咎于火花塞有问题或者点火正时不对了。这时可轮流把各缸的火花塞拆下来，依序检查。

3）如果没有火花跳跃，或者呈暗红的星星闪光，则更换火花塞，或者将之擦拭干净来解决问题。

4）如果有万用表，则可以夹接高压电缆的两头，量一下电阻大小，如发现超过25kΩ，这条电缆就得换了。

5）如果高压线测试没问题，那么没有火花的问题就出在分火头和分电器盖上了，得去检查一下这两个部件有无污损、折裂和漏电等现象。如有，则予以修理或更新。

0554 点火时间过早的影响

点火时间过早（点火提前角过大）将导致发动机产生下列故障现象：

1）发动机怠速不稳，抖动。

2）起动发动机的时候，发动机运转吃力，有顿挫感，起动后加速提速慢，猛加速有急骤的敲缸声。

3）动力严重不足，根本达不到最高转速。

4）对汽油质量非常敏感。

5）发动机在大负荷中等转速时最容易出现爆燃。在使用燃油牌号正确的情况下，爆燃现象多数是因点火提前角过大造成的。

0555 点火时间过迟的影响

（1）故障现象

1）发动机运转无力发闷，当加大节气门开度时，转速不能随之提高。

2）化油器回火，消声器放炮。

3）发动机不易起动。

4）发动机温度过高。

（2）故障原因分析　因发动机点火时间过迟，导致上述故障的主要原因如下：

1）离心调节器失效。分电器与凸轮锈蚀或油垢涩滞，触点无法随发动机转速变快而提前顶开。当离心块与销锈蚀时，也会使点火过迟。

2）真空调节器的真空管松脱、破裂，膜片破裂，拉杆与调节臂脱节或分电器壳卡滞等均会引起点火过迟。

3）断电器触点间隙调整不当。把触点间隙调小，或触点臂胶木顶块、凸轮、分电器轴与套磨损等，均会使触点间隙变小，导致点火提前角也减小。

4）辛烷调节器调整不当。辛烷调节器是根据汽油辛烷值和发动机压缩比的大小来调整的，若汽油标号高或发动机压缩比小时，应将点火提前角调大些，否则会使点火过迟。

（3）故障检查与排除

1）当锈蚀或涩滞引起故障时，应清除锈垢，使机件灵活。对真空调节器失效的，应根据故障情况排除。

2）属于辛烷调节器或触点间隙调整不当的，应重新调整。

3）用真空表经软管与进气歧管相连，松开分电器外壳固定装置，一边移动外壳，一边注意真空表的指针，在读数最大时，将分电器外壳固定，这样确定的点火提前角对被调整的发动机为最有利。

0556 高压跳火弱的原因及故障排除

发动机在高、中、低速时，消声器发出无节奏的“突突”声，甚至放炮，进气歧管有时回火；发动机易熄火，不易起动，此时表明高压产生火花弱。

（1）产生此故障的原因

1）断电器触点烧蚀。

2）电容器内部接触不良或搭铁不良。

3）点火线圈低压绕组匝间短路。

（2）故障排除　首先取下高压分火线，距离火花塞约5mm，查看跳火情况。如火花跳距短而细，声音小而发红，有时还有断火现象，即为高压火花弱故障。当检查跳火时，应注重高压分火线和火花塞的距离必须由远而近或由近而远地比较进行，防止因距离远而造成不跳火或因距离近跳火弱，而引起误判。假如中心高压线火弱，不是蓝色的较粗的火，而是黄色的较细的火，应拆下电容器再试。当拆下电容器后，火花不变，故障则在电容器；当拆下电容器后，火花更弱，故障则在点火线圈。然后根据具体故障修理或更换电容器或点火线圈。

0557 电控点火系统的基本组成

电控点火系统主要由电源、传感器、ECU、点火控制器、点火线圈、分电器(有分电器电控系统)、各种控制开关以及火花塞等组成。

（1）电源　电源一般由蓄电池和发电机共同组成，主要给点火系统提供电能。

（2）传感器　传感器主要用来检测与点火有关的发动机的工况信息，并将检测结果输入ECU，作为计算和控制点火时刻的依据。虽然各型汽车采用的传感器的类型、数量、结构及安装位置不尽相同，但是其作用都大同小异，而且这些传感器大多与燃油喷射系统、怠速控制系统等电子控制系统共用。传感器主要由凸轮轴位置传感器、曲轴位置传感器、空气流量传感器、节气门位置传感器、冷却液温度传感器、进气温度传感器、车速传感器、爆燃传感器、各种控制开关等组成。

（3）ECU　现代汽车发动机大多数都采用集中控制系统，其中微处理器控制点火系统仅是ECU的一个子系统。ECU既是燃油喷射控制系统的控制中心，也是点火控制系统的控制中心。在ECU的只读存储器（ROM）中，除储存有监控和自检等程序之外，还储存有由台架试验测定的该型发动机在各种工况下的最佳点火提前角。

（4）点火控制器　点火控制器又称为点火电子组件、点火器或功率放大器，是微处理器控制点火系统的功率输出级，它接收ECU控制信号并进行功率放大，以便驱动点火线圈工作。

0558 实际点火提前角的计算

实际的点火提前角=初始点火提前角+基本点火提前角+修正点火提前角

（1）初始点火提前角　初始点火提前角又称为固定点火提前角，其值的大小取决于发动机的形式，并由曲轴位置传感器的初始位置决定，一般为上止点前6°~12°。在下列情况时，实际点火提前角等于初始点火提前角：

1）发动机起动时。起动时，转速变化大，空气流量不稳定，进气流量传感器输出的信号就不稳定，点火提前角不能准确控制，所以采用固定的点火提前角进行控制。

2）发动机转速低于400r/min时。

3）检查初始点火提前角时。此时有三个条件：一是诊断插座测试端子短路，二是怠速触点闭合，三是车速低于2km/h。

4）当发动机的后备系统工作时。

（2）基本点火提前角　基本点火提前角是发动机最主要的点火提前角，是设计微处理器控制点火系统时确定的点火提前角。基本点火提前角通常以二维表的形式储存在微处理器的存储器中，ECU根据发动机转速信号和进气歧管压力信号（或进气量信号）等，从存储器中获得。

（3）修正点火提前角　为使实际点火提前角适应发动机的运转状况，以便得到良好的动力性、经济性和排放性能，必须根据相关因素（如冷却液温度、进气温度、开关信号等）适当增大或减小点火提前角，即对点火提前角进行必要的修正。修正点火提前角的项目有多有少，主要有暖机修正、怠速稳定性修正、空燃比反馈修正和过热修正。

0559 断缸法的定义及判断某缸不工作的方法

为了判断发动机故障的确切部位，人为地断开发动机某一气缸的供油或供电，使该缸不能工作，这就是判断发动机故障时常用的断缸法。该方法适用于多缸发动机的某一缸或几个缸出现故障时对故障缸的判断。

可以用断缸法判断哪个气缸不工作，简单的方法如下：

使发动机怠速运转，在发动机工作的情况下拔下第一缸的火花塞高压线插头，注意拔下后要看发动机的工作情况。如果出现发动机抖动（此时发动机转速发生变化）则说明该缸工作正常；如果拔下后发动机无明显变化则说明这个缸根本没有工作，可以初步断定是缺缸。拔下第一缸的高压线插头后没问题再装上，然后按照上述方法依次拔下其他缸的高压线插头，并注意观察发动机工作状况的变化，最后得出不工作的缸数。

0560 点火错乱故障的排除

（1）故障现象

1）个别缸点火错乱。发动机能起动，起动后动力不足，化油器有规律性地产生回火现象或排气管放炮，并有单缸敲击声。

2）大部分缸错乱发动机不能起动，起动时化油器回火或排气管放炮严重，有“突突”的响声，且冒浓黑烟。

（2）故障原因

1）个别缸错乱的故障原因。

①高压分线相对两缸插错。

②高压分线相邻两缸插错或分电器相邻两插孔窜电。

③高压分线相隔两缸插错。

2）大部分错乱的故障原因。

①高压分线普遍混乱。

②分电器盖严重破坏窜电。

③分火头自转或分电器固定螺栓松动，分电器上体自由转动。

（3）排除方法

1）检查高压分线是否按点火顺序排列。

2）检查分电器盖是否破裂窜电。

3）检查分火头和分电器固定螺栓是否松动。

0561 发动机起动困难属于电控系统的原因

1）如起动转速低，应检查蓄电池电源、电路接触、起动机状态等。

2）点火系统不良，高压火花不正常。

3）燃油泵供油不足、油路堵塞等。

4）冷起动喷油器及其控制回路不良。

5）怠速补偿系统不良。

6）点火时间不当，过早或过晚。

7）冷却液温度传感器不良。

8）进气系统严重漏气，混合气太稀。

9）电插头松动不牢，元件不工作。

0562 发动机怠速不稳属于电控系统的原因

1）进气系统漏气，使混合气过稀。

2）冷起动喷油器漏油。

3）辅助空气阀工作不正常。

4）怠速调整不当。

5）各缸喷油器喷油不均。

6）气门间隙不当。

7）点火时间不当或点火系统不良。

0563 热车怠速不稳属于电控系统的原因

1）怠速控制阀或其回路不良。

2）氧传感器不良，热车无修正信号。

3）冷却液温度传感器不良。

4）废气再循环系统不良。

5）点火系统不良。

0564 发动机回火属于电控系统的原因

1）混合气过稀、燃烧速度缓慢。
2）点火系统不良或点火时间过晚。
3）燃油供给系统不良，供油不足。
4）进气系统漏气，混合气过稀。
5）气门间隙不当，气门动作不正常。
6）排气系统不畅通。
7）点火顺序错乱。

0565 发动机运转无力属于电控系统的原因

1）燃油压力低，供油不畅。
2）点火系统不良或点火正时不当。
3）发动机压缩系统不良。
4）空气流量传感器或进气压力传感器不良。
5）发动机磨损严重，气缸压缩压力不足。

0566 发动机有间歇性故障属于电控系统的原因

1）电线插头松动，逐项拧紧牢固。
2）检查点火系统及各缸高压火花。
3）检查分电器的状态。
4）检查真空管是否有漏气。
5）人为地振动，观察故障现象是否变化。

0567 电控防抱死制动系统的构成及其各自作用

电控防抱死制动系统(图3-9)简称ABS，是一套能在制动过程中随时监控车轮滑移程度，并依此通过ECU自动调节作用在车轮上的制动力矩，防止车轮抱死的电子控制装置。它不仅能缩短制动距离、有效避免各种因制动引起的事故，还可减少轮胎磨损，提高轮胎的使用寿命。

带有电控防抱死制动系统的汽车由基本制动系统和制动力调节系统两部分组成，前者由制动主缸、制动轮缸和制动管路等构成的普通制动系统，用来实现汽车的常规制动，而后者是由传感器、控制器、执行器等组成的压力调节控制系统，在制动过程中用来确保车轮始终不抱死，车轮滑移率处于合理范围内。

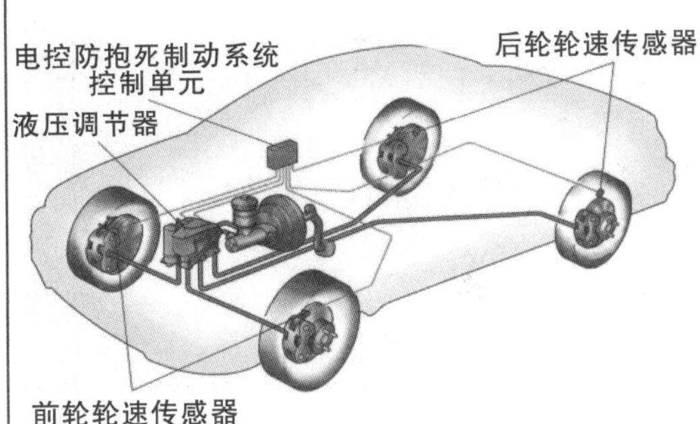

图3-9 电控防抱死制动系统

0568 电控防抱死制动系统对车轮滑移率的控制方式

电控防抱死制动系统控制车轮滑移率的执行机构是系统压力调节装置，ECU根据车轮速度传感器发出的信号，由ECU判断确定车轮的运动状态，向驱动压力调节装置的电磁阀线圈发出指令，通过电磁阀的动作来实现对制动轮缸的保压、减压和增压控制。压力调节装置的电磁阀以很高的频率工作，以确保在短时间内有效地对车轮滑移率实施控制。

0569 电控防抱死制动系统的工作过程

1）当制动系统未制动时，各电磁阀均处于断电状态，此时在主电磁阀的控制下，储液罐与内部储液室导通，而内部储液室与液压助力室连接截断。同时，由于滑阀的控制作用将供能装置（油泵）与液压助力室隔断，并将液压助力室与储液罐导通。

2）在电控防抱死制动系统制动减压过程中，进、出液电磁阀均通电，使进液阀截止、出液阀导通，前者使主缸以及液压助力室与轮缸隔断，而后者使轮缸与储液罐导通，从而实现制动减压。

3）在电控防抱死制动系统制动保压过程中，进液电磁阀通电，使进液阀截止；出液电磁阀断电，使出液阀截止，实现保压。

4）在电控防抱死制动系统制动增压过程中，进、出液电磁阀均断电，让进液阀导通，出液阀截止，同时主电磁阀也通电，使储液罐与内部储液室处于隔断状态，而将液压助力室与内部储液室导通，引起内部储液室压力升高，高压液体经过主缸流到轮缸。

0570 汽车空调的功能

汽车空调的功能主要有调节车内的温度、湿度、气流速度、空气洁净度和除霜等，从而为乘客和驾驶人创造了新鲜舒适的车内环境，减轻了驾驶人的疲劳度，提高了行车安全性。

0571 空调系统的组成

现代汽车空调系统由制冷系统、供暖系统、通风和空气净化装置及控制系统组成。

0572 空调制冷系统的组成

汽车空调制冷系统（图3-10）由压缩机、冷凝器、储液干燥器、膨胀阀、蒸发器和鼓风机等组成。各部件之间采用铜管（或铝管）和高压橡胶管连接成一个密闭系统。

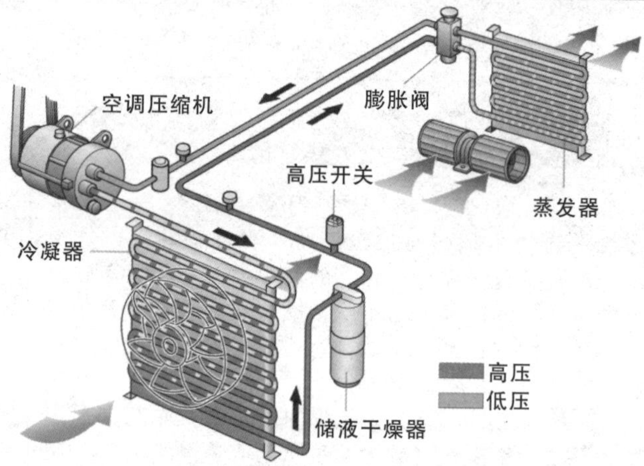

图3-10 汽车空调制冷系统

0573 空调制冷系统的工作原理

空调制冷系统的工作原理如下：

汽车空调系统采用的是蒸气压缩式制冷循环。压缩机由发动机直接驱动，由压缩机排出高温、高压制冷气体，通过高压管进入冷凝器，利用温差散热，形成高温高压的液体，经过储液干燥器进入膨胀阀，经过节流、膨胀，通过前置、顶置蒸发器换热，成为低温低压的气体，同时使室内空气降温。系统内低温低压制冷剂气体，再次被压缩机吸入，再压缩成高温高压的气体，形成一个循环制冷。循环周而复始地进行，使车内温度能维持在较舒适的状态。

0574 空调电气控制系统的作用

空调电气控制系统的作用是当空调开关、暖风开关同时开启时，控制系统才能收到空调请求的信号。而空调系统的电气控制，实际上是指ECU通过所检测各种信息数据，按设定的程序进行计算、处理，并输出相应的控制信号使压缩机的电磁离合器接通或断开(压缩机工作或停止)。

当空调开启后，ECU自动将发动机怠速提升到(1000±50)r/min(空调怠速是人为不能调节的)。在急加速时系统能自动切断压缩机并延时接通，出现某种故障时自动保护电路会切断压缩机电磁离合器线圈的电流，压缩机停止工作。

0575 空调压缩机的作用

空调压缩机是制冷系统的心脏，在空调制冷剂回路中起压缩并驱动制冷剂的作用。

空调压缩机（图3-11）的功能是借助外力（例如发动机动力）维持制冷剂在制冷系统内的循环，吸入来自蒸发器的低温、低压的制冷剂蒸气，压缩制冷剂蒸气使其温度和压力升高，并将制冷剂蒸气送往冷凝器，在热量吸收和释放的过程中，就实现了热交换。

图3-11 空调压缩机

0576 常用压缩机的类型及各自特点

空调压缩机可以分为定排量空调压缩机和变排量空调压缩机。常见的压缩机种类有：曲轴连杆式空调压缩机、轴向活塞式空调压缩机、旋转叶片式空调压缩机和涡旋式空调压缩机。

（1）曲轴连杆式空调压缩机(图3-12) 曲轴连杆式空调压缩机是第一代空调压缩机，制造技术成熟，结构简单，而且对加工材料和加工工艺要求较低，造价比较低。适应性强，能适应广阔的压力范围和制冷量要求，可维修性强。

但是曲轴连杆式空调压缩机无法实现较高转速，机器大而重，不容易实现轻量化。排气不连续，气流容易出现波动，而且工作时有较大的振动。

（2）轴向活塞式空调压缩机 轴向活塞式空调压缩机可以称为第二代空调压缩机，常见的有摇板式空调压缩机或斜板式空调压缩机(图3-13)。斜板式空调压缩机比较容易实现小型化和轻量化，而且可以实现高转速工作。它的结构紧凑，效率高，性能可靠，在实现了可变排量控制之后，目前广泛应用于汽车空调压缩机。

（3）旋转叶片式空调压缩机(图3-14) 旋转叶片式空调压缩机的体积和重量可以做到很小，易于在狭小的发动机舱内进行布置，加之噪声和振动小以及容积效率高等优点，在汽车空调压缩机系统中也得到了一定的应用。但是旋转叶片式空调压缩机对加工精度要求很高，制造成本较高。

（4）涡旋式空调压缩机(图3-15) 涡旋式空调压缩机具有很多优点。例如空调压缩机体积小、重量轻，驱动涡轮运动的偏心轴可以高速旋转。因为没有了吸气阀和排气阀，涡旋式空调压缩机运转可靠，而且容易实现变转速运动和变排量技术。多个压缩腔同时工作，相邻压缩腔之间的气体压差小，气体泄漏量少，容积效率高。

图3-12 曲轴连杆式空调压缩机

图3-13 斜板式空调压缩机

图3-14 旋转叶片式空调压缩机

图3-15 涡旋式空调压缩机

0577 冷凝器、蒸发器的作用

1）冷凝器的作用是将压缩机排出的高温高压气态制冷剂与冷凝器外部的空气进行热交换，使之转变为高温高压的液态制冷剂，并把热量散发到车外环境中。

2）蒸发器也是一种热交换器，蒸发器的作用是使低压、低温制冷剂液体在沸腾过程中吸收被冷却介质的热量，从而达到制冷的目的。

0578 三态压力开关及其作用

空调压力开关是一个保护开关。现在车上常用的是三态压力开关，即一个高低压开关再加一个中压开关。三态压力开关安装在高压管路上，其作用如下：

（1）低压开关　当空调系统有泄漏或制冷剂减少时，为了保护压缩机不损坏，而强行切断压缩机的控制电路，使压缩机停止工作。

（2）中压开关　当冷凝压力偏高时，强行让冷凝风扇高速旋转，降低高压压力，增加冷却效果。

（3）高压开关　为了防止系统压力太大，导致系统爆炸等强行让压缩机停止工作。当空调高压压力异常高时，高压开关打开，切断压缩机的控制电路，使空调系统停止工作。

0579 膨胀阀的作用及常见类型

膨胀阀是制冷系统中的四大部件之一，一般安装于储液筒和蒸发器之间，在系统中负责把制冷剂从冷凝压力降至蒸发压力，并按比例控制制冷剂的流量，同时它还有防止液击及异常过热的功能。膨胀阀满足制冷及空调其他各种工作需要，因此一个系统中膨胀阀的好坏直接影响整个系统的运行性能。

常见的膨胀阀类型有内、外平衡式膨胀阀、H型膨胀阀和节流管式节流阀，有的高级车上还出现了电子膨胀阀。

0580 内平衡式膨胀阀与外平衡式膨胀阀

1）图3-16所示为内平衡式膨胀阀。内平衡式膨胀阀为F型热力膨胀阀。感温包内充注制冷剂，放置在蒸发器出口管道上，感温包和膜片上部通过毛细管相连，感受蒸发器出口制冷剂温度，膜片下面感受到的是蒸发器入口压力。

如果空调负荷增加，液压制冷剂在蒸发器提前蒸发完毕，则蒸发器出口制冷剂温度将升高，膜片上压力增大，推动阀杆使膨胀阀开度增大，进入到蒸发器中的制冷剂流量增加，制冷量增大；如果空调负荷减小，则蒸发器出口制冷剂温度减小，以同样的作用原理使得阀开度减小，从而控制制冷剂的流量。

2）图3-17所示为外平衡式膨胀阀。外平衡式膨胀阀与内平衡式膨胀阀的原理基本相同，区别是：内平衡式膨胀阀膜片下面感受到的是蒸发器入口压力，而外平衡式膨胀阀膜片下面感受到的是蒸发器出口压力。

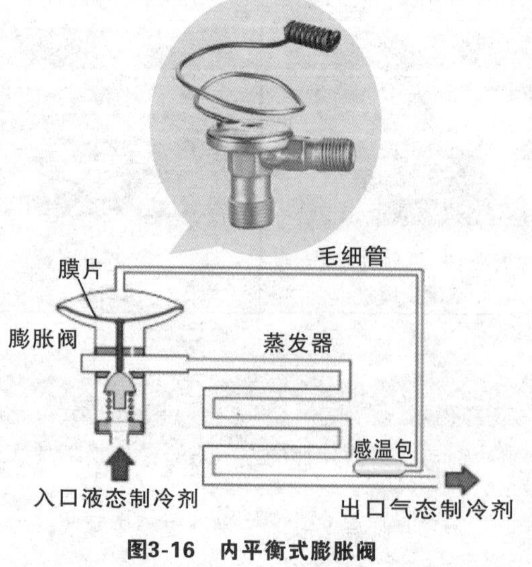

图3-16　内平衡式膨胀阀

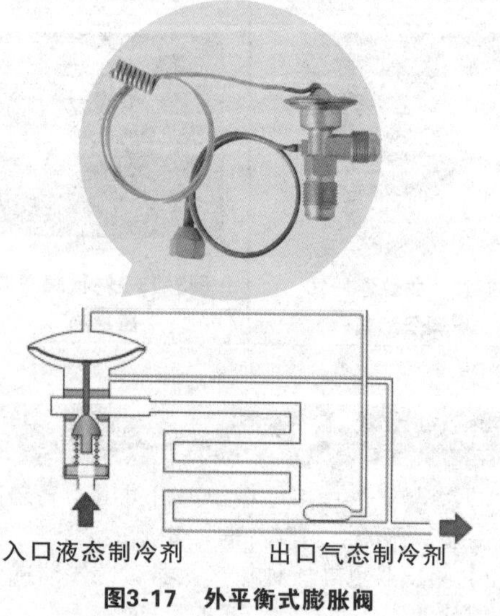

图3-17　外平衡式膨胀阀

0581 H型膨胀阀的工作原理

H型膨胀阀的工作原理如下：

当汽车空调制冷系统刚刚开启或热负荷大时，感温元件内的制冷剂压力较大。膜片克服弹簧力和蒸发器出口处制冷剂的压力，推动顶杆和传动杆向下打开球阀，直到一平衡位置，这就增大高压制冷剂进入蒸发器的流量。

当汽车空调制冷系统热负荷小或者需要关闭时，感温元件内的制冷剂压力变小，弹簧力和蒸发器出口处制冷剂的压力之和大于感温元件的膜片压力，于是顶杆和传动杆向上移动，直到一平衡位置，以关小球阀开口，这样就减小了高压制冷剂进入蒸发器的流量。

0582 储液干燥器的作用

储液干燥器(图3-18)是保证压缩机和制冷系统正常运行的必要设备。它的作用如下：

（1）储液作用　用来储存和供应制冷系统内的液体制冷剂，以便工况变动时能补偿和调节液体制冷剂的盈亏。空调系统开始工作时的负荷量大，要求制冷剂的循环量也大。当工作一段时间之后，负荷将减小，这时所需的制冷剂量相应地减少。因此，当负荷大时，储液器中的液体制冷剂补充进来，而负荷小时，又可将液体制冷剂储存起来。同时，由于汽车空调系统的连接管使用橡胶连接软管，总有一定的制冷剂泄漏，故储液器还可弥补系统中制冷剂的微量渗漏。

（2）过滤作用　在制冷系统中，会由于制造时没有处理干净而带入碎渣、灰尘，或由于制冷剂的不纯净而带入污染物，也可能由于制冷剂对系统部件内壁发生侵蚀作用而脱落杂质，管道中也可能产生污物，还有压缩机运行时的金属磨屑等。所以，常常需要通过过滤来清除掉这些机械杂物和污物，保证制冷剂顺利流通，不致因堵塞而影响正常工作。

（3）干燥作用　用来吸收制冷剂中的水分。水分来源于制冷剂干燥不严格，或有空气进入，或冷冻机油中溶解的水分。水分的存在有可能造成“冰堵”。

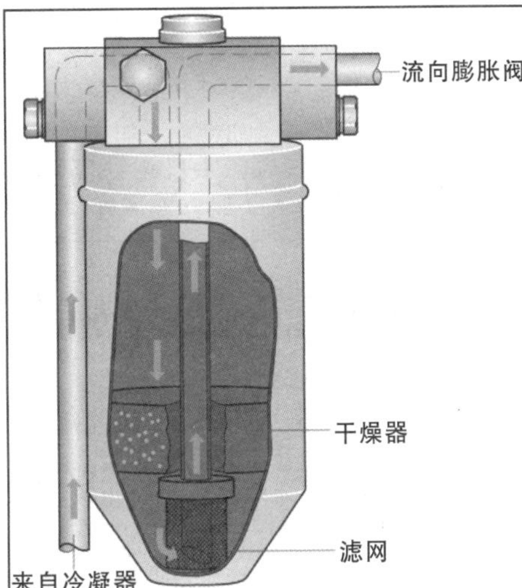

图3-18 储液干燥器

0583 空调的温度保护和压缩机过热保护

1）空调的温度保护是指为防止蒸发器表面结霜，空调控制系统使用具负温度特性的蒸发器温度传感器检测蒸发器表面温度。当蒸发器的温度低于2℃时，空调控制系统自动切断压缩机；当蒸发器的温度高于5℃时，又自动起动压缩机。

2）压缩机过热保护是指当压缩机外壳的温度异常高，如在150℃时，压缩机上的热保护开关断开，使压缩机停止工作。当压缩机外壳的温度降至130℃时，热保护开关闭合，压缩机又开始工作。

0584 影响压缩机接通/切断的相关因素

汽车空调压缩机电磁离合器受空调开关、温控器、空调放大器、压力开关等控制。

（1）空调开启的条件

1）在发动机怠速稳定运转时，暖风机及空调A/C开关必须同时打开。

2）蒸发器出口温度应＞5℃，当蒸发器出口温度下降到＜2℃时，自动关掉空调请求。

3）顶置蒸发器的鼓风机继电器由空调风量开关控制。

（2）压缩机停止工作的可能原因

1）当空调开关关闭时。
2）当进入起动工况时。
3）当识别到发动机全负荷工况时。
4）满足下列条件之一：
①当由节气门怠速位置起计算的节气门转角（负荷信息）超过了某一数值。
②发动机转速小于压缩机工作时的值。
③当冷却液温度大于某一数值。
④当加速时，节气门转角的增加速率超过了某一数值。
⑤当蒸发器出口温度过低时。
⑥当发动机转速过低时。
⑦当空调管路压力过低或过高时。

0585 微型车空调风扇的控制逻辑

汽车空调的散热器风扇和冷凝器风扇是由空调模块（空调放大器）根据冷却液温度、空调开启信号和压力开关信号控制的。

1）当开启空调系统时，空调放大器即控制散热器风扇和冷凝器风扇同时低速运转。

2）当制冷剂压力升高，中压开关闭合时，空调放大器将接通散热风扇高速档，实现快速散热。

3）当发动机冷却液温度达到105℃或制冷管路上的中压开关闭合（如制冷剂压力为1700kPa，达到预设的制冷剂压力）时，空调模块控制冷凝器风扇与散热器风扇高速运转，快速散热。

0586 空调系统抽真空的步骤

1）放出或回收制冷剂。

2）分别按以下次序连接进排气歧管压力表的高低充气软管：
①高压充气软管接高压维修阀。
②低压充气软管接低压维修阀。

3）将歧管压力表中间那一根软管接到真空泵上。

4）开启真空泵，然后打开歧管压力表吸入一侧的阀门，如在系统内没有任何堵塞，那么，在高压表上就有显示，在这种情况出现时，打开进（排）气歧管仪表的其他一侧阀。

5）只要不存在泄漏现象，大约10min之后，低压表则显示出低于760mmHg的真空。

注意：如该系统没有显示低于760mmHg的真空，请关闭两个阀，停下真空泵并注意观察低压仪表的移动，压力表读数的增加表明存在泄漏。在这种情况下，在继续抽真空之前，必须检查和修理空调系统。

6）抽真空时间总共必须持续15min。

7）继续进行抽真空直至低压表上显示低于760mmHg的真空，然后关闭两个阀。

8）拆掉接在真空泵上的软管。

0587 空调系统充注制冷剂的方法

1）在对该系统抽真空之后，按规定连接加注软管。

2）将歧管仪表设备连接到位，然后打开制冷剂容器阀对加注管道进行排气，然后打开低压阀门。

3）起动发动机并保持在稳定怠速，然后打开空调。

4）给空调系统充注气态的制冷剂，此时，必须保持制冷剂容器为直立状态。

5）当容器里的制冷剂被抽完后，可按下列程序更换新的制冷剂容器：
①关闭低压阀。

②退回顶针，拧松其板螺母，拆去制冷剂容器开关阀。

③将先前拆除的制冷剂容器开关阀重新安装到新的制冷剂容器上。

④一次性完全拧紧制冷剂容器开关阀，然后稍许反向拧松一些，产生一个制冷剂流动的通孔。

6）排出存在于中心充注软管中的气体。

7）在该系统被加注了规定量（700~750g）的制冷剂之后或当低压表和高压表分别显示了规定的数值时，关闭歧管压力表的低压侧阀，此时，观察视液镜并检查里面是否存在气泡，如没有任何气泡，表明该系统已充足制冷剂。

0588 空调系统制冷剂泄漏的检查方法

在完成抽真空任务之后，关闭进（排）气歧管仪表高压阀（HI）和低压阀（LO），然后等10min，观察高低压仪表读数是否有变化。

如仪表读数缓慢移动逐渐靠近“0”，就说明系统某些地方有泄漏，应检查管道接头，进行必要的修理后，并再次对系统进行抽真空和保压程序，确保整个系统没有泄漏为止。

0589 通过观察孔检查制冷剂的量

使用下述步骤能快速检查空调系统充注的制冷剂是否恰当。

1）按下列设定让空调工作几分钟。

空调及风扇开关：高位。

发动机转速为1000r/min(快转怠速)。

2）通过观察孔，检查空调系统内的制冷剂情况，并把观察到的情况和表3-4中所给的相比较。

表3-4 观察孔检查制冷剂的量

序号	现　象	问　题	处理方法
1	在观察孔内发现气泡过多	系统内制冷剂补充不足	用泄漏测试器检查系统是否泄漏
2	在观察孔内未发现气泡	系统内制冷剂已泄漏完或补充过量	参考步骤3和步骤4
3	在压缩机入口与出口之间温度变化不大	系统内无制冷剂或几乎无制冷剂	对空调系统抽真空并重新加注，然后用泄漏测试器检查其泄漏情况
4	在压缩机入口与出口之间的温度存在明显的差异	制冷剂适量或过量	参考步骤5和步骤6
5	在关闭空调时，观察孔内的冷却剂立即消失，观察孔保持清晰	系统内制冷剂充注过量	排泄过量制冷液，将其调节到规定的充注量
6	在关闭空调时，观察孔内先产生气泡然后消失	系统内的制冷剂加注适量	无须处理，因为制冷剂加注正常

0590 用歧管压力表检查制冷系统压力

利用歧管压力表检查制冷系统压力所显示的高低压力可以发现和修理空调系统故障，其操作程序如下：

1）将歧管压力表的高低压阀关牢。

2）将高压充注软管连接到汽车上的高压维修阀上，将低压充注软管连接到汽车上的低压维修阀上。

3）拧松歧管压力表上的螺母，利用冷却液压力排放充注软管中的空气，当听到“嘶嘶”声时，立即拧紧螺母。

4）当发动机预热后，在下列特定条件下，读出歧管压力表的压力值。

①空气入口处的温度为30~35℃。

②发动机转速为1500r/min。

③鼓风机速度置于高档。

④温度控制置于最冷。

5）置于“重复循环”位置。

6）对照歧管压力表检测数据表找出空调系统故障。

0591 空调的日常维护内容

（1）每周

1）清洗滤网。

2）检查冷凝器鼓风机和蒸发器鼓风机是否正常。

3）检查压缩机传动带张力。

4）观察视液镜有无异常。

（2）每月

1）检查冷凝器，必要时清洗，拉直弯翅片。

2）检查排水管是否堵塞。

3）检查管道、线路是否破损，接头是否松动。

4）检查螺栓、支架、张紧轮是否紧固。

0592 空调系统维修后的性能检测步骤

空调系统维修后的性能检测步骤如下：

1）安装修理完成后进行外观检查，需说明的是修理后的汽车空调在保温性能、车内气流分布、温度差异等都不用检测，检测时是用压力表测量其高、低压力值和用温度计测量空调的出风口温度。

2）首先将专用加注机或真空泵、表阀与系统相连。

3）系统抽真空，真空度达到真空表压≥740mmHg(用2L的真空泵抽20min以上)，高压端和低压端同时抽真空。

4）系统保压5min，如表针无变化说明系统无泄漏，可进行下一步操作，如表针有明显变化说明系统有泄漏点，找出漏点进行处理，然后进行上步操作。

5）从低压加注端加注制冷剂HFC-134a，加注量为380×(1±10%)g。

6）卸下高压端，起动发动机和空调系统，控制发动机转速在3500r/min，空调系统工作2min后将连接管子内的制冷剂吸入系统中。

7）将操作面板风量开关开至最大，进气在内循环位置，空调系统工作10min后将发动机转速控制在2000r/min测量：高压端压力为1.3～1.6 MPa（环境温度为32～37℃），低压端压力为0.1～0.2 MPa。

8）测量出风口温度为8～12℃。

9）拆下连接管，装上防尘盖。

0593 压缩机不吸合，空调不工作的原因及故障排除

（1）故障现象　压缩机不吸合，空调系统不工作，系统没有压力。

（2）故障原因　制冷剂全部泄漏了或制冷剂压力过低。

（3）排除方法　找出泄漏点（管路磨破、管路密封圈破裂、冷凝器管子磨破、压力开关没有拧紧已松动、膨胀阀损坏泄漏、压缩机熔断器损坏已失效）后更换已失效的零部件，然后进行抽真空、保压，按空调系统规定的充注量加注制冷剂，即可排除故障。

0594 压缩机吸合，空调系统不制冷的原因及故障排除

（1）故障现象　压缩机吸合，空调系统不制冷，压缩机排出管表面温度非常高(烫手)，膨胀阀进出管子表温没有温差，压缩机吸合后高压没有变化，但低压压力很低。

（2）故障原因　膨胀阀感温头磨破，封住的制冷剂全部泄漏了，致使膨胀阀的阀孔关闭，无法实现制冷剂循环。

（3）排除方法　更换膨胀阀，然后进行抽真空、保压，按空调系统规定的充注量加注制冷剂，故障即可排除。

0595 空调系统运行正常但降温效果不好的原因及故障排除

（1）故障现象 空调运行正常，空调降温效果不好，高压压力和低压压力均偏高。

（2）故障原因 空调系统中的制冷剂加注量过多或压缩机润滑油加注过多。

（3）排除方法 应重新回收制冷剂，放出过多的压缩机润滑油，然后进行抽真空、保压，按空调系统规定的充注量加注制冷剂，故障即可排除。

0596 高压压力和低压压力均偏低的原因及故障排除

（1）故障现象 空调工作正常，使用一段时间后制冷效果越来越不好，高压压力和低压压力均偏低。

（2）故障原因 汽车在运行过程中振动后使管路的各个接头部位有松动现象，制冷剂慢性泄漏。

（3）排除方法 重新将各接头拧紧，然后进行抽真空、保压，按空调系统规定的充注量加注制冷剂，故障即可排除。

0597 空调制冷效果不好、压缩机有碰击声的原因及排除方法

（1）故障现象 当空调系统运行超过10min后，出风口温度偏高，制冷效果不好，低压压力偏高，压缩机有碰击声。

（2）故障原因 膨胀阀失效。

（3）排除方法 更换膨胀阀，然后进行抽真空、保压，按空调系统规定的充注量加注制冷剂，故障即可排除。

0598 空调开始运行时正常，但一段时间后制冷效果下降直至不制冷的原因及故障排除

（1）故障现象 空调开始运行时一切正常，但过一段时间后制冷效果明显下降直至不制冷，高压压力很高，低压压力非常低(≤0.05MPa)，停止运行一段时间后再起动又恢复正常，过一段时间又重复上次的现象。

（2）故障原因 膨胀阀冰堵。

（3）排除方法 更换干燥滤清器，然后重新进行抽真空、保压，按空调系统规定的充注量加注制冷剂，故障即可排除。

0599 空调系统不工作，但系统内平衡压力正常的原因及故障排除

（1）故障现象 压缩机不吸合，空调系统不工作，系统内平衡压力正常(0.5～0.7MPa)。

（2）故障原因 空调系统熔断器失效、空调继电器失效、热敏电阻线束接触不良或断裂、压缩机连接线束接触不良、冷凝器电子风扇连接线束接触不良。

（3）排除方法 对上述零部件进行检查，对失效零部件进行更换，即可排除故障。

0600 空调降温效果不好，蒸发器有结霜现象的原因及故障排除

（1）故障现象 空调系统运行正常，空调降温效果不好，出风口风量不足，鼓风机噪声加大，蒸发器有结霜现象。

（2）故障原因 空调箱通道中有脏物，风阻加大，过滤网阻塞。

（3）排除方法 拆卸蒸发器芯体和过滤网进行清洗(每年进行一次)，然后重新装配，安装完毕后进行抽真空、保压，按空调系统规定的充注量加注制冷剂，故障即可排除。

0601 空调降温效果不好，压缩机频繁起动断开的原因及故障排除

（1）故障现象　空调系统运行正常，空调降温效果不好，出风口风量不足，鼓风机噪声加大，压缩机频繁起动断开。

（2）故障原因　空调箱通道中有脏物，风阻加大，过滤网阻塞，这是为防止蒸发器表面结霜而切断压缩机。

（3）排除方法　拆卸蒸发器芯体和过滤网进行清洗(每年进行一次)，然后重新装配，安装完毕后进行抽真空、保压，按空调系统规定的充注量加注制冷剂，故障即可排除。

0602 高压侧压力表指针摆动较慢、摆幅大的原因及故障排除

（1）故障现象　空调系统高、低压压力偏高，高压侧压力表指针摆动较慢，摆幅大，压缩机排气管表面温度很高(烫手)。

（2）故障原因　空调系统内有空气混入。

（3）排除方法　当重新回收制冷剂后，进行抽真空达到规定的真空度要求、保压，按空调系统规定的充注量加注制冷剂，故障即可排除。

0603 对汽车空调系统故障的手感检查内容

1）当空调系统工作时，将手放在车厢冷风出口处应有冰凉感觉，否则为空调不制冷。

2）触摸空调制冷剂循环回路，低温低压侧应较冷，高温高压侧应较热。

3）两手分别触摸压缩机进、出气管，前者应较凉，后者应发烫，若无明显温差，说明该系统泄漏或缺少制冷剂。

4）触摸冷凝器，上部(制冷剂进入端)应比下部(制冷剂流出端)热，若两者温差不大，说明冷凝片堵塞，未能将高温高压气体冷却。

5）手摸干燥器进、出液管，其温差应很小或无温差，否则说明干燥器因脏堵塞。

6）手摸冷凝器出液管至膨胀阀进液管间所有管道和部件，温度应一致，哪里有温差，哪里就有堵塞；膨胀阀进、出液管应有明显温差。

0604 对汽车空调系统故障的目测检查内容

1）检查各管道接头、压缩机轴封、冷凝器和蒸发器表面有无油渍。若有油渍，说明该处密封不严，制冷剂泄漏。之所以有油渍，是因为制冷剂泄漏后立即进入大气，而混在制冷剂中的冷冻机油留了下来。

2）检查膨胀阀出口至压缩机的软管应发冷结露，但不结霜；若在压缩机吸气管表面挂霜或有大量露滴，说明膨胀阀开得过大或感温包失灵。

3）检查压缩机、风扇传动带，若传动带侧面发亮，说明传动带过松打滑。

0605 对汽车空调系统故障的听诊检查内容

1）当压缩机工作时，接通电磁离合器，若听到有刺耳的摩擦声，说明离合器打滑。

2）若压缩机有不正常的敲击声，说明压缩机安装松动或阀片破碎，轴承因磨损而损坏，或润滑油太少引起干摩擦。

3）若传动带处发出“唧唧”响声，向传动带上洒点水后响声减弱或消失，说明传动带松动或过度磨损。

0606 照明系统的功能及其组成

汽车照明系统主要用于夜间行车照明、车内照明、仪表照明及检修照明。汽车照明系统主要由照明设备、电源、线路、控制开关组成，其主要照明设备如下：

1）前照灯。前照灯装于汽车头部两侧，用于夜间行车道路的照明。有两灯制和四灯制之分，功率一般为40～60W。

2）雾灯。雾灯有前雾灯和后雾灯两种。前雾灯装于汽车前部比前照灯稍低的位置，用于在雨雾天气行车时道路照明。

3）牌照灯。牌照灯装于汽车尾部的牌照上方，用于夜间照亮汽车牌照。

4）仪表灯。仪表灯装于汽车仪表板上，用于仪表照明，以便于驾驶人获取行车信息和进行正确的操作，其数量根据仪表设计布置而定。

5）顶灯。顶灯装于驾驶室或车厢顶部，用于车内照明。

6）工作灯。工作灯用于排除汽车故障或检修时的照明。汽车上一般只装工作灯插座，配有导线及移动式灯具。

0607 汽车前照灯的类型及其结构

1）按照安装数量的不同可分为两灯制前照灯和四灯制前照灯。前者每只灯具有远、近光双光束；后者外侧一对灯为远近光双光束，内侧一对灯为远光单光束。

2）按照安装方式的不同可分为外装式前照灯和内装式前照灯。前者整个灯具在汽车上外露安装；后者灯壳嵌装于汽车车身内，装饰圈、配光镜裸露在外。

3）按照灯的配光镜形状不同可分为圆形、矩形和异形前照灯三类。

汽车前照灯一般由光源(灯泡)、反光镜、配光镜(散光镜)三部分组成。

0608 前照灯中反射镜和配光镜的作用

（1）反射镜　反射镜的表面形状呈旋转抛物面，反射镜的作用是将灯泡的散射光反射成平行光束，使光度大大增强，增强几百倍乃至上千倍，以保证汽车前方150～400m范围内足够的照明。

（2）配光镜　配光镜又称为散光玻璃，由透光玻璃压制而成，是多块特殊棱镜和透镜的组合，外形一般为圆形和矩形。配光镜的作用是将反射镜反射出的平行光束进行折射，使车前的路面有良好而均匀的照明。

0609 汽车上常用仪表的名称及功用

汽车上常用的仪表包括电流表、机油压力表、冷却液温度表、燃油表、车速表、转速表和里程表等。

1）电流表用于指示蓄电池充电与放电情况和发电机的工作情况。

2）机油压力表用于指示发动机润滑系统工作油压的高低。

3）冷却液温度表用于指示发动机冷却液温度。

4）燃油表用于指示燃油箱剩余油量的多少。

5）车速表用于显示车速大小。

6）转速表用于显示发动机的转速。

7）里程表用来指示累计汽车行驶进程。

0610 汽车信号灯的种类

汽车上除照明灯外，还有用以指示其他车辆或行人的灯光信号标志，这些灯称为信号灯。

信号灯也分为外信号灯和内信号灯，外信号灯指转向指示灯、制动灯、尾灯、示宽灯、倒车灯，内信号灯泛指仪表板的指示灯，主要有转向、机油压力、充电、制动、关门提示等仪表指示灯。

0611 闪光器的功用及分类

汽车转向灯主要是用来指示车辆的转弯方向，以引起交警、行人和其他驾驶人的注意，提高车辆行驶的安全性。另外，汽车转向灯同时闪烁还用作危险警报的指示。

汽车转向灯的闪烁是通过闪光器来实现的，通常按照结构的不同和工作原理分为电热丝式、电容式、翼片式、水银式、晶体管式、集成电路式等。目前多采用结构简单、体积小、工作稳定、使用寿命长的电子式闪光器，即晶体管式和集成电路式两大类。

0612 汽车电路中的保险装置及其作用

汽车电路中的保险装置有熔丝、断路器、可熔断连接导线。

（1）熔丝　熔丝是最常用的汽车线路保护装置。只要流经电路的电流过大，易熔部件就会熔断并形成断路。熔丝属于“一次性”保护装置，每次过载都需要更换。

（2）断路器　断路器是为当电流负荷超过断路器额定容量时将电路断开而设计的一种保护装置。如果电路中存在短路或其他类型的过载条件，强大的电流将使断路器端子之间的线路断路。

（3）可熔断连接导线　可熔断连接导线是为在电流过大时熔化和断开电路而设计的导线。可熔断连接导线一般位于蓄电池和起动机或电气中心之间或附近。

0613 前照灯的故障种类及检查

常见的前照灯故障有前照灯不亮、无近光或无远光、两只前照灯的亮度不同、前照灯突然失控等。

（1）前照灯不亮　如果喇叭能响，仅除前照灯外其他车灯都能正常发亮，说明故障可能是前照灯电路断路、接线柱松脱、灯丝脱落等。应用导线短接法查出断路部位，并予以重接或更换。

（2）前照灯无近光或无远光　前照灯只有远光而无近光，或只有近光而无远光，说明故障可能是前照灯双丝灯泡中某灯丝已被烧断，远、近光电路中存在有断路，变光开关损坏等。可用导线短接法逐一检查从变光开关到灯丝的电路，找出故障部位后予以排除。

（3）两只前照灯的亮度不同　如果接通前照灯后，不论是远光还是近光，均只有一侧前照灯灯光较亮，而另一侧前照灯灯光暗淡，其原因主要有：灯光暗淡一侧的前照灯的灯头与灯架间、灯泡与灯头间、灯架与车架间接触不良或锈蚀，使接触电阻增大；灯光暗淡一侧的前照灯的反射镜发生了氧化或积有灰尘。可用导线短接法迅速判明故障部位，并予以排除。

（4）前照灯突然失控　如果前照灯远光突然变暗不聚光，仪表板上远光指示灯在变光开关打到近光时仍然发亮，全车前照灯灯光突然失控，说明近光灯丝已被烧断，并与远光灯丝串联在一起了，这时应更换前照灯灯泡。

0614 前照灯灯泡经常烧坏的原因

前照灯灯泡经常烧坏的主要原因是：前照灯灯架松动；交流发电机调节器失效，输出电压过高，致使灯丝电压过高而烧断。这时，应紧固前照灯灯架，正确调整调节器。

0615 倒车时倒车灯不亮的原因

倒车灯不亮的主要原因如下：

1）倒车灯灯泡损坏。

2）倒档开关故障或接线插头松动。

3）倒车灯电路熔丝熔断。

0616 汽车室内顶灯的控制方式

顶灯的控制一般有三种方式：车门开关控制、开关单独控制、延时控制。

1）车门开关控制。当顶灯档位开关拨到门灯开关控制位置（DOOR）时，打开任何一车门，门灯开关闭合，点亮顶灯。

2）开关单独控制。顶灯开关拨到打开位置（ON）时，顶灯会点亮，开关拨到关闭位置（OFF）时，顶灯熄灭。这时，顶灯的工作状态与门灯开关是无关的。

3）延时控制。当顶灯档位开关拨到门灯开关控制位置时，打开车门后顶灯会点亮，关闭车门后顶灯会延时10s熄灭。延迟熄灭时间是由计时电路控制的。

0617 制动灯不亮的原因及故障排除

制动灯不亮的原因可能是灯丝烧断、搭铁不良、制动灯开关失灵或线路中有断路处。

排除方法如下：

首先拆下制动灯灯泡，看灯丝是否烧断。如果灯丝完好，可在踏制动踏板的同时，用螺钉旋具或导线将制动灯电源线接线柱与搭铁刮火，若有火，则说明搭铁不良；若无火，则可能是制动灯开关失灵或制动灯线路中有断路处。为进一步查出故障所在，可用螺钉旋具或导线将制动灯开关的两接线柱短接，若制动灯亮，说明制动灯开关有故障，应予修理；若制动灯仍不亮，则说明线路中有断路处，查出断路处加以排除即可。

0618 转向灯不工作的原因及故障排除

（1）故障现象　转向灯不工作的故障表现为：打开点火开关，接通转向灯开关，转向灯都不亮。

（2）故障原因

1）熔断器熔断、电源线路断路或灯系中有短路处。

2）闪光器损坏。

3）转向灯开关损坏。

（3）故障诊断与排除

1）检查熔断器是否熔断。若熔断，一般是灯系中有搭铁故障。可在断路的熔断器两端串上一只试灯，再把转向信号灯开关的接线拆下，此时熔断器上串联的试灯亮着，则为熔断器至转向信号灯开关这一段中有搭铁故障，可用断路法在这一段线路中找出搭铁部位；若在转向信号灯接线拆下后，试灯熄灭，则应接好拆下的导线，拨动转向信号灯开关，拨到哪一边试灯变暗，说明此边正常，拨到另一边试灯亮度不变，则说明该侧有搭铁故障，进一步找出搭铁部位，排除故障。

2）若短接闪光器两接线柱，当接通转向信号灯开关时转向信号灯全不亮，而接通危险警告灯开关时转向灯全亮，则说明转向开关或转向开关到闪光器接线有故障；如果接通危险报警开关时转向灯仍不亮，应按电路图重点检查线路故障。

0619 转向灯闪光频率不正常的原因及故障排除

（1）故障现象　转向信号灯闪光频率不正常的故障表现为：当转向信号灯工作时，左右转向信号灯的闪光频率不一致或闪光频率都不正常。

（2）故障原因

1）导线接触不良。

2）灯泡功率选用不当或某一边有一灯泡烧坏。

3）闪光器故障。

（3）故障诊断与排除　检查闪光器、转向信号灯开关接线柱上接线是否松动，灯泡功率是否与规定相符，左右灯泡功率是否相同。若灯泡功率都符合规定，则应检查是否有一只灯泡烧坏。

若左右转向信号灯闪光频率都高于或低于规定值，一般为闪光器故障，应更换新件。

0620 电热丝式闪光器的工作方式

电热丝式闪光器是利用镍铬丝的热胀冷缩特性接通或断开转向灯电路，从而实现转向信号灯及转向指示灯的闪烁的。

0621 电容式闪光继电器的构造及工作原理

电容式闪光器由一只大容量电解电容器和双线圈继电器组成。电容式闪光器是利用电容器充、放电延时特性，使继电器的两个线圈产生的电磁吸力时而相同叠加，时而相反削减，从而使继电器产生周期性开关动作，使得转向信号灯及指示灯实现闪烁的。

0622 直热翼片式闪光器的结构和工作原理

直热翼片式闪光器主要由翼片、热胀条和触点等组成。

工作时，弹性翼片在热胀条（线胀系数较大的金属板条）的拉力下呈弓形，触点处于闭合状态。接通转向灯开关（左或右）后，转向灯与转向指示灯电路接通，灯亮。电路如下：蓄电池正极→翼片→热胀条→触点→转向灯开关→转向灯及转向指示灯→搭铁→蓄电池负极。由于电流流经热胀条，热胀条伸长。翼片在自身弹力作用下伸直，活动触点随热胀条向上移动与固定触点分离。电路被切断，转向灯与转向指示灯熄灭。当热胀条中电流消失后，冷却收缩，牵动翼片再次呈弓形，活动触点下移与固定触点再次闭合，电路接通，转向灯与转向指示灯又亮。如此反复变化，产生了闪烁的转向信号，同时发出“啪嗒啪嗒”的响声。

0623 旁热翼片式闪光器的结构和工作原理

旁热翼片式闪光器与直热翼片式闪光器主要的不同点在于热胀条上绕有电热丝。电热丝下端与热胀条相接，上端与静触点相连，匝间与热胀条绝缘。当工作时，翼片受热胀条拉力作用呈弓形，触点张开。当转向灯开关闭合后，电热丝通电加热热胀条，使其膨胀伸长，翼片在自身弹力作用下伸直，使触点闭合。当触点闭合后，转向灯与转向指示灯亮。电热丝被触点短路，热胀条冷却收缩，翼片被拉呈弓形，触点再次张开，转向灯与转向指示灯变暗。电热丝再次通电。如此周期性动作，转向灯产生闪烁灯光信号。当电阻丝通电时，电流虽经转向信号灯构成回路，因为电流很小，转向灯不会亮。

0624 左、右转向灯闪光频率不同的原因及解决方法

左、右转向灯闪光频率不一样主要是左、右转向信号灯的功率不一样或转向信号灯电路中某处接触不良所致。若所用的灯泡功率较小，或其中有一只转向信号灯灯泡烧坏，以及在转向信号灯的线路中存在接触不良时，转向开关接通后，虽然由于线路中的总电阻增大、电流小而使闪光继电器中的镍铬丝受热伸长所需的时间有所增加(即转向灯发暗的时间长)，但因触点闭合后通过线圈中的电流减小而使电磁力减小，镍铬丝稍一冷却收缩，触点即打开，因此，触点闭合时间也相对地减少，于是闪光速度变快。若使用功率大的灯泡，则闪光速度变慢。若左、右转向灯的闪光频率相同，而闪光快慢不一致时，这很可能是闪光时间慢的一侧线路中有接触不良之处。转向灯的闪光频率一般以70~90次/min为宜。若闪光太慢或太快时，可用尖嘴钳扳动调节片，改变触点间隙来进行调整。当触点间隙增大时，由于镍铬丝需经较长时间受热触点才能闭合，因此闪光变慢。反之，当触点间隙减小时，受热伸长时间短，从而使闪光变快。

0625 电喇叭的结构及工作原理

电喇叭由喇叭筒、共鸣板、振动膜、底板、铁心、弹簧片、衔铁、中心杆、线圈、固定触点、活动触点、电容器和按钮等组成。

电喇叭的结构及工作原理是：当按下转向盘上的喇叭按钮时，其电源回路为蓄电池正极→线圈→活动触点臂→触点→固定触点臂→按钮→蓄电池负极。当电流通过线圈时，铁心磁化，吸下衔铁，于是中心杆上的调整螺母压下活动触点臂，使触点分开切断电路，随即电磁力消失，且在弹簧片和振动膜弹力的作用下，衔铁又退回原位，触点闭合，电路又接通。如此循环，振动膜不断振动，而发出一定音调的声波，并由喇叭筒增强后传出。

0626 电喇叭的型号

电喇叭的类型有筒形、螺旋形、盆形电喇叭和电子电喇叭。

（1）筒形、螺旋形电喇叭　筒形、螺旋形电喇叭的主要机件由“山”形铁心、线圈、衔铁、膜片、共鸣板、扬声筒、触点以及电容器等组成。膜片和共鸣板借中心杆与衔铁、调整螺母、锁紧螺母连成一体。通过线圈的通断使得膜片不断振动，从而发出一定音调的音波，由扬声筒加强后传出。

（2）盆形电喇叭　盆形电喇叭的工作原理与筒形、螺旋形电喇叭相同，都是通过控制线圈的开闭使得膜片振动引起共鸣板共鸣来发声的。只不过盆形电喇叭的发声效果更好些，在没有扬声筒的情况下，仍能够发出较大的声响。

（3）电子电喇叭　使用晶体管取代了触点，避免了触点烧蚀等故障的产生，使得电喇叭的工作性能更为可靠。

0627 电喇叭按音调区分的种类及各自特点

汽车喇叭按频率（音调）的高低分有高、中、低音三种。

汽车喇叭的膜片厚度不相等，一般低音喇叭膜片较软，喇叭筒较长；为了使得汽车喇叭音调更加丰满，一些汽车电喇叭将高、低音调喇叭并联成一体，组成双音喇叭。但这样做电流是比较大的，将直接危及按钮触点。为了避免喇叭按钮触点被电弧火花烧坏，有些车在线路中连接一个继电器，用小电流控制大电流，使喇叭按钮只经小电流而免受损害。需要指出的是，一般汽车喇叭的正极线是经熔丝盒供电，喇叭按钮则是控制汽车喇叭的负极。

0628 使用喇叭继电器控制喇叭鸣响的原因

为了得到更加悦耳的声音，在汽车上常装有两个不同音调（高音、低音）的喇叭。其中高音喇叭膜片厚，扬声筒短；低音喇叭则相反。有时甚至用三个（高、中、低）不同音调的喇叭。当装用单只喇叭时，喇叭电流是直接由按钮控制的，按钮大多装在转向盘的中心。当汽车装用双喇叭时，因为消耗电流较大(喇叭继电器15～20A)，用按钮直接控制时，按钮和喇叭电路熔丝容易烧坏。为了避免这个缺点，必须采用喇叭继电器。

0629 按下喇叭开关时喇叭不响的原因及其诊断

（1）故障现象　喇叭不响的故障表现为：打开点火开关(喇叭工作受点火开关控制的车辆)，按动喇叭按钮，喇叭不响。

（2）故障原因

1）喇叭损坏。

2）熔丝烧断。

3）喇叭继电器损坏。

4）喇叭开关(按钮)故障。

5）线路出现故障。

（3）故障诊断　在熔丝正常的情况下，诊断喇叭不响故障可在喇叭处进行。打开点火开关，一个人按下喇叭开关不动，另一个人用万用表测量喇叭两接线之间的电压，正常值应为蓄电池电压。如正常则说明故障在喇叭自身；若无电压显示，接好喇叭接线，应进一步检查喇叭继电器。用导线短接继电器的两主电路触点，如喇叭仍不响，说明故障在供电电路；若喇叭响，则说明故障在继电器控制线路、喇叭按钮或喇叭继电器上，可用分段短路法进一步诊断出故障部位。

0630 电喇叭声音沙哑的原因及其检查

（1）故障原因　当按下电喇叭按钮时，电喇叭声音沙哑、发闷或声音刺耳，该故障原因为：

1）蓄电池存电不足。

2）继电器触点因烧蚀、脏污而接触不良。

3）电喇叭触点烧蚀接触不良。

4）衔铁气隙调整不当。

5）振动膜片破裂、弯曲。

6）电喇叭固定螺钉松动。

7）电喇叭调整螺母过紧或松动。

8）弹簧钢片折断。

（2）故障诊断与排除方法

1）处理电喇叭声响不正常故障，应从引起故障的外部原因着手，先检查蓄电池存电是否充足。打开前照灯开关，如果灯光暗淡或者在发动机未起动前电喇叭声音沙哑，但当发动机起动加速到中速以上运转时，电喇叭声音恢复正常，则为蓄电池亏电所致。

2）若是蓄电池状态正常，或是发动机在中速以上运转，电喇叭声音仍沙哑，那么进而检查电喇叭固定支架螺栓和扬声筒固定螺钉是否松动。若这些疑点都排除，则故障判断可集中到电喇叭本体上。

3）用螺钉旋具搭接继电器与电喇叭两接线柱试验。如电喇叭声音正常，则应检查继电器触点是否烧蚀或接触不良。

4）如果修磨触点和调整接触状态后，声响仍不正常，则检查调整衔铁（接触盘）与铁心的气隙与触点间隙。调整时先检查衔铁沿圆周是否均匀。

0631 电喇叭耗电量过大的影响

电喇叭耗电量过大，会引起继电器触点烧蚀或黏结。一旦黏结，将引起喇叭长鸣，使接继电器电源线过热，导致熔丝熔断。

0632 电喇叭耗电量过大的原因及其检查

电喇叭耗电量过大，一般从电流表可观察到。当按喇叭按钮时，虽发出声响，或有时不响，但电流表指针摆动量比正常耗电量时摆动量大得多，当夜间行车时，按喇叭按钮，灯光马上变得暗淡，明显感觉耗电量大。

根据实践经验，喇叭耗电量过大的故障多数由于喇叭内部出现故障引起的。常用的检查方法是：拆卸喇叭盖，检查触点继电器绝缘情况，如没什么问题，需进一步检查电容器是否短路，消弧电阻是否断路，喇叭衔铁与铁心之间间隙是否过大。

0633 常用的充电设备与快速充电设备

蓄电池是直流电源，必须用直流电进行充电。由于在充电过程中要不断地随着负载的大小和被充电蓄电池的多少来改变充电电压，以此来控制充电电流的大小。因此，采用可以调整输出电压大小的充电电源较为适宜。

以往常用的充电设备有电动-发电机组、硒整流器、气化铜整流器、充气管整流器和水银整流器等。由于这些设备较笨重、体积庞大、不便维修等原因，随着电子技术的发展，逐渐被体积小、质量轻、结构简单、使用方便、工作可靠的硅整流电源和可控硅整流电源所代替。近年来，为了缩短充电时间，减少空气污染，节省电能，又出现了快速脉冲充电设备。

0634 电阻的定义及其种类

电阻是利用金属或非金属材料制成便于安装的电路元件。电阻在电路中对电流起阻碍通过的作用。

常见的电阻种类很多，按其结构形式可分为固定电阻、可变电阻和电位器三种；按制造材料可分为碳膜电阻、金属膜电阻、金属氧化膜电阻和贴片电阻等；按功能分为负载电阻、采样电阻、分流电阻和保护电阻等。

0635 电位器及其应用

电位器实际上是一个可变电阻，典型的三线电位器有三个引出端，其中1、3两端间电阻值为最大，1、2或2、3两端间的电阻值可以通过接触弹簧片所在位置加以调节。弹簧片与旋转轴相连，即与端子2相连，在弹簧压力的作用下与电阻片保持接触。

电位器在现代电控汽车上具有非常重要的作用，它的主要用途是作为位置传感器，如发动机电控系统的节气门位置传感器、加速踏板位置传感器、底盘控制系统的车身高度传感器等。这些传感器可以精确计量某些位置的微小变化，将位置信号转换成电压信号输出。

0636 电容的定义及其作用

电容是表征电容器容纳电荷本领的物理量。把电容器的两极板间的电位差增加1V所需的电量，叫作电容器的电容。

电容器（简称为电容）的基本作用就是充电与放电。电容器是各种电路的主要元器件之一，它们在电路中分别起着不同的作用。电容器的功能有：调谐、耦合、滤波、去耦、通交流隔直流（旁路交流电、隔断直流电）等。

0637 稳压二极管及其工作原理

稳压二极管又叫作齐纳二极管，是一种用于稳定电压的单PN结二极管。此二极管是一种直到临界反向击穿电压前都具有很高电阻的半导体器件。

当外加的反向电压大到一定数值时，其反向电流就会突然增大，此现象称为反向击穿。只要对反向电流进行限制，这种击穿就是非破坏性的。当稳压管被击穿后，尽管通过管子的电流能在很大的范围内变化，但稳压管两端的电压变化很小或几乎不变。稳压管就是利用这种特性来实现稳压的。

0638 二极管的工作状态及其特点

如果二极管在电路中要处于通电状态，则二极管与蓄电池(电源)连接的正确极性是其阳极到+、阴极到-，电流能流过二极管的这种情况被称为正向偏置。当加在二极管两端的正向电压很小时，二极管仍然不能导通，流过二极管的正向电流十分微弱。只有当正向电压达到某一数值以后，二极管才能真正导通。导通后二极管两端的电压基本上保持不变(锗管约为0.3V，硅管约为0.7V)，这称为二极管的正向压降。

如果二极管的极性接反，电流将不能从P型和N型半导体交界处通过，这种连接方式称为反向偏置。当二极管两端的反向电压增大到某一数值，反向电流会急剧增大，二极管将失去单向导电特性，这种状态称为二极管的击穿。

0639 发光二极管及其特性

发光二极管简称为LED，是由镓(Ga)与砷(As)、磷(P)的化合物制成的二极管。

发光二极管与普通二极管一样是由一个PN结组成的，也具有单向导电性。当给发光二极管加上正向电压，注入一定的电流后，电子与空穴不断流过PN结或与之类似的结构面，当电子与空穴复合时能辐射出可见光。发光二极管用磷化镓、磷砷化镓材料制成，体积小，正向驱动发光。其工作电压低，工作电流小，发光均匀，寿命长，可发红、黄、绿单色光。

LED在汽车电气上应用越来越广泛。知道汽车电子仪表的显示装置是用来向驾驶人指示汽车上各个主要系统工作情况的。现代汽车对显示的要求越来越高，不仅要求显示直观、清晰、稳定、响应速度快、显示精度高，而且要求体积小、重量轻、便于装配和维护。汽车电子仪表中常用发光二极管作为汽车仪表板上的指示灯、数字符号段或不太复杂的图符显示。

0640 光敏二极管及其特性、应用

光敏二极管是将光信号变成电信号的半导体器件。它的核心部分也是一个PN结，和普通二极管相比，在结构上有所不同，为了便于接受入射光照，PN结面积尽量做得大一些，电极面积尽量小些，而且PN结的结深很浅，一般小于1μm。

光敏二极管、光敏晶体管是电子电路中广泛采用的光敏器件。光敏二极管在现代汽车电气上主要用作光断路器，一种是透过型光断路器(如凸轮轴光电传感器)，另一种是反射型光断路器(如雨量传感器)。

0641 晶体管基极的判别

晶体管的基极是晶体管中两个PN结的公共极，因此，在判别晶体管的基极时，只要找出两个PN结的公共极，即为晶体管的基极。具体方法是将万用表调至电阻档的R×1kΩ档，先用红表笔放在晶体管的一只管脚上，用黑表笔去碰晶体管的另两只管脚，如果两次全通，则红表笔所放的管脚就是晶体管的基极。如果一次没找到，则红表笔换到晶体管的另一个管脚，再测两次；如还没找到，则红表笔再换一下，再测两次。如果还没找到，则改用黑表笔放在晶体管的一个管脚上，用红表笔去测两次看是否全通，若一次没成功再换。这样最多测量12次，总可以找到基极。

0642 汽车上辅助电器的种类

现代汽车上装备有各种各样的辅助电器设备，以便满足乘员的不同需求。汽车辅助电器设备主要向舒适、娱乐、保障安全等方面发展。

汽车上的辅助电器除了汽车用音响设备、通信器材和汽车电视等服务性装置外，都是一些与汽车本身使用性能有关的电器设备。如电动刮水器、风窗清洗装置、电动门窗、电动后视镜、暖风通风装置和电动座椅等。

0643 汽车电器设备的使用特点

（1）电器间的相互干扰　由于各个电器工作方式不同，它们之间会以不同方式彼此干扰。通常将汽车电器在车上共同工作而不干扰其他电器的正常工作，并能防止其他电器干扰的能力称为汽车电器相容性，所以要求电器相容性好。

（2）温度与湿度的影响

1）温度的影响。温度的影响指外界环境温度，这个温度变化范围较大，在我国地域辽阔的大地上约为-40~50℃(阳光下)。另外使用条件温度，还与电子设备的布局位置、自身发热散热条件和工作时间长短有关。对电子元件来讲，使用温度高往往是造成过热损坏的主要原因之一。

2）湿度的影响。特别是南方阴雨连绵的梅雨季节，空气中水分子对电子产品的浸湿作用，会引起

产品绝缘性下降，加速老化。

（3）电系的电压波动大

1）一种是正常范围内波动，从蓄电池电压到调节器起作用的电压之间，如低温起动时蓄电池电压可从12V降低到6~8V；而发电机高速运转时，电压可高达14.5V。

2）瞬间过电压。主要是由于电器工作时开关过程、触点的闭合和切断、点火脉冲等引起的。

（4）振动与冲击　汽车行驶中难免会有振动与冲击，它对电子设备的破坏是机械性的，会造成脱线、脱焊、触点抖动、搭铁不良等。另外行驶中尘埃、有害气体的侵蚀也会导致绝缘不良、接触不良等，均会使工作可靠性变差。

0644 汽车电器设备在工作性质与接线原则方面的共同点

1）汽车上的各种电器设备的接线均采用单线制。这样不但节约导线，而且安装方便，故障出现的机会也少。

2）汽车上的两电源（发电机和蓄电池）能单独向用电设备供电，并且当发电机的电压高于蓄电池电压时，还能给蓄电池充电，因此这两个电源连接方法应该是并联的。

3）各用电设备必须既要能同时工作，又能够单独工作。

4）汽车上的电流表能显示蓄电池的充电和放电情况，因此各用电设备所用的电流，必须经过电流表与蓄电池构成回路，但某些电流大，又是间歇（或间断）工作的电器设备，如起动机、电喇叭和转向灯都不经电流表。

5）为了防止线路中发生短路而烧毁线路或用电设备，故汽车上都装有熔断器等保险装置。

0645 汽车继电器的用途

大部分轿车只要掀起发动机盖找到继电器安装盒，都可以寻到继电器的踪影。汽车灯具、刮水器、起动机、空调、电动座椅、电动门窗、防抱死装置、悬架控制、音响等都要用到控制继电器。

控制继电器有两个主要部分，一个是控制系统，另一个是被控制系统。以小电流控制大电流，就是控制继电器的特点。

以常用的汽车灯光控制继电器为例，主要有三脚、四脚及五脚等形式的控制继电器。分别控制前照灯、前小灯及仪表灯、转向灯、后灯、制动灯、倒档灯、雾灯、车厢照明灯等。当组合开关拨至前照灯ON档，前照灯继电器的控制系统（磁场线圈部分）就会通电产生磁场，合金触点立即闭合，被控制系统的电流导通，从而控制了前照灯的开启。当组合开关拨至前照灯OFF档断开电源，磁场消失使控制合金触点立即分离，被控制系统的电流截止，前照灯关闭。

0646 汽车仪表上的指示灯

汽车仪表上的指示灯有：驻车制动指示灯、充电指示灯、制动片磨损指示灯、机油压力指示灯、冷却液温度指示灯、气囊指示灯、电控防抱死制动系统指示灯、发动机自检灯、燃油指示灯、车门指示灯、清洗液指示灯、电子节气门灯、雾灯指示灯、转向指示灯、远光指示灯、安全带指示灯、O/D档指示灯、VSC指示灯、TCS指示灯等。

0647 电动车窗的作用和组成

电动车窗可使驾驶人或乘员坐在座位上，利用开关使车门玻璃自动升降，操作简便并有利于行车安全。

电动车窗系统由车窗、车窗玻璃升降器、电动机、继电器和开关等装置组成。

车窗玻璃升降器常见的有钢丝滚筒式和交叉传动臂式两种。

0648 机油压力表的作用、组成和分类

（1）作用　机油压力表用来检测和显示发动机主油道的机油压力的大小，以防因缺机油而造成拉缸、烧瓦的重大故障发生。

（2）组成　它由机油压力传感器和机油压力表两部分组成。

（3）分类　机油压力表可分为电热式、电磁式和弹簧式三种。机油压力传感器可分为双金属片式和可变电阻式两种。常用的电热式机油压力表配双金属片式机油压力传感器，电磁式机油压力表配可变电阻式机油压力传感器。

0649 车速里程表的结构及工作原理

车速里程表的作用是指示行车速度、累计行驶里程，它由车速表和里程表两部分构成。主动轴由变速器或分动器传动齿轮经软轴驱动。车速表由与主动轴紧固在一起的永久磁铁、带有轴及指针的铝碗、罩壳和紧固在表壳上的刻度盘等组成。当不工作时，铝碗在盘形弹簧（游丝）的作用下，使指针位于刻度的零点位置。

当汽车行驶时，主动轴带着永久磁铁旋转，永久磁铁的磁力线在铝碗上产生涡流，涡流与永久磁铁的磁场相互作用产生力矩而克服盘形弹簧的弹力，使铝碗朝永久磁铁转动的方向偏转，于是铝碗便带着指针转过一个角度。由于涡流的强弱与车速成正比，指针转过角度与车速成正比，指针便在刻度盘上指示出相应的车速。

0650 里程表计算累计行驶里程的方式

当汽车行驶时，软轴带动主动轴，主动轴经三对蜗轮蜗杆（或一套蜗轮蜗杆和一套减速齿轮系）驱动里程表最右边的第一数字轮。第一数字轮上的数字为1/10 km，每两个相邻的数字轮之间的传动比为1：10。即当第一数字轮转动一周，数字由9翻转到0时，便使相邻的左面第二数字轮转动1/10周，成十进位递增。这样汽车行驶时，就可累计出其行驶里程数，最大的读数为99 999.9km。

0651 燃油表指示不准的原因

燃油表指示值不准是指燃油表指示的燃油剩余量与实际油箱中的燃油剩余量不符。其现象有如下几点：

1）油箱满油但指示针为零。在油箱中无论油多少指针都为零时，首先敲击表盘查看是否卡在“0”位上。如果不是，检查传感器是否接错或接线是否有松动，并注意检查传感器的搭铁是否良好。

2）油箱无油，但指针仍指刻度“1”上。这种现象最大的可能是传感器的浮子卡在油箱的某部位，或接传感器的电线搭铁。检查时可用一只好的传感器，闭合点火开关，用手摆动浮子自低至高。若读数正常，燃油表无故障，传感器坏；若读数仍不正常，证明燃油表已坏，应予更换。

0652 机油压力警告灯常亮的原因

机油压力警报开关的工作原理是：润滑系统工作不正常，如果在运行过程中，油道出现堵塞、泄漏等情况，使得机油压力低于某一设定值，开关将接通，警告灯点亮，以提醒驾驶人立即停车修理。

当油压上来之后警告灯仍亮，则可能是膜片漏油或损坏，机油压力过低或机油量不够。若油压表有油压指示，不影响开车，换一个警报开关即可。

0653 燃油量警告灯的作用及工作原理

当燃油箱内的燃油减少到某一限定值时，为了告知驾驶人，引起注意，在许多车辆上都装有燃油量警告灯。

燃油量警告灯由负温度系数热敏电阻式燃油量报警传感器和警告灯组成。当油箱内燃油量充足时，热敏电阻元件浸没在燃油中散热较快，其温度较低，电阻值相应较大，故此电路中的电流较小，警告灯处于熄灭状态；当燃油不足时，热敏电阻元件露出油面，散热慢，温度升高，电阻值相应减小，电路中的电流增大，警告灯因此点亮，以示报警。

0654 刮水器的作用、组成和工作原理

刮水器的作用是用来清除风窗玻璃上的雨水、雪或尘土，以确保驾驶人有良好的能见度。刮水器分为前风窗刮水器和后风窗刮水器。

刮水器按其驱动方式可分为机械式、真空式、气压式、液压式和电动式等。现代汽车一般采用电动刮水器，其优点是结构简单、控制方便。电动刮水器由电动机、曲柄、传动杆、刮臂和刮片组成。当电动机旋转时，带动曲柄和传动杆工作，使刮臂连同刮片在玻璃上摆动。现代刮水器有如下三种工作方式：

1）间歇刮水。每隔约4s刮一次，用于蒙蒙细雨中。

2）低速刮水。用于中、小雨雪天气。

3）高速刮水。用于大雨、大雪天气。

0655 电动刮水器的常见故障及排除

电动风窗刮水器系统常见的故障有：刮水器不工作、间断性工作、刮水片不能复位等。除此以外，还有一些与刮水片调整有关的故障，例如刮水片拍打风窗下方排水槽或其中一个刮水片低于另一个刮水片的停止位置等。

在对风窗刮水器系统的故障进行检修之前，需要确定是电器故障还是机械故障。要做到这一点，最简单的方法就是从电动机上拆下连接刮水片的机械臂，接通刮水器系统，观察电动机的运行。如果电动机工作正常，则说明是机械问题，否则说明电气系统有故障。

大多数导致刮水器动作慢的电路故障是由于接触电阻大而引起的。如果故障表现为所有的档速度都慢，应检查电源到刮水器开关之间的电路，主要是中间继电器、熔断器和刮水器开关连接线端子插接是否牢固可靠。

如果刮水系统只是在间歇档位工作不正常，首先应检查间歇继电器的搭铁是否良好。如果搭铁正常，利用电阻表检查继电器到刮水器开关之间的电路；如果连接线路也是良好的，则应更换间歇继电器。

造成刮水器不能复位的故障可能是复位开关的原因，也可能是刮水器开关内接触片变形所致。

第四章 汽车轮胎

0656 轮胎的主要原料组成

现在大多数汽车轮胎材料的主要成分是天然橡胶或者合成橡胶，天然橡胶的综合性能优于合成橡胶，因此高级轮胎多用天然橡胶。为了使橡胶具有制造轮胎所要求的性能，必须在橡胶中掺入各种不同的化学材料，即化学添加剂。其中添加的一种很重要的添加剂叫作炭黑，由于炭黑与橡胶基本等量，汽车轮胎主要材料实际上是一种橡胶和炭黑的复合材料。

0657 轮胎呈黑色的原因

轮胎是黑色的其主要原因是在橡胶中加入了炭黑。炭黑具有特别的吸附性，碳粒子与橡胶分子的黏结非常好，使得橡胶增强了硬度、强度和耐磨性。当汽车轮胎因紧急制动而抱死或甩尾时，轮胎与地面剧烈摩擦，就会留下黑色的制动痕迹。

0658 看懂轮胎上的标识

正确运用轮胎首先要认识轮胎，认识轮胎首先要懂得看轮胎上的标识。

例如广州雅阁2.3i的轮胎标识是195／65R15(91V)，它表示胎面宽度为195mm，高宽比为65%，R15指子午线轮胎、轮胎内径15in(1in=25.4mm)，载重指标91表示最大承载量为615kg，速度代号V，表示安全速度是240km/h。有些轮胎还标示M+S，表示泥地、雪地适用，TUBELESS表示无内胎，TreadWear表示胎面磨损指数等，如图4-1所示。

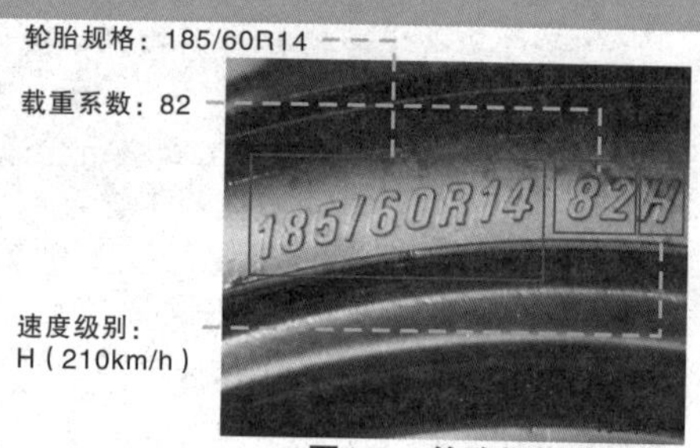

图4-1 轮胎规格标识

0659 轮胎扁平率的定义及其意义

对于轿车轮胎来讲，重要的参数之一是高宽比，也就是扁平率，它是根据公式（H/W）×100%而得出的。式中H指轮胎横截面高度，W指轮胎两侧的最大宽度。公式数值越小表示轮胎横截面越扁平。有些车主为了使车有较好的行驶稳定性，喜欢改用低高宽比的轮胎。但应注意，对于不同高宽比的轮胎互换，最好以同一外径为基础，若轮胎内径和轮圈直径不变，高宽比低者胎面会显得更宽些，接触面也会更大，令汽车行驶及转向更为平稳，如图4-2所示。

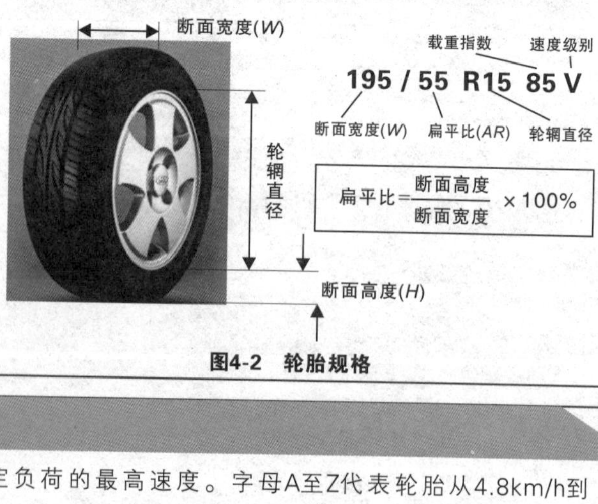

图4-2 轮胎规格

0660 轮胎的速度等级

速度等级表明轮胎在规定条件下承载规定负荷的最高速度。字母A至Z代表轮胎从4.8km/h到300km/h的认证速度等级。常用的速度等级如下：

Q：160km/h；

R：170km/h； S：180km/h； T：190km/h； H：210km/h； V：240km/h； W：270km/h；	Y：300km/h； ZR：速度高于240km/h。 U不常用，这个是国际标准上编写的规则，一般车主行驶速度超过200km/h的机会很少，而且这种道路也很少。

0661 汽车轮胎的组成及各自作用

有内胎轮胎由外胎、内胎和垫带等组成，如图4-3所示。

1）外胎是保护内胎不受外来损害的强度高而且有一定弹性的外壳，它直接与地面接触。外胎可根据其胎体中帘线排列方向的不同，分为普通斜交胎和子午线胎。

2）内胎是一个环形粗橡胶管，上面装有气门嘴以便充入或排出空气。为使内胎在充气状态下不产生皱折，其尺寸应稍小于外胎内壁尺寸。

3）垫带是一个环形橡胶带，安装在内胎与轮辋之间，防止内胎被轮辋及外胎的胎圈擦伤。

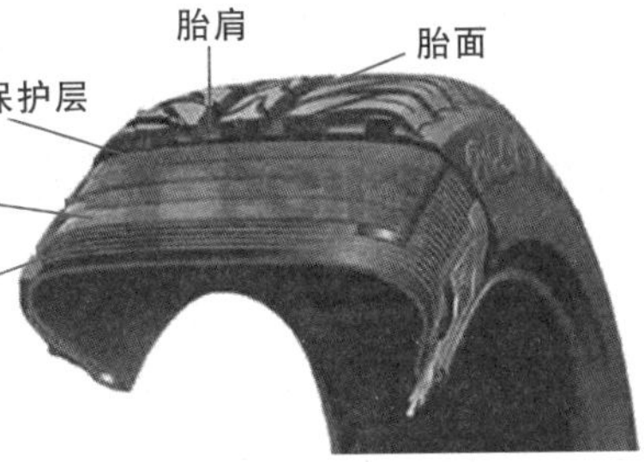

图4-3　汽车轮胎组成

0662 根据用途不同的轮胎分类

根据用途的不同，轮胎可以分为以下几大类型：

1）轿车轮胎。轿车轮胎又称为乘用车轮胎和小客车轮胎，包括各型轿车用轮胎。

2）载货汽车轮胎。载货汽车轮胎包括载货汽车、轻型载货汽车、公共汽车、无轨电车和挂车用轮胎。

3）工程机械轮胎。工程机械轮胎包括起重车、平板车、翻斗车、铲车和电动车等用轮胎。

4）农业机械轮胎。农业机械轮胎包括拖拉机、收割机和马车用轮胎。

此外还有航空轮胎、摩托车轮胎和人力车胎等。人力车胎包括自行车胎、手推车胎和三轮车胎。

0663 根据充气压力不同的轮胎分类

按轮胎内气压高低还可将其分为高压胎、低压胎和超低压胎，由于低压胎具有弹性特性好、轮胎断面宽、接地面积大、胎壁薄、散热性能好、寿命长等诸多优点，目前各类汽车多用低压胎，超低压胎则多用于通过能力要求极高的越野车辆上。

0664 根据规格尺寸不同的轮胎分类

轮胎根据规格尺寸分类，一般是指外胎的断面宽度。

1）胎断面宽度在17in以上的轮胎属于巨型轮胎。

2）外胎断面宽度在17in以下、10in以上的轮胎属于大型轮胎。

3）外胎断面宽度在10in以下的轮胎属于中小型轮胎。

0665 根据帘布材料不同的轮胎分类

根据帘布材料的不同，轮胎可分为棉帘布轮胎、人造线轮胎、尼龙轮胎、钢丝轮胎、聚酯轮胎、玻璃纤维轮胎和无帘布轮胎。

0666 轮胎花纹的种类及各自特点

轮胎花纹主要有普通花纹、混合花纹和越野花纹。

（1）普通花纹　这种轮胎花纹细而浅，花纹接地面积大，耐磨性和附着性都较好，适用于比较好的硬路面。其中纵向花纹的轿车、货车都可选用，横向花纹的仅用于货车。

（2）越野花纹　这种轮胎花纹凹部深而且粗，在软路面上与地面附着性好，越野能力强，适用于矿山、建筑工地及越野车。安装人字形越野花纹轮胎，驱动轮胎花纹的尖端与旋转方向一致，否则会使花纹被泥水阻塞。越野花纹轮胎不宜在好路上使用，否则会加大花纹磨损。

（3）混合花纹　这种轮胎花纹介于普通花纹和越野花纹之间，兼顾了两者的使用要求，中部为菱形，纵向锯齿形或烟斗形花纹，两边为横向越野花纹，适于城市和乡村之间路面行驶的汽车。现代货车驱动轮也采用这种花纹的轮胎。

0667 轮胎类型的选择方法

轮胎类型主要根据汽车类型和行驶条件来选择，货车普遍采用高强度尼龙帘布轮胎，使轮胎承载能力提高；越野车选用胎面宽、直径较大的超低压胎；轿车宜采用直径较小的宽轮辋低压胎，以提高行驶稳定性。由于子午线的结构特点使其有很多优点，应为优先选择之列。

0668 轮胎花纹类型的选择

轮胎花纹主要是根据道路条件、行车速度、道路远近来进行选择的。高速行驶汽车不宜采用加深花纹和横向花纹的轮胎，不然会因过分生热引起早期损坏。低速行驶的汽车使用轮胎应采用加深花纹或超深花纹，可提高轮胎的使用寿命。

0669 斜交轮胎的组成及各自作用

斜交轮胎由胎圈、缓冲层、胎面和帘布层等组成。

帘布层是外胎的骨架，也称为胎体。其主要的作用是承受负荷，保持外胎的形状和尺寸。通常由多层胶帘线用橡胶粘合而成。帘布层的帘线按一定角度交叉排列。普通斜交胎的帘线一般与轮胎横断面（子午断面）的交角为52°～54°。

缓冲层位于胎面和帘布层之间，其作用是加强胎面和帘布层的结合，防止紧急制动时胎面从帘布层上脱离，缓和汽车行驶时路面对轮胎的冲击和振动。缓冲层一般由稀疏的帘线和富有弹性的橡胶制成。

胎面是外胎的外表面，包括胎冠、胎肩和胎侧。胎冠与路面接触，直接承受冲击和磨损，保护帘布层和内胎免受机械损伤。为使轮胎与路面之间有良好的附着性能，胎面上制有各种凹凸花纹。

0670 子午线轮胎的特点

子午线轮胎的胎体帘布层与胎面中心线呈90°或接近90°角排列，帘线分布如地球的子午线，因而称为子午线轮胎。子午线轮胎帘线强度得到充分利用，它的帘布层数小于普通斜交胎帘布层数，使轮胎重量可以减轻，胎体较柔软。

子午线轮胎采用了与胎面中心线夹角较小（10°～20°）的多层缓冲层，用强度较高、伸张力小的结构帘布或钢丝帘布制造，可以承担行驶时产生的较大的切向力。带束层像钢带一样，紧紧地嵌在胎体上，极大地提高胎面的刚性和驱动性以及耐磨性。

0671 与斜交胎相比，子午线轮胎的优点

子午线轮胎与普通斜交胎相比有许多优越性：

1）滚动阻力小，节约燃料。由于子午线轮胎帘布层少，行驶温度低，散热好，滚动阻力比斜交胎低25%～30%，油耗降低6%～8%。

2）耐磨性好，寿命长。轮胎滚动时胎面要变形会产生滑移，从而加剧轮胎磨损，而子午线胎冠刚度大，胎面宽，接地面积大，单位压力小，因而减少胎面磨损，延长寿命，可行驶里程比斜交胎高30%～50%。

3）安全性能好。子午线轮胎本身结构的原因，使其高速旋转时，变形小，升温低，产生驻波的临界速度比斜交胎高，提高了行驶中的安全性。

子午线轮胎还具有减振性好、附着性能高的特点。其承载能力也高于斜交胎的14%。子午线胎面耐刺穿，在恶劣条件下行驶，轮胎不易爆破。

0672　轮胎气门芯的作用

气门芯（图4-4）安装在气门嘴的主体内，其作用相当于一个单向阀，轮胎一般都需要充气的，气门芯的作用就是让气能充进去又跑不出来，这样轮胎才能具有胎压。为防止主体内孔堵塞和漏气，外面使用气门帽将其气门嘴内孔密封。气门帽还可用作气门芯的拆装工具。

图4-4　气门芯

0673　确保轮胎气压正常的方法

1）依照汽车或轮胎制造商的指示充气。

2）当高速行驶时，内压宜提高10%左右。

3）轮胎气压在行驶中会因运动发热而升高，冷却后即恢复原状。故在热胎时，不可放气。

4）轮胎气压的测量应在常温下进行。

5）充气后应以肥皂水测试是否漏气，并锁紧气门帽。

6）新轮胎使用初期，会因屈曲运动发热而使尺寸变大，相对气压即降低。故使用24h及行驶2000～3000km后必须补充气压。

7）定期检查气压。

0674　汽车行驶速度过高对轮胎的影响

1）速度上升会造成胎体变形频率上升，造成胎体温度上升。轮胎是由橡胶材料组成的，温度对轮胎尤为重要，它会对轮胎磨损、老化产生不利因素。

2）汽车高速行驶温度上升，造成胎体材料老化，产生脱空甚至爆破现象。

3）汽车在高速行驶时轮胎与地面间滑转增加，造成磨耗增加。

4）轮胎都有临界速度，超出临界速度轮胎会产生驻波，轮胎将很快爆破。

5）高速公路行驶时轮胎热积聚较快，因此行车一段时间后应停车休息，利于轮胎散热，避免爆胎。

6）如果雨天或路面有积水，高速行驶时因水分来不及排除，路面与轮胎间会产生水膜，车辆易失控。

7）速度过高造成冲击力过大，胎体受损、起包。

0675　不同路面状况对轮胎的影响

1）路面差(恶劣路面)，轮胎易受尖锐物刺穿刺伤。

2）易受冲击产生断裂起包、爆破。

3）轮胎磨损加大。

4）易产生畸形磨损、胎面啃坏现象。

5）山区路面转弯频率高，轮胎肩部磨损加快。上下坡频繁，制动多，造成轮胎磨损加快；制动鼓过热造成趾口烧焦、爆破。

0676　不良的驾驶习惯对轮胎的影响

1）车辆在制动、起动时轮胎与地面间易产生相对滑移，这会加剧轮胎磨损。如果车辆制动时在路面留下黑印，胎面将磨损0.6~1mm，因此在正常滚动磨损下轮胎可行驶6000~8000km。

2）制动频繁造成制动鼓过热，胎唇部烧焦、爆破。

3）车辆转弯时车身产生侧倾，单边轮胎受力，造成轮胎磨损增大。

4）车辆行驶如遇坑洞、障碍物应适当减速，避免因冲击力过大造成胎体帘线断裂、破损。

5）当车辆停车时，应避免轮胎与路牙砖角度过小，造成胎侧受剪切力引起胎体帘线断裂，造成胎侧起包。

因此行驶时应避免急制动、急起动、高速转弯等。有试验证明，正常使用下轮胎能使用8万km左右，在异常驾驶习惯下只能使用6000km左右。

0677 车辆状况对轮胎的影响

车辆制动系统、转向系统、四轮定位对安全行驶很重要，同样对轮胎使用也有重要影响。

1）车辆制动系统故障如制动盘弯曲、制动锁死，易使轮胎产生局部或多角形磨耗。

2）车辆转向系统间隙过大，导致车辆行驶时发生摆振现象，引起转向盘抖动、轮胎产生不规则磨损。

3）四轮定位不当。如前束不正确导致轮胎单侧羽状磨损，外倾角不当造成轮胎单侧磨损等均会对轮胎使用寿命产生影响。

4）轮圈平衡不良、生锈、变形造成车轮整体平衡性差，轮胎趾口易损伤。

0678 轮胎保养的方法

1）定期检查气压，确认气门嘴是否漏气(含备胎)。

2）清除花纹沟夹带的石子和杂物。

3）确认轮胎花纹沟深及磨耗状况。

4）确认轮圈是否变形、有裂纹。

5）检查轮胎是否会与车身碰擦。

6）清除轮胎上的油污。

7）确认轮胎是否存在会导致爆破的伤口(如起包、刺穿、切伤、顶裂、脱空、变形等)。

8）定期进行轮胎换位。

0679 轮胎充气压力规定数值在车上的标示位置

轮胎充气压力必须按照车辆厂家指定的数值，此数值通常能在如下地方找到：

1）车辆用户手册。

2）轿车驾驶座车门旁边的标贴(图4-5)。

3）车厢内驾驶座旁的储物抽屉。

4）油箱盖小门。

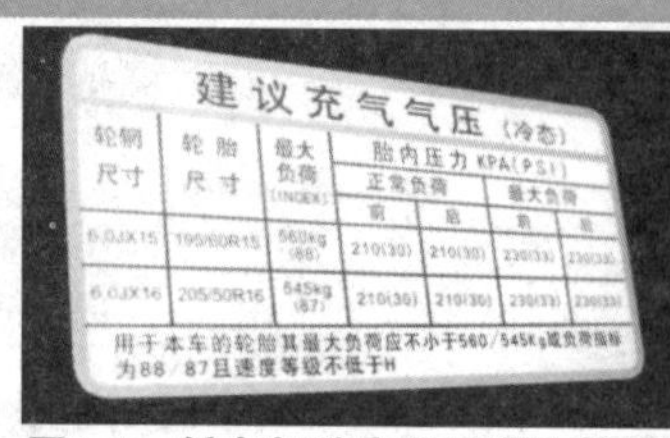

图4-5　轿车驾驶座车门旁边的标贴

0680 防止轮胎受到化学损害的方法

轮胎是橡胶制品，因此在行驶、停车或储存轮胎时必须注意不要和油、酸、碳氢化合物等化学物品接触，否则会造成腐蚀、变形和软化等。停车时，建议将车辆停于荫凉处，以免阳光直射造成轮胎过早老化和损坏。

0681 使用和维护空气压缩机的方法

（1）空气压缩机的使用　开机前应检查机器外表及各部情况，正常后才可空载起动。开机后空转片刻，若无异常状况再逐步升压至最高压力范围以下的工作压力。装置有自动控压电动机开关的，要观察其控压范围，超出时要及时调整。此外还要注意安全用电，当电动机发出“嗡嗡”声响而不运转时，大多是三相电源中的一相断路，应立即关闭电闸，排除故障后再使用。空气压缩机有一定的运转方向，当调换了相线或移动到不同地点使用时，应使其按规定的方向运转。

（2）空气压缩机的维护

1）使用前检查油箱润滑油的量，当润滑油液面低于标线时，应予添加。

2）每日工作后应打开储气筒底的放水开关，放尽筒内油水。

3）定期清洗空气滤清器。

4）储气罐每1~2年清洗检查一次。

5）每季度检查一次安全阀的使用性能。

0682 检查轮胎气压应注意的问题

轮胎气压不足或左、右两侧轮胎气压不均匀，也会引起制动效果时好时差，转向困难或转向沉重，同时也降低了轮胎的使用寿命。当载重量大时，以上后果更严重。因此必须保持在汽车制造厂规定的工作气压，每月至少检查一次，备胎气压也应同时检查，并应比在用胎气压约高30kPa。检查轮胎气压应注意以下方面：

1）检查时间要适时。最好在出车前或停车超过3h，待胎温冷却到与气温相同时为宜。

2）必须用气压表测量。绝对避免用锤击棒打等经验判断法。

3）充气阀嘴要备齐盖好，防止尘土引起漏气及其他偶然破坏阀嘴的事故发生。

4）必须同时检查轮胎的磨损情况，磨损到极限后应及时更换，切勿强行行驶，以免发生运行中爆胎、胎裂，引起事故。

0683 修补外胎小损伤的方法

当外胎出现裂口、穿孔、起包、脱层等损伤时，应及时进行修补。外胎内侧起黑圈、碾线、跳线，外胎表层脱空、起瘤，胎面、胎侧损伤，花纹崩裂，胎圈口腐蚀、破损等，上述均属早期损坏，应根据情况及时予以修补。外胎在充气时，如发现胎面有较小损伤和裂口，应及时修补。修补时先排除裂口内泥沙、污物，进行清理。清洁后涂上胶水，塞上生胶条，再用小型补胎夹具在标准气压下夹烘10min即可使用。

0684 使用蘑菇丁修补外胎刺洞

使用蘑菇丁修补外胎刺洞的方法如下：

1）汽车轮胎在冠部或肩部如遇有被小石头、铁片等利物刺伤穿洞，均可以修补。

2）先清除洞内杂物，然后测定洞口大小，选用相应规格的蘑菇丁。

3）用木工锉刀锉削丁部蘑菇面，用修补胎胶水涂于丁部及锉毛面、洞口、洞口胎面周围(与蘑菇面相似大小)。

4）用9mm手电钻装上与待补蘑菇丁相同规格的引具，引具锥头对准洞口，旋转推进直至穿透，锥头即会自动脱落。

5）把已涂好胶浆的蘑菇丁插进引具洞口，并用力将蘑菇面与胎内面压紧，然后旋转退出引具。

6）检查蘑菇面与胎内面是否紧靠。若紧靠，可用鲤鱼钳夹住丁头往上提拉数次，同时配合压紧蘑菇面，丁头伸出胎面部分用利刀切平，即可装车使用。

0685 使用橡胶螺钉修补外胎刺洞

橡胶螺钉可用来修补直径为13~50mm或更大一些的轮胎刺洞。其修补方法如下：

1）将轮胎刺洞灼烫，以清洁刺洞并扩展成圆形穿洞。灼烫的作用在于封闭胎体帘线的端点，同时在刺洞四周形成一薄层烧焦的橡胶，在橡胶螺钉插入期间还能起润滑作用。

2）橡胶螺钉应用前，应冷至−18℃以下处理一下，冷冻温度可根据橡胶螺钉的物理性能和刺洞的大小来决定。

3）将冷冻的橡胶螺钉用扳手或其他工具边扭边硬塞进轮胎的刺洞里。

4）用刀子切去外露的端头，使之与轮胎表面平齐。对于有内胎的轮胎，还应切去橡胶螺钉伸进胎内腔的锥形部分，使之与轮胎里平齐。

5）在胎里贴放一块常用的衬垫，盖住橡胶螺钉的端头。

0686 简易的内胎微孔修补方法

当汽车、拖拉机、三轮车、自行车等内胎有微孔漏气时，既难检查出漏气的微孔位置，又难以采用通常的方法进行修补。以下是几种简易的修补方法：

1）灌注滑石粉法。拧下内胎气门嘴上的铜螺母，拔出气门芯，将内胎里的气放掉，再用硬纸卷成一个小圆锥形的漏斗，插在气门口上。然后，根据不同的车内胎，取不同重量的滑石粉，一般三轮车、自行车内胎100g，小型拖拉机、摩托车内胎200g，汽车、大中型拖拉机内胎300g。将滑石粉从纸漏斗经气门倒入内胎，装好气门芯，拧紧内胎气门嘴上的铜螺母，向内胎充气，并在充气过程中，转动几下车轮，使滑石粉在内胎里散开。当内胎充气后，由于滑石粉在车内胎的内壁上，从而可堵塞微小气孔，使其不漏气。

2）灌注乳白胶法。乳白胶的一般使用量为：三轮车、自行车内胎40g，小型拖拉机、摩托车内胎120g，使用前需掺入两倍重量的水，稀释搅匀后再用。将乳白胶从气门口滴入内胎，滴完后即将车轮迅速旋转几圈，再装气门芯，拧上铜螺母，使乳白胶稀释液均匀地散布到车胎内壁，即可将漏气的微孔堵住。

3）灌注汽油法。先将内胎中气放掉，然后用滴管或眼药水管吸入汽油，从气门口滴入内胎。三轮车、自行车内胎滴8滴左右，汽车、大型拖拉机、摩托车滴15滴左右。滴完立即装上气门芯，拧紧铜螺母，并向内胎充气，当内胎里气压升高时，汽油分子会使内壁的橡胶表面溶释成一层糊状，且很快板结为一体，从而牢牢地封住了漏气的微孔。

需要说明的是，以上简易修补法只适用于慢慢漏气的微小气孔。

0687 使用火补法修补内胎

火补法用于修补内胎的钉眼、砂眼等小损伤，但它修补方法简单，便于随车携带、就地进行修理，修补方法如下：

1）将内胎充气后，放入盛水的容器里，通过检查内胎产生气泡的位置确定漏气位置，然后做上记号。

2）先将内胎漏气处用由马口铁皮制成的专用刺毛锉锉出粗糙面，将合适大小的专用火补胶表面的聚氯乙烯薄膜撕去，然后扣在损伤处。用夹子夹紧火补胶铁皮与内胎，将铁皮内的燃烧纸点燃，等15min后松开夹子即可。

3）修补好内胎进行密封性检查，密封良好时可装车。

0688 冷补内胎法

冷补内胎法如下：将内胎损坏处周围20~30mm范围内锉粗糙，除去屑末，将补胎胶布剪成圆形，其外形尺寸应能补住损坏周围20~30mm，并把四周剪成斜面且锉粗糙，然后将胶水均匀地涂在两个锉过的面上，待胶稍干后，粘贴在一起，并用锤击方法使其贴平粘紧。

0689 用生胶修补内胎的方法

当内胎破损的范围较大时，可采用生胶修补，其方法如下：

1）将破口处锉粗糙，剪一块与破口相适应的内胎面，同样锉粗糙后填上。

2）在锉粗糙的破口处涂上生胶水，如破口较大，应多涂几次，每次涂时，需在上一次胶水晾干后进行。

3）待胶水晾干后，剪一块面积比破口略大的生胶，用汽油将表面擦拭干净后，贴附在已晾干的破口上。

4）加热至140℃，保温10~20min，使生胶硫化。加温时，将沙口袋垫在内胎下面，上面用一个旧活塞并用千斤顶顶住，然后在活塞内加入50~60mL汽油点燃。

5）待汽油燃完、活塞冷却后，便可以取下内胎充气试验。在水盆内检查有无漏气。

0690 维护无内胎轮胎的注意事项

无内胎轮胎常称为低压胎、真空胎。无内胎轮胎的密封性能主要依靠内压将轮辋与轮圈压紧，为此装胎时轮胎内压要比一般高0.2MPa，切不可再高，免得造成轮辋损坏。待充至比原规定气压高出0.2MPa，轮毂与胎圈压合密实后，再放气降至实际规定的实用气压。另外还需注意以下事项：

1）装胎前，应检查轮辋有无弯曲、裂口与损坏。当不合乎标准时，必须加以修整或结束使用。子午线轮胎的垫带应和使用的宽轮辋相适应，气门嘴压合部位的密封性能及轮缘部分无裂痕变形。

2）用钢丝刷除锈，特别注意清除胎圈座和放置密封圈的沟槽锈迹。

3）检查胎内有无泥沙、石子等杂物。若有上述杂物，必须清除，否则会导致帘线气密层和橡皮胶的损伤。

4）子午线胎圈情况要特别注意检查，因胎圈在大负荷条件下工作，即便微小的损伤也会导致胎圈的磨断和脱层。

0691 对车轮进行动平衡的原因

对高速行驶的汽车，在车轮安装工作完成之后，要进行车轮的平衡检验，一般可在车轮动平衡试验仪上进行。若车轮不平衡，由于各部离心力不等而跳动，摆动厉害，在其旋转平面中产生巨大的冲击。冲击负荷作用在轮胎上，在胎体中引起附加的应力，在胎面上出现严重的不均匀磨耗，从而大大缩短轮胎的寿命，严重影响汽车行驶的平衡性、舒适性和安全性，妨碍车速的继续提高，因此车轮要进行平衡。

0692 静平衡与动平衡

汽车车轮是高速旋转的部件，如果它的旋转质量不平衡，就会产生相当大的离心力，引起车轮的上下跳动，对于转向轮，还会造成偏转和车轮的摆振，直接影响汽车的平顺性和操纵稳定性。因此，必须对车轮进行静平衡和动平衡。

所谓静平衡，是指轮胎圆周上的质量均衡；所谓动平衡，是指轮胎沿轴向上的质量均衡。这两种不平衡，都会在高速行驶时产生强烈的振动。因此，越是高速的汽车，对平衡的要求越高。

汽车在出厂时，已经进行过轮胎的平衡。但在使用中，平衡可能受到破坏。当更换轮胎时，也要进行平衡。车轮的平衡，应在专门的动平衡机上进行。

0693 进行车轮动平衡试验的步骤

1）前期准备。清除被测车轮上的泥土、石子等杂物，保证轮胎和轮毂表面清洁；检查轮胎气压，必要时充气至规定数值。

2）安装固定。把车轮安装在平衡仪上，注意选择与轮毂中心孔大小相当的锥体封堵，并在最外侧用螺栓紧固。

3）测量车轮。当车轮安装完成后，测量轮胎和轮毂数据并输入控制台。第一项测量轮毂边缘距离平衡仪机箱的距离。

4）第二项测量轮毂宽度，使用卡尺测量。

5）第三项测量轮毂直径，可以查看轮胎侧面标明的型号得知。

6）数据采集。当输入车轮数据后，按下起动开关，车轮开始旋转，平衡仪控制系统会自动采集数据。此时注意，操作仪器人员不要站在车轮旋转的径向方位以及螺栓固定的一侧，以免发生危险。

7）显示结果。待车轮停止后，控制台显示出计算结果，两个数字显示器分别代表车轮左、右两侧的质量偏差大小。

8）根据显示屏提示，用手慢慢转动车轮，当指示装置出现提示时停止转动，此位置代表质量出现偏差的具体位置。

9）安装平衡块。安装平衡块后可能产生新的不平衡状态，应重新进行平衡测试，直至平衡量达到规定为止。

0694 车辆行驶时轮胎气压过高的危害

轮胎气压过高的影响如下：

1）帘布层的张力过大，缓冲性能降低，舒适性差；易冲击爆破及被尖锐物切伤。

2）趾口应力加大，胎唇钢丝易爆破或折断。

3）接地面积变小，制动性能及牵引力降低，方向发飘。

4）胎面中央单位面积的荷重增加，磨耗快。

5）易产生花纹沟裂。

0695 车辆行驶时轮胎气压过低的危害

轮胎气压过低时将产生如下影响：

1）因屈曲过大，使内部温度升高，以致胎体材料强度及黏着力降低而引起分离、爆破。

2）屈曲过大易生龟裂（花纹沟、胎边）及胎体帘布周向断裂。

3）因摇动过大，造成胎唇部与钢圈之间的异常摩擦而引起胎唇部损伤，甚至爆破。

4）加速胎肩部的磨耗，降低轮胎使用寿命。

5）轮胎转动阻力增加，油耗上升。

6）易生静止波而发生振动，转动阻力大及发热、强度下降等。

7）油耗上升。

8）轮胎受挤压，造成轮胎受损。

0696 胎面中部或胎冠早期磨损的原因

胎面中部或胎冠早期磨损（图4-6）的主要原因是轮胎经常处于高气压状态下工作，或车辆经常高速行驶。如果轮胎所配轮辋太窄使胎面弧度变大，也会使胎面快速磨损。当轮胎气压过高时，橡胶和帘线会过度拉伸，胎面易被刺爆、割裂或冲击内裂。过高的压力施加在胎圈部分也增加了胎圈爆破的潜在危险。调整轮胎气压时应注意，原厂推荐的轮胎充气压力是指冷态充气压力。

轮胎气压过高不但影响轮胎的减振性能，还会导致轮胎接地面积减小，单位接地面积上的压力增大，轮胎的磨损只能由胎面中部承担，从而造成胎面中部磨损加剧。轮胎气压过高不仅降低了轮胎的使用寿命，同时也可能造成当车辆在不平的路面行驶或遇到障碍物时发生爆胎事故。

图4-6 胎面中部或胎冠早期磨损

0697 两侧胎肩磨损严重的原因

两侧胎肩磨损严重（图4-7）的主要原因是轮胎经常处于低气压状态下工作，或车辆经常大负荷行驶。上述两种原因可以直接导致轮胎接地面积变大和胎面中部向轮胎内收缩，从而使轮胎的两侧胎肩也与地面接触形成磨损。

当轮胎气压低时，胎体会变软，从而过度变形产生大量的热量。胎体过度变形会导致胎面、胎侧和帘布层之间脱层，胎侧部位帘线断裂，胎侧上会留下明显的被轮毂挤压的痕迹，严重时会导致胎体破裂为几部分。当轮胎所配轮辋过宽或轮辋倾斜角不合理时，也会使胎肩产生磨损。

图4-7 两侧胎肩磨损严重

0698 胎冠的内侧或外侧单侧磨损的原因

胎冠的内侧或外侧单侧磨损（图4-8）的主要原因是车轮外倾角有偏差。为了保证车辆有良好的转向性，车辆的转向轮都设有外倾角。转向轮外倾角在出厂前都已经设定好，但是车辆在使用的过程中，由于使用环境和底盘状况的变化，转向轮的外倾角逐渐偏离了预设值，胎冠的内侧或外侧就会出现单侧磨损。通过观察胎冠的磨损情况，维修人员应该可以大致判断出车轮外倾角的偏差情况。胎冠外侧磨损严重说明外倾角过大，胎冠内侧磨损严重说明外倾角过小。

图4-8 胎冠的内侧或外侧单侧磨损

0699 胎面出现锯齿状磨损的原因

胎面出现锯齿状磨损(图4-9)的主要原因是车轮前束调整不当或底盘悬架系统失常，例如转向横拉杆球头松旷等，这就导致正常情况下应该滚动的轮胎发生滑动或行驶中车轮前束不断变化而形成锯齿状磨损。

前束是影响车辆行驶性能的重要参数，前束可以通过改变转向横拉杆的长度加以调整(调整时应注意正负前束值且不同车型的前束值不相同)。当前束值不正确时，不仅会造成轮胎的异常磨损，同时也会使车辆的转向性能变差，乃至影响到转向盘的自动回正功能。通过观察胎面锯齿状磨痕的方向变化，维修人员应该可以大致判断出车轮前束的偏差情况。胎面由内侧向外侧呈锯齿状磨损时说明前束值过小，胎面由外侧向内侧呈锯齿状磨损时说明前束值过大。

图4-9 胎面出现锯齿状磨损

0700 胎面个别部位出现斑状磨损的原因

胎面个别部位出现斑状磨损（图4-10）的主要原因是车辆底盘的技术状况差或驾驶人驾驶技术差。胎面斑状磨损多发生在车况较差或疏于保养的车辆上，例如轮胎动平衡偏差较大、轮辋变形或轮毂轴承松旷等都会导致这种磨损的发生。另外，驾驶技术差、不良的驾驶习惯以及经常进行紧急制动的车辆，也都容易使胎面出现斑状磨损。由于斑状磨损对轮胎的寿命影响很大，一旦发现应及时找出原因，及时排除故障。

轮胎动平衡偏差较大是造成斑状磨损的常见原因。当不平衡的车轮高速转动时，个别部位受力大就会导致磨损加快，同时操纵性能变差。行驶中如果发现在某个特定速度时转向盘抖动，就应该对车轮进行动平衡，以防出现斑秃形磨损。

图4-10 胎面个别部位出现斑状磨损

0701 个别轮胎磨损量大的原因

个别轮胎磨损量大的原因是个别车轮的底盘悬架失常，轮胎支承部件弯曲或车轮不平衡都会造成这个轮胎早期磨损。当出现这种磨损后，应重点检查磨损轮胎的定位情况以及底盘悬架的工作情况，同时应缩短车轮换位周期。

0702 进行拆卸轮胎作业时应注意的要点

进行拆卸轮胎作业时应注意以下要点：

1）检查轮辋有无损伤之处，如有裂缝或轮辋孔成椭圆时，应建议车主更换轮辋。

2）拆卸轮胎时应清洗轮胎及轮毂，并将轮毂上的铅块一并卸下。

3）用专用的润滑膏刷在胎唇、轮辋边缘。

4）当轮胎充气时，人员应离开轮胎正上方(建议45℃)，避免轮胎跳起(建议安装安全带)，造成人员伤害。

5）充气后用肥皂水刷涂气门芯、气门嘴、轮辋边缘与轮胎结合部，查看车轮气密性。

6）放气到汽车的正常气压(按照厂家指定气压，轿车通常为0.25~0.27MPa)。

7）更换轮胎的同时建议车主更换气门嘴。

0703 进行轮胎动平衡作业时应注意的要点

进行轮胎动平衡作业时应注意以下要点：

1）检查轮辋有无损伤之处，如有裂缝或轮辋孔成椭圆时，应更换轮辋。

2）拆卸轮胎时应清洗轮胎及轮毂，清除轮胎花纹中的石子及杂物并将轮毂上的铅块一并卸下。

3）检查轮胎气压，视必要充至规定值。

4）根据轮辋中心孔的大小选择锥体，仔细地装上车轮，用大螺距螺母上紧。

5）用专用卡尺测量轮辋宽度、轮辋直径(或由轮毂、轮胎读出)，及边缘至机箱距离。

6）轮胎在转动停止前应保证保护罩处于关闭状态。

7）安装平衡块后有可能产生新的不平衡，应重新进行平衡试验，指示装置显示“00”或“OK”时才能满足动平衡要求。

0704 轮胎需要更换的常规条件

轮胎需要更换的常规条件如下：

1）花纹残留深度小于1.6mm。

2）局部磨损至胎体。

3）外伤深度至胎体或钢带层。

4）轮胎发生起包、分离、断裂、趾口损伤者。

0705 轮胎磨损程度的指示

轮胎的胎面上有一个凸起的标记(图4-11)，它是用来指示轮胎胎面磨损指示标记的位置。这些稍微凸起的胎面磨损指示标记位于胎面花纹沟槽的底部，高度为1.6mm(法定的最小沟槽深度)。如果胎面橡胶花纹块磨损到与这些凸起的标记一样的高度，那么这条轮胎就应该被换掉而不应继续使用。试验证明，轮胎的花纹残留深度一般不能低于1.6mm，否则，不论是轮胎的驱动力还是制动性能都要大大降低，而遇到水路时，即会出现“水上滑行”的现象。

图4-11 轮胎的胎面上有一个凸起的标记

0706 备胎比正常使用的轮胎小的原因

出于节省车厢空间和减轻重量等因素，很多汽车的备胎型号比正常轮胎要小一点，这已经成为目前轿车的一个趋势。其目的主要是通过使用比正常轮胎小一些尺寸的备胎，区分备胎和正常轮胎，以促使使用了备胎的车主尽快将使用的备胎更换回正常的轮胎。当使用小号备胎时，要注意控制车速，一般情况下以不超过80km/h为宜。

0707 正确使用备胎的方式

1）备胎不应该替代正胎长时间使用。

2）备胎吊位必须得当，不当的吊胎是不安全的。

3）备胎要防油蚀。

4）要了解备胎型号。这些数字对行车安全相当重要，特别是负荷指数和车速，如超过哪一项规定，都会给行车安全带来隐患。

5）当更换备胎时，应对角紧固螺栓，这样会使螺栓受力均匀，轮胎在行驶时不会摆晃。

6）当车辆在使用备胎时，应注意车速，最好不要超过80km/h。

7）备胎气压与正胎不一样。使用备胎前，应使用气压表调节好备胎气压，无气压表时应尽快找专业人士调节气压，才能正常使用。

8）修补后的轮胎应放在非驱动轮上。

另外，有些车主觉得只要把备胎放在行李箱不使用，备胎就能“长命百岁”，这是不对的。这会导致出现这样的情况：车主在爆胎后想更换备胎时，发现备胎因放置多年，已严重老化，早已是废胎。这是因为轮胎是橡胶制品，存放时间太长会出现老化现象，因此，平时要注意检测备胎，对于已老化的备胎应及时更换。

0708 轮胎老化的原因

轮胎对于车辆行驶的安全性来说非常重要，因此要经常检查轮胎的老化程度，以便及时发现、更换轮胎，以保证生命安全。

造成轮胎老化的主要原因包括：橡胶质量不良，长期缺气或超载运行，受到外界不良侵蚀，使用或存放期限过长等因素。

一般来说正常使用的轮胎寿命是四年左右，过了四年即使胎纹的磨损很小也应该更换掉。这是因为橡胶因长时间使用或放置，会发生氧化反应使轮胎老化并产生许多裂纹，而这些细小的裂纹正是造成爆胎的诱因。

轮胎老化也是有征兆的，比如胎面老化大都是从胎边或胎肩等边缘部位开始出现的，长期的日晒雨淋会让橡胶表面出现成圈的小裂纹，这些裂纹表明此时轮胎的承载力和品质都已经开始下降了，为了降低安全隐患最好是提前更换轮胎。

0709 轮胎换位的作用及其换位时机

为了延长轮胎的使用寿命和消除由于偏磨而产生的安全隐患，必须对轮胎进行定期换位。合理的换位可使轮胎的使用寿命延长20%。在路面拱度较大的地区或炎热的夏季行驶时轮胎的磨损较大，可适当增加换位次数。

轮胎换位应遵照《车辆使用手册》中汽车生产厂商的调胎建议，如果厂商未对具体调胎期限加以规定，通常前轮驱动的车辆每行驶8000km时应做换位，而四轮驱动车辆需要在每6000km时换位。但如果20 000km以上都没有换位，轮胎的磨损已经形成，就不建议进行轮胎换位了，以免发生跑偏的现象。

另外轮胎换位一定要注意“四同”，即轮胎同一厂型、同一尺寸、同一花纹、同一规格。只有厂型、尺寸、花纹、规格四者相同的情况下方可进行轮胎换位，否则也会造成跑偏等现象。

第五章 钣金

0710 轿车车身的组成

轿车车身壳体通常也分为三段，即由前车身、中间车身和后车身三大部分及相关构件组成。

（1）前车身

1）前保险杠。

2）前翼子板。前翼子板位于汽车发动机舱盖侧下部，前轮上部是重要的车身装饰件，主要部件一般采用薄钢板冲压制造。

3）发动机舱盖。发动机舱盖位于车辆前上部，是发动机舱的维护盖板。

4）前围板。前围板位于乘客舱前部，通过前围板使发动机舱与乘客舱分开。

5）前纵梁。前纵梁是前车身的主要强度件，直接焊接在车身下部。其上再焊接轮罩（有的前轮罩与前纵梁为一体式）等构件。

（2）中间车身

1）立柱、门槛板、地板。

2）车顶。车顶是指车身车厢顶部的盖板，其上可能装备有天窗、换气窗或天线等。车顶主要由车顶板、车顶内衬、横梁，有的车型还备有车顶行李架。

3）车门。车门是乘员上下的通道，其上还装有门锁、玻璃、玻璃升降器等附属设施，车门框架是车门的主要钢架，铰链、玻璃、把手等部件安装在门框架上。

（3）后车身

1）行李箱和行李箱盖。行李箱是装载物品的空间，由行李箱组件与车身地板钣金件构成。

2）后侧板。后侧板是指后门框以后的遮盖后车轮及后侧车身的车身钣金件。

3）后保险杠。后保险杠是指位于车辆车身的尾部，起到装饰和防护车辆后部零件的作用。

0711 汽车钣金工应具有的知识和技能

汽车钣金作业是一项综合性的工作，一个合格的钣金工应当具有钣金、冲压、铆接和焊接等技能。另外，还有很多钣金工不能独立完成需要协作的制件工作，这就要求钣金工除了掌握本工种的知识和技能外，还得对相关工种（如机加工、热处理）的作业范围、工作内容和操作方法有所了解。

当进行钣金作业时，钣金工经常与其他汽车总成或零部件打交道，进行汽车内外饰的拆装。因此，钣金工应当了解汽车车身的一般构造，掌握一般汽车车身的基本结构形式和特点，能对工作涉及的汽车部件进行正确拆装；熟悉车身各零件的相对位置和连接形式，运用汽车钣金工的常用工艺修复一般钣金零件。

0712 钣金锤子的种类及其使用方法

锤子是汽车钣金维修中的基本工具，它的形状很多，作用也不一样。有扁头锤、捅锤、拱锤、中间锤、平头整形锤，根据捶击需要，锤头可以做成各种类型，如橡胶锤、木槌和铜锤等。

钣金锤的正确使用方法如下：

1）用手轻松握住钣金锤手柄的端部(相当于手柄全长1/4位置)。握锤时锤柄下面的食指和中指应适当放松，小指和无名指应相对紧一些，使之形成一个比较灵活的转轴。

2）当捶击工件时，眼睛注视工件，找准捶击点，锤下落时握紧主要靠食指和大拇指。捶击作业质量的关键在于落点的选择，一般应遵循先大后小、先强后弱的原则，从变形较大处起顺序敲打，保证锤头以平面落在金属表面上。同时还要注意钣金件的结构强度，有序排列钣金锤的落点。

3）用手腕摇动的方法轻轻敲击车身构件表面，并利用钣金锤敲击零件时产生的回弹力做圆圈运动。

0713 钣金修复工作平台的特点

工作平台是钣金操作的基础件，主要用于在其上平面进行板料划线、下料、敲平及校正工作。普通钣金工作平台没有确定的尺寸标准，但常用的台面有以下几种规格：600mm×1000mm、800mm×1200mm、1500mm×3000mm。台面高度约为650～700mm(有的平台高度可调)。其材料多为铸铁，背面有加强肋。平板固定在支架上，便形成工作平台。

0714 钣金工常用的夹具种类

在钣金修理中，对部件进行整形、板料折边或固定划线等加工，经常用到各种夹具，以使整个工艺过程顺利进行和提高工效，减轻劳动强度。夹具的种类可分为C字轧头、尼龙夹、手用平口钳、快速夹具和专用夹具。这些夹具分别适用于各种结构状态下的使用，以实用为宜。

0715 钣金工最常用的量具种类

钣金工最常用的量具有钢卷尺、卡尺、千分尺和万能角度尺等，通常用量程和分度值表示这些量具的规格，量程是测量范围，分度值是仪器最小刻度的值，分度值越小，量具越精密。

1）钢卷尺。钢卷尺在日常生活和工作中都经常用到，使用也比较简单。钢卷尺主要是用来测量工件的长度尺寸，按精度分为Ⅰ和Ⅱ级，分度值为1mm，精度比较低，量程长度有3m、5m、10m或更长，适用于一些较大尺寸的且尺寸精度要求不高的工件的长度尺寸测量。

2）卡尺。卡尺是一种常用的量具，具有结构简单、使用方便、精度中等和测量的尺寸范围大等特点，卡尺的应用很广泛，可以用它来测量工件的外径、内径、长度、宽度、厚度、深度和孔距等，按其读数方式和原理的不同，有游标卡尺、带表卡尺和数显卡尺等。

0716 划针及其正确使用

划针是用来在板料上划线的基本工具。一般由中碳钢或高碳钢制成，弯头划针用于直头划针划不到的地方。划针长度约为120mm，直径为4～6mm。为了能使其在板料上划出清晰的标记线，划针尖端非常锐利，尖端角度一般在15°~20°范围内，且具有耐磨性。

划线时，划针的尖端必须紧靠钢板尺或样板，划针应朝划线方向倾斜50°~70°，同时向外倾斜10°~20°，划线宽度不得超过0.5mm。

0717 划规及其正确使用

划规用于划折边线，它可沿板料边缘划等距离引线。如图5-1所示，划规分为不可调式和可调式两种。划规一般用中碳钢或工具钢制成，划线尖端部位经过淬硬并研磨，与划针一样非常尖锐。

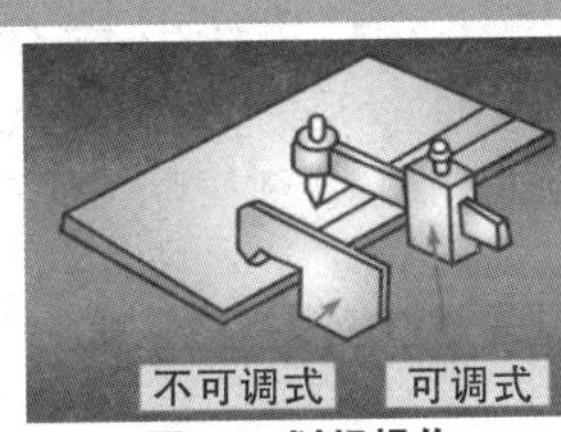

图5-1 划规操作

0718 圆规划圆的方法

用圆规划圆时，把圆规的两脚分开，定好两脚间的距离。使针尖固定在圆心上，尽量不使圆心扩大，而影响到图的准确度。掌心压住圆规顶端，使规尖扎入金属表面或样冲孔中。当划圆周线时，规身可略前倾。常常正反各划半个圆周线而成一个整圆。

0719 样冲的使用及其作用

样冲由高碳钢制成，长度约为90～150mm，尖端磨成30°～40°或60°角两种，并经淬火处理。样冲主要用来冲圆心或钻孔时冲中心眼。用样冲打中心眼时，先把样冲斜着放上去，样冲尖端对准中心点。但在锤打时要把样冲放正，用手握牢样冲，用锤轻轻敲击。

0720 钣金时，合理配裁材料的方法

为了合理地利用钣金材料，不至于造成浪费，一般采用以下方法对材料进行合理配裁：

1）集中下料法。由于工件的形状大小不一，为了合理使用材料，将使用同样牌号、同样厚度的工件集中一次划线下料。

2）长短搭配法。长短搭配法适用于条形板料的下料。下料时先将较长的料排出来，然后根据长度再排短料，这样长短搭配，使余料最小。

3）零料拼整法。在钣金作业中，有时按整个工件划料，则挖去的材料较多，浪费较大，常常有意将该工件裁成几部分，然后再拼起来使用，可以节省用料。

4）排样套裁法。当工件下料的数量较多时，为使板料得到充分利用，必须对同一形状的工件或各种不同形状的工件进行排样套裁。排样的方式通常有直排、斜排、单行排列、多行排列、对头直排和对头斜排等。

0721 锉刀的种类及其作用

1）锉刀按锉齿的大小分为粗齿、细齿和极细齿(油光锉)。锉齿的大小以每10mm宽度内的数量来确定，锉纹条数越多，则锉齿越小。锉纹又分为单纹和双纹两种。单纹的锉齿是平直的，与锉刀侧成70°~80°，用于锉削软金属或要求较光滑的表面。双纹锉的锉齿相互交错，先剁上去的锉纹叫作底齿纹，后剁上去的锉纹叫作面齿纹，底齿纹与锉刀侧边成45°~52°，面齿纹与锉刀侧边成65°或72°，底齿纹的齿距比面齿纹的齿距大。

2）按锉刀断面形状分有普通锉刀（如齐头扁锉、尖头扁锉、方锉、半圆锉、三角锉等）和特种锉刀（如刀口锉、菱形锉、扁三角锉、椭圆锉、圆肚锉）等。

3）还有用于整形的锉刀，用于精加工。每组中的每个锉刀形状各异，每组有5件、7件、10件和12件等几种。

当钣金修复时，常用到车身锉刀。车身锉刀用于修整由于锤、顶铁、匙形铁等钣金工具作业留下来的凹凸不平的痕迹。

0722 根据情况选用锉刀的方法

1）锉刀断面形状的选用。锉刀的断面形状应根据被锉削零件的形状来选择，使两者的形状相适应。当锉削内圆弧面时，要选择半圆锉或圆锉(小直径的工件)；当锉削内角表面时，要选择三角锉；当锉削内直角表面时，可以选用扁锉或方锉等。

2）锉刀齿粗细的选择。锉刀齿的粗细要根据加工工件的余量大小、加工精度、材料性质来选择。

3）锉刀尺寸规格的选用。锉刀尺寸规格应根据被加工工件的尺寸和加工余量来选用。当加工工件尺寸大、余量大时，要选用大尺寸规格的锉刀，反之要选用小尺寸规格的锉刀。

4）锉刀齿纹的选用。锉刀齿纹要根据被锉削工件材料的性质来选用。

0723 正确使用锉刀的方法

为了延长锉刀的使用寿命，必须遵守下列规则：

1）不准用新锉刀锉硬金属。

2）不准用锉刀锉淬火材料。
3）有硬皮或粘砂的锻件和铸件，需在砂轮机上将其磨掉后，才可用半锋利的锉刀锉削。
4）新锉刀先使用一面，当该面磨钝后，再用另一面。
5）当锉削时，要经常用钢丝刷清除锉齿上的切屑。
6）锉刀不可重叠或者和其他工具堆放在一起。
7）使用锉刀时不宜速度过快，否则容易过早磨损。
8）锉刀要避免沾水、沾油或其他脏物。
9）细锉刀不允许锉软金属。
10）使用什锦锉用力不宜过大，以免折断。

0724 正确使用手锯的方法

1）安装锯条时应使齿尖朝着向前推的方向。锯条的张紧程度要适当。过紧，容易在使用中崩断；过松，容易在使用中扭曲、摆动，使锯缝歪斜，也容易折断锯条。

2）当使用手锯时，一般用右手握住锯柄，左手握住锯弓的前方。由于锯柄结构不同，右手握锯柄的方法有两种，推锯时身体上部略向前倾，给手锯以适度压力，完成锯削；拉锯时手锯稍微抬起，不进行锯切，同时也减少锯齿的损坏。

3）起锯的方法是否正确，将直接影响锯削质量。起锯可采用远边起锯，也可采用近边起锯。起锯时锯条与工件的角度约为10°~15°，角度不可过大。锯削的往复速度以20~40次/min为宜，锯条的工作长度一般不应小于锯条长度的2/3。

4）锯削棒料可以从头锯到底。当锯削空心管子时，则不能一下子从头锯到底，凡锯至管子内壁即应停止，将管子向推锯方向转动一定角度再锯，这样依次进行直到锯完。

0725 台钻的结构和工作原理

台钻是一种小型钻床，一般安装在钳工工作台上或专用的台钻架上，台钻的规格有6mm和12mm两种。如6mm台钻，表示最大钻孔直径为6mm。

电动机通过五档V带传动，可使主轴获得五种转速。本体可在立柱上上下移动，并可绕轴心线转动到适当的位置，然后用手柄锁紧。另外保险环同螺钉可锁紧在立柱上，并紧靠本体下部端面，防止本体突然下滑。工作台可在立柱上移动和转动，并可用手柄锁紧在适当的位置。当松开螺钉时，工作台在垂直平面内可以左右倾斜45°。当钻削小工件时，工件可以放在平台上，当工件较大或较高时，可把工作台转到一边，直接把工件放在底座上进行钻孔。

0726 正确使用手提砂轮机的方法

手提砂轮机主要用来磨削不易在固定砂轮机上磨削的工件，如车架、车身各部骨架及其覆盖件的焊缝以及大型铸件、锻件的飞边等，可用手提砂轮机磨修平整。手提砂轮机有电动和气动两种类型。按砂轮直径分，常用的规格有150mm、80mm和40mm三种，其正确使用方法如下:

1）起动手提砂轮机前必须两手将手柄握紧，防止起动转矩作用而掉落，确保人身机具安全。

2）手提砂轮机必须安装防护罩，否则不得使用。

3）当砂轮机工作时，人员不要站在出屑的方向，防止铁屑飞出伤人眼，故使用手提砂轮机必须戴防护目镜。

4）当磨削薄板构件时，砂轮应轻轻接触工件，不能用力过猛，并密切注视磨削部位，以防磨穿。

5）使用手提砂轮机要轻拿轻放，用后及时切断电源或气源，妥善放置，严禁乱扔乱放。

0727 铆钉枪及其使用

铆接能够适应于结构复杂的各种金属和非金属材料之间的连接，铆接是车身修理作业不可缺少的工艺。

铆接技术作为金属结构零件相互连接的方法，适用于铆钉连接、零件翻边和永久连接等，在五金工具、飞机制造维修、精密机械、汽车制造等行业中应用广泛。

铆钉枪就是铆接中的一种铆接工具，目前国内外各种形式的铆钉枪较多，按铆接原理分有冲压式铆钉枪、径向式铆钉枪、摆碾式及液压式铆钉枪等。

当使用铆钉枪进行铆接时，先将铆钉组件插入被连接件的通孔，用铆钉器将外伸的铆钉杆拉断，铆接即告成功。

0728 压力机的主要作用

压力机就是一台冲压式压力机。在国民生产中，冲压工艺由于比较传统机械加工来说有节约材料和能源、效率高、对操作者技术要求不高及通过各种模具应用可以做出机械加工所无法达到的产品这些优点，因而它的用途越来越广泛。

冲压生产主要是针对板材的。其作用是通过模具进行落料、冲孔、成形、拉深、修整、精冲、整形、铆接及挤压件等工作。

0729 压力机的使用注意事项

（1）压力机工作前

1）检查各部分的润滑情况，并使各部分得到充分的润滑。

2）检查模具安装是否正确可靠。

3）检查压缩空气压力是否在规定的范围内。

4）务必使飞轮和离合器脱开后，才能开启电动机。

5）当电动机开动时，应检查飞轮旋转方向是否与回转标志相同。

6）使压力机进行几次空行程，检查制动器、离合器及操纵部分的工作情况。

（2）工作中

1）应定时用手动润滑油泵向润滑点压送润滑油。

2）当压力机性能未熟悉时，不得擅自调整压力机。

3）绝对禁止同时冲裁两层板料。

4）发现工作不正常应立即停止工作，并及时检查。

（3）工作后

1）使飞轮和离合器脱开，切断电源，放出剩余空气。

2）将压力机擦拭干净，工作台面涂防锈油。

3）每次运行或维护之后做好记录。

0730 使用滚板机的方法

滚板机就是滚床。用于滚制板厚2mm、宽150mm以下的金属板料，滚成等曲度筒形零件，变曲度筒形零件以及等曲度、变曲度锥形零件。滚板机的使用方法如下：

1）根据板厚调节轴辊的间隙。校正的质量取决于辊子的精度。

2）滚压已预先成形的工件。首先将工件下面的辊子换成较工件之上的辊子曲率略小的辊子，然后利用急松装置将底辊升起，同时将工件置于辊子之间，调整底轮的压力，使工件能在适度的压力之下在辊子间滑动。

3）滚压平钣金件的波形皱纹。滚压时金属板移动的方向与原来移动的方向成对角线，压力保持均匀，并平稳地移动，以免再度造成波纹。

4）大型钣金件的成形方法。根据工件的要求在滚压大型钣金件时需要两个人把持工件，在滚压机上按以上描述依次前后移动。

0731 使用折边机的方法

折边机为简单的弯曲机，既可以是手动的，也可以是机动的。最简单的方法是用有弯曲半径的模型把钢板牢固地固定在机床工作台上。伸出的部分材料放在另一个工作台上，该工作台能沿弯曲半径中心旋转。当活动工作台上升时，它把钢板弯曲成所需的角度。很明显，当进行弯曲时，钢板在工作台上滑动。因此，为防止划伤钢板，工作台表面必须平滑。在实际加工过程中，通常用塑料膜保护钢板表面。

上梁片通常做成楔形以便形成间隙，这样就可用适当形状的坯料折成四边形箱或槽。

0732 使用剪板机的方法

剪板机顾名思义就是剪板材的机械，一般是剪金属板材。剪板机的正确使用方法如下：

1）开动剪板机机器空转若干循环，确保在正常情况下，试剪不同厚度的板料，由薄至厚。

2）试剪不同板厚时必须调对不同刀片间隙。若不调对相应的刀片间隙，则影响刀片寿命。

3）剪板机在剪切过程中打开压力表开关，观察油路压力值，不得为剪超规定材料面提高压力，造成机器损坏。

4）操作时声音正常。剪板机如有杂音，应停车检查。

5）剪板机操作时油箱提高温度低于60℃，超过时关机休息。

6）当调整机床时，必须切断电源；当移动工件时，应注意手的安全。

7）机床各部应经常保持润滑。

0733 汽车车身一般采用的钢板类型

车身用钢板主要使用厚度为0.6~2.0mm的冷轧、热轧的薄钢板。近年来，为满足防止锈蚀和车身轻量化等技术要求，采用表面处理钢板和高强度钢板材料，而装饰用的很多配件使用不锈钢板。

（1）热轧和冷轧钢板　工业上使用的钢板分为两种：一为经高温轧延后制成的钢板，称为热轧钢板；另一种为热轧钢板再经常温轧延及表面调质处理后的钢板，称为冷轧钢板或磨光钢板。

热轧软钢板是由含碳量少(含碳量质量分数低于0.15%)的钢板，以热轧加工所制成的。热轧钢板使用在外观不需要很美观的部分。

冷轧钢板比热轧钢板的加工性优良且表面美观，因此大都使用在汽车车身、机械零件、电动机器具等表面平滑美观的构造物以及各零件上。

（2）高强度钢板　高强度钢板抗拉强度有的在6MPa以上，是普通软钢板的2~3倍。高强度钢板种类很多，受关注的是复合组织钢板。这种钢板比其他高强度钢板的屈服强度低，具有较大的延性，加工成形性良好。

（3）表面处理钢板　为了使车身具有更良好的耐蚀性，广泛使用表面处理钢板来延长车辆的使用寿命。

（4）不锈钢板　不锈钢板是在碳钢中加铬、镍，经热轧和冷轧所制成的合金材料，有良好的耐蚀性，外观光滑美观，为银白色。

0734 汽车车身采用铝材的原因

由于汽车制造大量采用铝合金使汽车总质量减小，从而降低了燃油的消耗；由于油耗低、质量小，汽车的废气排放就少，污染程度就下降；废旧汽车的回收率高，铝质汽车零件基本上都可回收；回收再生所需要能源少，并且铝可以多次循环再生，对其性能来讲没有多大变化。

0735 金属的工艺性能

金属材料是要经过一系列加工以后，才能制成符合要求的机械零件或结构件。因此，金属材料还要满足加工工艺方面的要求。金属材料的工艺性能一般包括铸造性、焊接性、可锻性和切削加工性等。

1）铸造性。铸造性指金属熔化成液态后，在铸造成型时所具有的一种特性。衡量金属材料铸造性的指标有流动性、收缩率和偏析倾向，在金属材料中，灰铸铁和青铜的铸造性能较好。

2）焊接性。焊接性一般是指两块相同的金属材料或两块不同的金属材料，在局部加热到熔融状态下，能够牢固地焊合在一起的性能。通常，低碳钢的焊接性能较好，高碳钢和铸铁较差。

3）可锻性。可锻性指金属材料在进行压力加工时，能改变形状而不产生裂纹的性能。

4）切削加工性。切削加工性指金属在切削加工时的难易程度。切削加工性能好的金属对使用的刀具磨损量小、切削速度快，加工表面也比较光洁。

0736 金属的切削性

切削加工性是指金属材料在用切削刀具进行加工时，所表现出来的一种性能。它主要用切削速度、加工表面粗糙度和刀具寿命来衡量。通常，灰铸铁有良好的切削加工性，钢的硬度在160~200HBW范围内时，具有良好的切削加工性。

0737 金属的可锻性

可锻性是指金属材料在进行压力加工时，能改变形状而不产生裂纹的性能。可锻性的好坏取决于材料的化学成分和加热温度。通常碳钢具有良好的可锻性，以低碳钢的可锻性最好，中碳钢次之，高碳钢较差。铸铁、硬质合金不能进行锻压加工。加热温度对金属可锻性的影响较大，温度提高，金属的可锻性提高。

0738 金属的可浇注性

液体金属铸造成型时所具有的一种性能叫作可浇注性。可浇注性的优劣一般是用液体的流动性、铸造收缩率及偏析趋势来表示。流动性是指液体金属充满铸型的一种能力；铸造收缩率是指金属在结晶和凝固后，发生体积变化的程度。对于铸件来说，要求金属的收缩率要小；偏析是指铸件凝固后，其内部化学成分或金属组织不均匀的一种现象，由于偏析，会造成金属材料各部分的力学性能不一致，影响材料使用性能。

0739 金属的焊接性

焊接性能好的金属，在焊缝部位不易产生裂纹、气孔、夹渣等缺陷，同时焊接接头具有一定的力学性能。否则就认为焊接性能不好。金属材料焊接性能的好坏取决于材料的化学成分和焊接工艺等。通常，低碳钢的焊接性能较好，高碳钢和铸铁较差。

0740 金属的延展性

金属延展性是物质的物理属性之一，它指可锤炼可压延程度。易锻物质不需退火可锤炼可压延，可锻物质则需退火进行锤炼和压延，脆性物质则在锤炼后压延程度显得较差。物体在外力作用下能延伸成细丝而不断裂的性质叫作延性，在外力（锤击或滚轧）作用下能碾成薄片而不破裂的性质叫作展性。如金属的延展性良好，其中金、铂、铜、银、钨、铝都富于延展性。

0741 热处理的含义及其作用

热处理是将金属材料放在一定的介质内加热、保温、冷却，通过改变材料表面或内部的金相组织结构，来控制其性能的一种金属热加工工艺。

金属热处理是机械制造中的重要工艺之一，与其他加工工艺相比，热处理一般不改变工件的形状和整体的化学成分，而是通过改变工件内部的显微组织，或改变工件表面的化学成分，赋予或改善工件的使用性能。

为使金属工件具有所需要的力学性能、物理性能和化学性能，除合理选用材料和各种成形工艺外，热处理工艺往往是必不可少的。热处理的作用就是提高材料的力学性能、消除残余应力和改善金属的切削加工性。

0742 热处理的分类

按照热处理不同的目的，热处理工艺可分为两大类：预备热处理和最终热处理。

（1）预备热处理　预备热处理的目的是改善加工性能、消除内应力和为最终热处理准备良好的金相组织。其热处理工艺有退火、正火、时效和调质等。

（2）最终热处理　最终热处理的目的是提高硬度、耐磨性和强度等力学性能。

0743 退火的含义及其作用

退火是指将金属材料加热到适当的温度，保持一定的时间，然后缓慢冷却的热处理工艺。

常见的退火工艺有再结晶退火、去应力退火、球化退火和完全退火等。

退火的作用主要是降低金属材料的硬度，提高塑性，以利切削加工或压力加工，减少残余应力，提高组织和成分的均匀化，或为后道热处理做好组织准备等。

0744 正火的含义及其作用

正火是指将钢材或钢件加热到钢的上临界点温度以上30~50℃，保持适当时间后，在自然流通的空气中冷却的热处理的工艺。

正火的作用主要是提高低碳钢的力学性能，改善切削加工性，细化晶粒，消除组织缺陷，为后道热处理做好组织准备等。

0745 淬火的含义及其作用

淬火是将金属工件加热到某一适当温度并保持一段时间，随即浸入淬火冷却介质中快速冷却的金属热处理工艺。

常用的淬火冷却介质有盐水、水、矿物油和空气等。淬火可以提高金属工件的硬度及耐磨性，因而广泛用于各种工、模、量具及要求表面耐磨的零件(如齿轮、轧辊、渗碳零件等)。通过淬火与不同温度的回火配合，可以大幅度提高金属的强度、韧性及疲劳强度，并可获得这些性能之间的配合(综合力学性能)以满足不同的使用要求。淬火工艺主要用于钢件。

0746 回火的含义及其作用

回火是指将经过淬火的工件重新加热到低于下临界温度的适当温度，保温一段时间后在空气或水、油等介质中冷却的金属热处理工艺。

回火的作用在于：

1）提高组织稳定性，使工件在使用过程中不再发生组织转变，从而使工件几何尺寸和性能保持稳定。

2）消除内应力，以便改善工件的使用性能并稳定工件几何尺寸。

3）调整钢铁的力学性能以满足使用要求。

0747 退火与正火的区别

退火和正火用于经过热加工的毛坯。含碳量大于0.5%（质量分数）的碳钢和合金钢，为降低其硬度使其易于切削，常采用退火处理；含碳量低于0.5 %（质量分数）的碳钢和合金钢，为避免其硬度过低切削时粘刀，而采用正火处理。退火和正火都能细化晶粒、均匀组织，为以后的热处理做准备。退火和正火常安排在毛坯制造之后、粗加工之前进行。

正火与退火的主要区别是正火冷却速度比退火稍快，得到的组织更细，常用于改善材料的切削性能，也有时用于对一些要求不高的零件作为最终热处理。

0748 表面热处理及其主要方法

表面热处理是只加热工件表层，以改变其表层力学性能的金属热处理工艺。为了只加热工件表层而不使过多的热量传入工件内部，使用的热源需具有高的能量密度，即在单位面积的工件上给予较大的热能，使工件表层或局部能短时或瞬时达到高温。

表面热处理的主要方法有火焰淬火和感应加热热处理，常用的热源有氧乙炔或氧丙烷等火焰、感应电流、激光和电子束等。

0749 焊接汽车钣金件的常用方法

根据施焊工艺的不同，常用的焊接方法可分为三大类：熔化焊、压焊、钎焊。车身组件多由钢板或型钢构成，焊接具有节省钢材、操作简单、密封性能好等优点。常用的焊接汽车钣金件方法如下：

1）熔化焊。氧乙炔气焊、手工电弧焊、二氧化碳气体保护焊。

2）压焊。定位焊和缝焊。

3）钎焊。锡钎焊（软钎焊）、铝钎焊和硬钎焊。

0750 气焊时需要用到的设备和工具

气焊的设备与工具以及辅助器具如下：

1）减压器。

2）回火防止器。

3）氧气瓶。

4）乙炔瓶。

5）焊炬。

6）辅助器具与防护用具。

辅助器具有通针、橡胶管、点火器、钢丝刷、锤子和锉刀等。

防护用具有气焊眼镜、工作服、手套、工作鞋和护脚布等。

0751 使用氧气瓶时必须严格遵守的事项

氧气瓶是储存和运输高压氧气的容器。容积为40L，储氧的最大压力为15MPa。按规定氧气瓶外表漆成天蓝色。并用黑漆标明“氧气”字样。

使用氧气瓶时必须严格遵守下列注意事项：

1）氧气瓶严禁靠近易燃品和油脂。氧气瓶与乙炔发生器、易燃易爆物品及其他火源之间的距离一般不得小于10m。

2）氧气瓶上应装有防振橡胶圈，搬运时应将瓶帽拧紧，避免碰撞和剧烈振动。

3）氧气瓶周围应干燥、凉爽。夏天不要将氧气瓶放在露天晒，以防爆炸。

4）氧气瓶在安装减压器前，应清除瓶嘴的污物和灰尘。

5）氧气瓶要离气焊、气割现场10m以上。

6）氧气瓶内的气体不允许全部用完，至少应留0.1~0.2MPa表压的剩余气量，防止再次充气时进入空气和杂物，降低氧气纯度。同时剩一些氧气便于在充气时吹掉瓶口灰尘。

0752 气焊及其在车身修复中的作用以及乙炔和乙炔气瓶的各自特点

气焊是利用气体火焰作为热源，来熔化母材和填充金属的一种焊接方法。最常用的是氧乙炔焊，即利用乙炔（可燃气体）和氧（助燃气体）混合燃烧时所产生的氧乙炔焰，来加热熔化工件与焊丝，冷凝后形成焊缝的焊接的方法。

气焊主要用于焊接厚度小于3mm的低碳钢薄板，铜、铝等有色金属及其合金，以及铸铁的焊补等。也适用于没有电源的野外作业。

气焊在汽车车身修复过程中不仅仅是用来焊接，在钢板的切割作业、钢板的整形校正、车架大梁的校正中也是一种最便利的加热工具。它利用高温火焰进行金属熔化、切割、加工作业等，用途十分广泛。

（1）乙炔的特点　乙炔气俗称作电石气，是最简单的炔烃，是无色有芳香气味的易燃气体，在液态和固态下或在气态和一定压力下有猛烈爆炸的危险，受热、振动、电火花等因素都可以引发爆炸。乙炔难溶于水，易溶于丙酮。

乙炔燃烧时能产生高温，乙炔焰的温度可以达到3200℃左右，用于切割和焊接金属。供给适量空气，可以安全燃烧发出亮白光，在电灯未普及或没有电力的地方可以用作照明光源。

（2）乙炔气瓶的特点　溶解乙炔气瓶是一种储存和运输乙炔气的压力容器，乙炔气瓶是实心的，瓶内充满了多孔性固体硅酸钙填料，孔隙中充入溶剂丙酮，罐装的乙炔溶解在丙酮之中。

当温度在15℃时，一个体积的丙酮可以溶解23倍的标准状态乙炔气。最适宜配合氧气瓶使用的乙炔气瓶，设计压力为3MPa，公称容积为40L。

乙炔气瓶的肩部有易熔塞，当瓶壁温度超过100℃时，易熔合金熔化，易熔塞打开放气泄压，防止气瓶爆炸。

乙炔气瓶的外表面漆白色，瓶体标注红色的“乙炔”和“火不可近”字样。瓶的顶部装有瓶阀，外面是固定的瓶帽(俗称安全帽)，瓶阀下面有一个铝制的能转动的检验标记环。

0753 气焊前需要的准备工作

进行气焊前，应做好以下准备，使焊接工作顺利进行，并提高焊接质量。

（1）开坡口　在焊件上开坡口的目的是保证焊接过程中焊件全部厚度能充分焊透，形成牢固的接头，是保证焊接质量的必要条件。

（2）做好接头处的清洁工作　在气焊前，工件的焊接边缘和邻近区域应该仔细地清除氧化铁、锈斑、油漆及油脂等污垢，直到显露出金属光泽为止。

（3）定位焊　在焊接前，要把焊件相互之间在一些地方连接起来，固定焊件间的相互位置，防止焊件在焊接过程中变形、发生位移。每个定位焊的长度约为5mm，间距为50~100mm。当焊接较厚的钢板时，定位焊的长度约为20~30mm，间距约为300~500mm。

当进行定位焊时，也要选用正确的焊接规范，并时刻注意焊接质量。

0754 选择焊接火焰的方法

当焊接不同材料类型的工件时，根据焊接要求选择适当的焊接火焰。

1）焊接一般低碳钢时常选用中性焰。因中性焰能对金属起还原作用，改善焊缝组织，提高焊接质量。

2）当焊接铸铁及镀焊硬质合金时，可以选用碳化焰。因碳化焰中被分解出来的碳可以渗透到工件中去，起到渗碳作用，补充焊接时碳的烧损，增加焊缝含碳量，提高焊缝的强度和硬度。

3）焊接黄铜时可选用氧化焰。因黄铜中含有锌元素，锌的熔点较低，当温度达930℃左右时，锌会蒸发。如选用氧化焰时，火焰的氧能和锌化合，生成氧化锌薄膜，覆盖在熔池表面上，以防锌的继续蒸发。

0755 气焊需要采用的焊条与焊药

（1）气焊焊条　气焊可以焊接低碳钢、高碳钢、不锈钢、铸铁、铜、铜合金、铝、铝合金、表面硬化合金及压铸合金等金属焊件。当焊接不同金属材质的工作时，必须选用适当的焊条，焊条的材质对焊接质量有直接的影响。优质的焊条在焊接过程中使母材具有化学变化的容许值，并使焊接后焊道的材质成分具有正确的组织部分。焊条的规格为0.8~6.5mm，不同规格的焊条使用在不同板厚的焊材上。一般低碳钢焊条都镀上铜，以防止生锈。

（2）焊条上的焊药　焊药不仅用来防止氧化的发生，而且能够溶解氧化物以增加焊条的流动性，并使其他杂质同时浮于焊道之上。一般焊接铸铁可用硼砂与玻璃粉末的混合物作为焊药，焊接铝及铝合金用氟化物与氧化物的混合物作为焊药，焊接铜及铜合金则使用硼砂或再添加氯化物作为焊药。

0756 气焊时焊炬和焊丝需要运动的原因以及气焊时需要注意的事项

1）气焊时，焊炬和焊丝都要运动，其目的一是使焊缝金属熔透，但又不要烧穿；二是搅动金属熔池，使熔池中各种非金属夹杂物从熔池中排除，并使气体从熔池中逸出。

2）气焊时，首先打开乙炔旋钮，再少许打开氧气旋钮，点火。然后通过调整这两个旋钮调整火焰的大小和完全燃烧状态。要注意防止回火。在切割时，握把的右手的食指不要离开乙炔旋钮。一旦发生回火(发出“呲呲”声)，立即用右手的食指关闭乙炔旋钮(往下搓旋钮往关闭方向旋转)，而后再关闭氧气旋钮。另外，在焊接时最好戴上有色防护眼镜。

0757 气焊的前进焊法和后退焊法

（1）前进焊法　前进焊法又叫作向左焊法。当向左焊时，焊炬指向待焊部位，焊接过程自右向左，焊炬在焊丝后面移动。前进焊法因前进的火焰具有预热效果，焊接速度较快，而且能够得到较好的熔深，所以一般薄板的焊接都用此法。

（2）后退焊法　后退焊法又叫作向右焊法。当向右焊时，焊炬指向已完成的焊缝。焊接过程自左向右，焊炬在焊丝前面移动。后退焊法通常用于厚板的焊接，焊接是由左端向右方的后退移动，焊条一面做圆周运动，一面跟随火嘴前进，焊炬沿着焊接线做直线运动。

0758 前进焊法和后退焊法的各自特点

（1）前进焊法的特点

1）当前进焊时，焊接火焰指向未焊金属，起预热作用，可以焊得较深。

2）其他作用特点与后退焊法相反。

（2）后退焊法的特点

1）后退焊法的特点是火焰指向焊缝，能很好地保护熔池金属，防止它受到周围空气的影响，使焊缝缓慢地冷却。

2）由于热量集中，焊接时钢板坡口角度可以开得小，焊件收缩量小，减少变形。

3）由于火焰对着焊缝，起到焊后的回火作用，使其冷却迟缓，焊缝组织细密，质量优良。

4）热利用率高，可以节省氧和乙炔的消耗量，并提高焊接速度。

5）后退焊法的技术难度较大，工作时不太顺手。

0759 气焊产生裂纹的原因及杜绝裂纹的方法

当使用气焊焊接低碳钢时，一般较少产生裂纹，产生裂纹的原因如下：

1）焊丝的成分、组织不适合焊件。

2）焊接时应力过大，焊缝加强高度不够，或焊缝熔合不良。

3）当定位焊时，焊缝太短或熔合不良。

4）焊接时工作场所温度过低等。

杜绝焊缝裂纹的方法如下:

1）合理地选择焊丝。

2）当进行装配及焊接时，要防止应力过大。当焊接长焊缝时，先在起焊端往反方向施焊一段之后再往正方向施焊。

3）当进行定位焊时，焊缝的厚薄和长短要适当。

4）当在气温较低的场所焊接时，焊嘴抬起和焊接结束或中断时，火焰离开熔池不可太快。如条件允许，可适当提高焊接场地的环境温度。

0760 气焊未焊透的原因及其危害

未焊透是指焊接时焊缝接头的根部未完全熔透的现象，按坡口形式可分为单面焊未焊透和双面焊根部未焊透。

气焊焊缝未焊透的原因是焊炬的火焰能量不够，焊接速度太快，坡口的角度不够，因此无法将焊口全部加热。另外，焊接前对坡口的清理工作未做好，也是造成未焊透的原因。

未焊透的危害之一是减小了焊缝的有效面积，使接头强度下降。其次，未焊透引起的应力集中所造成的危害，比强度下降的危害大得多。未焊透严重降低焊缝的疲劳强度。未焊透可能成为裂纹源，是造成焊缝破坏的重要原因。

0761 气焊产生外部裂纹的原因

外部裂纹有的产生在焊缝金属上，有的产生在构件基体金属上。基体金属上的裂纹，通常在焊缝旁边的热影响区里。裂纹有纵向的和横向的。产生裂纹的原因，是金属加热和冷却不一致。裂纹是焊接中最严重的缺陷，由于裂纹处受力能力弱，工件往往在有裂纹的地方突然折断。

0762 电弧焊接的工作原理

焊条电弧焊是工业生产中应用最广泛的焊接方法，它的原理是利用电弧放电（俗称电弧燃烧）所产生的热量将焊条与工件互相熔化并在冷凝后形成焊缝，从而获得牢固接头的焊接过程。

0763 电焊机的类型及各自特点

电焊机一般按输出电源种类可分为两种：一种是交流的，一种是直流的。

（1）交流变压器型电焊机　交流变压器型电焊机是目前应用最广的电焊机，其结构的主要部分就是变压器。当交流电输入时，经变压器变压后，再由整流器整流，然后输出具有下降外特性的电源，输出端在接通和断开时会产生巨大的电压变化，两极在瞬间短路时引燃电弧，利用产生的电弧来熔化焊条和焊材。其优点是构造简单，故障排除容易，且价格便宜。

（2）直流型电焊机　直流型电焊机使用在没有电源的地方，电压保持在无负载时约60V、全负载时20V左右，100~600A的电流。其优点是电弧稳定，适用于非铁金属的焊接。

0764 电焊时需要用到的工具

电焊设备由焊机、焊钳、焊条、连接电缆线和附属用具组成。

（1）焊钳　焊钳用来夹持焊条，其外壳用耐高温的轻质绝缘体制造。焊钳必须具有良好的导电性，并要求外部绝缘好，而高温长期使用不发热。常用的有300A、500A两种。

（2）焊条　焊条由焊芯和药皮两部分组成。

（3）连接电缆线　连接电缆线连接焊接物导电用，与焊条构成焊接回路。

（4）附属用具

1）焊帽或墨镜、工作服、工作鞋、皮手套。

2）尖锤。用来清除焊渣。

0765 电弧引弧法及其种类

手工电弧焊时引燃电弧的过程称为引弧。常用的引弧方法有划擦引弧法和直击引弧法。

（1）划擦引弧法的操作要领　先将焊条末端对准焊件，然后将手腕扭转一下，像划火柴似的将焊条在焊件表面轻轻划擦一下，引燃电弧，再迅速将焊条提起2~4mm，使电弧引燃，并保持电弧长度，使之稳定燃烧。

划擦法引弧操作简单，易于初学者掌握，但易损坏焊件表面，造成焊件表面有电弧划伤痕迹，在正式焊接时应尽量少采用。

（2）直击引弧法的操作要领　将焊条末端对准焊件，然后将手腕下弯，使焊条轻微碰一下焊件后迅速提起2~4mm，即引燃电弧。引弧后，手腕放平，使电弧长度保持在与所用焊条直径相适应的范围内，使电弧稳定燃烧。

0766 交流电焊机和直流电焊机各自适合焊接的材料

1）如采用交流电焊机，因交流电源电流和电压方向的改变，电弧不能连续稳定燃烧。适用于焊接低碳钢、铸铁或对焊接质量要求不高的工件或焊条是铁钙型的焊条(酸性焊条)。

2）如采用直流电焊机，因直流电源能提供稳定的电弧和平稳的熔滴过渡。一旦电弧被引燃，直流电弧能保持连续燃烧。因其性能好，可焊接铸铁、低碳钢、合金钢和非铁金属等。当焊重要构件时，选用低氢型焊条（碱性焊条）时应采用直流电焊机。

0767 常用的焊条药皮种类

焊条药皮是指涂在焊芯表面的涂料层。药皮在焊接过程中分解熔化后形成气体和熔渣，起到机械保护、冶金处理和改善工艺性能的作用。

药皮主要由矿物、铁合金、有机物、水玻璃等四类物质组成。焊条药皮有酸性和碱性之分。

（1）酸性焊条　对于钢焊条来说，如氧化钛型、氧化钙型、钛铁矿型、氧化铁型及纤维素型焊条药皮中所含酸性氧化物较多，故一般称这五种类型药皮的焊条为酸性焊条。

（2）碱性焊条　低氢型焊条药皮中含有较多的大理石和炭石，碱性较强，故称为碱性焊条。碱性焊条力学性能和抗裂性能比酸性焊条好，重要结构的焊接应选用碱性焊条。

0768 使用电焊机的注意事项

1）应根据工件技术条件，选用合理的焊接工艺(焊条、焊接电流和负载持续率)，不允许超负载使用，并应尽量采用无载停电装置。不准采用大电流施焊，不准用电焊机进行金属切割作业。

2）在载荷施焊中，电焊机温升不应超过A级60℃、B级80℃，否则应停机降温后，再进行焊接。

3）电焊机工作场地应保持干燥，通风良好。当移动电焊机时，应切断电源，不得用拖拉电缆的方法移动电焊机，如焊接中突然断电，应切断电源。

4）在焊接中，不准调节电流，必须在停焊时使用手柄调节电焊机电流，不得过快过猛，以免损坏调节器。

5）当直流电焊机起动时，应检查转子的旋转方向，要符合电焊机标志的箭头方向。

6）直流电焊机的电刷架边缘和换向器表面的间隙不得小于2mm，并注意经常调整和擦净污物。

7）当硅整流电焊机使用时，必须先开启风扇电动机，电压表指示值应正常，仔细检查应无异响。停机后，应清洁硅整流器及其他部件。

8）严禁用绝缘电阻表测试硅整流电焊机主变压器的二次侧线圈和控制变压器的二次侧线圈。

9）当必须在潮湿处施焊时，焊工应站在绝缘木板上，不准用手触摸焊机导线，不准用臂夹持带电焊钳，以免触电。

0769 放样

依据施工图把工件的实际大小和形状画到施工板料上称为放样，放样是把图样上的设计方案“搬”到实际现场的过程。

板料上画出的图形称为放样图，放样图的比例必须是1∶1，其目的在于精确地反映实际形状、结构和尺寸。

0770 排样

在板料或条料上合理安排每个坯件下料位置的过程称为排样。排样应能做到最大限度地提高原材料利用率，减少浪费。

排样的方法有以下几种：

（1）集中排样法　由于工件的形状大小不一，为了合理使用材料，将使用同样牌号、同样厚度的工件集中一次划线排样。这样可以统筹安排，大小搭配。

（2）长短搭配法　长短搭配法适用于条形板料的排样。排样时先将较长的料排出来，然后根据长度再排短料，这样长短搭配，使余料最小。

（3）零料拼整法　在钣金作业中，有时按整个工件划料，则挖去的材料较多，浪费较大，常常有意将该工件裁成几部分，然后再拼起来使用，可以节省用料。

（4）排样套裁法　当工件下料的数量较多时，为使板料得到充分利用，必须对同一形状的工件或各种不同形状的工件进行排样套裁。排样的方式通常有直排、斜排、单行排列、多行排列、对头直排、对头斜排等。

0771 下料

下料是指确定制作某个部件所需的材料形状、数量或质量后，从整个或整批原材料中裁切下一定形状、数量或质量的材料的操作过程。

钣金常用的下料方法有以下几种：

1）手工剪切。手工剪切多用于薄钢板的单件或小批量下料。

2）机床剪切。机床剪切多用于薄钢板及中厚板的大批量下料。

3）锯切和铣切。锯切和铣切多用于型钢下料。

4）冲切。冲切可用于钢板，也可用于型钢下料。

5）气割。气割可用于型钢，也适用于各种厚钢板的下料。

0772 咬缝

将两块板料的边缘或一块板料的两边折转咬合并彼此压紧的连接方式称为咬缝。

常见咬缝的种类，就结构不同可分为挂扣、单扣、双扣，以形式不同分为 站扣和卧扣。

0773 卷边

卷边是将板件的边缘卷起来，其目的是增强边缘的刚度和强度。卷边分为夹丝卷边和空心卷边两种。

卷边的操作过程如下：

1）将板料剪切成所需尺寸。

2）沿边量出2.5倍钢丝直径距离并划线。

3）将板料按划线弯折成直角。

4）用钢丝钳剪一段适当长度的钢丝，用木槌在光滑平板上打直钢丝。

5）将钢丝放入已折妥的直角边内，并用钳子固定钢丝位置。

6）用木槌或铆钉锤捶打板缘包住钢丝。

7）用铆钉锤逐段扣紧成形。

0774 放边

通过使板料变薄而弯曲成形的方法叫作放边。放边的方法主要有打薄和拉薄。

（1）打薄放边　制造凹曲线弯边的零件，可用直角形材料在铁砧或平台上锤放直角料边缘，使边缘材料变薄、面积增大、弯边伸长。锤击时，注意击打力度，使靠近内缘的材料伸长较小，靠近直角料边缘的材料伸长较大，锤痕呈放射状均匀分布即可达到此目的。这样，直角料就逐渐被锤放成曲线弯边的零件。

（2）拉薄放边　拉薄放边是用木槌在厚橡皮或木墩上锤放，使材料伸展拉长。在制造凹曲线弯曲零件时，为防止裂纹，可事先用此法放展毛料，后弯制弯边，这样交替进行来形成凹曲线钣金弯边零件。

0775 收边

使钣金工件单边起皱收缩而弯曲成形的方法，称为收边。收边的常用方法有用折皱钳起皱和搂弯收边这两种方法。

（1）用折皱钳起皱

1）将零件折弯。

2）校直直角料，使之平直。

3）用折皱钳使收缩边起皱褶。

4）收缩边边缘长度减小，使角料呈圆弧形。

5）放在铁砧上用铁锤敲平。

6）锉削飞边。

（2）搂弯收边　将坯料夹在型胎上，用铝棒顶住毛坯，用木槌敲打顶住部分，使板料弯曲逐渐被收缩靠胎。

0776 塑料卡扣的作用及其使用注意事项

塑料卡扣主要用于汽车车身内饰件的连接与安装，如客车内装饰、货车驾驶室内顶装饰、车门内饰板，甚至车身内的一些维护孔盖板等。

当使用汽车塑料卡扣时，应注意以下几点：

1）当修理车身时，在拆卸采用卡扣的内饰板时应轻轻地用一字槽螺钉旋具撬出，注意不要损坏卡扣的膨胀部分。

2）当修补车身金属板件时，以前有卡扣安装孔的地方，必须重新钻同样规格的安装孔。

3）由于制造厂家不同及卡扣的使用部位不同，有差别的卡扣不得相互混用，防止造成装配和卡装不到位，甚至失去应有的固定作用。

0777 制筋及手工制筋的方法

制筋是指在钣金件表面上制出各种凸筋，制筋可以提高车身件的刚度和使用性能，增加美感。

手工制筋适用于单件生产和修配，简易的手工制筋方法有以下两种：

（1）扁冲制筋

1）在坯料上划出制筋棱线的标记线。

2）在平台上铺一块较厚的橡胶垫，将制件放在橡胶垫上，操作者手持扁冲对准标记线，锤击扁冲；每冲击一次，要沿标记线移动一次扁冲，移动距离不可超过扁冲的宽度，以便冲痕前后衔接。沿整个标记线冲击一次后，再重复冲击若干次，直至达到所需筋的深度为止。最后，去掉橡胶垫，直接在平台上轻轻冲击一次，使筋棱形成整齐的线条，用木槌将非制筋部分的表面整平即可。

（2）简易模具制筋　窄且深的条形筋，最好用模具压制，通过锤击冲压而成形。

模具可以自制。两块方钢平行地焊在底板上，留出一定的间隙，即成下模；下模成形部分的形状和尺寸应与筋截面的形状和尺寸相符。

当制筋操作时，将金属板料放在上、下模之间，对准制筋标记线，一人手持下模的手柄，另一人用大锤击压上模顶部。操作要点与前述用扁冲制筋相同，经几次冲击即可成形。

0778 钣金件的手工校正方法

钣金件的手工校正是在平板、铁砧或台虎钳上用锤子等工具完成的。常用的手工校正方法有延展法、扭转法、弯形法和伸张法。

（1）延展法　延展法主要针对金属薄板中部凹凸而边缘呈波浪形以及翘曲等变形的情形。

（2）扭转法　扭转法是用来校正条料扭曲变形的。操作时将条料夹持在台虎钳上，用扳手把条料扭转到原来形状。

（3）弯形法　弯形法是用来校正各种弯曲的棒料和在宽度方向上弯曲的条料。

（4）伸张法　伸张法用来校正各种细长线材。

0779 凸鼓面的校正

凸鼓面的校正方法如下：

1）将板料凸面向上放在平台上，左手按住板料，右手握锤。

2）敲击应由板料四周边缘开始，逐渐向凸鼓面中心靠拢。

3）当板料基本校正后，再用木槌进行一次调整性敲击，以使整个组织舒展均匀。

0780 边缘翘曲的校正

边缘翘曲的校正方法如下：

1）将边缘呈波浪形板料放在平台上，左手按住板料，右手握锤。

2）敲击由板料中间开始，逐渐向四周扩散。

3）当板料基本校正后，再用木槌进行一次调整性敲击，以使整个组织舒展均匀。

0781 对角翘曲的校正

对角翘曲的校正方法如下：

1）将翘曲板料放在平台上，左手按住板料，右手握锤。

2）先沿着没有翘曲的对角线开始敲击，依次向两侧伸展，使其延伸而校正。

3）当板料基本校正后，再用木槌进行一次调整性敲击，以使整个组织舒展均匀。

0782 拍打校正的方法

板料的拍打校正就是用拍板（甩铁）在板料上拍打，使板料凸起部分受压、变短，同时张紧部分受压伸长，从而达到校正的目的。

0783 校正曲面小范围凸起变形的方法

首先用垫铁贴紧凸起的反面，手锤敲击凸起部位，使凸起部分被压缩到原来形状。操作时要求锤击力量要轻巧，使锤与顶铁中心对正，然后进行敲击修整。握锤的手不宜过紧，以手腕的力量敲击，敲击速度大约100次/min左右为宜。

垫铁的形状要与曲面的曲率相一致，否则，将会产生严重的后果，使金属板的损坏更严重。

0784 校正曲面局部凹陷变形的方法

局部凹陷变形的校正与凸起的校正不同的是其锤击点不在垫铁顶面上方，而是在蒙皮的凸起部位。将垫铁贴紧最低凹陷处，铁锤敲击附近凸起处即可。

一般说来采用垫铁锤击时，锤击点都应落在表面凸起部位，垫铁则处于低的部位，否则，不但原有的凹凸现象不能消除，反而会增加新的缺陷。当修整凹陷时，锤击应从凹陷的外围逐渐向中心区域过渡的顺序进行，才能收到预期的效果。

0785 大凹面的校正

首先可用喷灯将凹面中间部位加热至粉红色的炽热状态，然后在中间部位下侧以顶铁顶起，从而使原来的凹陷得到初步复位。再用锤和顶铁相互配合将四周变高的部分逐渐敲平，恢复原来的几何形状。

0786 大曲率表面的校正

修整如翼子板、挡泥板等表面曲率较大的部位（高凸面）时，可先用火焰加热，然后顶铁顶起，最后锤击敲平，达到原来的外形形状。

0787 小凹痕的校正

小凹痕的校正方法有以下几种：

1）用鹤嘴锤的尖头把凹陷处从里往外锤平。

2）用撬棍伸进狭窄的空间，把凹陷撬平。此法一般用来撬平车门、后翼子板和其他封闭式车身板的凹陷。

3）用凹陷拉拔器将凹陷拉平。主要用于封闭型车身板或从后面无法接近的起皱。

4）用拉拔杆将凹陷拉平，敲打和拉拔使凸起部降低、凹陷上升。

0788 扭曲扁钢的校正

扭曲扁钢的校正方法步骤如下：

1）将扁钢夹持在台虎钳上。

2）用呆扳手夹住扁钢的另一端，用力往扁钢扭曲的反方向扭转。

3）当扭曲变形基本消除后，采用锤击法将其校正。

4）当锤击时，将扁钢斜置，平整部分搁置在平台上，扭转翘曲的部分伸出在平台外。

5）用锤子敲击稍离平台外向上翘曲的部分，敲击点离平台的距离约为板料厚度的2倍左右，边敲击边将扁钢向平台内移动。

6）翻转180°再进行同样的敲击，直到校正为止。

0789 角钢变形的校正

角钢的变形主要有向外弯曲、向内弯曲和扭曲，这些变形的校正方法如下：

1）将外弯角钢和内弯角钢放在圆筒铁砧或带孔的平台上。

2）对外弯角钢，锤击两直角边的边缘，从边缘往里锤击；对内弯角钢，锤击两直角边的根部。

3）将扭曲角钢的一端夹紧在台虎钳上。

4）用呆扳手夹住角钢另一端的直角边，用力使角钢沿相反的方向扭转，并稍微超过角钢的正常状态。

5）反复几次基本消除角钢的扭曲变形。

0790 圆钢变形的校正

圆钢多为弯曲变形，其校直只需将圆钢放置于平台上，使凸起处向上，用适当的中间锤置于圆钢的凸起处，然后敲击中间锤的顶部进行校正。

0791 常见的钣金件手工制作工艺

常见的钣金件手工制作工艺有弯曲、放边、收边、拔缘、拱曲、卷边、咬缝及制筋工艺。其中板料弯曲是钣金成形基本操作工艺，弯曲形式一般有两种，即角形弯折和弧形弯曲。

0792 实现角形弯折的方法

板料角形弯折后出现平直的棱角。弯折前，板料根据零件形状划线下料，并在弯折处划出折弯线，一般折弯线划在折角内侧。

如果零件尺寸不大，折弯工作可在台虎钳上进行。将板料夹持在台虎钳上，使折弯线恰好与钳口衬铁对齐，夹持力度合适。当弯折工件在钳口以上较长或板料较薄时，应用左手压住工件上部，用木槌在靠近弯曲部位轻轻敲打。如果敲打板料上方，易使板料翘曲变形。

若板料在钳口以上部分较短，可用硬木垫在弯角处，再用力敲打硬木。

如果钳口宽度较零件宽度小，可借助夹持工具完成。

0793 实现弧形弯曲的方法

以圆柱面弯曲为例，首先在板料上划出若干与弯曲轴线平行的等分线，作为弯曲时的基准线。后用槽钢作为胎具，将板料从外端向内弯折。当钢板边缘接触时，将对接缝焊接几点。将零件在圆钢管上敲打成形，再将接缝焊牢。锤击时，应尽量使用木槌，以防板料变形。

0794 车身、车架检验校正时的常用控制点

车身测量的控制点用于检测车身损伤与变形程度。车身设计与制造中设有多个控制点，车损鉴定时可以根据各控制点之间尺寸的变化判定车身的损伤程度及修复工艺和方法。

第一控制点通常在前保险杠或散热器框架支承部位，第二控制点一般在前悬架支承点，第三控制点在车身中间相当于后门框部位，第四控制点在车身后悬架支承点。

0795 轿车车身磨损的部位和原因

钣金件相互接触的表面，由于受力产生相对运动而引起磨损。所受的作用力越大，作用时间越长，材质表面硬度越低，则磨损越严重。

车身的以下部位容易发生磨损：

1）车身各铰链孔轴间的转动处。

2）门锁锁舌与锁扣间的撞击和滑动，锁舌台肩限位板面间的间断撞击。

3）玻璃升降器齿轮接触齿间的滑动。

4）铰链孔轴松旷导致车门下沉后，门下表面与门框的摩擦。

5）发动机舱盖下表面与散热器上表面及翼子板上表面的振动接触和相对错动摩擦等。

6）各钣金件螺栓松动后的螺栓孔磨损，造成孔径增大。

0796 车身表面锈蚀、涂膜起泡剥落的部位和原因

（1）原因

1）金属表面积有泥水，发生氧化反应而引起锈蚀。

2）焊修后，未经防锈处理而引起锈蚀。

3）接触化学药品而发生化学腐蚀。

（2）部位

1）驾驶室后围下裙部夹层。

2）各车门内外板下部底槽。

3）各车门与门框之间的缝隙处。

4）钣金件保护涂膜剥落或表面磷化处理层损坏处。

0797 车身有裂纹或断裂的部位和原因

（1）车身有裂纹或断裂的原因

1）钣金件在制作成形或焊接过程中，产生内应力。

2）当汽车行驶时，由于车身不断振动使钣金件承受交变载荷。

3）汽车急加速、紧急制动和转急弯时，使车身承受惯性力和离心力的作用。

4）当汽车通过路况差的路面时，各钣金件承受扭转力作用。

（2）车身有裂纹或断裂的部位

1）翼子板固定支架定位焊处和固定螺栓孔周围。

2）车门内板前侧与加固板定位焊处。

3）车门铰链附近板剪口处。

4）翼子板内外侧边缘。

5）钣金件拐弯、折边和狭窄部位。

6）驾驶室与车架连接部位。

7）各门框前、后下角。

8）螺栓孔磨损严重处。

0798 车身发生弯曲和扭曲的部位和原因

（1）车身发生弯曲和扭曲的原因

1）车身受撞击和挤压。

2）汽车行驶振动的交变载荷。

3）急加速、紧急制动、急转弯的惯性力。

4）路况差的路面使车身扭转等。

（2）车身发生弯曲和扭曲的部位

1）骨架和支架远离固定点的部位，如门框框架。

2）翼子板及其支架、发动机舱盖的侧缘。

3）天窗盖框架及覆盖板。

4）行李箱盖侧缘。

5）侧窗框架。

0799 采用拉铆钉的注意事项

采用拉铆钉时，应注意以下事项：

1）拉铆枪工作时气压不得超过0.7MPa，装拆零件时需断开气源。

2）严禁私自或随意拆装拉铆枪结构零部件。

3）拉铆钉的孔直径应比铆钉直径大0.10mm左右，过大会影响连接强度，过小铆钉插入困难。

4）拉铆时应根据芯棒的直径选定拉铆枪头孔径，适当调整导管位置并用螺母锁紧，使芯棒能自由

插入导管的拉夹中，然后将铆钉穿入钉孔中，按动扳钮，将芯棒拉断，铆接完成。

5）当钻铆钉孔时，孔径应与工件表面垂直。

6）在用拉铆枪拉铆时，拉铆枪轴线必须与铆钉孔轴线一致，不得歪斜；拉铆时应稍用力压住拉铆枪，使铆钉尾紧贴工件表面。

7）用拉铆枪拉铆钉时，不可刮伤铆接料件的表面。

0800 维修钣金常用铆钉的种类、规格

铆钉是在铆接中，利用自身形变或过盈连接被铆接件的零件。

铆钉种类很多，而且不拘形式。维修钣金常用的有半圆头、平头、沉头铆钉、抽芯铆钉、空心铆钉，这些通常是利用自身形变连接被铆接件。一般小于8mm的用冷铆，大于8mm的用热铆。

抽芯铆钉是一类单面铆接用的铆钉，但需使用专用工具——拉铆枪（手动、电动、气动）进行铆接。这类铆钉特别适用于不便采用普通铆钉(需从两面进行铆接)的铆接场合，其中以开口型扁圆头抽芯铆钉应用最广，沉头抽芯铆钉适用于表现需要平滑的铆接场合，封闭型抽芯铆钉适用于要求较高载荷和具有一定密封性能的铆接场合。

0801 更换车门板底部的锈蚀部位的方法

当更换门板底部时，应该注意更换焊接焊缝，应选在平面，不宜选在棱线上。用原来厚度的板料，根据更换范围分别确定内、外门板的下料尺寸，下料后先将外门板料的折边处用錾子引线，再将内门板料做成原来相应部位的形状。把将要更换的板料分别用夹具夹在更换部位处，沿新板料边缘划线。用细小的焊嘴将更换部分沿划线割掉，外门板料沿折边线向内门板料折过包好，并与驾驶室试配，间隙调整合适，将包边处内、外板料定位焊牢固。

0802 选择切割部位的方法

1）切割部位尽可能选择在构件与构件之间的结合处。

2）对全承载式轿车而言，切割部位需避开车身设置的挤压区(如发动机舱、行李箱等)、悬架安装位置、尺寸参照基准孔、发动机和传动安装位置等。

3）切割部位避开构件加强板的支承点，如加强腹板、加强盘等。

4）切割部位避开应力集中部位，并使构件切换后不造成新的附加内应力，如切割线不能选在两构件垂直交接处等。

5）切割部位应兼顾到切换作业的难易程度，如是否便于切割，需拆装的相关零件多少与难易程度等。

0803 车身钣金件的切割方法

钣金件的切割通常采用以下方法：划线铣削、线切割、等离子切割、氧乙炔火焰切割、模具冲压、高压水切割和CO_2激光切割。各种切割下料方法都有其优缺点。精度、速度和成本均不同。

对接缝质量无严格要求的部位，如车身底板横梁、车架和骨架等，可选用氧乙炔火焰进行切割，且这种方法较为经济实用。

第六章 涂装

0804 纯净物和混合物的概念

1）由同种物质组成的称为纯净物，其中又分为单质和化合物。例如说氧气是单质，也是纯净物，而二氧化碳为化合物不是单质，但也是纯净物。

2）混合物是由多种物质（单质或化合物）混合而成的。混合物没有化学式，无固定组成和性质，而其中的每种单质或化合物都保留着各自原有的性质。在混合物中，内含有的多种物质互相不发生化学反应，仍然保持原有的化学性质，如含有氧气、氮气、稀有气体、二氧化碳等多种气体的空气。

0805 溶液、溶质、溶剂的概念

一种或一种以上的物质分散到另一种物质里，形成均一的、稳定的化合物，叫作溶液。溶液除液态的外，还有气态溶液和固态溶液。能溶解其他物质的物质叫作溶剂，被溶解的物质叫作溶质。

在生活中常见的溶液有蔗糖溶液、碘酒、澄清石灰水、稀盐酸和盐水等。水是常用的溶剂，水溶液是最重要的溶液。除水以外，其他的液体如酒精、汽油、苯、松节油等都是很好的有机溶剂。它们在涂装工艺中得到广泛的应用。

0806 溶液的pH值的概念

pH值是溶液中氢离子浓度指数，是指溶液中氢离子的总数和总物质的量之比，也就是通常意义上溶液酸碱程度的衡量标准。如果某溶液所含氢离子的浓度为0.000 01mol/L，它的氢离子浓度指数就是5，计算方法为–lg(浓度值)。

0807 用pH值定义溶液的酸碱性的方法

氢离子浓度指数一般在0~14范围内，当它为7时溶液呈中性，小于7时呈酸性，值越小，酸性越强；大于7时呈碱性，值越大，碱性越强。

当使用静电法涂漆时，漆液的pH值应控制在7.5~8.5范围内，否则将影响漆膜的性能。

0808 金属腐蚀的产生过程

金属腐蚀是指金属材料与周围环境发生化学、电化学和物理等作用而引起的变质和破坏。这种腐蚀过程一般通过两种途径进行：化学腐蚀和电化学腐蚀。

金属的锈蚀是最常见的腐蚀形态。腐蚀时，在金属的界面上发生了化学或电化学多相反应，使金属转入氧化（离子）状态。这会显著降低金属材料的强度、塑性、韧性等力学性能，破坏金属构件的几何形状，增加转动件间的磨损，恶化电学和光学等物理性能，缩短设备的使用寿命。

0809 化学腐蚀的产生过程

化学腐蚀是指金属表面与周围介质直接发生化学反应而引起的腐蚀。

化学腐蚀只有在特殊条件下发生。例如，化工厂里的氯气与铁反应生成氯化亚铁：$Cl_2+Fe\rightarrow FeCl_2$。在热轧钢筋时，钢筋表面的铁在高温下被空气中的氧气氧化，形成一层氧化物(铁锈)。化学腐蚀原理比较简单，属于一般的氧化还原反应。

0810 电化学腐蚀的产生过程

电化学腐蚀是指金属材料（合金或不纯的金属）与电解质溶液接触，通过电极反应产生的腐蚀。

当不纯的金属跟电解质溶液接触时，会发生原电池反应，比较活泼的金属失去电子而被氧化。钢铁在潮湿的空气中所发生的腐蚀是电化学腐蚀最突出的例子。钢铁在干燥的空气里长时间不易腐蚀，但在潮湿的空气中却很快就会腐蚀，铁失去电子而被氧化。电化学腐蚀是造成钢铁腐蚀的主要原因。

0811 防止金属腐蚀的方法

除金、铂等少数贵金属之外，绝大多数金属在空气和水中都会受到腐蚀。金属腐蚀的防护主要方法如下：

1）改变金属的内部结构。例如，把铬、镍加入普通钢中制成不锈钢。

2）在金属表面覆盖保护层。例如，在金属表面涂漆、电镀或用化学方法形成致密耐腐蚀的氧化膜等。

3）非金属保护层。将耐腐蚀的非金属物质，如油漆、喷漆、搪瓷、陶瓷、玻璃、沥青、高分子材料等，涂在要保护的金属表面上，使金属与腐蚀介质隔离。

4）电化学保护法。因为金属单质不能得电子，只要把被保护的金属作为电化学装置发生还原反应的一极——阴极，就能使引起金属电化学腐蚀的原电池反应消除。

5）加化学涂层。用化学方法在金属表面盖上一层致密而稳定的化学膜层，常用的有磷化、钝化和氧化等。

0812 金属表面的涂层防腐蚀的原理

防腐涂料已成为涂料领域的重要的生力军，防腐涂料发挥着越来越大的作用，如汽车车身无外层喷漆的保护，将会锈迹斑斑。涂层防腐蚀的主要原理如下：

1）涂料在金属制品表面形成致密而坚实的涂层，使金属与周围的腐蚀介质隔开。

2）含有碱性颜料的涂料，如红丹漆、锌黄底漆等具有钝化作用，使铁离子很难进入溶液，防止钢铁起阳极反应。

3）把含有大量锌粉的涂料(如富特底漆)涂刷在钢铁表面时，化学活动性较强的镀锌层成为阳极，钢铁成为阴极而得到保护。

4）涂料具有绝缘性，能阻止离子移动和电流的流动。

5）涂料具有耐酸、耐碱、耐水、耐油及耐其他腐蚀介质的性能。

0813 砂轮、钢丝轮、布轮的用途

砂轮、钢丝轮和布轮主要是安装在气动砂轮机或电动砂轮机的主轴上使用。在气动砂轮机上安装平砂轮，可以用于消除铸件毛刺、修光焊缝和修磨工件表面。若以钢丝轮代替砂轮，可用于清除金属表面上的铁锈、旧漆层及型砂等。若以布轮代替砂轮，可以进行抛光、打磨腻子等工作。

使用气动砂轮时应严格控制其回转速度。使用平砂轮的线速度一般为35～50m/s，使用钢丝轮的转速一般在1200～2800r/min，使用布轮的线速度不应超过35m/s。

0814 砂纸和砂布的用途和规格

砂纸和砂布是油漆施工中磨光和除锈工序中不可缺少的磨削材料。砂纸使用的基材是纸，砂布使用的基材是布。

砂纸是一种附着有研磨颗粒的纸，用于平整物品的表面，或去除物品表面的附着物(如旧油漆)，有时也用于增加摩擦力。砂纸根据不同的粗糙程度而分成不同的号码，以配合不同用途。

砂纸的型号一般有30号(或30目)、60号(60目)、120号、180号、240号等。

号(或目)是指磨料的粗细及每1in^{2}的磨料数量，号越高，磨料越细，数量越多。目数的含义是在1in^{2}的面积上筛网的孔数，也就是目数越高，筛孔越多，磨料就越细。

0815 漆工用的刮具的分类

在汽车维修过程中，外表经钣金工的敲补、焊接后，还需用腻子填补磨平。填补腻子的常用刮漆工具有硬刮具和软刮具两种。

1）硬刮具有牛角刮刀、层压胶板刮刀、环氧板刮刀以及钢皮刮刀等。通常用于平面及大面积凹坑，刮头道腻子、粗腻子。其刮口宽，易刮平整。

2）软刮具一般涂刮小的凹坑，刮出的腻子表面较平滑，遗留孔隙较小。

0816 正确使用刮具

1）橡胶刮刀要选用耐油、耐溶剂性较好的橡胶制成(如用汽车轮胎橡胶制作的)。

2）使用时力度均匀适中，勿因大力压弯刮具。

3）刮具的刀口一定要平直，不能弯曲或有齿形缺陷，否则会影响腻子的刮涂质量，增加打磨时间和涂刮的次数。

4）当使用完刮具后，一定要用溶剂清洗干净，否则腻子吸附在刮具上面，影响下次使用。使用牛角刮刀后，还需用平面夹板夹起来，防止其变形。

0817 漆刷的主要用途

漆刷是用来刷涂油漆的工具。给汽车刷涂涂料时，主要用于刷涂底漆和油漆底盘机件。当使用漆刷工作时，不需要很多设备，工艺较为简单，一般用于刷涂干燥较慢的涂料。汽车涂装用的漆刷是扁形毛刷，应先用毛长、鬃厚、口齐、头软且不掉毛的漆刷为宜，其大小的选用一般根据刷涂的面积来定。

0818 使用漆刷的方法

1）当使用新漆刷时，将其头部在干净且粗糙的平面上来回摩擦，把刷毛理顺，将要掉下的刷毛拭出。每次使用时都应除掉漆刷中的残毛和粉尘。

2）当刷子蘸漆时，伸入罐内液下最多达到刷毛的一半长度，最好是1/3长度。蘸漆后应以刷尖轻触罐壁数次以使漆刷含漆饱满而又不会淌下。

3）当进行刷涂时，一般采用直握法握紧漆刷，靠手腕来转动漆刷，同时通过手臂和身体的移动来配合。

4）涂刷完成后，找一个空罐头瓶，把毛刷直接放进瓶子里，里面装上清水，使水全部淹没刷子头部。再用时，把漆刷上的水甩净即可。

0819 空气喷涂需要的工具和设备

空气喷涂需要用到的设备和工具如下：

1）喷枪。喷枪是将漆料通过喷嘴转化成漆雾，然后均匀喷涂到车身表面的主要施工工具。

2）供给喷枪漆液的储漆装置。如喷枪自带的储漆罐，或外加压力供漆筒中的大容量储漆罐等。

3）产生压缩空气用的空气压缩机。

4）把各种器具连在一起的耐压橡胶管及管接头。

5）清洁空气用的油水分离器。目的是保证用于喷涂的空气干燥无尘。

6）喷漆室或烤漆房。

0820 喷灯的作用及其使用

喷灯是利用汽油或煤油作为燃料的一种工具，因喷出的火焰具有很高的温度，常用于加热烙铁、烘烤等。当喷灯在涂装时，主要用于清除旧漆层，烧烤旧漆膜和底层腻子，烘烤物体表面。

喷灯的结构组成：油桶、手柄、打气筒、放气阀、加油螺塞、油量调节阀(油门)、喷嘴、喷管、点火碗。

喷灯的使用步骤如下：

1）使用前检查油的类型（不能混装）和油量（应少于四分之三）；是否漏气漏油；油桶底部是否变形外凸；气道是否畅通，喷嘴是否堵塞。

2）关闭油门，适当打气；点火碗注入煤油点燃，待喷嘴烧热后，逐渐打开油量调节阀(打气时，油桶不能与地面摩擦；火力正常时，不宜多打气)。

3）点火时，应在避风处，远离带电设备，喷嘴不能对准易燃物品，人应站在喷灯的一侧，灯与灯之间不能互相点火。

4）使用过程中要经常检查油量是否过少，灯体是否过热，安全阀是否有效。

5）使用后关闭油门，灯嘴慢慢冷却后，旋开放气阀；喷灯擦拭干净，放到安全的地方。

0821 喷枪的种类及其各自特点

喷枪是将涂料均匀地喷涂在车身表面上的工具，喷枪的类型很多，按供应涂料方式的不同，可分为吸力供给式、重力吸力供给式和压力供给式。它们的油漆进给方式和特点见表6-1。

表6-1 油漆进给方式和特点

类　型	油漆进给方法	优　点	缺　点
吸力供给式	油漆罐安装在喷嘴下方。仅用吸力供应油漆	喷枪工作稳定，便于向油漆罐加油漆或变换颜色	喷涂水平表面困难。黏度变动导致排量变化，油漆罐比重力吸力供给式大，因而操作者较易疲劳
重力吸力供给式	油漆杯安装在喷嘴上，用重力及喷嘴的吸力供应油漆	油漆黏度不变，所以喷量不会变化；油漆杯的位置可按喷漆件的形状变更	由于油漆杯安装在喷嘴上方。反过来就会影响喷枪的稳定性；油漆杯容量小，不适合喷射较大的表面
压力供给式	用压缩空气罐或泵给油漆加压	喷涂大型表面时不必停下来向油漆罐加油漆，也可用高黏度油漆	不适合小面积喷漆，变换颜色及清洗喷枪需要较多时间

0822 喷枪的正确使用方法

正确使用喷枪的方法如下：

1）使用喷枪时用手扣压扳机，使压缩空气的通道首先开放，继而出漆嘴的通道开放。压缩空气由管道通向喷头，此时正遇上由出漆嘴流出来的油漆，油漆即被吹散并喷到工件上。当放松扳机时，出漆嘴的小孔被顶针紧密地封闭，压缩空气通道也被堵住。

2）油漆的喷出量，一般可以由顶针伸出的程度来控制，而顶针伸出的程度又可以用限位螺钉来调整。要想显著地改变油漆的喷出量，则需要更换不同口径的喷嘴。

3）利用喷嘴上的辅助空气通道及喷嘴的不同位置，可调得各种不同形状的漆流。

0823 喷枪使用后的维护

喷枪的维护主要是清洗。当喷涂工作完毕后，必须将喷枪清洗干净，不允许在喷枪内残存油漆。当清洗喷枪时，可在储漆罐内装入部分稀释剂，然后以手指堵住出漆嘴，再扳动扳机，借助稀释剂的强烈冲刷作用，就可将喷枪内残余的油漆清洗干净。

除每次施工完毕进行清洗外，还应定期全面地拆装喷枪。即将喷枪解体成零件，浸泡在稀释剂中，然后逐个清洗。在拆装喷枪的整个过程中，应用专用工具仔细操作，不得损坏各种零件，如顶针、密封垫等。清洗喷枪，只能用毛刷。清洗过的零件应用干净柔软的棉布揩擦。当出气小孔或出漆小孔堵塞后，应用溶剂小心擦洗，不得用金属丝去捅，以免将小孔捅坏，影响喷枪的正常使用。当喷枪洗净后，应放在安全和干燥的地方。

0824 空气压缩机的作用及其常用类型

空气压缩机（俗称气泵）是提供压缩空气的设备。除了喷漆需要用压缩空气之外，所有的气动工具和设备都要利用有一定压力和流量的压缩空气作为动力。

现在常用的空气压缩机有活塞式空气压缩机、螺杆式空气压缩机、离心式空气压缩机、滑片式空气压缩机以及涡旋式空气压缩机。其中活塞式是目前应用最广泛的一种类型。

0825 空气压缩机的工作方式

活塞式空气压缩机的工作原理：电动机直接驱动压缩机，使曲轴产生旋转运动，带动连杆使活塞产生往复运动，引起气缸容积变化。由于气缸内压力的变化，通过进气阀使空气经过空气滤清器进入气缸，在压缩行程中，由于气缸容积的缩小，压缩空气经过排气阀的作用，经排气管、单向阀（止回阀）进入储气罐，当排气压力达到额定压力0.7MPa时由压力开关控制而自动停机。当储气罐压力降至0.5~0.6MPa时压力开关自动连接起动。

空气压缩机上均装有安全阀。当储气罐内压力达到最大值时，安全阀开启，罐内压缩空气排向大气，使压缩机空转；当压力降低到一定值时，在弹簧弹力的作用下，安全阀关闭，压缩机恢复正常工作状态。

0826 涂料的定义

涂料是指涂抹于物体表面在一定的条件下能形成薄膜而起保护、装饰或其他特殊功能（绝缘、防锈、防霉、耐热等）的一类液体或固体材料。平常所说的油漆只是其中的一种，因早期的涂料大多以植物油为主要原料，故又称为油漆。现在合成树脂已大部分或全部取代了植物油，故称为涂料。涂料并非一定是液态，粉末涂料是涂料品种一大类。

0827 树脂的定义

树脂一般认为是植物组织的正常代谢产物或分泌物，常和挥发油并存于植物的分泌细胞、树脂道或导管中，尤其是多年生木本植物心材部位的导管中。它是由多种成分组成的混合物，通常为无定形固体，表面微有光泽，质硬而脆，少数为半固体。它不溶于水，也不吸水膨胀，易溶于醇、乙醚、氯仿等大多数有机溶剂。它加热软化，最后熔融，燃烧时有浓烟，并有特殊的香气或臭气。

树脂有天然树脂和合成树脂之分。天然树脂是指由自然界中动植物分泌物所得的无定形有机物质，如松香、琥珀和虫胶等。合成树脂是指由简单有机物经化学合成或某些天然产物经化学反应而得到的树脂产物。涂料用的树脂来源于天然树脂和合成树脂。

0828 树脂的分类

树脂的分类方法很多，除按树脂来源可将其分为天然树脂和合成树脂外，还可按合成反应来进行分类。

按树脂合成反应分类可将树脂分为加聚物和缩聚物。

1）加聚物是指由加成聚合反应制得的聚合物，其链节结构的化学式与单体的分子式相同，如聚乙烯、聚苯乙烯、聚四氟乙烯等。

2）缩聚物是指由缩合聚合反应制得的聚合物，其结构单元的化学式与单体的分子式不同，如酚醛树脂、聚酯树脂、聚酰胺树脂等。

0829 在涂料中溶剂的作用

溶剂是用来溶解油料、树脂、纤维素衍生物等成膜物质的一种挥发性液体。溶剂兼有稀释的作用，是一种挥发性液体，能溶解和稀释树脂、沥青、硝化纤维素及其他产品，改变它们的黏稠度，便于施工操作。它是液体涂料配方中的重要组成部分。它与涂料的制造、储存、施工、漆膜的质量有密切关系。其作用如下：

1）溶解并稀释漆料中的成膜物质，降低漆料的黏度，便于涂刷或喷、浸、淋等工艺。

2）增加漆料储存的稳定性，防止成膜物质发生胶结。同时，加入溶剂后会使桶内充满溶剂的蒸气，可减少漆表面结皮。

3）会使漆膜流平性良好。可避免漆膜太厚、过薄或涂刷性能不好而产生的刷痕和起皱等弊病。

4）溶剂加入漆中，可提高漆料对被涂物表面的润湿性和渗透性，增强涂层的附着力。

5）溶剂是挥发性的液体，只起溶解和稀释成膜物质的作用，在漆膜干结时，它挥发到空气中，不留存漆膜中。

0830 涂料用溶剂具有的性能

在涂料制造中，选择合适的溶剂要考虑两个基本性能，即溶解能力和挥发速度。溶解能力是指用溶剂溶解涂料并降低黏度，达到应用目的的能力。

涂料用溶剂的主要性能有溶解力、黏度、沸点和挥发率、闪点、化学性质、毒性和气味等。此外还有颜色、相对密度、酸碱度、着火点和自燃点等。为了保证安全生产，溶剂的闪点、着火点、自燃点必须较高，毒性、化学分解性、腐蚀性要小。

0831 涂料用溶剂的组成

涂料用溶剂一般为混合溶剂，由三大部分组成，即真溶剂、助溶剂和稀释剂。酯类、酮类等溶剂既能溶解硝酸纤维素，也能溶解合成树脂，如丙烯酸树脂是真溶剂。芳香烃及氯烃是合成树脂的真溶剂，硝酸纤维的稀释剂。醇类是硝酸纤维素的助溶剂，合成树脂的稀释剂，但对于含高羟基、羧基等极性基团的合成树脂，醇类又是真溶剂。脂肪烃（石油溶剂）不能溶解一般的丙烯酸树脂(除侧链烷基碳链较长的聚合物)。

涂料在施工时，涂料中的树脂、颜料、增塑剂一般不宜调整，而涂料中的溶剂却能任意调整比例，达到最佳施工黏度。

0832 涂料按干燥形式的分类

按干燥形式的不同，涂料（油漆）可分为常温空气干燥型、溶剂挥发型、烘烤干燥型、双组分固化干燥型。

0833 油脂漆及其特点

油脂漆是以干性油为主要成膜物质的一类油漆。它装饰施涂方便、渗透性好、价格低、气味与毒性小，干固后的涂层柔韧性好。但涂层干燥缓慢，涂层较软、强度差，不耐打磨抛光，耐高温和耐化学性差。常用的有以下几种：

1）清油。清油由经过炼制的干性油(如桐油、亚麻油、梓油等)，加入适量的溶剂和催干剂而制成。其特点是漆膜柔韧，涂刷性好，价格便宜，但干燥慢、硬度低，只适于涂装质量要求一般的物件或调配油性厚漆等。

2）厚漆。厚漆是由着色颜料、体质颜料与精制干性油混合研磨而成的稠厚浆状物，油分约占其重量的15%~20%，不能直接使用，需加清油、溶剂等稀释后才能使用。其特点是漆膜柔韧，价格便宜，但光亮度及硬度较差，干燥慢，主要用于调配油色、腻子及一般的涂层打底等。

3）油性调和漆。油性调和漆以干性油为主要成膜物质，加入颜料、溶剂、催干剂混合制成。其特点是漆膜柔韧，抗水性与耐久性好，能经受大气侵蚀，但硬度差，干燥慢，只适于涂装室外的一般物面。

0834 硝基漆及其特点

硝基漆是目前汽车喷漆中大量使用的涂料。硝基漆的主要成膜物是以硝化棉为主，配合醇酸树脂、改性松香树脂、丙烯酸树脂、氨基树脂等软硬树脂共同组成。一般还需要添加邻苯二甲酸二丁酯、二辛酯、氧化蓖麻油等增塑剂。溶剂主要有酯类、酮类、醇醚类等真溶剂，醇类等助溶剂以及苯类等稀释剂。

1）优点。装饰作用较好，施工简便，干燥迅速，对涂装环境的要求不高，具有较好的硬度和亮度，不易出现漆膜弊病，修补容易。

2）缺点。固体含量较低，需要较多的施工道数才能达到较好的效果；耐久性不太好，尤其是内用硝基漆，其保光保色性不好，使用时间稍长就容易出现诸如失光、开裂、变色等弊病；漆膜保护作用不好，不耐有机溶剂、不耐热、不耐腐蚀。

0835 过氯乙烯漆及其特点

过氯乙烯漆是以过氯乙烯树脂和醇酸树脂为主要成膜物质的涂料。由于过氯乙烯树脂具有良好的耐化学性和防燃等性能，所以在组成制造过程、施工方法、原理等方面和硝基漆有很多相似之处。

1）过氯乙烯漆的优点是干燥快、施工方便，常温下2h可完全干燥，可用喷涂、刷涂施工；过氯乙烯漆具有良好的大气稳定性，配制适宜的过氯乙烯漆在大气中暴露一年半，漆膜基本无变化，优于硝基漆和天然树脂漆；过氯乙烯漆具有优良的化学稳定性，常温下耐25%的硫酸、硝基和40%烧碱达几个月之久；过氯乙烯具有很好的耐水性和突出的抗菌性及良好的耐寒性。

2）过氯乙烯漆的缺点是吸附能力差，易揭皮，在60℃以上时热稳定性差，在施工中因气候潮湿也会像硝基漆一样出现漆膜发白现象。

0836 烘烤干燥型涂料及其在成膜过程中产生气泡的原因

烘烤干燥型涂料是靠成膜物质高分子之间在高温作用下起交联反应而固化成膜，在常温下高分子之间不起反应。在涂装施工后，必须将喷涂物在常温下晾干20min，让溶剂挥发一部分，然后才进烤房烘烤。

烘烤型涂料不同于常温干燥或常温固化型涂料，其气泡的产生主要有两个原因：一是在生产和涂装过程中，混入空气，产生气泡；二是在烘烤过程中，溶剂的挥发引起的气泡。

0837 防止烘烤型漆膜产生气泡的方法

防止烘烤型漆膜产生气泡的方法有以下这些：

（1）添加消泡剂　消泡剂的作用就在于能够置换出空气、液体（如树脂）界面上的活性物质。

（2）采用高沸点溶剂　对烘烤型涂料而言，由于需要高温烘烤，故对其有较高要求，尤其是溶剂的沸点，必须选择与树脂体系相适应的高沸点溶剂(150～230℃)，减少和防止漆膜在烘烤过程中产生气泡等其他表面问题，以满足漆膜的流平。

（3）控制好烘烤温度　烘烤型涂料在烘烤前应先在空气中晾干一定的时间，先使湿膜内部溶剂挥发掉大部分，并且有机会流平，以减少漆膜出现“气泡”“针孔”“起皱”等缺陷。烘烤时升温速度不宜太快，否则漆膜因强烈加热，溶剂急剧挥发，漆膜来不及流平，也容易形成气泡。底漆及中间漆的烘烤温度不宜过高，时间不宜过长，以免影响层间附着力。面漆最好采用先中温后高温两级烘烤固化法。

0838 面漆及其作用

汽车用面漆在整个涂层中发挥着主要的装饰和保护作用，决定了涂层的耐久性能和外观等。

汽车面漆是整个漆膜的最外一层，这就要求面漆具有比底层涂料更完善的性能。首先耐候性是面漆的一项重要指标，要求面漆在极端温度湿度、风雪雨雹的气候条件下不变色、不失光、不起泡和不开裂。面漆涂装后的外观更重要，要求漆膜外观丰满、无桔皮、流平好、鲜映性好，从而使汽车车身具有高质量的协调和外形。另外，面漆还应具有足够的硬度、抗石击性、耐化学品性、耐污性和防腐性等性能，使汽车外观和各种条件下保持不变。

汽车面漆的主要品种是磁漆，一般具有鲜艳的色彩、较好的力学性能以及满意的耐候性。汽车用面漆多数为高光泽的，有时根据需要也采用半光的、锤纹漆等。

0839 底漆及其作用

汽车用底漆就是直接涂装在经过处理的车身部件表面上的第一道涂料，它是整个涂层的开始。

漆是车身表面的基础涂料，它的作用：一是防止金属表面的氧化腐蚀，二是增强金属表面与腻子(或面漆)、腻子与面漆之间的附着力。因此对底漆层之间的媒介层，要使两者紧密地结合而不发生“咬底”“揭皮”现象，底漆还应用合理的配套，后二道底漆还应具有微填充作用。

0840 汽车底漆的类型

汽车底漆从硝基底漆和环氧树脂底漆，然后逐步发展到溶剂型浸涂底漆、水性浸涂底漆、阳极电泳底漆、阴极电泳底漆。目前轿车用底漆几乎已全部使用阴极电泳底漆。

汽车用溶剂型浸涂底漆主要选用硝基树脂、环氧树脂、醇酸树脂、氨基树脂、酚醛树脂等为基料，颜料一般选用氧化铁红、钛白、炭黑及其他颜料和填料，涂装方式有喷涂和浸涂两种。

电泳漆是在水性浸涂底漆的基础上发展起来的，它在水中能离解为带电荷的水溶性成膜聚合物，并在直流电场的作用下向相反电极（被涂面）电泳，在其表面上沉积析出。

0841 调配色漆的方法

1）手工调漆法。采用这种调漆方法，首先要识别出原来漆的颜色成分，即有多少种原色或母色，或调漆样本中所要配的漆的颜色成分。能区别得出有几种原色是基本色，有几种是辅助配色。根据调漆样本中的具体配方调制。

2）容器计量调色法。根据事先调漆配方，采用容量或重量法，或者两者并用。这种调漆方法，适用于较大量的漆的调制，一般用于造漆厂、汽车制造厂以及大型汽车修理厂产品的调制。

3）计算机调漆法。调色计算机中存有所有色卡配方，用户只需将自己所需漆号和份量输入计算机，就可以直接计算出配方数据，快捷、方便、准确，而且数据更新容易，是一种先进的调色方法。

0842 调配色漆时的注意事项

1）配色时所采用色漆的基料必须相同，以保证混溶性，例如醇酸涂料不能与硝基涂料混合，不然会导致树脂析出、浮色、沉淀甚至报废。

2）配色时应在容器中先加入在配色中用量大、着色力小的色漆或近似所需色的色漆，然后再加入其他颜色的漆，边加边搅拌均匀，在颜料调配快接近时，应缓慢加入，以防止过量。

3）调配颜色应在晴天或可重现自然光的配色灯的情况下进行，否则将造成过大的比色误差，涂料颜色还应进行干样对照，因为各种涂料的颜色在湿时要比干时浅一些。

4）要注意颜料本身的上浮下沉现象、粒度与干燥速度等因素，一般色漆较稠时，浮色较慢，故在样板对比时，应按施工黏度和干燥条件进行。

5）调配色漆若需加催干剂，则应在配色前加入并搅拌均匀，以免影响色调。

6）使用同一类品种涂料，也应注意各生产厂和生产日期及批次的区别，这些不同也有可能造成颜色差异，要根据实际情况具体分析、比较调整。

0843 腻子及其作用

腻子是由大量的填充料以各种涂料为粘接剂所组成的一种黏稠的浆状涂料。腻子用来填嵌工件表面的凹陷、气孔、裂纹、擦伤等缺陷，以取得均匀平整的表面。

腻子采用少量漆基、大量填料及适量的着色颜料配制而成，所用颜料主要是铁红、炭黑、铬黄等，填料主要是重碳酸钙、滑石粉等。可填补局部有凹陷的工作表面，也可在全部表面刮除，通常是在底漆层干透后，施涂于底漆层表面。要求附着性好，烘烤过程中不产生裂纹。

0844 腻子的种类

腻子的种类很多，有造漆厂制造的成品腻子，也有某些单位如大型汽修厂自行调制的油性腻子、喷漆快干腻子。在成品腻子中可分为常温干燥型、烘干型及快干型腻子以及单组分和双组分腻子。

使用时要结合具体施工对象，即修复汽车的漆面档次、损坏程度以及对外表面漆的要求灵活选用。目前广泛采用的是聚酯腻子，由于是双组分腻子(原子灰)，其干燥性能好，能满足不同档次汽车的涂层且适合各种面漆、底漆的配套要求。

0845 俗称原子灰的聚酯腻子的特点

在汽车车身修复中大量采用的聚酯腻子俗称原子灰，是由不饱和树脂、滑石粉、苯乙烯等材料经搅拌研磨而成的主体灰及固化剂组成的双组份填平材料，具有常温固化干燥速度快、附着力强、易打磨等特点，广泛使用于汽车、机车、机床的制造及修理的表面涂层。具有易刮涂、常温快干、易打磨、附着力强、耐高温、配套性好等优点，是各种底材表面填充的理想材料。

0846 刮涂腻子的操作

刮涂腻子又称为打腻子，是一项手工作业方式。精细的工程要刮涂多次腻子，每刮一次均要求充分干燥，并用砂纸进行干或湿打磨。腻子层一次刮涂不宜过厚，一般应在0.5mm以下，否则较难干燥，易发生收缩开裂，有时在腻子中调入少量同类性质和相似颜色的底漆，进行喷涂，填补细眼，充当二道底漆使用。当刮涂腻子时，以左手握平腻子板，右手拿刮刀。拿刮刀有两种拿法：一种是拇指与食指、中指握住，这种拿法适合拿牛角刮刀、橡胶刮刀及钢片刮刀；另一种拿法是握拳法，适用于拿腻子铲刀。当刮涂腻子时，要用力按住刮刀，使刮刀和物面倾斜成一定角度，顺着表面刮平。

0847 刮涂腻子的方法

刮涂腻子的方法有以下几种：

1）往返刮涂法。就是先将腻子敷在平面的边缘成一条线，刮刀尖成30°~45°角向外推向前方，将腻子刮涂于低陷处，多余腻子挤压在刮刀口的右面成一条线。刮刀刮到前端，刀尖即转向30°~45°角往回转，又将腻子刮涂在另一低陷处，多余的腻子在刮刀的右面成一条线。这样往返进行，达到填平整个物面的目的，这种方法适用于刮涂平面体。

2）一边倒刮涂法。即刮刀只向一面刮涂，如从上往下刮、从前往后刮或从下往上刮等。汽车车身刮涂腻子，就是从上往下刮或从前向后刮。

3）圆形物体的刮涂法。圆形物体刮涂腻子可采用橡胶刮刀刮涂。由于橡胶有弹性，橡胶刮刀可随圆形物面变形，将腻子刮涂成圆形层，也可用其他刮刀，但要掌握技巧。

4）全面刮涂腻子。即是将物体表面全部涂刮一遍。要求装饰性强的表面，更需如此。有时还需与局部嵌补结合，以达到技术要求。用于全面刮涂的腻子要软些，便于操作。

5）局部嵌补。对于有较大孔洞等缺陷的表面光洁要求不高的，可采用局部涂刮或嵌补。

0848 在车身金属表面刮油性腻子时的注意事项

在车身金属表面刮涂油性腻子时，必须注意以下几点：

1）当油性腻子在打底时，不能多次反复刮涂，否则会堵死沙孔，使腻子不能吸入空气，难以干燥。

2）在填刮油性腻子时，由于干燥所需时间较长，所以每层厚度不超过0.5mm。

3）油性腻子在使用过程中，有时会变硬。为便于填刮，可以加些稀桐油调稀，但不能加水。

4）在热天阳光下刮腻子时，如果金属表面被晒热，应在腻子内多加一些白厚漆，以便于填刮。

5）必须在防锈底漆干透后，才能在底漆面上填刮油性腻子，以免油性腻子产生裂纹。

6）如果用油性腻子填平面积较大的低凹部位，应在腻子内多加一些石膏粉，使腻子厚硬，便于填平。

7）如发现防锈底漆在物面上反光强烈，这表明防锈底漆内的油性太重，就不能急于填刮油性腻子，否则，附着力差。应先用粗砂纸将防锈底漆表面打磨粗糙，使油性腻子与底漆有较好的结合力。

8）在使用过程中，油性腻子内的溶剂会不断挥发，为此，托板上待用的腻子应用湿布盖好，防止产生干燥结皮。

9）剩余的油性腻子，为便于再用，应用纸或布包好，浸在清水里。

0849 表面预处理的作用与内容

对车身金属表面进行预处理的作用是，保证和提高涂层的防护性能，增强涂层对物体表面的附着力，创造合适的表面粗糙度，增强涂层与底材的配套性和相容性。

表面预处理的内容是，清除工件表面的油污、尘土和锈蚀。除此之外，还可以对工件表面进行机械加工和化学处理(即金属表面的化学转化，主要是氧化、磷化和钝化等)。

0850 清除车身金属表面旧漆层的方法

清除车身金属表面旧漆层的方法主要有以下几种：

（1）手工清除旧漆　手工除漆法就是用铲刀、砂纸等把旧漆膜除掉，并用砂纸、钢丝刷将铲后留在表面的漆层、粗糙口子打磨干净。

（2）打磨机清除旧漆　所谓打磨机除漆，就是采用专用电动（气动）打磨机来进行清除旧漆的方法。一般是用于小面积的旧漆膜剥离。由于采用电动（气动）工具，使工人的劳动强度降低，除漆效率高。

（3）喷砂法　喷砂法是利用压缩空气、高压水流、机械离心力将磨料、砂子、金属弹丸喷射到旧漆面上，借冲击和摩擦作用来清除旧漆。该法还可清除金属表面的锈蚀。

（4）化学法　化学法就是使用碱液（氢氧化钠溶液）或除漆剂涂刷于旧漆处，使旧漆层起皱软化后用铲刀轻轻刮除，最后用热水洗净物体表面。

0851 清除车身上铁锈的方法

清除车身铁锈的方法有下列几种：

1）手工除锈。手工除锈就是使用铲刀、刮刀、尖头锤、钢丝刷等手工工具进行敲、铲、刮，并用砂布打磨，以除去铁锈。

2）机械除锈。用机械工具如气动刷、电动刷、除锈枪、滚筒机、电动砂轮机等除锈器除去锈蚀和氧化层等。

3）喷砂除锈。用离心力、压缩空气、高压水流将磨料、砂石或钢丸投射到物体表面，借冲击和摩擦的作用除去锈蚀。

4）酸液除锈。利用酸性溶液，如硫酸、盐酸、硝酸、磷酸与铁锈发生化学反应，生成盐类而脱离金属表面。操作时将酸性溶液涂于金属铁锈部位，让其慢慢与铁锈发生化学反应。铁锈去除后应用清水冲洗，并用弱碱溶液进行中和反应。

0852 清除金属表面油污的方法

汽车车身金属表面由于在操作过程中，工作人员汗液及操作工具上的油污对金属表面有接触残留，还有钣金修复过程中的油污以及旧漆层的油污，若在涂底漆前不清除这些油污，而直接涂底漆，必将影响底漆的附着力，附着力不好将会导致喷涂面漆后，出现漆层脱落或起皱的现象。因此，上底漆前的除油工序是必不可少的。

除去油污的方法有很多种，一般利用有机溶剂除油，常用的溶剂有汽油、松节油、甲苯、二甲苯和天那水等。通常用干净的布团蘸上汽油，在车身要喷涂的表面擦拭两遍即可，最后再用干净的棉纱全部擦拭一遍，就可将车身表面清洁干净，然后就可准备涂底漆。

0853 涂装时应采取的安全措施

1）禁止无关人员进入喷漆室，室内及其喷漆室周边15m范围严禁烟火。喷漆室内所有电器、电气开关必须使用防爆型。

2）喷漆作业必须穿好工作服，戴好工作帽、防毒面具和手套。

3）起动喷漆设备、除尘过滤设备前检查各设备搭铁是否正常，各管道是否有漏气、漏漆现象，发现异常现象应立即进行检修。

4）应保持良好的通风，降低室内有害气体含量。

5）盛装油漆、稀释剂的容器不使用时必须处于封闭状态。

6）喷漆室内外应配备适用的、足够数量的消防器材，并摆放在明显位置，任何人不得随意挪动灭火器材的位置，喷漆人员应会使用各种消防器材。

7）喷漆及除尘过滤设备在使用过程中发生异常现象，应立刻停机并进行处理。

8）喷漆操作中所用溶剂或稀释剂不得当作皮肤清洁剂使用。

9）除喷漆室工作人员和维修人员外，任何人不得起动喷漆室的所有设备。

10）喷漆操作中使用的物料不得与皮肤接触，宜采用防护服、防护眼镜及防毒面具与人体隔离。

11）工作完毕后必须清洗设备及工作场所，关闭漆雾水过滤系统的所有水、电开关。

0854 使用溶剂时的安全注意事项

许多有机溶剂可使人体产生不良影响，应谨慎处理，从事有机溶剂作业时应注意：

1）有机溶剂的容器不论是否在使用中，都应随手盖紧。

2）作业场所只可存放当天所需使用的有机溶剂，并放在下风处。尽可能在上风位置工作，以避免吸入有机溶剂的气体。

3）应戴防护手套，尽可能避免皮肤直接接触。

4）作业场所的通风换气设施在作业时间内不得停止运转。作业场所的有机溶剂含量有超过容许含量的可能时应佩戴防毒面罩。

5）有机溶剂的废液不可任意倾倒，应倒入指定的存放的容器内。

6）进行易燃品的蒸馏、回流等操作时要使用水浴等加热，严禁使用明火加热，要有专人看管负责，周围不得放置任何易燃品。

0855 漆工进行涂装时预防中毒的方法

涂料中大都含有对人体有害的有机溶剂，某些涂料品种含有毒性颜料。预防油漆涂料中毒应尽量避免皮肤和溶剂型油漆涂料等接触。为此，在涂装油漆涂料时应采取如下必要的劳动保护措施：

1）工作场所必须有良好的通风、照明、防毒和除尘设备。在施工环境中，溶剂蒸气的含量不得超过国家规定的标准。

2）穿紧身的工作服，戴手套、口罩和防护眼镜。避免油漆涂料直接接触皮肤和有害气体直接进入呼吸系统。

3）若皮肤上沾有油漆时，不要用苯类溶剂擦洗，可用去污粉、肥皂水等混合物洗涤。

4）严禁采用有剧毒的涂料喷涂。

5）涂装工作人员如觉头痛、眩晕、恶心等，要立即停止工作，到室外呼吸新鲜空气。

6）涂装完毕后，应及时清理工具及残余材料，并封闭漆桶。

0856 涂装时防止车间起火的方法

由于绝大部分涂料的原料是易燃易爆物质，为了确保安全喷漆，必须做好防火、防爆工作。

1）管好涂料和溶剂等易燃物，不要将其暴露于空气中。工作场所应有通风和排气设备，以降低溶剂蒸气的含量。

2）喷漆工作的作业场地严禁存放易燃、易爆物品，工作场地严禁吸烟，喷漆间必须备有消防用具。不准进行焊接和一切明火作业。

3）工作完毕后，应清扫场地，将用完的废旧物品如棉丝等，集中放在专用器具内，不得到处乱扔乱放。

4）禁止用钢铁工具敲开封闭的油桶，或锤击铁器，以免产生冲击火花。

0857 正确处理喷漆时产生的废气

喷漆中使用了甲苯、二甲苯等溶剂，会产生一些有机废气，如不进行处理，会污染环境。使用压缩空气喷漆时产生的漆雾较多，对环境造成较大污染。漆雾颗粒微小、黏度大、易黏附在物质表面，净化有机废气之前必须去除漆雾，然后再进一步去除废气中的甲苯、二甲苯、非甲烷总烃等挥发性有机物。

目前国内外漆雾处理方法包括：过滤法、低温冷凝法、油吸收法、水吸收法等，较多采用的是过滤法和水吸收法。经过除雾处理后的喷涂废气主要含有挥发性有机物，还需进一步净化治理。

目前比较广泛使用的净化处理方法有液体吸收法、直接燃烧法、催化燃烧法和活性炭吸附等四种不同的方法。

0858 松香水的特性

松香水是一种常用的溶剂，俗称“200号溶剂汽油”。颜色在无色到淡黄色之间，呈半透明状，通常用来稀释油漆，也称为油漆溶剂。松香水是辛烷、壬烷、苯乙烷、二甲苯、三甲苯所调配而成的有机溶剂。

松香水在涂料工业中可以代替松节油，是油基性漆如酚醛类漆中使用广泛的一种溶剂，用以降低油漆的黏度，便于施工。

0859 香蕉水的特性

香蕉水又名天那水，是无色透明易挥发的液体，有较浓的香蕉气味，微溶于水，能溶于各种有机溶剂，易燃，主要用作喷漆的溶剂和稀释剂。在许多化工产品、涂料、粘合剂的生产过程中也要用香蕉水作为溶剂。

0860 催干剂及其机理

催干剂是涂料工业的主要助剂，其作用是加速漆膜的氧化、聚合、干燥，达到快干燥的目的。它的原料是多种金属，常用的有钴、锰、铅、锌、钙等金属氧化物，盐类。

油漆催干剂的机理是，金属本身被还原成低价原子，将抗氧物质氧化或与其相结合之后将其沉淀除去。在漆膜干结过程中，催化剂还能吸收空气中的氧气，形成新的氧化物，继续和油膜的双键结合，然后放氧给油性分子。

0861 硝基清漆及其作用和特点

硝基清漆是一种由硝化棉、醇酸树脂、增塑剂及有机溶剂调制而成的透明漆，属挥发性油漆，具有干燥快、光泽柔和等特点。硝基清漆分为亮光、半哑光和哑光三种，可根据需要选用。硝基漆也有其缺点：高湿天气易泛白、丰满度低、硬度低等。

硝基清漆用于轿车车身金属表面的喷涂，也可用于硝基磁漆的罩光。

0862 过氯乙烯清漆及其作用和特点

过氯乙烯清漆是由过氯乙烯树脂、增塑剂、颜料及体质颜料等，加少量的酮、脂、苯类等溶剂，经调合研磨而成的胶状物。其特点是干燥快，有较好的耐油性、韧性和耐化学性良好，但附着力差。

过氯乙烯清漆主要用于填平有醇酸底漆或过氯乙烯底漆的各种车辆、机床及各种工业品的钢铁和木材表面装饰。

0863 丙烯酸清漆及其作用和特点

丙烯酸清漆是由甲基丙烯酸共聚树脂溶于醇类、脂类、苯类的混合溶剂中并加入增塑剂调制而成的。

丙烯酸清漆可常温干燥，具有良好的耐候性、耐光性、耐热性、防霉性及附着力，但耐汽油性较差。适于喷涂经阳极氧化处理过的铝合金表面。在木材涂饰中用作封闭剂，漆膜坚硬光亮，能绝缘，干燥迅速，遇热水易泛白，附着力较好。

0864 聚氨酯清漆及其作用和特点

聚氨酯清漆学名为聚氨基甲酸清漆，它具有漆膜硬度高、光泽亮、立体感强、富有弹性等优点；它的耐热、耐水、耐化学性等均优于其他树脂清漆，是目前市场上供应的较高级的涂料。

该清漆分甲、乙两组分，分别包装存放，用时将两者按1:1混合，12h内用完。甲组分的制作原料为环己酮、醋酸丁酯、甲苯二异氰酸酯和三羟甲基丙烷，乙组分的制作原料为己二酸、一缩乙二醇、三羟甲基丙烷、环己酮和二甲苯。

0865 磁漆及其作用和特点

磁漆也叫作瓷漆，又称为瓷油，是以清漆为基础加入颜料等经研磨而制成的涂料。磁漆的特点是经涂装后形成的漆膜坚硬光亮，因像瓷釉而得名。由于对漆膜光泽的需要而对涂料中的颜色料用量有限制，因而遮盖力是其主要指标。

通常磁漆用于各类木器、金属等表面起装饰及保护作用。由于它主要用于物件表面，因而被称为面漆。

0866 常用的汽车磁漆

常用的磁漆有酚醛磁漆、醇酸磁漆、丙烯酸磁漆、聚氨酯磁漆、过氯乙烯磁漆和硝基磁漆等。其中，醇酸磁漆是由醇酸树脂、颜料、助剂、溶剂等经研磨调配而成的油漆涂料，是一种价廉而耐候性、保光性好的面漆。常用于公交车的外表及车内装饰、载货汽车的驾驶室及车厢。

0867 丙烯酸漆的类型及各自特点

丙烯酸漆有两类：热塑性丙烯酸漆和热固性丙烯酸漆。

热塑性丙烯酸漆是一种溶剂型快干漆，主要用来作为汽车面漆，它具有优异的保色保光性能，透明度高，在紫外线照射下不易褪光及变色，户外耐久性远较醇酸和乙烯基类油漆要好。丙烯酸漆膜光亮丰满，耐酸、耐碱性和耐蚀性好。

热固性丙烯酸树脂由甲基丙烯酸酯与甲基丙烯酸酰胺共聚而成，称为AC树脂。热固化丙烯酸树脂含有羟基，可用三聚氰胺树脂烘烤交联。这种热固化的丙烯酸树脂油漆与热塑性丙烯酸油漆相比，性能要好得多。

0868 聚氨酯磁漆的组成、特点与用途

聚氨酯磁漆由含羟基的醇酸树脂、耐候颜料、溶剂、助剂和固化剂等组成。

聚氨酯磁漆的漆膜色彩艳丽，丰满光亮，保光性好，硬度高。适用于木器家具及金属表面作为装饰保护。

0869 烤漆的定义及操作方法

烤漆是使用加热的方法烘干涂料，烤漆的方式有热空气对流干燥、红外线辐射干燥、紫外线辐射干燥。

烤漆一般在烤漆房进行。当烤漆时，将风门调至烤漆位置，热风循环，烤房内温度迅速升高到预定干燥温度(55~60℃)。风机将外部新鲜空气进行初过滤后，与热能转换器发生热交换后送至烤漆房顶部的气室，再经过第二次过滤净化，热风经过风门的内循环作用，除吸进少量新鲜空气外，绝大部分热空气又被继续加热利用，使得烤漆房内温度逐步升高。当温度达到设定的温度时，燃烧器自动停止；当温度下降到设置的温度时，风机和燃烧器又自动开启，使烤漆房内温度保持相对恒定。最后当烤漆时间达到设定的时间时，烤漆房自动关机，烤漆结束。

0870 涂漆前对金属表面进行预处理的方法

表面预处理对涂层质量性能的优劣有着最为重要的作用，若处理不好，轻则涂层起皱裂开，重则揭皮。

1）涂装前，首先清洗物件的金属表面，去除金属表面上的灰尘杂质、油污和锈蚀等。

2）将清洁后露出金属光泽的物体表面进行机械或化学加工处理，如金属表面的氧化、磷化和钝化处理等。

0871 金属表面氧化、钝化和磷化的含义

金属表面的氧化、钝化和磷化都属于金属表面的化学处理方法，用于提高金属的防腐、防锈能力和增加金属与漆层的附着力。

（1）氧化处理　金属的氧化处理是金属表面与氧或氧化剂作用而形成保护性的氧化膜，防止金属腐蚀。氧化方法有热氧化法、碱性氧化法、酸性氧化法(黑色金属)以及化学氧化法、阳极氧化法(非铁金属)等。

（2）钝化处理　金属钝化处理的目的与前面谈到的氧化处理一样，都是保护金属、防止腐蚀的。钝化处理液的主要成分是铬酸盐及少量的磷酸、硫酸或硝酸等。

（3）磷化处理　磷化处理是指钢铁在含有锌、铁、锰的磷酸盐溶液中，由于金属和溶液的界面上发生化学反应，生成难溶于水的磷酸盐，使钢铁表面形成一层附着良好的保护膜，这种方法称为钢铁磷化。实现磷化的较常用的方法有浸渍法、淋涂法和涂刷法。

0872 常用磷化处理的类型

常用的磷化处理方法有浸渍法、淋涂法和涂刷法。

1）浸渍法。浸渍法按工艺流程，将工件顺序地浸入磷化液槽中进行处理。大件可用吊挂方式，小件用篮框盛装，或用滚筒方式磷化。设备简单，操作方便，处理温度可以较高。

2）淋涂法。淋涂法按工艺流程，将工件传递到处理工位，在规定时间内，经受磷化液淋涂处理。设备较复杂，但与浸渍法比较，磷化液含量可以较低，磷化时间较短。

3）涂刷法。涂刷法用刷子把磷化液涂刷到工件上进行处理，方法最简单，但劳动强度较大。

0873 影响磷化膜质量的因素

（1）温度　温度越高，磷化层越厚，结晶越粗大；温度越低，磷化层越薄，结晶越细。但温度不宜过高，否则Fe^{2+}易被氧化成Fe^{3+}，加大沉淀物量，溶液不稳定。

（2）游离酸度　游离酸度指游离的磷酸。其作用是促使铁的溶解，形成较多的晶核，使膜结晶致密。游离酸度过高，则与铁作用加快，会大量析出氢，令界面层磷酸盐不易饱和，导致晶核形成困难，涂层结构疏松，多孔，耐蚀性下降，令磷化时间延长；游离酸度过低，磷化膜变薄，甚至无膜。

（3）总酸度　总酸度指磷酸盐、硝酸盐和酸的总和。总酸度一般以控制在规定范围上限为好，有利于加速磷化反应，使涂层晶粒细，在磷化过程中，总酸度不断下降，反应缓慢。总酸度过高，涂层变薄，可加水稀释；总酸度过低，涂层疏松粗糙。

（4）磷化前处理　磷化前应清除表面的锈蚀、油污及有机硬膜，否则将影响磷化膜质量，甚至无法成膜。

（5）溶液中离子含量

1）溶液中Fe^{2+}含量不能过高，否则，形成的膜晶粒粗大，膜表面有白色浮灰，耐蚀性及耐热性下降。

2）Zn^{2+}的影响。当Zn^{2+}含量过高时，磷化膜晶粒粗大，脆性增大，表面呈白色浮灰；当Zn^{2+}含量过低时，涂层疏松变暗。

0874 涂漆前处理塑料制品表面的方法

与车身金属构件一样，塑料件在涂漆前也要进行认真的表面处理。如此，才能获得可靠的涂料附着力和满意的覆盖层。

1）车身塑料件的表面应在修补或校正作业完成之后进行。表面处理旨在使车身塑料件涂漆部位清洁、无污。对于塑料件表面上存在的灰尘、油污、塑料润滑脂及上光蜡等，可用适当的溶剂或乳液加以清洁。

2）有些塑料件的表面相当光滑，涂漆前还要将表面打毛以增加表面的附着力。

3）当需要得到粗劣表面时，可用砂布、砂纸打磨或用喷砂的方法解决。软质或硬质聚氯乙烯塑料，可放入三氯乙烯或甲苯、丙酮液中处理；对耐溶剂能力差的塑料件，可在涂漆前喷施一层溶剂使其表面软化。

0875 涂装的施工方法及其选择

在涂装作业过程中，可采用手工刷涂、辊涂、空气喷涂、高压空气喷涂、浸涂、流涂、静电喷涂、粉末静电喷涂、电泳涂装等施工方法。

要使涂装后的漆膜质量优良，经久耐用，除了选用符合性能要求的涂料外，还得选择正确的涂装施工方法。当选择施工方法时，应根据被涂工件的表面材质、形状和涂装面积，考虑使用涂料的性质、涂装质量的要求、施工设备和环境条件，以及经济性等因素，然后再做出正确的选择。

0876 浸涂法及其优点

浸涂法是将工件浸没在盛漆的槽中，随即将浸过漆的工件取出，让多余的漆自行滴落到漆槽中或采用机械方法把余漆甩落的涂装方法。浸涂设备所用的大型漆槽中装有搅拌器，以防涂料中的颜料沉降，此外还装有加热或冷却设施和循环泵、滤清器等附属设备，但在浸涂时不能搅拌，以免漆中出现气泡。浸漆的漆膜厚度主要取决于漆的黏度。被浸工件在浸漆、流漆及干燥过程中应处于同一水平线上，并使凹面向下，使余漆很快流尽，保证漆膜均匀无流痕。

浸涂法具有省工省料、生产率高、设备与操作简单、可采取机械化或自动化进行连续生产的特点，最适宜于单一品种的大批量生产。

0877 在不打腻子的车身部分涂装油漆的方法

汽车的车架、骨架、汽车底部及部分车身不必刮腻子零件的里面，一般经清洁处理后即可涂刷（或喷涂）一遍铁红醇酸底漆或铁红酚醛底漆。由于骨架底层及车架等车身部分在行驶中受泥土、水分腐蚀，因此在底漆干燥后，可涂刷或喷涂1~2道耐水防腐涂料，提高防锈、防腐能力。

0878 轿车面漆材料的选择

汽车面漆是最外层的涂层，关系到车辆的外观装饰及防腐性能。车辆车身外表经过底漆及腻子的施工，在达到表面光滑平整、无砂孔、无缺陷的前提下进行外表面漆的喷涂。

一般面漆有普通漆、金属漆和珠光漆。硝基磁漆、醇酸磁漆等属于普通面漆，成分包括树脂、颜料和添加剂。金属漆多了铝粉，所以完成以后看上去很光亮。珠光漆加入了云母粒，云母很薄，如同一面面的小镜子具有反光性，就有了色彩斑斓的效果。如果是金属漆加上罩光层，车的油漆看上去就很漂亮。根据车型类别不同，对面漆材料的要求也不同。轿车通常先用硝基漆、氨基烘漆、丙烯酸烘漆以及双组分铝底色漆罩镜面清漆等。

0879 喷涂面漆前应做好的前期工作

1）全面检查各部位的底漆层是否已经平滑。如有不平之外，需再用320号砂纸用手工打磨。同时用铲刀清除残留腻子和其他污物，并打磨光滑，彻底清洗干净。然后用压缩空气吹除一切灰尘，晾干。潮湿或不干净的表面，遮盖胶带是粘贴不上去的。

2）对不需要喷涂的部位，应用遮盖纸和胶带遮盖封闭。遮盖是面漆喷涂前准备工作中很重要的一步，它的作用是防止漆雾喷到不该喷到的地方。

3）根据车主的要求调配好相应色漆料。如果是斑点修补，首先要根据汽车生产厂家的漆码获得原色，以减少修补漆配方与原汽车生产厂家所用的面漆配方的差异。

4）根据施工资料中的要求，调整好喷涂压力，一般取0.4~0.5MPa，也可在喷涂过程中视漆膜的情况进行调整。

0880 烤漆房的功能

修理厂用烤漆房通常是用来喷涂和烘烤车漆的，所以，烤漆房最确切的描述应是“喷烤漆房”。在喷漆的时候，外部空气经过初级过滤网过滤以后由风机送到房顶，然后经过顶部过滤网二次过滤净化以后进入房内。

房内空气采用的是全降式的空气流动方式，使得喷漆后的漆雾微粒不会在空气中停留，而是直接通过底部出风口被排出房外。这样不断地进行循环转换，使得喷漆的时候房内空气非常清新，进而最大限度地保证喷漆的质量。

0881 常见的红外线辐射器种类及其各自特点

红外线辐射器是由远红外辐射元件与定向辐射器组成的器件，常见的红外线辐射器有以下几种：

1）红外线灯泡。利用钨丝加热到2227℃产生强烈的辐射线。其热效率低、成本高，但结构简单、控制方便。

2）金属管状电热元件。在金属管内放入螺旋形的电热丝，管的空隙部分填充了导热绝缘氧化物，通电后使金属加热到一定温度产生辐射线。这种辐射器的特点是坚固耐用、质轻、体积小、寿命长，并可根据烘道形状和工件排列方式进行弯曲，改变形状。

3）金属板式红外线辐射器。这种辐射器与管状电热元件组成基本相似。不同的是将管形改为板形或将管状元件装入铁板内。具有辐射面大、温度均匀等特点。

4）碳化硅管红外线辐射器。碳化硅管耐温最高，使用寿命长，热惰性小，电热丝烧断后易于更换，这种辐射器辐射效率高并对涂料烘干有较好的效果。

5）碳化硅板状红外线辐射器。这种辐射器是将电热丝均匀分布在具有凹槽的碳化硅板内而成，辐射面大，适于大型工件烘干用。

0882 使用红外线辐射器的优点

干燥室内的红外线辐射器由数组装于干燥室内两侧墙壁上的远红外线辐射元件组成。

以远红外线为热源的干燥设备其工作原理利用漆膜的高分子物质吸收红外线能力强的特点，当物料吸收红外线后，被吸收的红外辐射能量会进一步激化分子的振动，增大振动量子数，扩大振幅而使振动变大，并转换为分子的热运动能。从而使漆膜的温度上升，收到受热较均匀、干燥速度快的良好效果。

使用红外线辐射器能节约电能，缩短烘干时间，室温容易控制，寿命长，维修方便，操作简便。

0883 砂蜡及其用途

砂蜡又叫作抛光剂，用合成蜡和特殊研磨剂制造而成。其用途是透过强力的研磨微粒作用，安全地除去车体表面上的氧化膜、细微划痕、花斑及顽固污垢，令老化、褪色、失光的旧漆层重现原有的光泽。高级砂蜡集去污、上光、修复划痕、保护车漆为一体，是汽车美容上蜡的首选用品。

0884 打蜡抛光及其作用

抛光是通过抛光机加研磨剂、抛光膏磨去漆面表层，可以去除漆表面氧化层和细小划痕，一般原厂车漆厚度可以经受6~7次的抛光处理。

打蜡是在原漆面上涂抹一次保护膜，起到短期增亮和防酸雨等作用。车体蜡有软、硬和液、固之分，部分还带有微细研磨砂(不建议使用)，使用保持时间在2~3个星期，可经常使用，平时配合含蜡护理刷，效果更好保持时间长。

打蜡抛光的作用是增强漆面的光泽和保护性，若经常抛光上蜡，可使涂层保持光亮耐水，还能延长漆膜的使用寿命。

0885 漆膜流挂及其原因

漆膜流挂（流坠）现象是指涂料在硬化或者喷涂往下流动时发生涂料的堆积和下挂现象。涂料涂饰于垂直物体表面，在漆膜形成过程中，漆膜受到重力的影响朝下流动，形成不均匀的漆膜，称为“流坠”或“流挂”。湿膜应有某种程度的流动，以求达到满意的流平性，但过度流动就会形成流挂症状。

引起漆膜流挂的原因如下：

1）涂料黏度太低，有过多的慢干溶剂。

2）稀释速度过慢。

3）厚膜过高。

4）人为操作原因。一次喷涂过厚，膜厚不均匀。

5）涂装条件。吐出量过大，雾化压力不够，枪距太近。

6）其他原因。涂装室温度低，车体外形复杂，漆温过低。

0886 漆膜起泡及其原因

当漆膜干透后，在漆膜与物面基层，或者面漆与底漆之间，出现大小不同、表面凸起的气泡，用手压感到有一点弹性，且起泡的地方附着力为零，气泡外膜很容易成片地脱落，这种现象称为漆膜起泡。

起泡的原因有以下这些：

1）基层潮湿，水分蒸发而造成漆膜起泡。

2）油漆品种的选用不当，使用了耐水性低的涂料用于浸水物体的涂饰。

3）金属表面处理不佳，凹陷处聚潮气或包含铁锈，使漆膜附着不良而产生气泡。

4）刚涂装的漆膜由于环境温度太高，或日光强烈照射使底漆未干透，而漆面已干燥成膜，当稀释剂继续向外挥发时，将表面漆膜顶起，造成起泡。

0887 防止漆膜起泡的方法

预防漆膜起泡的措施如下：

1）涂装前，彻底清除金属表面凹坑或孔洞中的水分、空气、油液等其他附着物。

2）在潮湿及经常接触水的部位，涂饰油漆时，应选用耐水涂料。

3）避免漆膜接触高温和日光暴晒。

起泡后的修补办法如下：

1）如果是轻微的气泡，可待漆膜干透后，用水砂纸打磨平整再补面漆。

2）如果是较严重的气泡，必须将漆膜铲除干净，待基层干透，针对起泡原因经过处理后，再涂油漆。

0888 引起漆膜咬底的原因

咬底是漆膜喷涂时，涂料中的有机溶剂对底层产生严重的溶胀起皱而脱离的现象。产生咬底的原因如下：

1）底漆使用油脂漆、醇酸漆等油基漆类，在漆膜未曾干透时，如加涂含有强溶剂的油漆，特别是后涂的油漆较厚时，底层漆膜很容易被所覆盖的油漆的溶剂溶解而膨胀、脱离。因此在底层油漆彻底干燥后喷涂，可以防止咬底。

2）在上一层漆膜尚未干透前，再加涂一层同种漆时，往往也会发生咬底。

3）底漆和面漆不配套，互不相容，也会产生咬底。

0889 漆膜出现粗粒的原因

漆膜出现粗粒是指漆膜表面有颗粒状杂物且表面粗糙。产生粗粒的原因如下：

1）有灰尘、砂粒等杂物混入涂料中。

2）当调配漆料时，产生的气泡在漆液内未经散尽即施工，尤其在寒冷天气容易出现气泡散不开的现象，使漆膜干燥后表面变粗糙。

3）施工环境不洁，有灰尘、砂粒飘落于涂料中，或油刷等刷涂工具粘有杂物。

4）基层处理不合要求，打磨不光滑，灰尘、砂粒未清除干净。

5）稀释剂使用不当，溶解力差，不能完全溶解涂料，引起颗粒。

6）固化剂使用不当，与油漆不相容，引起颗粒。

0890 引起漆膜表面渗色的原因

所谓渗色就是在底层油漆上涂装不同颜色的面漆后，底层油漆的颜色浮现于表面，使面漆的颜色“失真”。产生渗色的原因如下：

1）面漆是强力溶剂的油漆，如硝基漆、过氯乙烯等，且面漆与底漆的颜色不相同时，容易产生渗色现象。

2）在红色底漆上涂装白色或其他浅色漆时，有时红色易浮现出来。

3）喷漆工具或调漆工具中留有可溶解的颜料将面漆污染。

0891 漆膜发白的原因

漆膜含有水分或其他液体，漆膜颜色比原来较淡，漆膜呈现白雾状，这种现象称为发白。引起漆膜发白的原因有以下方面：

1）环境湿度过高。

2）施工表面、容器、油漆中混有水分。

3）稀释剂挥发太快。

4）底层漆膜中含有的水分没有清除干净。

5）油漆施工过厚。

6）固化剂配套错误，与油漆不相容而发白。

0892 引起漆膜产生“桔皮”的原因

喷涂的漆膜干固后，漆膜表面不光滑，呈现凹凸的状态如桔子皮样，这种现象称为“桔皮”。形成“桔皮”的原因主要有以下方面：

1）油漆太稠，稀释剂太少。

2）喷涂压力过大或距离太近，喷涂漆量少，距离远。

3）施工场所温度太高，干燥过快，漆不能充分流平。

4）作业环境风速过大。

5）使用低沸点稀释剂，当漆雾抵达涂面时，溶剂即挥发。

6）加入固化剂后，放置时间过长才施工。

0893 漆膜产生开裂的原因

漆膜表面出现深浅大小各不相同的裂纹，如从裂纹处能见到下层表面，则称为“开裂”；如漆膜呈现龟背花纹样的细小裂纹，则称为“龟裂”。漆膜开裂或龟裂的原因如下：

1）底漆与面漆不配套，漆膜受外界影响（机械作用、温度变化等）而产生收缩应力，引起漆膜龟裂或开裂。

2）底漆未干透即涂覆面漆，或第一层面漆过厚，未经干透又涂第二层面漆，使两层漆内外伸缩不一致。

3）固化剂加入过多，或者使用错误的固化剂。

4）涂层过厚。

5）施工环境恶劣，温差大、湿度大，漆膜受冷热而伸缩，引起龟裂。

0894 漆膜出现桔皮的原因

漆膜出现桔皮是指漆膜干后不光滑，收缩成许多弯弯曲曲的棱脊。漆膜出现桔皮的主要原因有如下方面：

1）催干剂调剂不当，使漆膜内、外层干燥不均匀，只好向上收拢而起皱。

2）烘烤温度过高或在烈日下曝晒，使漆膜收缩起皱。

3）新喷涂漆膜未完全干燥时，受到强烈溶剂侵蚀而产生软化或膨胀，使漆面产生褶皱。

0895 腻子与涂层质量的关系

腻子层本身不能提高涂层的防护性能，腻子层厚薄直接影响到力学性能，若腻子层刮得太厚，在自然干燥或烘干过程中，内部腻子难以干燥，容易造成外干里面未干的现象，一旦封闭腻子层后，会发生腻子中的水分等物质向外冒出，使漆膜产生针孔、起泡剥落等病态。如果漆膜被破坏，腻子层的湿润性、膨胀性及收缩性将加速外界水分等介质的侵入，促使漆膜下的腐蚀发生，从而整个涂层的保护及装饰性能完全丧失。因此，在汽车涂装时，一般不用或少用腻子。

0896 现代轿车不可多刮腻子的原因

汽车进行涂装时使用腻子是为了消除车身表面的不平整度(如凹陷、划痕等)，实际上腻子的使用对整个涂层质量并没有好处。由于腻子含有大量颜料和体质颜料，质地疏松，当腻子干燥后易收缩、开裂、脱落(特别是腻子层厚时)，影响涂层质量。因此，在现代轿车上不宜多刮腻子，应尽量少刮或不刮。

0897 底漆和面漆配套选用的方法

在选择涂料品种时，必须考虑底漆和面漆的配套性。当底漆和面漆配套选用时，应考虑如下两个原则：

1）底漆和面漆之间应有适当的结合力。

2）底漆和面漆之间要有相容性，能相互适应。

底漆和面漆的配套一般是指烘干型底漆与烘干型面漆配套；自干型底漆与自干型面漆配套；硬度高的面漆不能与硬度很低的底漆配套，否则将发生龟裂；耐溶剂性差的油性底漆不宜与溶解力很强的面漆配套，否则会发生咬底现象。

0898 进口底漆、中间层涂料和面漆的配套选用

目前，我国汽车涂料市场供应的进口涂料都是国外较大的涂料公司生产的，基本上都有配套使用的底漆、中间层涂料和面漆，因此配套较为简单。在实际选用时应注意以下几点：

1）进口涂料均配有产品使用说明书，对产品的性能特点、技术要求、配套选用、施工条件及施工方法等都有比较详细的介绍。使用前应仔细阅读使用说明书，并按要求选用配套的产品。

2）对于同一厂家生产的系列产品，可直接选用它的配套底漆、中间层涂料和面漆，以及稀释剂、固化剂、防潮剂等涂料添加剂。

3）对于不同厂家生产的涂料，可根据同类型原料相同的性能产品互换选用，但必须注意产品的使用要求。

0899 涂层按用途的不同分类

汽车涂层的主要作用是装饰和保护车身，因此，按用途不同分为装饰涂层和保护涂层两大类。

（1）装饰涂层　主要是从外表装饰质量，以表面光滑平整、经久耐用为质量标准。可将装饰涂层分为以下三个等级：

1）一级——高质量表面装饰。质量要求：要有美丽的外观，光亮如镜或光滑的表面，完全没有细微的杂质、擦伤、裂纹、桔皮、起泡、麻点及其他肉眼可见的缺陷，并应有足够的机械强度。

2）二级——一般表面装饰。质量要求：有中等的光泽，平滑的表面，足够的机械强度和美丽的外观。允许有轻微的擦伤、轻微的刷纹及其他细小的缺陷。

3）三级——保护性涂装。质量要求：主要是防止金属腐蚀，但也要有一定的装饰外观。涂层不应有桔皮、滚痕、露底、外来杂质及降低保护与装饰性能的显著污浊度。允许有轻微的擦伤和刷纹等。

（2）保护涂层　主要用以保护物体在各种环境和介质中不受腐蚀，有的可兼顾一些装饰作用，但有的可完全不需要装饰。这类涂层具有很强的耐蚀性。

0900 将原面漆颜色与漆膜色卡进行对比的方法

（1）视感比色法　将原车面漆颜色与漆膜颜色标准色卡进行对比的方法是：

1）照明应采用漫射日光，避免直射日光。

2）视线与光线间成45°夹角。

3）光源照度应在1000~4000k(一般为2000k，比色颜色较暗时取其上限)，由于自然光在晴天、阴天及雨天时有所差异，为确保比色的准确性，有条件时最好采用显色性能较高的标准光源。

4）比色时，视距应在500mm左右，并交替观察比较色卡及漆膜，不要进行长时间凝视。

采用视感比色法确定原车面漆颜色应注意以下事项：

1）观察者应无颜色视觉异常。

2）比色现场周围不允许有色彩强烈物体（如红砖墙、绿树、艳丽服装等）的反射光。

（2）分光测色法　将分光光度盒放在被测漆膜表面上时，它便根据原车漆膜对光的折射率确定出漆膜颜色的色调、亮度及饱和度，并能迅速而准确地找到与颜色匹配的油漆配方。

0901 确定涂料用量的方法

在涂料调配过程中，涂料用量的确定也是极其重要的，如一辆汽车整车涂装需要多少底漆、腻子、面漆及罩光漆等，调配时按量进行。这样既可避免多余而造成的浪费，也可避免漆量不足而停工以致影响生产。常用油漆每1kg所能涂刷一层的面积见表6-2。

表6-2 常用油漆每1kg所能涂刷一层的面积

面积/m² 颜色 / 油漆品种	朱红	铁红	黄	蓝	白	绿	灰	黑	银白	清漆	各色
调合漆	12~18	15~21	12~18	17~18	9~13	14~20	11~16	20~30			
防锈漆		20	20				10	14			
酚醛漆	18~25	18~25	14~20	18~25	12~16	18~25	14~20	22~32		20~30	
醇酸漆	20~30	18~25	16~22	18~25	13~18	18~25	15~20	22~32		22~32	
硝基漆	10~15	14~20	10~15	14~20	10~15	14~20	17~18	15~22		15~22	
银粉漆									22		

0902 常用调色设备

随着我国进口汽车的增多，汽车漆的色彩日渐繁多和复杂。巴斯夫、杜邦、阿克苏诺贝尔、PPG等世界知名油漆公司也相继进入我国，这些公司对色彩都有专门的研究调制机构。

在进行调色时用到的主要设备有：调漆机、阅读机、调色计算机、电子秤、配方微缩胶片、涂料标准色卡、比例尺等。

0903 调漆机

调漆机又称为油漆搅拌机，各大油漆公司都有调漆机和其配套产品，有32、38、59、108等各种规格的调漆机。调漆机配有发动机、搅拌桨，利用这种工具很容易混合倒出涂料。因此，涂料在使用以前需要充分混合。

0904 电子秤及其操作

电子秤又称为配色天平，是一种称涂料用的专用天平，帮助计算适当的混合比，由托盘秤、电子显示器、集成电路板组成。

电子秤的操作方法如下：

1）水平放置电子秤，避免高温、振动。

2）打开电子秤总电源开关，按下电子秤电源处，暖机5min。

3）按下归零键，将被称物轻置于秤板中心，依序操作。

4）使用完毕后，按下电子秤电源关闭键，关闭电子秤电源总开关。

0905 计算机调色

计算机调色即计算机中存有所有色卡配方，用户只需将自己所需漆号和份量输入计算机，就可以直接计算出配方数据，快捷、方便、准确，而且数据更新容易，是一种先进的调色方法。

0906 胶片调色

胶片调色是指通过阅读机阅读微缩胶片查涂料配方，因这种方式成本低、操作简单，所以目前采用较多。

第七章　汽车美容装饰

0907　汽车美容护理用品种类

汽车美容护理用品主要有太阳膜、车漆镀膜、蜡、清洁剂、清新剂、雨刮精、釉、抛光盘、轮胎液、轮毂液和手喷蜡等。

0908　汽车装饰用品种类

汽车装饰是通过增加一些附属的物品，以提高汽车表面和内室的美观性，这种行为叫作汽车装饰，所增加的附属物品，叫作装饰品或者装饰件。根据汽车装饰的部位分类，可分为汽车外部装饰用品和汽车内室装饰用品。

较常见的汽车装饰用品有地胶、座垫、腰垫、地毯、座套、贴纸、窗帘、太阳膜、太阳挡、防盗锁、安全气囊、隔热棉、手机架、安全带、温度计、转向盘套、转向盘、静电贴、防撞胶、地毯、挂饰和香水座等。

0909　发动机外部美容的方法

1）将汽车电器用塑料薄膜遮罩，然后用半湿性毛巾压盖于薄膜上侧，以防高压水冲进分电器，致使汽车难以起动。

2）使用高压水枪由发动机侧面按从上到下的顺序将发动机舱内侧及发动机外表的附着污物冲净。

3）直接将发动机外部清洗剂均匀喷洒于淋湿后的发动机及发动机舱周边。

4）用纤维毛刷清洗发动机舱内所能触及到的所有部件。

5）用高压水枪快速冲净刷洗掉的污物。

0910　专业汽车美容定义

专业汽车美容是指专门从事汽车洗车、汽车漆面美容(打蜡、封釉、镀膜、镀晶)、汽车内饰护理(内室清洁、内室消毒)、汽车其他部件翻新(发动机翻新、轮毂翻新、前照灯翻新、橡塑件翻新等内容)的工作。

0911　使用专用的洗车泡沫目的

1）汽车在高速行驶过程中与空气中的污染物质结合形成一种顽固的难以洗净的“交通膜”，这种“交通膜”影响车漆的光亮度，同时不易被普通洗涤剂分解和去除。只有汽车专用的洗车泡沫里才有这样的分解物质，它能轻易地破坏这种顽固的交通膜，把车清洗干净，恢复车漆的靓丽原色。

2）车漆适应弱碱性溶液清洗，而其他洗涤剂都属于强碱性溶液，很容易伤到车漆，破坏了车漆的光亮度。而专用的汽车洗车泡沫属于车漆适应的弱碱性溶剂。

0912　内室清洁的方法

（1）座椅的清洗　取一块洁净的干毛巾，将高效泡沫清洗液喷到污处，稍停留片刻，待泡沫完全吸干后用毛巾反复仔细擦拭，直到除去污迹。对于特别重的污迹可先用软毛刷洗后再用毛巾擦。处理干净后，用另一块干净的毛巾顺着绒布绒毛方向抹平，使其恢复本来的面目。

（2）车内顶篷的清洁　清洗时使用高效泡沫清洗液即可处理车内顶篷，将其喷到污垢处，稍停片刻，用一块洁净的纯棉布将顶篷中的绒毛清洗剂污液吸出，再从污迹边缘向中心进行擦拭，污垢严重时可重复以上操作。处理干净后，用另一块干净的棉布顺着车顶的绒布绒毛方向抹平，使其恢复本来的面貌。

（3）仪表台、转向盘清洁护理　仪表台和转向盘多为塑料和皮革制品，清洁时必须要用专门的清洁产品。

0913 洗车窍门

（1）洗车时小心空调被弄湿　洗车时一定要保持汽车空调外表的干爽，如果汽车空调不小心被弄湿，会影响到它的寿命。

（2）避免烈日下洗车　由于在烈日下洗车，水滴所形成的凸透镜效果会使车漆的最上层产生局部高温现象，时间久了，车漆便会失去光泽。若是在此时打蜡，也容易造成车身色泽不均匀。所以，洗车打蜡最好是在有遮蔽的条件下进行。

（3）避免圆圈方式打蜡　由于很多人给车身打蜡都习惯性地以圆圈方式进行，这是不正确的方法。正确的打蜡方式是以直线方式，横竖线交替进行，再按雨水流动的方向上最后一道，这样才能达到减少车漆表面产生同心圆状光环的效果。

（4）掌握洗车的水流技巧　一般第一遍一定要细水慢流，从上往下冲，把车上沾的灰尘颗粒用水流带走。避免一开始就用高压水枪，因为这样等于是让灰尘颗粒在车漆表面做“摩擦运动”，导致车漆伤害。

（5）禁止用洗衣粉洗车　由于洗衣粉是碱性洗涤剂，对车漆损害很大，如果长期用洗衣粉来洗车，汽车表面就会逐渐失去光泽。

0914 选择洗车液方法

洗车必须选用正确的洗车液，洗车最忌用碱性强的洗涤剂或肥皂粉，因为它们虽然去污力强，但同时损伤性也大，经常用它们洗车，车体表面的光亮很快就会被侵蚀掉，而且会加速车身橡胶件、轮胎和车窗等的老化。

正确的洗车液应采用洗车专用的洗车液，并以含水蜡成分的洗车液为最佳。专业洗车液pH值为中性，不会侵蚀车表面，如含有水蜡成分，更能在洗车的同时给予车体一种滋润保养的功效，即便经常洗车，也不会损伤车漆，反而越洗越亮。

0915 精洗发动机外部目的

由于长时间不对发动机外部进行清洁护理，就会使发动机表面形成厚厚的油泥性腐蚀物，时间一长这些腐蚀物将渗透于发动机表面各部件，造成金属部件生锈、塑料部件老化变形，同时影响发动机自身的散热效果，影响其正常运转。所以精洗发动机外部也是非常重要而又不可缺少的服务项目。

0916 汽车漆面打蜡目的

汽车打蜡是汽车漆保护的基本手段，打蜡的作用有以下两点：

1）汽车漆表面形成一层保护膜，有效隔离外部环境对车漆的不良影响、如阳光、酸雨、鸟粪、灰尘、工业污染等，为汽车穿上一层隐形车衣。

2）增进车漆表面的光泽，在抛光的基础上达到最终的镜面效果。

0917 汽车漆面抛光作用

汽车漆面抛光的作用有以下几点：

1）依靠抛光剂与漆面产生的化学反应，让漆面显示出本身的光泽，达到镜面效果。

2）修复漆面的轻微损伤，包括酸性水点、石灰水点、石灰水泥点、虫体鸟粪、工业污染等。

3）漆面抛光为打蜡做好准备。

4）漆面抛光消除研磨造成的细微划痕(发丝发痕)。

0918 汽车漆面研磨作用

由于阳光(紫外线)、雨水和空气中的杂质，导致汽车漆面在使用一段时间后(6个月左右)会逐渐出现氧化层，开始时肉眼看不见，但用手抚摸车体会感觉不平，严重时车体会失光，打蜡也无济于事，所以要对汽车漆面进行研磨。

采用专用的研磨剂，然后通过研磨抛光机进行作业。

0919 汽车抛光定义

汽车抛光就是汽车美容过程中，在打蜡、封釉或镀膜时先给汽车做一次抛光。因为封釉镀膜必须先经过抛光，而且是经过精细抛光的车子，才能做出镜面来。这个是封釉必须经过的操作。没有经过抛光处理，车漆不平整，封釉保持时间非常短，根本起不到长期附着的效果。

当然，根据车漆的情况，抛光不一定要三步都做，新车往往一步还原就可以了。但是做过粗蜡的车一定要中蜡抛光，做过中蜡的车一定要细蜡还原。

0920 汽车抛光准备工作步骤

1）汽车抛光前要检查漆层被氧化的程度。如果汽车上的是磁漆或喷漆，车身表面很模糊或表面发白，就需要去除氧化层。如果看不到氧化层，或车漆为清罩漆，用手背摸拭车顶和发动机罩(这些部位最容易被紫外线氧化)。如果这些清洗后的表面有粗糙感或拉皮肤，说明汽车的表面漆层已被氧化。

2）喷漆或磁漆上的氧化层可用抛光剂或有磨料的清洁剂去掉，所使用磨料的粗细取决于氧化程度。如果氧化不明显，则使用打蜡和抛光合二为一的产品；如果漆层氧化严重，那么在打蜡前应先抛光。

3）透明的清罩漆上的氧化层应使用专用的不含磨料的化学清洗剂去除，这种清洗剂不会损伤清罩漆漆层。

0921 研磨定义

研磨是漆面护理工艺的第二阶段，通过表面预处理清除漆面上的污物，消除严重氧化及微浅划痕或减轻表面缺陷。按照操作方法可分为手工研磨和机械研磨两种。

1）用于漆面瑕疵的研磨处理，可以起到去除漆面轻微白化、划痕、砂纸痕、漆面失光、失真、柏油、漆雾、酸雨水痕等作用。

2）以便提供适应抛光要求的良好基底，它是漆面达到平整而耐久的保证。

0922 进行抛光的方法

1）根据车身漆面侵蚀程度的不同，选用合适的研磨盘、抛光盘以及合适的抛光剂。

2）抛光时先取少量抛光剂喷敷于待抛光的车身漆面上。

3）将研磨盘或抛光盘用水充分润湿后，甩去多余水分。

4）选择好转速(一般控制在1000~1500r/min)，先从车身顶篷开始抛光，再抛光行李箱、后翼子板、后保险杠、两侧的车门、发动机盖、前翼子板、前保险杠。抛光时要始终保持工作盘与车身漆面相切或平放（平压）于车身漆面上，力度适中。而且抛光时，应按一定的顺序来抛光，不可随意乱涂；抛光时应每小块做一次处理，不可大范围喷敷、抛光。

5）车门、车裙无法用抛光盘抛光的地方可用手工补救。先用超能开蜡剂均匀喷敷，软毛巾擦拭，再将抛光剂涂抹其上，用软毛巾擦拭抛光。如果遇到车身漆面处有轻度划痕时，可将抛光剂涂于划痕处，抛光时沿着与划痕垂直或斜交的方向反复进行抛光。

0923 车蜡的作用

（1）防水作用　汽车经常暴露在空气中，免不了受风吹雨淋造成漆面暗斑，极大影响了漆面的质量及使用寿命。另外，水滴易使暴露金属表面产生锈蚀。

高档车蜡可使水滴附着减少90%以上，大大降低了车身遭受侵蚀的可能性，最大限度地保护漆面。

（2）抗高温作用　车蜡的抗高温作用原理是对来自不同方向的入射光产生有效反射，防止入射光使面漆或底色漆老化变色。

（3）防静电作用　汽车静电的产生主要有两个来源，一方面是纤维织物，如地毯、座椅、衣物等摩擦产生的；另一方面是由于汽车在行驶过程中，空气中的尘埃与车身金属表面相互摩擦产生的。

车蜡防静电作用主要体现在车表静电防止上，其作用原理是隔断尘埃与车表面金属摩擦。由于涂覆蜡层的厚度及车蜡本身附着能力不同，它的防静电作用有一定的差别，一般防静电车蜡在阻断尘埃与漆面摩擦的能力方面优于普通车蜡。

（4）防紫外线作用　车蜡防紫外线作用与它抗高温作用是并行的，只不过在日光中，由于紫外线的特殊性决定了紫外光较易折射进入漆面，防紫外线车蜡充分地考虑了紫外线的特性，使其对车表面的侵害得以最大限度地降低。

（5）上光作用　上光是车蜡的最基本作用，经过打蜡的车辆，都能改善其表面的光亮程度，使车身恢复亮丽本色。

0924 新车贴膜的作用

汽车贴膜一般有以下几方面的作用：

1）改变玻璃色泽，提高美感。

2）降低汽车玻璃破碎时对人体造成的伤害，同时有一定的防盗作用。

3）有隔热作用。汽车贴膜的隔热率可达50%以上，有效地降低汽车空调的使用率，节省燃油，提高空调效率。

4）抵御有害紫外线。汽车贴膜可有效阻挡紫外线，保护乘员的肌肤免受紫外线伤害并减缓车内饰物的老化。

5）汽车侧窗玻璃膜有单向透光作用，可提高乘车者隐秘性。

0925 汽车贴膜后保养

（1）贴膜之后小心保护　汽车贴膜完成后，要注意侧窗在贴膜后夏季24h、冬季48h内不要打开，也不要用指甲或尖锐物将膜边缘拨开，以免污物进入。如有气泡，要在24h内到专业的汽车美容养护店进行处理。

（2）两周之后可以清洗　汽车贴膜完成2~3周后可以清洗，要使用不起毛的布等柔软物品蘸有洗涤灵的水擦拭，注意不要夹入沙砾或尖锐颗粒，以免划伤膜表面，同时也不能用氨基常液进行清洗。贴膜后，膜与玻璃之间如有云雾状水雾，2~3周内它会自然干透消失。

（3）防止自爆洗车谨慎　汽车前风窗玻璃在烈日的暴晒下温度极高，所以热车不能用冷水直接冲洗，特别不能用高压水枪直接正面冲洗前风窗玻璃，否则极易由于急速降温而导致玻璃出现暗伤甚至马上爆裂。

0926 汽车贴膜后注意事项

1）汽车贴膜后10天内开空调的时候禁止吹前风窗。
2）等膜完全干燥后用专用擦车巾轻轻擦拭即可。
3）不要用吸盘或任何粘贴产品粘贴在汽车膜上，以防止车膜脱落或产生气泡。
4）不要用指甲或尖锐物质将膜的边缘拨开，以避免灰点和其他物质进入影响美观。
5）不要使用刷子、干硬的毛巾等擦拭车窗的隔热膜表面，以免划伤车膜。

0927 汽车膜种类

1）染色膜(不反射，指对红外线的反射)。这类膜不含金属层，没有反射红外线的功能。具有控制眩光和一定的隔热功能。主要是通过吸收太阳能后再向外释放来起到隔热的作用。隔热效能比反射膜低得多。

2）染色膜加真空镀金属膜（反射）的复合膜，业内称为高性能膜。这种高性能膜通常是由一层本体染色膜和一层真空镀铝膜复合而成的。与不反射的染色膜相比，在具有较高的可见光穿透率的同时，又有较高的隔热率，但因染色层会发生光线的散射作用，造成视觉的扭曲，故清晰度较差。

3）磁控溅射金属膜(反射)又称为纯金属膜。这是玻璃贴膜制造工艺级别最高的一种膜。该膜用磁控溅射的工艺，在膜层基体上镀有一层对红外线反射率极高的不同金属离子涂层，所用的金属通常是铜、不锈钢、镍铬合金等。膜的颜色完全由所镀的金属成分来决定，具有更高的可见光穿透率和隔热率，金属成分稳定，永不褪色，清晰度极佳。

0928 选用汽车膜原则

（1）紫外线阻挡率　一定要选择紫外线阻挡率达到99%的薄膜，不管是安全膜还是其他汽车贴膜。如果达不到要求，这薄膜不合格。

（2）高透光率　前风窗透光率是70%。前风窗玻璃的透光率一般只有80%左右，薄膜的透光率要超过90%，否则不能保证贴膜后总透光率还能达到70%。

（3）红外线阻挡率(即隔热率)　贴膜的所谓隔热是针对阳光中的红外线。优质车膜隔热率可以超过85%，对紫外线的隔绝效果也可以达到99%以上。

（4）安全性　一般的防爆膜膜片很薄，摸上去有发软的感觉，缺乏足够的韧性，时间一长，就会老化发脆。优质膜具有很强的韧性，当车窗玻璃遇到意外破裂后，可以起到粘牢玻璃的作用，防止玻璃飞溅。

0929 防爆膜性能指标特点

根据用途的不同，性能要求不尽相同，一般而言，其主要指标为可见光透过率、可见光反射率、隔热率以及紫外线阻隔率等。

1）可见光透过率。可见光透过率是指可见光穿过玻璃/玻璃窗膜复合层的百分比。
2）可见光反射率。可见光反射率是指可见光被玻璃/玻璃窗膜复合层反射的百分比。
3）太阳能穿透率。太阳能穿透率是指太阳能透过玻璃/玻璃窗膜复合层的百分比。
4）紫外光阻隔率。紫外光阻隔率是指紫外光被玻璃/玻璃窗膜复合层反射的百分比。
5）太阳能反射率。太阳能反射率是指太阳能被玻璃/玻璃窗膜复合层反射的百分比。

6）太阳能吸收率。太阳能吸收率是指太阳能被玻璃/玻璃窗膜复合层吸收的百分比，吸收的太阳能是能够向玻璃/贴膜复合层两边同时辐射的，空气流动速度高的一边将辐射更多的能量。

7）总太阳能穿透率。总太阳能穿透率是指太阳能透过玻璃/玻璃窗膜复合层的部分与被吸收的向内部辐射的太阳能的总和。

8）总太阳能反射率。总太阳能反射率即隔热率，它是太阳能被玻璃/玻璃窗膜复合层反射的部分与被吸收的向外部辐射的太阳能的总和。

9）遮蔽系数。遮蔽系数是指玻璃/玻璃窗膜复合层相对于玻璃的总太阳能穿透率。

10）U值。U值是指每1h、内外温差每1℃，通过每$1in^2$的热辐射量。

0930 汽车贴膜验收标准

（1）前风窗膜验收标准

1）整张安装，不拼接。

2）视觉范围内没有气泡、折痕和光带。

3）由玻璃两侧观察，安装液必须刮干净。

4）坐在驾驶人位置上，透过前风窗看车外的景物不存在模糊和色差现象。

5）隔热防爆膜边缘线应粘贴完好，无起边现象。

6）隔热防爆膜与玻璃上的小黑点连接，查看前风窗玻璃外侧有无强反光现象，检查是否平滑，有无明显的凹凸感觉。

（2）侧窗膜验收标准

1）检查每块玻璃两侧有无明显漏光现象。

2）由玻璃两侧观察，安装液必须刮干净。

3）观察侧窗玻璃上缘线是否与膜边缘基本保持平行，刀线是否平滑。

4）有无气泡、折痕。

（3）后风窗膜验收标准　检查最下沿隔热防爆膜黏结情况，不应有安装液残留在膜和玻璃之间，不能有密集的沙点和气泡。

0931 汽车贴膜的操作步骤

1）贴太阳膜的场地必须保持环境清洁，尽量不要使用电风扇，更不要在路边施工。

2）车窗玻璃必须绝对清洁干净，要做到反复清洗，如果玻璃上残留有尘粒时，将会严重影响太阳膜的黏附力和清晰度。

3）太阳膜仅贴于玻璃的内侧。

4）曲面的预定型。将太阳膜贴于平面的侧窗玻璃上并不难，但是贴于曲面的前后风窗玻璃上则技术要求很高，一般是利用该前后风窗玻璃的外侧面为模型，对太阳膜进行加热预定型。

预定型的方法是将太阳膜的保护膜朝外，铺于曲面玻璃的外侧，在太阳膜和玻璃之间洒上水，采用温度可调的电吹风对太阳膜进行加热，一边加热一边用塑料刮刀挤压玻璃上的气泡和水，使太阳膜变形，直至与玻璃的曲面完全吻合。需要特别留意的是，加热要均匀，不要过分集中，否则温度太高有可能造成玻璃开裂。

5）贴膜过程。先在清洁玻璃的内侧喷洒清水，然后撕去太阳膜的保护膜，对涂胶的表面也喷上清水，便可以将太阳膜贴于玻璃上，再用塑料刮刀进行挤压，去除太阳膜内的气泡和多余的水分。对于曲面玻璃来说，如个别部位不吻合，还可用电吹风加热，使其变形，达到完全吻合。待太阳膜干燥后，便能牢固地黏附于玻璃上。

6）由于太阳膜是贴于车窗内侧的，贴膜前，应在车内空间喷洒清水，使尘粒尽快沉坠。贴膜时，即使车内温度较高，但也不要使用车内的空调。

0932 膜品质的判定方法

（1）望颜色　从外观上看，真防爆膜色泽均匀柔和，无波浪深浅，从车内往外看景色自然不变色。而普通色膜是将颜色直接熔在胶膜中，撕掉上层塑料纸后，用力刮粘贴面，就会有颜色脱落。另外，普通色膜拿着在地上轻轻擦拭，就会出现褪色现象。

（2）闻味道　一般劣质膜的胶层残留溶剂中，苯含量高，会有异味，而好的膜在出厂前，已经过了专业的处理，异味较小。

（3）问指标 所谓防爆膜，必须具有隔热、防爆、防紫外线等功效。所以，消费者在选择时，可以详细地向销售人员咨询相关情况，从而判别质量的真假和好坏。

在防爆性能上，优质的防爆膜，由特殊的聚酯膜作为基材，膜本身有很强的韧性，在正常使用时，能保护膜面不易被划伤，玻璃破裂后可被膜粘牢，而不会飞溅伤人。保质期方面，正规厂家生产的膜都有较长的质量保证期，通常是五年。

（4）凭手感 一般安全防爆膜摸起来，手感厚实平滑。另外，由于其表面经过硬化处理，一般不会划伤表面。而普通色膜由于厚度不够，手感薄且脆，在摇动玻璃的过程中，就会在膜上留下道痕。

0933 汽车车身贴纸起气泡解决办法

1）用美工刀从气泡的一边斜割个小口，再用刮板和烤枪刮平。

2）先把小的泡用手指挤一挤，尽量挤一块去。然后用针或者美工刀的头，轻轻戳一下，手指一按，气泡就没了。当有些很小的气泡时，在太阳下1~2天，通过气温的升高，里面的空气会从材质中逸出的。

0934 汽车贴膜的粘贴技巧

1）贴膜前应查看车窗玻璃的安装是否完整无缺和汽车玻璃的整体性，以保证后续的贴膜工作能够正常运行。

2）贴膜前一定要对车内的必要部位进行遮盖，防止液体渗入。喷洒的清洗液以及润滑液会影响到车载电子设备和车内座椅等装饰件。

3）贴膜前对车窗内、外表面进行清洗(重点是内饰面和玻璃密封胶区域的清洗)。这主要是为了杜绝贴膜后隔热膜与车窗玻璃之间存在的污垢或者其他物体的施工质量问题，保证膜和玻璃能够完美结合。

4）在粘贴位置喷一层水,贴上贴纸仍可移动,确保位置无误。

5）边贴边撕背膜，随时赶去气泡。

0935 车蜡的类型

车蜡的主要成分是聚乙烯乳液或硅酮类高分子化合物，并含有油脂成分。但由于车蜡中富含的添加成分不同，使其物质形态性能上有所区别，进而划分为不同的种类。

（1）按物理状态不同分类 车蜡按其物理状态的不同可分为固体蜡和液体蜡两种。在日常作业中，液体蜡应用相对较广泛。

（2）按生产国别不同分类 车蜡按其不同生产国，可大体分为国产蜡和进口蜡。目前国内汽车美容行业中使用的车蜡，中高档车蜡绝大部分为进口蜡，有进口蜡垄断之势，低档蜡中国产蜡占有较大的份额。常见进口车蜡多来自美国、英国、日本、荷兰等，例如美国龟博士系列车蜡、英国特使系列车蜡、美国的普乐系列车蜡等。国产车蜡最常用的是液体蜡。

（3）按其作用不同分类 车蜡按其作用不同，可分为防水蜡、防高温蜡、防静电蜡及防紫外线蜡多种。

（4）按其功能不同分类 车蜡按其主要功能分为上光蜡和抛光研磨蜡两种。上光蜡的主要添加成分为蜂蜡、松节油等。抛光研磨蜡主要添加成分为地蜡、硅藻土、氧化铝、矿物油及乳化剂等。

0936 车蜡选择方法

1）根据车辆漆面质量选用车蜡。中高档轿车的漆面质量较好，应选用高档车蜡；普通车辆选用一般车蜡即可。

2）根据漆面的新旧选用车蜡。新车或新喷过漆的车辆，应选用上光蜡，以保持车身漆面的光泽和颜色；对于旧车，可选用研磨抛光蜡进行抛光处理后，再用上光蜡上光。

3）根据季节不同选用车蜡。夏季一般光照较强，应选用防高温、防紫外线能力强的车蜡。

4）根据车蜡的作用选用车蜡。如沿海地区应用防盐雾功能较强的车蜡，化学工业区应选用防酸雨功能较强的车蜡，多雨地区应选用防水性能优良的车蜡，光照好的地区应选用防紫外线、抗高温性能好的车蜡，沙尘暴易发地区应选用抗沙尘性能好的车蜡。

5）根据车辆行驶环境选用车蜡。如车辆经常在泥泞、砾石、多尘等恶劣路面环境下行驶，应选用保护功能较强的硅酮树脂蜡。

0937 给汽车打蜡的目的

1）增光。给汽车打蜡可以让车辆有明显的光泽。

2）防水、防酸雨。汽车经常暴露在空气中，免不了风吹雨淋的，车蜡能够使车身的水滴附着减少60%~90%，避免雨水对车辆的腐蚀。

3）防高温、防紫外线。如果车辆停在外面或者行驶中，在太阳的照射下也会形成比较高的温度，打蜡形成的薄层可以将光线反射掉，避免油漆的老化。

4）防静电。静电产生主要有两个来源，一个是化纤、丝毛等如座垫、衣物等摩擦形成；一个是汽车在行驶中，空气与车身的摩擦产生。车蜡的防静电主要是隔断空气、尘埃与车身漆面的摩擦，通过打蜡可以有效地防止静电的产生，也降低带电尘埃对汽车的附着。

0938 手工打蜡的方法

（1）液体蜡手工打蜡的方法　一般在车体洗净后进行，使用前，将产品摇晃均匀，用少许倒入湿布或海绵上小面积在车漆表面擦拭，稍干后，再用软洁布反复擦干即可。

（2）固体蜡手工打蜡的方法　固体蜡操作方式与液体蜡大体相同，越高级的蜡开蜡时越省时、省力。打蜡操作时应在阴凉处为妥。另外，一辆车在进行了研磨抛光后，必须要涂保护性上光蜡，这样能使车漆光泽倍增，并有长时间的保护作用。

0939 汽车打蜡注意事项

1）不要给新车随便打蜡。这因为新车本身的漆层就有一层保护蜡了。如果一开始就给它打蜡，就会把原装蜡除掉了，造成了浪费。新车买回之后的五个月都不用打蜡。

2）在打蜡之前要使用洗车水来清洗汽车的车身上尘土和泥沙。切记不能盲目使用洗洁精和肥皂水，因其中含有的氯化钠成分会侵蚀车身漆层、蜡膜和橡胶件，使车漆失去光泽、橡胶件老化。如无专用的洗车水，可用清水清洗车辆，将车体擦干后再上蜡。

3）应该选择阴凉的地方来给车子进行打蜡，这样可以保证车体不会发热。这主要是随着温度的升高，车蜡的附着性会慢慢变差的，会影响到打蜡的效果。

4）在给车子上蜡时，应该使用海绵块涂上适量的车蜡，在车体上直线往复涂抹，不可把蜡液倒在车上乱涂或做圆圈式涂抹；要一次作业来连续完成，不能涂一会停一会，在蜡层涂匀后5~10min，就使用新毛巾擦亮，快速车蜡应该边涂边抛光。

5）在给车身打蜡之后，要把这些蜡垢彻底清除干净。

0940 确定打蜡频率

车主要根据汽车行驶的环境、停放的地方和打蜡时间的不同掌握好打蜡的频率。

当停在车库且行驶的路况较好时，一般每3~4个月才打一次蜡；如果是露天停放的汽车，经常风吹雨淋，最好要在每2~3个月进行打蜡一次。

0941 封釉定义

封釉就是用柔软的羊毛或海绵通过振抛机的高速振动和摩擦，利用釉特有的渗透性和黏附性把釉分子强力渗透到汽车表面、油漆的缝隙中去。

封釉后的车身漆面能够达到甚至超过原车漆效果，使旧车更新、新车更亮，并同时具备抗高温、密封、抗氧化、增光、耐水洗、抗腐蚀等特点。封釉是打蜡的替代品，一般封釉之后半年之内可不用打蜡。

0942 封釉原理

封釉是将高分子釉振入到漆面的毛孔中，形成一种牢固的网状保护层，附在车漆的表面，提高原车漆面的光泽度和硬度，使车漆能更好地抵挡外界环境的侵袭，有效减少划痕，保持车漆亮度，从而达到保护漆面的目的。

0943 封釉周期

封釉周期即为封釉的频率，它与车子的使用率和空气环境、洗车次数有直接的关系。一般的车封完釉保养得好一年左右再封第二次。特殊情况下封釉间隔大约是3~4个月。

0944 封釉步骤

1）将车子清洗后才能开始作业，用一些特别的去污材料，擦去车漆表面的铁锈、飞漆、尘粒和树脂等杂质。

2）用较柔软的兔毛轮配以静电抛光剂研磨，除去汽车漆面附着的杂物和氧化的层面，使细微的伤痕拉平填满。

一般来说，抛光和封釉是两种不同的汽车美容项目。但对旧车而言，由于漆面已经受到损伤，因此有必要按照顺序依次进行处理作业，以达到最佳以及更为持久的最终效果。

将专用的镜面釉用海绵均匀地涂抹在漆面上，大约1min过后，使用抛光机再次进行抛光，以用来将釉渗透到漆面的细小缝隙中。

3）去除“太阳纹”和进行车漆增艳处理。“太阳纹”是指由于车漆在高速行驶时与风沙摩擦后长期积累产生的纹路。这种纹路不易察觉，但它造成的折射现象会使车漆失去光泽。增艳剂可以渗透到车漆内部，使之恢复原有的艳丽。

4）用封釉材料处理。为了使釉更好地渗透和增强牢固度，还要配合振抛机作业。专用振抛机将釉通过振动挤压，进入漆的毛孔内，使药剂渗进车漆内发生还原变化，达到增艳如新的效果。

5）用无尘纸和波浪棉轻抛漆面，即镜面处理。对一般车辆来说，封釉的整个过程不应短于4h，旧车的耗时会更长。

0945 封釉所需设备

（1）喷枪　喷枪采用重力式或吸式喷枪，喷枪的口径不应低于2.0mm，喷枪的质量直接影响喷涂效果，应采用高品质喷枪。主要喷涂漆面增艳的驰耐普复原色蜡(电喷专用液)。

（2）封釉机　封釉机7000次/min的高频振动可以在漆面形成高强度、高亮度、耐摩擦的网状保护膜，通过高频振动，可以让保护膜渗进漆面。

（3）红外线烤灯　红外线烤灯可以加快施工速度，穿透性的加热方法可以使漆面分子空腺扩长，更利于保护膜的渗透，增强保护的硬度、光亮度和附着力，延长保护膜的有效护理时间。

（4）变速抛光机　通过抛光机海绵盘在漆面高速旋转产生的高温使专用药剂产生化学反应，可轻松去除漆面氧化层及浅划痕，达到彻底清洁车漆的目的，可以使保护膜与车漆更好地附着，延长使用时间。

0946 封釉注意事项

1）封釉后8h内切记不要用水冲洗汽车，因为在这段时间内，釉层还未完全凝结将继续渗透，冲洗将会冲掉未凝结的釉。

2）做完封釉美容后尽量避免洗车，因为产品可防静电，因此一般灰尘用干净柔软的布条擦去即可。

3）做了封釉美容后不要再打蜡，因为蜡层可能会黏附在釉层表面，在再追加上釉时会因蜡层的隔离而影响封釉效果。

0947 汽车消毒机特点

汽车消毒机是运用臭氧和负离子的消毒方式。臭氧主要是对车内消毒杀菌，负离子主要是净化车内空气，祛除异味。

汽车消毒可杀灭和消除异味、烟味、汗味、臭味、纤维、浮游霉菌、病毒、浮游细菌、螨虫、花粉、灰尘、皮屑、苯、甲苯、二甲苯、总挥发性有机物(TVOC)、甲醛、汽车尾气中的一氧化碳、二氧化碳和氮氧化物等。

0948 汽车消毒机的消毒原理

汽车消毒机的消毒原理是通过在较短的时间内破坏细菌、病毒和其他微生物的结构，使之失去生存的能力。

汽车消毒机主要是由高压放电释放出与自然界相同的正、负离子，与浮游细菌、霉菌、病毒、过敏物质的表面结合，再通过形成的自由基化学反应来分解细菌等表面的蛋白质，从而控制细菌的滋生繁殖。同时还从附着的气味物质中提取氢、分解气味成分并进行消臭。

0949 进行汽车消毒的目的

1）汽车的内室空间比较狭小，由于车门的开关、人员的进出、抽烟、喝酒或吃一些食物所留下的残渣会引起大量的螨虫、细菌的滋长，还会产生一些刺激性的味道，需要进行消毒。

2）车内的塑料件、皮革等部件会产生甲醛、苯等有害致癌气体，需要及时清理和防护。

3）行车时，由于车窗的紧闭使得所产生的异味不易排除，即影响人员乘坐的舒适性，在季节交替时期是疾病多发时期，容易引发驾乘人员身体患病的概率，甚至增加乘车者之间病菌交互传染的可能性，需要进行消毒。

0950 汽车消毒机分类

汽车消毒机主要有蒸气消毒机、臭氧消毒机、紫外线消毒机、电解式臭氧消毒机及磁养炭罐一体机等。

0951 汽车镀膜定义

汽车镀膜就是在汽车漆面上涂上一层薄膜，目的是保护汽车漆面的光泽度不会衰减，同时使漆面在物理上得到一层保护膜，从而达到保护漆面的目的。它是在传统抛光工艺的基础上，使用专用喷枪，将镀膜产品均匀地喷涂在车漆表面，然后用专用海绵进行画圈涂抹，最后用纯棉毛巾进行擦拭。

0952 汽车镀膜的作用

1）汽车镀膜具有防止漆面氧化和老化的作用，它将车漆与空气完全隔绝，能有效防止外界因素导致的车漆氧化、变色等。

2）汽车镀膜能够大大提高车漆表面清漆的清澈度，使车漆看上去更加光彩夺目。

3）镀膜能有效防止酸雨等腐蚀性物质对车漆造成的损害，同时防止车漆的褪色。

4）汽车镀膜具有超强的自洁性和拨水性，不易黏附灰尘和污渍，清洗时只用清水即可达到清洗的效果，使车辆保持高清洁度和光泽度。

5）汽车镀膜层表面氟素处理后具有超强的拨水性，使水落在车体的瞬间收缩成水珠滑落，有效地防止水垢的形成。

0953 汽车镀膜注意事项

1）选择晴好的天气进行镀膜施工，有利于镀膜效果的充分保持。

2）镀膜之后三天之内避免洗车，镀膜剂跟漆面的彻底融合需要一段时间。

3）镀膜效果可以保持一年左右，期间定期过来做镀膜的后期保养。

4）镀膜之后的车辆一定要选择正规的洗车点进行洗车。

5）镀膜之后，千万别再做打蜡之类的简单漆面护理，那样会使之前的镀膜效果前功尽弃。

0954 汽车镀膜产品类型

（1）氟素镀膜类产品　它的特点是成膜性好，耐腐蚀、耐候性、耐磨损的性能都非常优越。但其最大的缺点是附着力差，几乎所有物质都不与特氟龙涂膜粘合。因其无法与漆面长期附和，所以使它的保护时间就变得非常短。

（2）树脂类镀膜产品　它的特点是成膜性好，附着力强，价格便宜，因而被广泛应用，但其硬度与光泽度不好，同时抗氧化性能、耐蚀性及耐候性都很差，因此逐渐被淘汰。

（3）有机硅类镀膜产品　它的特点是成膜性好，硬度高，光泽度高，耐候，耐腐蚀，耐氧化的性能都非常优越，同时它的附着力也很强，一旦涂装在车漆表面就很难脱落。

0955 辨别液体车蜡冒充镀膜的方法

1）"看"是否为水溶性的系列性产品，真正的镀膜为系列性的三种产品，包括"展合剂""底膜"和"保护膜"，每种产品都有明确的标签标志。而且倒出一点产品，为水状产品，而假镀膜只有一种产品，为膏状或乳状产品。

2）"闻"是否有刺激性气味。将产品倒一点在手心，然后双手揉搓至手心发热。真正的镀膜产品没有任何气味，而假的镀膜产品会挥发出刺激性的香味或其他气味。

3）"试验"能不能完全溶于水，是鉴别是否是无机物的标准。可以用一个试管或水杯来做试验，在其中滴上一滴镀膜产品。真正的镀膜产品在摇晃后会完全溶解，因为它是由氟素、硅素、纤维素和玻璃素等无机物组成的，而假的镀膜产品会形成乳状的混浊液体或凝结成块，因为它含有油脂成分，而油脂是不溶于水的。

0956 汽车镀膜流程

1）检查车身有无掉漆和凹点等现象。

2）清洗车身，若车上有沥青点要用柏油清洗剂进行处理。

3）用黏土去除附着在漆面上的油烟、铁粉、柏油和氧化膜等。

4）用专用美纹纸把车漆边缘或车身装饰件、塑料件等位置粘贴保护。

5）对于涂面有粗粒、细微砂纸痕、流痕等缺陷，在抛光前先用水砂纸蘸水包于小橡胶衬块内，对其轻轻打磨至平整(注意不能磨穿漆层)。

采用机用研磨机（电动或气动）加上粗研磨剂，对水砂纸的痕迹进行粗磨；再加研磨剂抛光进行抛光细研磨。

采用机械抛光机，加上镜面处理剂抛去粗研磨剂留下的旋印，达到漆膜镜面抛光的效果。

6）抛光后清洗车辆，然后开始镀膜。将产品充分摇动均匀，直接将产品倒在车身上，常温工作，不要在阳光直射下，车身（发动机罩）降温后最佳。用干净的软布，轻快而有力地"划圈"，直到镜靓釉消失并出现光泽。

7）镀膜完后，要进行全车检查，以保证漆缝无粉尘、漆面无印迹、车门擦干等效果，然后再请客户确认交车。

0957 底盘装甲定义

底盘装甲就是给车底盘涂上一层具有多功能坚固的物质，即底盘防锈、防撞、隔声涂层。

底盘装甲可以有效防护路面砂石对底盘的击打，防止轻微的托底摩擦；预防酸、碱、盐对底盘铁板的腐蚀；防止底盘螺栓的松脱；降低行驶时噪声的传导，增加驾驶宁静感；阻止底盘铁板热传导，使驾驶室内冬暖夏凉。

0958 底盘装甲功能特点

1）底盘防腐蚀。汽车的锈蚀均从底板开始，一般三五年的汽车边梁已经开始泛出锈斑，长久下去就会形成潜在的腐蚀因素，对车造成伤害。汽车底部养护后，即便是酸雨、溶雪剂、洗车碱水都无法侵蚀透这层防护膜。

2）防石击。车辆在行驶的过程中，会溅起小石子，石子冲击底板的力量与车速成正比，漆膜一旦被击破，锈蚀便从疵点开始并从铁板内部缓慢扩大。

3）防振。发动机、车轮均固定在汽车地板上，它们的振动在某一频率上会与底板产生共振，使人产生不舒适的感觉，底部防护会消除这种共振。

4）隔热省油。进入夏季，打开车内空调冷气向下沉，而车外的地面热气向上升，冷热空气大多集中在车辆的地板上进行交换，车辆底部防护效果如何，直接决定着车辆的制冷能量利用的效果，汽车底部养护后，其膜内的蜂窝状组织吸声因子将冷热彻底隔离。

5）隔声降噪。车辆行驶在快速路上，车轮与路面的摩擦声与速度成正比，车辆具有完好的底部防护，能大大降低车内的噪声。

6）防托底。底部养护材料的厚度可达1.5~2.5mm，当底部被路面凸起刮蹭时，将减轻对底盘的伤害；特别是在高速公路上时，路面摩擦很大，声音听起来也很吵，底盘使噪声变得很小，而且由于隔热效果好，即使关闭暖风仍能在较长时间保持温度。

0959 底盘装甲的适合范围

底盘装甲的适用硬体非常之多，各种汽车底盘、汽车大梁、保险杠、发动机罩的防锈隔声，汽车、船舶、机械以及各种金属表面都可以使用，一般需要隔离空气的钢材都可以使用底盘装甲产品。从经济上考虑，一般是中高级机械板材汽车才选择使用底盘装甲。

0960 判断是否做底盘装甲的方法

由于每个品牌车型的底盘防护情况不一样，所以把车升起查看是最基本的方法。如果有一层表面毛糙的塑胶粘在车底，按压有柔性，说明是做过防护。如果是光滑裸露的钢板，说明没有做防护。检查时特别要注意车的轮弧、翼子板内侧和连接钢架等地方是否有防护，这些关键部位通常被厂家遗漏。

另外检查一下底盘防护材料是否是简单的类似沥青材料，沥青材料发干发硬，弹性不足，容易脱落，对底盘的保护作用非常有限。当出现这些情况时，都需要做底盘装甲。

0961 做底盘装甲时注意事项

1）一定要去有专门施工车间和专业施工技术人员的正规店面，认准UD优道品牌底盘装甲产品。同时装甲完成后，车主一定不要忘了向施工店索取底盘防锈施工质量保证证书，以维护自己的正当权益。正规的店面一般都承诺1~3年的质保，在此期间因为托底等原因的损耗还可以免费修复。

2）避免阴雨的天气状况下施工。因为这样不利于涂料的及时干燥，往往会直接影响底盘装甲的实际效果。

3）底盘装甲施工完毕后，一天左右最好不要到路况较差的地方行驶，因为此时涂料尚未充分干燥，还未达到完全固化的效果。

0962 底盘装甲操作方法

（1）底盘清洗　首先用举升机将汽车升高，拆除车轮和内翼子板保护胶板，用高压水枪冲洗底盘，去除底盘上黏结的油泥和沙子，还可以用常见的铁丝网刷，把车底附着的泥沙、油污、腐锈和其他杂物刮掉，直到露出金属的本色为止。再用风枪将缝隙中的水吹出，并用毛巾将水擦干。

（2）局部包裹　底盘装甲只是针对部分而言的，并非全部操作，像发动机油底壳、变速器外壳、进排气歧管、排气管、减振弹簧、减振器、转向轴等部位，在喷涂时都要拿遮盖纸进行包裹，避免防锈材料喷在上面。由于发动机底壳、变速器外壳需要散热，所以如果防锈材料喷在它们上面，会影响它们的散热；还有排气管上，更不能直接喷涂在上面，车辆行驶时排气管的高温，会将表面的附着物烤焦而发出难闻的臭味。所以，在做底盘装甲的时候，必须先用遮盖纸将这些部位遮盖，尤其注意车身上的传感器和减振器要遮盖好。

（3）仔细喷涂　底盘防锈胶经高压喷枪喷出，均匀覆盖在车辆底盘上。一般来说，底盘装甲的厚度在1~3mm范围内，不能太薄，也不要太厚(浪费材料)。喷涂过程中一定要仔细认真，均匀操作，才能让其更好地发挥功能。

（4）干透后装件　在晴朗干燥的施工天气下，汽车在喷涂完工2~4h后就能投入使用。但完全干燥还需要等待三天，在这三天内，最好不要让底盘接触到水。干燥后的保护膜可以很好地黏附在清洁的汽车底盘上，具有极强的耐磨性和耐蚀性。

0963 汽车皮椅保养的方法

1）由于沙发革吸收力强，要注意防污。将干净毛巾蘸水后拧干，轻拭座椅表面，重复几次，可以保持座椅的清洁，提高皮革表面的透气性。

2）若皮革上有污渍，用干净的湿海绵蘸性温的洗涤剂抹拭，然后让其自然干。

3）若沾上油脂，可用干布擦干净，剩余的由其自然消散，或用清洁剂清洗，不可用水擦洗。

0964 皮革保养方法

1）汽车皮椅尽量要距热源2in（0.6m）的位置，如离热源太近会导致皮革干裂。

2）不要长时间暴露在阳光下暴晒，这样避免皮革褪色。

3）经常实施清洁保养，一周使用吸尘器吸去灰尘。

4）在清洁时不要用吹风机去快速吹干皮革，要做到自然风干。

5）中、高级轿车多是真皮座椅。化学清洗剂是不能随便喷上去的，应选用强碱性的清洗剂，像肥皂水之类，洗后用棉纸巾擦干。日常保养，除了要避免尖锐物体刮伤皮革外，还要注意防尘防晒。

0965 清洁安全带的方法

把安全带拉到最长之后在根部（就是卡扣处）用绳子拴上防止它缩回去。然后用牙刷蘸肥皂水溶液或者用干洗粉喷涂之后刷干净。注意：安全带没干透之前切不要解开绳子让它缩回去，否则会影响内部零部件的寿命。

0966 清洁空调风口的方法

1）将白醋稀释到50%，然后打开车门车窗，把空调模式调成至外循环，尽可能地调大风。

2）打开发动机舱盖，找到鼓风机的入口处，将高压气吹入。注意：风枪不要碰到鼓风机叶轮。

3）将白醋洗液喷入鼓风机入风口即可。注意：清洗完毕后，别忘将空调滤芯安装到位。

4）擦拭空调出风口，清洗完毕。

0967 清洁车内顶篷的方法

车顶篷因为位置特殊，基本不会沾染其他污物，主要是由于绒布具有吸附性。因此，污染多为吸附烟雾粉尘及人体的头部油脂。清洗时难以使用机器，只能人工操作。使用一些清洁剂即可处理车内顶篷。

将清洁剂喷到污垢处，稍停片刻，用一块洁净的纯棉布，将顶篷中的污液吸出。再从污迹边缘向中心进行擦拭。当污垢严重时，可重复以上操作。处理干净后，用另一块干净的棉布，顺着车顶的绒毛方向抹平。

0968 桃木内饰保养的方法

1）在日常保养中，经常用柔软的湿布条擦拭一遍，以擦去粘在上面的灰尘，保持桃木的正常光泽。在擦拭中，不要用干硬的布条直接擦拭，也不要用酸性或者碱性的液体，否则将会损害桃木上面的光釉。

2）当汽车的桃木内饰逐渐磨损后会导致整个桃木内饰出现黯淡无光时，可以采取下面的办法让其重新恢复光泽。

①在汽车打蜡时给桃木内饰上打一点蜡，然后用柔软的湿布条快速地在上面擦拭，在打蜡擦拭的时候，擦拭的速度要快。

②抛光后重新喷釉，但经常抛光会损害桃木内饰。

0969 清洁仪表板的方法

1）首先找到一个干净的抹布或纸巾，然后擦拭仪表板。

2）使用对乙烯基塑料安全的多用途清洁剂，轻轻摇动清洁剂罐，然后挤出一些清洁剂涂到抹布上，然后用抹布擦拭仪表板。

3）使用吸尘器去除深层污垢。

0970 清洁中控台的方法

中央控制台需要使用的工具有干净的抹布、中性清洁剂和水，不能用湿抹布擦拭。手经常接触中央控制台，而手上的油渍就会沾染到中央控制台上，于是一定要用中性清洁剂才能洗得干净。

0971 清洁地毯的方法

1）若地毯上沾有血迹，千万不能用肥皂或热水去清除，因为血液一碰到肥皂或热水就会凝固，可及时用湿冷的抹布擦拭，并在血迹处滴几滴阿摩尼亚(氨水)，等几分钟后，再用蘸有冷水的抹布擦拭干净。

2）若车内有染色剂印在地毯上，可用冷水浸湿的抹布擦拭，或用海绵轻轻擦除，再用泡沫清洁剂清洗，千万不能用肥皂或热水来清洗擦拭。

3）若车内有呕吐物时，应首先用纸巾把呕吐物水分吸干，然后清除固态物质，再用温肥皂水浸抹布擦拭一遍，最后用苏打水溶液将抹布浸湿后擦拭干净即可。

4）对于更加脏一些的地毯，首先喷洒适量的洗涤剂，然后用刷子刷洗干净，最后用干净的抹布将多余的洗涤剂吸掉即可。

0972 保养座椅的方法

1）清洗。用清洗剂去除皮革表面的灰尘以及顽固的污渍。

2）加脂、补伤。加脂后可以帮皮革补充营养，进行局部补伤处理，恢复皮面的平整光滑。

3）汽车皮椅要远离热源，如离热源太近会导致皮革干裂。

4）不要长时间在阳光下暴晒，避免皮革褪色。

5）定期实施清洁保养，用半干的湿抹布擦去灰尘，保持干爽、整洁。

6）如果脏了，用多功能泡沫清洗剂少量清洗即可，保持皮面干燥。

7）坐在座椅上时避免身上的钥匙扣、衣服上的铁纽扣等接触座椅，以防划伤。

8）防止液体等浸泡座椅。

第八章 汽车改装

0973 改装氙气前照灯的方法

1）先选定氙气前照灯的型号，把原车灯灯泡完好无损地取下。

2）安装固定好氙气前照灯灯泡。

3）找一个固定位置来安放氙气前照灯的镇流器，要注意散热，保证温度不要过高。

4）把镇流器的电源与灯光电源连接，镇流器的一条输出线与氙气前照灯灯泡的MP接口相连接。

5）调整氙气前照灯的聚焦。

0974 安装氙气前照灯注意事项

1）不要将安定器装在发热体旁边，一般可以安装在保险杠上面，或者油箱下面能够帮助散热。

2）不要将安定器安装在一些电线旁边，不要安装在离水源较近的地方，避免雨水淋着。

3）安放于透气性较好的位置，以便让空气流动来降低安定器的温度。安装后，一般将线组上的继电器、熔丝露出来，方便更换。

4）安定器的高压线部分不易缠绕，以免产生过大的磁场，而影响车辆其他的电器设备。安定器接线处向下来安装。

5）灯泡安装后要保证密封。

6）安装时，专用线组走线一般尽可能美观，不要与发热体相连，以免温度过高造成电线短路、断路。要用扎带扎好，不要与机械运动的部件接触，造成不必要的接触。

7）各个接口、熔丝，要用电工胶布捆扎好，以免发生松动导致接触不良。

8）当灯安装好后，有一边不会亮，或者会闪的，一般先将专用线组的负极调整位置。

9）安装H4型号的灯，如果时亮时不亮、不亮、不断闪光，先检查H4接线的正负极有没有匹配，一般分为两种++-和--+，匹配好就会恢复正常。

10）有时候遇到车架是正极的车，要将安定器包上绝缘胶布，安定器才会工作。

11）安装后，如果没有安装专用线的，为避免起动时过大的电流将原车熔丝熔断，要将原车控制熔丝换成20A以上的。

0975 汽车前照灯改装的方法

（1）加大原车灯泡功率　一般轿车前照灯的功率都在55W左右。而一些车主自行将灯泡换成了60W、100W，甚至更高。

由于功率加大，电流和热量成倍增加，导致灯具老化以及灯头熔化加速，还给发电机、熔丝、蓄电池带来过大的负担，许多自燃的车辆都是由于胡乱改装造成的。

（2）换装高质量灯泡　换装了高质量灯泡，亮度提升，而且灯光的颜色也可以有多种选择。

（3）换装透镜照明系统　改装一种叫作“天使眼”的透镜照明总成，就是在常规的透镜照明基础上，又加装了一圈LED的发光灯，这种照明系统比传统的反射光照明具有更好的效果，光线集中，灯泡通过透镜的反射后更有穿透力，而且明暗截止线整齐分明，对向行驶的车辆不会有强烈的眩目感。

（4）改装氙气前照灯　氙气前照灯是用包裹在石英管内的高压氙气代替传统的钨丝，它亮度高，是一般车灯亮度的2~3倍。

0976 汽车前照灯改装的注意事项

1）注意改装前照灯的品牌及质量。目前汽车前照灯的改装件种类繁多，特别是汽车前照灯又直接涉及夜晚行车的人身安全，所以必须特别小心选择。

2）改装前照灯必须符合法规。对于汽车前照灯的改装，特别是氙气前照灯，对于其色温、亮度和角度都有明确规定。

3）在安装时先看灯泡的型号是否与本车灯泡的型号相同，严禁修改底座后安装。

4）在安装整流器时一定要用支架，并且把支架牢固地锁定在车身上。整流器输入电源接口朝下,以便防水。

5）连接好电源线后再进行认真包扎(严禁把高压线和12V电源线捆在一起以免干扰)。

6）安装好后再进行检查，检查好后再开灯进行测试，一定要按步骤进行安装。

7）H4伸缩灯安装要求严格检查灯杯里面是否有遮光帽，如果有遮光帽，要除去伸缩灯上自带的遮光帽，严禁带双帽，以免烧毁灯泡。

0977 汽车音响改装部件的选配

（1）主机（音源）的选择方法　主机是整个音响的音源，同时也是一个控制中心，对音响的操作都要通过主机来实现。一般来说，进口大品牌的主机技术成熟、生产工艺精良，音质更好，如阿尔派、先锋、歌乐、惠威等。

（2）扬声器、功放的搭配　一套音响效果，50%由扬声器决定，30%由功放决定，15%由前级的音源（主机或前置放大器）决定，5%由线材决定。一般来说，功放、扬声器在搭配时最好是选用同种风格的。

0978 音响改装的注意事项

1）尽量不要改变原车线路的“走向”，因为一般中档车的布线都相当合理，正常情况下不需要再重新更改。

2）不要撕去防水膜。一般拆下车门内饰后，可以看见金属门框上附有一层防水膜，很多施工人员嫌麻烦，把防水膜撕去，这样做容易导致线路短路和车舱进水。

3）避免更换原有线束。由于中档车用电设备比较多，全部都使用较大负荷的线束，所以不用担心因为负荷过大而更换线束。

4）不要随意增加功放，因为盲目地加大功放不会令效果更好，反而会导致音质下降。

0979 汽车音响布线常识

电源线的电缆和信号线一定要分开走线，最少要距离20cm，这是布线的根本常识，在有可能有干扰信号(发电机或ECU模块)的四周无法防止的状况下，一定要和可能有干扰信号的电缆穿插排列，使两条线构成直角，这样能够消除电线的磁场，避免噪声。防盗器和中控锁也不要和音响的线路绑在一起，线路要保证固定，尽量绕大圈(多余了最好剪掉)，接触点尽量要大，防止产生接触不良。

0980 改装进气系统的常见方法

（1）换用高效率、高流量的空气滤清器　换装高流量的空气滤清器可降低发动机进气的阻力，同时提高发动机运转时单位时间的进气量及容积效率，而由供油系统中的空气流量传感器测出进气量的增加，将信号送至ECU，ECU便会控制喷油器喷出较多的汽油与之配合，让较多的可燃混合气（并不是较浓）进入气缸，达成增大功率输出的目的。

（2）改装进气道　进气道的改装常是将进气道形状及材质同时改变，同时将空气滤清器一并拆除，并将进气口延伸至车外，直接对准前方，以便随车速提高增加进气压力，提高进气量。

（3）直喷式歧管　直喷式的进气歧管与经过空气动力学设计的碳纤维进气道是最佳的组合，尤其在将发动机降低后，利用发动机上方所空出的空间，安装一大型进气导管，开口与车头散热器护罩充分密合，让空气能有效地送达后方的进气歧管。

（4）二次进气　二次进气就是除了原有从空气滤清器吸入的空气外，另外再利用进气歧管的真空压力差，从发动机PCV（曲轴箱强制通风）管路外接另一进气装置，导入适量的新鲜空气来达到提高容积效率的目的。

0981 进气系统改装作用

进气系统包含了空气滤清器、节气门、进气歧管、进气门等机构。空气经空气滤清器过滤掉杂质后，流过空气流量传感器，经由进气歧管进入进气道，与喷油器喷出的汽油混合后形成适当比例的可燃混合气，由进气门送入气缸内点火燃烧，产生动力。

进气系统改装的作用是提高发动机容积效率和进气质量，它能令发动机燃烧充分，增加动力，使得加速反应迅速。

0982 点火系统改装作用

现代的点火提前装置已改由发动机管理ECU所控制，ECU收集发动机转速、进气歧管压力或空气流量、节气门位置、蓄电池电压、冷却液温度、爆燃等信号，算出最佳点火正时提前角度，再发出点火信号，达到控制点火正时的目的。

点火系统的改装是为补充原有点火系统的不足，改装的目标在缩短充磁所需时间，提高二次电压，降低跳火电压，延长火花时期，减少传输损耗，使其有足够的点火能量和准确的点火时间去配合。

0983 底盘悬架改装作用

悬架系统的改装通常都是换装一套回馈力良好的弹簧和减振器。弹簧主要的功能是吸收行驶时产生的振动，而减振器的作用是抑制弹簧吸收振动后反弹时产生的振荡和吸收路面对底盘的冲击。因此只有经过合理搭配的弹簧和减振器，才是真正安全可靠的悬架系统。

0984 汽车内饰改装原则

（1）协调　饰品颜色必须和汽车的颜色相协调，不可盲目追求高品位、高价位，以免弄巧成拙。如浅色车的汽车内饰改装应尽可能地避免配以深色的座套及红色的地毯等。否则容易给人一种不协调的感觉。

（2）实用　根据车内空间的大小，尽可能地选用一些能充分体现车主个性的小巧、美观、实用的饰物，如茶杯架、香水瓶和储物盒等。

（3）整洁　车内饰品应做到干净、卫生、摆放有序，给人整齐统一、自在清爽的感觉。

（4）安全　车内饰品绝不能妨碍驾驶人的安全行车或乘员的安全，如车顶部吊物不宜过长、过大、过重，后风窗玻璃上的饰物不要影响到视线等。

（5）舒适　车内饰品的色彩和质感要符合车主的审美观。车内空间不大，因而香水的味道不宜太浓，最好清新自然一些。

0985 改装汽车主要内容

（1）升级改装

1）汽车音响项目包括更换主机(如将卡座变为CD，将单碟CD机换为多碟CD机，加装VCD、DVD等)、更换或加装扬声器、加装功放等。

2）增加舒适性装备。安装电动窗、中控锁、天窗，铺设地毯，给座椅套皮套，贴膜等。

3）车辆防盗 。加装防盗器、安装防盗锁等。

4）增加方便性装备，加装GPS、倒车雷达、可视倒车系统等。

（2）性能改装　点火系统的改装、进排气系统的改装、电控燃油喷射系统的改装、改用可编程式控制ECU、底盘改装等。

0986 轮毂改装含义

轮毂改装是指车主或者专业从事车辆改装的人员为了达到美观或者是其他的目的将车辆原配的轮毂进行改装。一般主要为美观进行的改装，轮毂改装也是车辆改装中最重要的改装项目之一。

0987 改装轮毂主要参数

（1）轮圈宽度　轮圈宽度通常以5.5J、6J、7J表示，单位为in，通常安装胎辐185的轮胎需要5in的轮圈宽度，195需要6in、205需要6.5in，215的胎宽则需要对应到7in宽的轮圈。

（2）轮圈直径　轮圈直径有12、13、14、15等规格，单位为in，目前市售车辆已有配置20in轮圈的车型，如BMW X5等。

（3）PCD值　PCD值即轮胎螺纹所形成圆的直径，单位为mm。

（4）中心孔　中心孔用以确保轮圈几何中心可以和轮毂几何中心吻合，如此一来车辆在高速行驶时转向盘才不会出现抖动的现象。

（5）几何中心线　几何中心线是轮圈最重要的参考数据，包括计算Offset值、与翼子板之间的距离净值等，都必须参考这项数值。

（6）Offset　Offset值是指轮圈固定面与几何中心线之间的距离，它最重要的作用是确保轮胎不会与车体摩擦。

（7）轮圈壁面　轮圈壁面用以支承轮胎胎面，并吸收来自路面的冲击。

（8）轮圈肩部　轮圈肩部与轮胎胎唇紧密结合，提供良好的气密性以建立起胎压。

（9）轮圈碟面　某些轮圈的爪状物会突出于碟面垂直线之外，如此轮圈便无法受到轮胎保护，停车时稍有不慎便可能伤及圈面涂装。

（10）X距　X距是改装多活塞卡钳一定要考量的数据，否则可能会出现轮圈碟面与制动卡钳相互摩擦的情况。

0988 改装汽车大包围注意事项

1）选用高质量的产品，因为大包围安装在车上，也就与车成为一个整体，日常的磕碰就在所难免，如果包围材质脆弱，刚性过大，就很容易碎裂，那样不仅增加更换成本，也平添了不少麻烦 。

2）不要选用需要拆掉原车保险杠才能安装的大包围，因为包围所用的材料抗撞击能力较差，所以，选用将原杠包裹其中的大包围不会影响车辆的牢固性，但如果一定要选用拆杠包围，可将原杠中的缓冲区移植到玻璃钢包围中，以起到保护作用。

0989 汽车尾喉的作用与类型

汽车消声器尾管装饰排气管尾喉，它除了能够防止汽车尾气管变形外,同时起到增压以及扰流作用，还可以在一定程度上使排气管声音变得略微柔和，减小噪声。消声器尾管装饰尾喉材质有不锈钢和镀锌两种。

0990 加装底盘防护板的作用

底盘防护板是根据各种不同的车型量身设计的，保护发动机的装置，其设计目的首先是防止泥土包裹发动机，进而导致发动机散热效果差；其次是为了行驶过程中，凹凸不平的路面对发动机造成撞击，而造成发动机的损坏。

0991 加装汽车天窗的作用

1）提高汽车档次，使汽车更加美观。

2）改善车厢内通风换气的状况，保持车内新鲜空气的流通。

3）天窗换气利用负压原理，打开天窗换气时不会卷入尘土。

4）在高速公路上行驶时，打开天窗享受自然没有噪声干扰。

5）视野开阔、亲近自然，驱除在车厢内的压抑感。

6）打开天窗比开空调降温速度快2~3倍，并可节约能耗30%左右。

0992 选择天窗注意事项

1）根据用户的喜好选择天窗。

2）根据汽车的造价和大小来选择天窗。

3）一般外倾式天窗适用于经济型轿车，而内藏式天窗适用于高档商务车。

4）天窗对技术、材料和加工工艺的要求很高，在选择天窗时需谨慎，务必选择质量好、工艺成熟的品牌天窗。

0993 制动系统升级方法

（1）制动片升级　更换高性能的制动片是改装制动系统的第一步。选择高性能制动片时要注意不要贪大摩擦系数（mu）和超高温的制动片。一般选购工作温度在0~500℃范围内、mu值在0.4以上的“运动型”制动片。

（2）制动油升级　选择与耐高温的“运动型”制动片匹配的制动油，一般DOT4以上的制动油应可满足要求。

（3）制动油管升级　选用带钢丝编织物制造的赛车用制动油管(制动钢喉)。不但耐热，而且坚固的钢丝层能提供很好的保护，令制动油管受外物刺破的可能性大减。

（4）制动钳升级　换一套大型多活塞的制动钳能直接提高制动性能，当然活塞越多，施加在制动片上的压力和产生的温度就越均匀，还可增加活塞的总面积。改善的方法是更换制动主缸，甚至是配用赛车式的双制动主缸来分别控制前后制动力的分配，以达到理想效果。

（5）制动盘升级　分体式制动盘成本较高，但可减轻盘的重量；通风盘的透风中空设计是要降低和平均盘内外两面的温度；摩擦面上的旋转放射状坑纹有助于把在高温摩擦时产生的制动粉屑引走，避免它们留在制动片和制动盘之间，降低摩擦系数；钻孔制动盘则兼有散热、减重和引走制动粉的作用，但会减小摩擦面积和影响制动片的耐用性。

0994 改装制动系统注意事项

1）改装制动系统时要注意平衡前后制动力分布，过大的制动力容易导致轮胎抱死。如果后制动力过大，会造成制动时后轮抱死甩尾。

2）勿自行对制动盘加工(如钻孔)，未经计算的加工方式会严重影响盘的刚性，不但不耐用，更可能在大强度制动时使盘体爆裂而引发意外。

0995 加装防盗器安装程序

（1）确定安装位置 拆下仪表台下端装饰板，确定车内系统主机、防盗主机、天线等部件的安装位置。

（2）查线和接线 查出安装电路图中所需连接的线路，然后每测出一根线路，在确保无误的前提下连接一根，避免接错。

（3）查线方法 连接本防盗器需要查出车内的线路有如下几条：正电、ACC线、点火开关ON线、转向灯线、制动开关线、门边触点开关线、中控锁信号线。

1）正电。拔出钥匙，电笔一端搭铁，另一端在点火开关引线上测试。电笔指示灯常亮的便是正电。

2）ACC线。将点火开关钥匙打到ACC处，用电笔在点火开关引线上测试，电笔指示灯亮，点火开关关掉后，指示灯灭，此根连线即为ACC线。

3）点火开关ON线。将点火开关钥匙打到ON处，用电笔在点火开关引线上测试，电笔指示灯亮，然后起动发动机，会发现电笔指示灯会明显地灭一下，然后又亮起来。将此根线断掉，发动机熄火，此根连线即为ON线。

4）转向灯线。把点火开关打到ON档，打开某一转向灯开关。然后用电笔在转向灯开关下的线束上查找(有少量车型需在熔丝盒附近查找)，如果电笔指示灯随着转向灯开和关一亮一灭，此线即为转向灯线，同理查找另一根转向灯线。

5）制动开关线。此线一般在制动踏板上方的触点开关处可查到。一根为常通的正电，另一根为在踩下制动踏板后才有电的线是制动开关线。

6）门边触点开关线。将驾驶人车门打开，其他门关闭。电笔夹子端接车内正电，另一端测试门边开关的线束。用手按住门边的触点，一开一关。随着门边触点的开关，电笔指示灯和车内的照明灯一亮一灭，此线即为门边触点开关线。

7）中控锁信号线。电笔一端搭铁，另一端测试线束中的线路(线束一般在驾驶人车门边附近)，反复测试，四门的锁随着电笔指示灯的亮和灭，一开一关，即为信号线。

（4）安装系统主机 在以上所有线路连接完成后，按照安装接线图最后确认无误后，连接系统搭铁线。将系统主机和防盗主机连接，然后将准备好的电话卡插入系统主机的插槽，打开SIM卡内置的电源开关。

（5）测试 先利用手机或座机按照说明书的电话操作内容对系统主机的电话操作进行设置：设置报警电话、紧急报警电话。然后进行测试，将所有功能确认无误后，将所有系统部件安装好。

0996 加装防盗器注意事项

1）防盗器主机以及外接天线、拾音器的距离一定要达到规定要求，避免误报的情况发生。

2）当安装完毕后，一定要在设置好报警电话、紧急报警电话后，再进行报警测试，否则会造成系统死机，无法进行正常的电话操作。

3）在使用防盗器之前，一定要严格按照说明书的操作进行日常使用。

第九章 车辆标识识读

0997 SUV含义

SUV是“Sport Utility Vehicle”的简称，即运动型多功能车，又俗称休闲越野车，是由皮卡底盘上发展而来的四轮驱动厢式车，起源于20世纪80年代的美国。

SUV一般前悬架是轿车型的独立悬架，后悬架是非独立悬架，离地间隙较大，在一定程度上既有轿车的舒适性，又有越野车的越野性能，使车辆既可载人，又可载货，适用范围广。

0998 TSI含义

TSI是Twinscharger（双增压）和Fuel Stratified Injection（燃油分层直喷）三个关键特色的首字母缩写。这是一款双增压的燃油分层直喷发动机。以双增压为其最主要的特点，机械+涡轮+分层直喷=TSI。

0999 FSI含义

FSI是Fuel Stratified Injection的字母简写，中文意思是燃料分层喷射技术，它代表着今后发动机的一个发展方向。燃油分层喷射技术是发动机稀燃技术的一种。

1000 TFSI含义

TFSI发动机也是涡轮燃油直喷发动机，它可以说是FSI发动机和涡轮增压器的结合。即涡轮增压（Turbocharger）+FSI。

它的T和TSI中的T一样，表示使用涡轮增压技术，前面的FSI即燃油分层喷射发动机，S表示“分层次的”，而不是TSI中表示机械增压的意思。TFSI发动机既分层喷射，又有涡轮增压，是FSI发动机的晋级版。

1001 TDI含义

TDI 涡轮直喷增压发动机，TDI技术使燃油经由一个高压喷射器直接喷射入气缸，因为活塞顶的造型是一个凹陷式的碗状设计，燃油会在气缸内形成一股螺旋状的混合气。

1002 CGI/CDI含义

发动机CGI技术是一种奔驰公司开发的缸内直喷技术。在稳定行进或低负荷状态下，采用缸内直喷设计的发动机得以进入Ultra lean（精实）模式。

在此设定下，发动机于进气行程时只能吸进空气，至于喷油器则在压缩行程才供给燃料，以达到节约的效果。根据实际测试，其最高能达到1:65的燃气、空气比例，除了节能表现相当惊人，整体动力曲线也能够维持相当高的平顺度。而CDI为该技术的柴油版本。

1003 DM含义

DM就是双模（DualMode）的缩写，纯电动模式称为EV模式，发动机驱动混合动力模式称为HEV模式，DM就是EV+HEV，有电就用电动车，电用完了就自动转到发动机驱动混合动力模式，简而言之就是可充电的混合动力电动车。

1004 Quattro含义

Quattro一词在意大利语中就是“四”的意思，而对于奥迪来说Quattro还有其他含义。1980年奥迪公司研发了Quattro四轮驱动系统，并把它装备在一辆基于奥迪80底盘的双门轿车上，这辆轿车的名字也叫作Quattro。另外奥迪旗下还有一家名叫Quattro的子公司，专门试验和研发高性能车型。因此，Quattro既代表着奥迪四驱技术，又代表一种车型，还是一家公司的名字。

1005 4WD含义

4WD（四轮驱动，其英文为4 Wheel Drive）通过低比率的传动装置来帮助汽车克服在泥泞和雪地上的打滑，就如同在越野（Off-Road）、多岩石地形以及起伏的小山丘上驾驶一般。这些汽车必须在停下或者低速行驶的时候进行低比率传动的换档，并且换档是通过一根变速杆或者按钮来进行的。

1006 AWD含义

AWD 是全时四轮驱动的简称，所谓全时四驱，主要是指发动机通过传动机构将动力均匀分配在四个轮子上，一般SUV、越野车和赛车、高级轿车采用这种动力分配方式，特别是操控能力强、抓地力好，不容易出现转向不足、车轮打滑等现象。

1007 奥迪S/RS含义

“S”是Sport的缩写，是定位高于普通量产奥迪车型的运动车型。在奥迪产品阵容中，针对每一个级别的轿车都会推出性能更高的S系列运动车型。

“RS”的缩写，取自德语“RennSport”。直译为“赛车运动”，代表奥迪的顶级高性能水平，定位于“S”型奥迪加强性能车型系列之上。

1008 GTI含义

GTI是意大利语Gran Turismo(英文为Grand Touring Injektion)的缩写，是一种汽油直喷技术，这种技术向发动机气缸内直接喷射汽油和空气的雾状混合物，提高了燃料的利用率，在20世纪末完全取代化油器的应用。

大众标识了GTI的车型分别有高尔夫GTI与POLO GTI，它们属于原车型真正意义上的运动版，不但外观有所改变，发动机也比原型车的发动机更为强劲。

1009 AMG含义

AMG是戴姆勒集团旗下的一个品牌，全称“MERCEDES-AMG”。“AMG”字面含义的“A”和“M”代表了两个创始人“姓”（Aufrecht&Melcher）的开头字母。而G代表公司落户的地区Grossaspach。

1010 ABS含义

ABS中文译为防抱死制动系统，它是一种具有防滑、防抱死等优点的汽车安全控制系统。防抱死制动系统是常规制动装置基础上的改进型技术，可分为机械式和电子式两种。

现代汽车上大量安装防抱死制动系统，防抱死制动系统既有普通制动系统的制动功能，又能防止车轮抱死，使汽车在制动状态下仍能转向，保证汽车的制动方向稳定性，防止产生侧滑和跑偏，是目前汽车上最先进、制动效果最佳的制动装置。

1011 Diesel含义

Diesel表示为柴油，表示该车是柴油发动机。陆风、捷达、依维克、皮卡车的柴油版上均有这样的标识。

1012 GLS含义

各大汽车公司车款型号的英文字母代表意义不尽相同，如北京现代的车型G=General，标准型；L=luxury，豪华型；S=Super，超级型(高级配置加强型)，因此GLS型号是同车款中配置最高的。

1013 EBD含义

EBD的英文全称是Electric Brakeforce Distribution，中文直译就是“电子制动力分配”。当汽车制动时，如果四只轮胎附着地面的条件不同，比如，左侧轮附着在湿滑路面，而右侧轮附着于干燥路面，四个轮子与地面的摩擦力不同，在制动时(四个轮子的制动力相同)就容易产生打滑、倾斜和侧翻等现象。

1014 VVT-i含义

VVT-i是英文“Variable Valve Timing Intelligent”的缩写，意思是“智能可变配气正时”。该系统主要控制进气门凸轮轴，又多了一个小尾巴“i”，就是英文“Intelligent”（进气）的代号。

1015 F.I.R.E含义

F.I.R.E意指“一体化发动机”，在意大利、巴西、土耳其等国及我国南京均有生产，是一种技术成熟、性能稳定的经济型发动机，广泛地应用在菲亚特的各种经济型轿车上。

1016 CUV含义

CUV是英文Car-Based Utility Vehicle的缩写，是以轿车底盘为设计平台，融轿车、MPV和SUV特性为一体的多用途车，也被称为Crossover。CUV最初于20世纪末起源于日本，2004年初，欧蓝德正式投放中国市场，由此国内车市新兴起了CUV这样一个崭新的汽车设计理念。

1017 MPV含义

MPV的全称是Multi-Purpose Vehicle(或Mini Passenger Van)，即多用途汽车。它集轿车、旅行车和厢式货车的功能于一身，车内每个座椅都可调整，并有多种组合的方式。近年来，MPV趋向于小型化，并出现了所谓的S-MPV，其中S是小(Small)的意思，车身紧凑，一般为5~7座。

1018 RV含义

RV的全称是Recreation Vehicle，即休闲车，是一种适用于娱乐、休闲、旅行的汽车，首先提出RV汽车概念的国家是日本。从广义上讲，除了轿车和跑车外的轻型乘用车，如MPV及SUV、CUV等都可归属于RV汽车。

1019 GTB含义

GTB指的是运动型房车纪念款车型。该型车多用于参加世界各地举办的房车大赛，一些汽车厂商一般会推出一些性能接近于赛车的运动型车，冠以房车赛纪念版车型，后面标注GTB。

1020 宝马轿车尾部字母含义

宝马轿车有3、5、7和8等几个系列，轿车型号的第一个数字即为系列号，第2和第3个数字表示排量，最后的字母i表示燃油喷射，A表示自动档，C表示双座位，S表示超级豪华轿车。如318iA表示为3系列，排量为1800ml，燃油喷射，自动档；850Si表示8系列轿车，排量为5000ml，超级豪华型，燃油喷射。

跑车型号用Z开头，有Z3、Z4、Z8等，后面的数字越大表示越高级；越野车用X开头，代表车型是X5。

1021 奥迪轿车尾部字母含义

奥迪汽车的型号是用公司英文(Audi)的第一个字母“A”开头，如奥迪A2、A3、A4、A6、A8系列等，后面的数字越大表示等级越高。A2、A3系列是小型轿车，A4系列是中级轿车，A6系列是高级轿车，A8系列是豪华轿车(目前奥迪最高档的轿车)。除了以A字开头的轿车外，奥迪还有S系列、R系列和TT系列，S系列多是高性能车型，但并非是越野车，主要有S3、S6及S8等，TT系列则全部是跑车。

1022 读懂汽车轮胎标识

1）轮胎代号185 / 70R13。185指的是轮胎断面的宽度(以mm为单位)。此宽度随轮胎所匹配轮辋宽度的不同而不同。70是轮胎的扁平比，是胎高与胎宽的比例，这里指胎高占胎宽的70%，数值越小，越显扁平。R是指轮胎的结构，表示此轮胎为子午线结构。13表示轮辋直径(以in为单位)，此轮胎必须匹配13in的轮辋，否则无法安装。

2）抓地级数。简而言之，它代表的是轮胎在潮湿的直线试验路面上的停车能力。例如：AA级的轮胎在潮湿的直线路面上停车比C级的轮胎快。抓地级数有AA、A、B、C，其中AA级最高。

3）温度级数。它代表的是保养得当的轮胎散热能力，而且是在控制下的室内试验车轮条件下。如果轮胎达到了美国运输部（DOT）规定的最低性能条件，其等级为“C”级。“B”级和“A”级则表明轮胎高于DOT规定的最低性能。

第十章　汽车环保与综合性能检验

1023　新能源汽车的定义

新能源汽车的定义在不同国家其称谓也有所不同，在日本通常称为“低公害汽车”。低公害汽车是指：天然气汽车、混合动力汽车、电动汽车、甲醇燃料汽车、排污和效率限制标准严格的清洁汽油汽车。在美国，新能源汽车通常只指“代用燃料汽车”。

在我国，新能源汽车表述主要政府文件有以下两个：

2009年工业和信息化部发布的《新能源汽车生产企业及产品准入管理规则》中对新能源汽车的描述是：采用非常规的车用燃料作为动力来源(或使用常规车用燃料、采用新型车在动力装置)，综合车辆的动力控制和驱动方面的先进技术，形成的技术原理先进，具有新技术、新结构的汽车。新能源汽车包括混合动力汽车、纯电动汽车(BEV，包含太阳能汽车)、燃料电池电动汽车(FCEV)、氢气发动机汽车、其他新能源（如高效储能器、二甲醚）汽车等各类别产品。

2012年7月国务院发布的《节能与新能源汽车产业发展规划（2012–2020年）》对新能源和节能汽车的描述是：新能源汽车是指采用新型能力系统，完全或主要依靠新型能源驱动的汽车，本规则所指新能源汽车主要包括纯电动汽车、插电式混合动力汽车及燃料电池汽车。节能汽车是指以内燃机为主要动力、综合工况燃料消耗量优于下一阶段目标值的汽车。

1024　电动汽车的定义

电动汽车(简称电动车)是指主要以蓄电池为动力源，全部或部分由电动机驱动，符合道路交通、安全法规各项要求的车辆。电动汽车是涉及机械、电子、电力、微处理器控制等多学科的高科技技术产品，是与燃油汽车相对应的。

1025　电动汽车在中国的发展

2001年，我国启动了“863计划”电动汽车重大专项，涉及的电动汽车包括三类：纯电动、混合动力和燃料电池汽车，并以这三类电动汽车为“三纵”，以多能源动力总成控制、驱动电动机、动力蓄电池为“三横”，建立“三纵三横”的开发布局，基本跟上了全球的步伐，大体站到了世界同一“起跑线”。

“十五”期间，我国将纯电动汽车列入“863计划”，将混合动力汽车研发列入“863计划”进行技术攻关，以中国一汽(以下简称一汽)、东风汽车公司、长安汽车股份有限公司(以下简称长安汽车)和奇瑞汽车股份有限公司等单位牵头进行研究，完成了中度、轻度和微度混合动力乘用车，以及中度混合动力客车等多种车型的样车开发，其中混合动力客车率先进行了示范运行。此外，我国将燃料电池汽车及其关键技术列入“863计划”进行攻关。清华大学和北京市客车总厂合作承担研究燃料电池客车计划，上海汽车工业(集团)公司、同济大学、上海燃料电池汽车动力系统有限公司承担了燃料电池轿车的研发任务。燃料电池系统主要由中国科学院大连化学物理研究所(以下简称大连化物所)和上海神力科技有限公司承担研制。

2007年11月1日起，《新能源汽车生产准入管理规则》正式开始实施。该规则对新能源汽车进行了定义，还对新能源汽车的生产企业资质、生产准入条件以及申报要求等内容做了具体的规定。

2009年6月17日，中华人民共和国工业和信息化部(以下简称工信部)发布了《新能源汽车生产企业及产品准入管理规则》，对新能源汽车的范围进行了定义，规定了新能源汽车企业及产品的准入条件，并将新能源汽车发展阶段清晰地划分为起步期、发展期和成熟期三个不同的技术阶段，对不同阶段产品实行差异化管理。

新颁布的《节能与新能源汽车产业发展规划(2012—2020年)》明确了十年内我国新能源汽车发展的总体目标和阶段目标，并且对新能源发展路线以及扶持政策提出了明确的要求。总的技术路线是以纯电力驱动为新能源汽车发展和汽车工业转型的主要战略取向，当前重点推进纯电动汽车和插电式混合动力汽车产业化，推广普及非插电式混合动力汽车、节能内燃机汽车，提升我国汽车产业整体技术水平。

主要目标是:

1）产业化取得重大进展。到2015年，纯电动汽车和插电式混合动力汽车累计产销量力争达到50万辆；到2020年，纯电动汽车和插电式混合动力汽车生产能力达200万辆，累计产销量超过500万辆，燃料电池汽车、车用氢能源产业与国际同步发展。

2）燃料经济性显著改善。到2015年，当年生产的乘用车平均燃料消耗量降至6.9L/100km，节能型乘用车燃料消耗量降至5.9L/100km以下。到2020年，当年生产的乘用车平均燃料消耗量降至5.0L/100km，节能型乘用车燃料消耗量降至4.5L/100km以下；商用车新车燃料消耗量接近国际先进水平。

3）技术水平大幅提高。新能源汽车、动力电池及关键零部件技术整体上达到国际先进水平，掌握混合动力、先进内燃机、高效变速器、汽车电子和轻量化材料等汽车节能关键核心技术，形成一批具有较强竞争力的节能与新能源汽车企业。

4）配套能力明显增强。关键零部件技术水平和生产规模基本满足国内市场需求。充电设施建设与新能源汽车产销规模相适应，满足重点区域内或城际间新能源汽车运行需要。

5）管理制度较为完善。建立起有效的节能与新能源汽车企业和产品相关管理制度，构建市场营销、售后服务及动力电池回收利用体系，完善扶持政策，形成比较完备的技术标准和管理规范体系。

1026　电动汽车的分类

电动汽车包括纯电动汽车、混合动力汽车和燃料电池汽车。

1027　纯电动汽车的定义

纯电动汽车是指以车载电源为动力，用电动机驱动车轮行驶，符合道路交通、安全法规各项要求的车辆，一般采用高效率充电蓄电池为动力源。纯电动汽车不需要用内燃机，因此，纯电动汽车的电动机相当于传统汽车的发动机，蓄电池相当于原来的油箱，电能是二次能源，可以来源于风能、水能、热能和太阳能等。

1028　纯电动汽车的类型

（1）用纯蓄电池作为动力源的纯电动汽车　用单一蓄电池作为动力源的纯电动汽车，只装置了蓄电池组，它的电力和动力传输系统如图10-1所示。

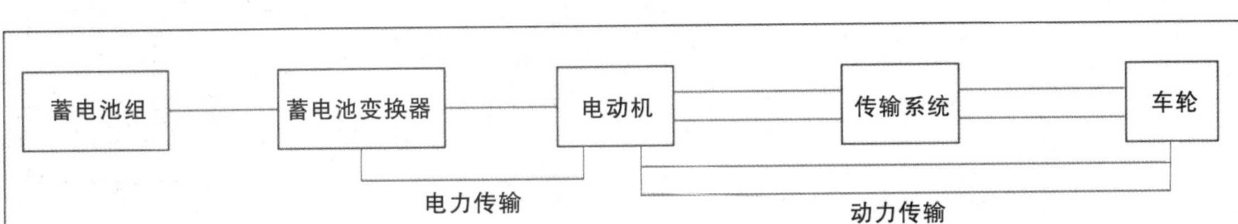

图10-1　纯电动汽车的电力和动力传输系统

（2）装有辅助动力源的纯电动汽车　用单一蓄电池作为动力源的纯电动汽车，蓄电池的比能量和比功率较低，蓄电池组的质量和体积较大。因此，在某些纯电动汽车上增加辅助动力源，如超级电容器、发电机组和太阳能等，由此改善纯电动汽车的起动性能和增加续驶里程。装有辅助动力源的纯电动汽车的电力和动力传输系统如图10-2所示。

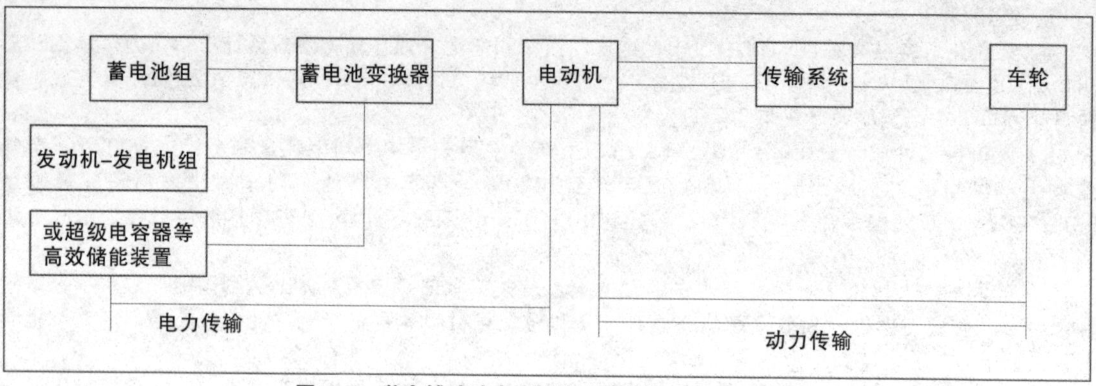

图10-2　装有辅助动力源的纯电动汽车的电力和动力传输系统

1029　纯电动汽车的结构

燃油汽车主要由发动机、底盘、车身和电气四大部分组成，纯电动汽车的结构与燃油汽车相比，主要增加了电力驱动控制系统，而取消了发动机，电力驱动控制系统的组成与工作原理如图10-3所示，它由电力驱动主模块、车载电源模块和辅助模块三大部分组成。

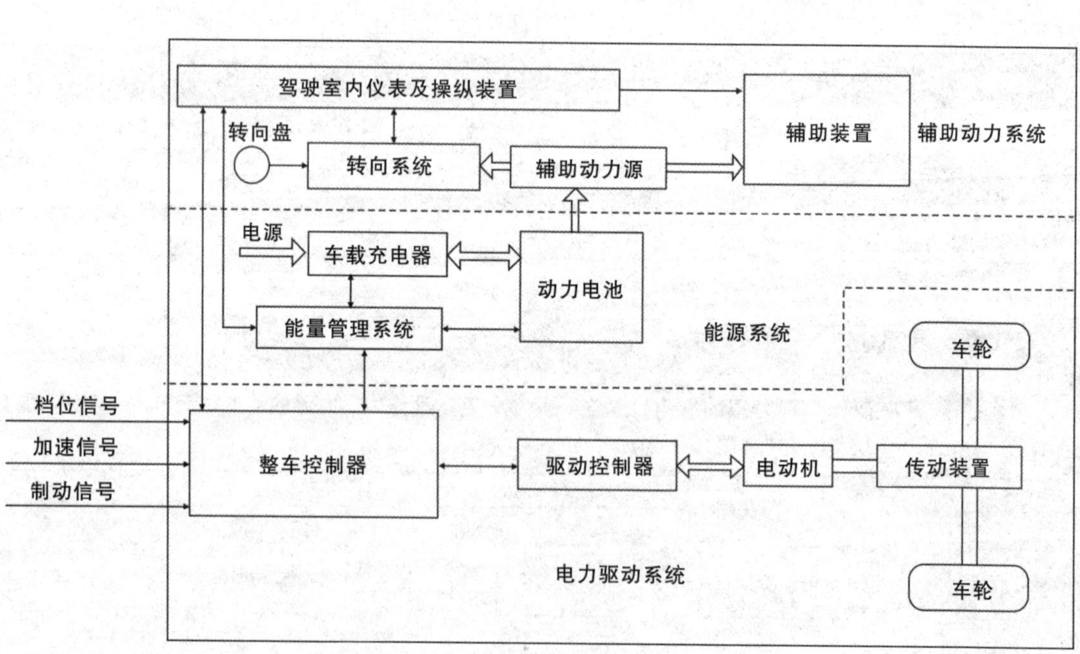

图10-3　电力驱动控制系统的组成与工作原理

1030 纯电动汽车的原理

当汽车行驶时，由蓄电池输出电能(电流)，通过控制器驱动电动机运转，电动机输出的转矩经传动系统带动车轮前进或后退。电动汽车续驶里程与蓄电池容量有关，蓄电池容量受诸多因素限制。要提高一次充电续驶里程，必须尽可能地节省蓄电池的能量。

1031 纯电动汽车的组成系统

（1）能源系统　能源系统主要包括动力电池、能量管理系统和充电控制器等。它的功用是向电动机提供驱动电能、监测电源使用情况以及控制充电机向蓄电池充电。纯电动汽车的常用动力电池电源有铅酸电池、镍镉电池、镍氢电池、锂离子电池等。纯电动汽车的能量管理主要是指蓄电池管理系统，它的主要功用是对电动汽车用蓄电池单体及整组进行实时监控、充放电、巡检和温度监测等。

充电控制器是把交流电转化为相应电压的直流电，并按要求控制其电流的装置。

（2）辅助动力系统　辅助动力系统主要包括辅助动力源、动力转向单元、驾驶室显示操纵台和辅助装置等。辅助模块除辅助动力源外，依据不同车型而不同。

辅助动力源主要由辅助电源和DC／DC功率转换器组成，其功用是供给电动汽车其他各种辅助装置所需要的动力电源，一般为12V或24V的直流低压电源，它主要给动力转向单元、制动力调节控制、照明、空调、电动门窗等各种辅助装置提供所需的能源。

转向系统是为实现汽车的转弯而设置的，与传统汽车无异。

驾驶室显示操纵台类同于传统汽车驾驶室的仪表盘，不过其功能根据电动汽车驱动的控制特点有所增减，其信息指示更多地选用数字或液晶屏幕显示。

辅助装置主要有照明、各种声光信号装置、车载音箱设备、空调、刮水器、风窗除霜清洗器、电动门窗、电控玻璃升降器、电控后视镜调节器、电动座椅调节器、车身安全防护装置控制器等。

（3）电力驱动系统　电力驱动主系统是电动汽车与传动汽车最大的区别所在。主要包括中央控制单元、驱动控制器、电动机、机械传动装置和车轮等。它的功用是将储存在蓄电池中的电能高效地转化为车轮的动能，并能够在汽车减速制动时，将车轮的动能转化为电能充入蓄电池。

整车控制器根据加速踏板和制动踏板的输入信号，向驱动控制器发出相应的控制指令，对电动机进行起动、加速、减速和制动控制。

驱动控制器是按整车控制器的指令、电动机的速度和电流反馈信号，对电动机的速度、驱动转矩和旋转方向进行控制。驱动控制器必须和电动机配套使用。

电动机在电动汽车中被要求承担电动和发电的双重功能，即在正常行驶时发挥其主要的电动机功能，将电能转化为机械能；在减速和下坡滑行时又被要求进行发电，将车轮的惯性动能转化为电能。

机械传动装置是将电动机的驱动转矩传输给汽车的驱动轴，从而带动汽车车轮行驶。

1032 纯电动汽车传统式驱动形式

纯电动汽车驱动布置形式是指电源、驱动系统及机械传动装置的具体布置形式。

传统式驱动布置形式与内燃机汽车的布置方式相同，即将电动机放在发动机的位置，动力经过离合器、变速器、减速器、差速器传至半轴，带动车轮运动，如图10-4所示。这种布置形式的特点是：汽车的结构与传动布置较近，可以在内燃机汽车的基础上改装，传动装置和技术成熟，控制电路较简单。

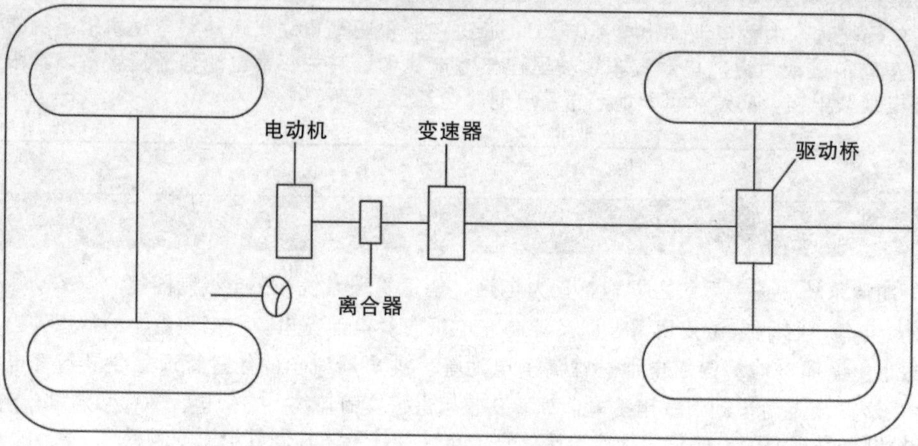

图10-4　传统式布置形式

1033　纯电动汽车电动机-驱动桥组合式驱动形式

这种布置形式取消了离合器和变速器，但有差速减速机构，由一台电动机驱动两个车轮旋转，如图10-5所示。优点是可以继续沿用当前汽车中的传动装置，只需要一组电动机和逆变器。这种方式对电动机要求较高，不仅要求电动机具有较高的起动转矩，而且要求具有较大的后备功率，以保证汽车在起动、爬坡、加速超车时的动力性。

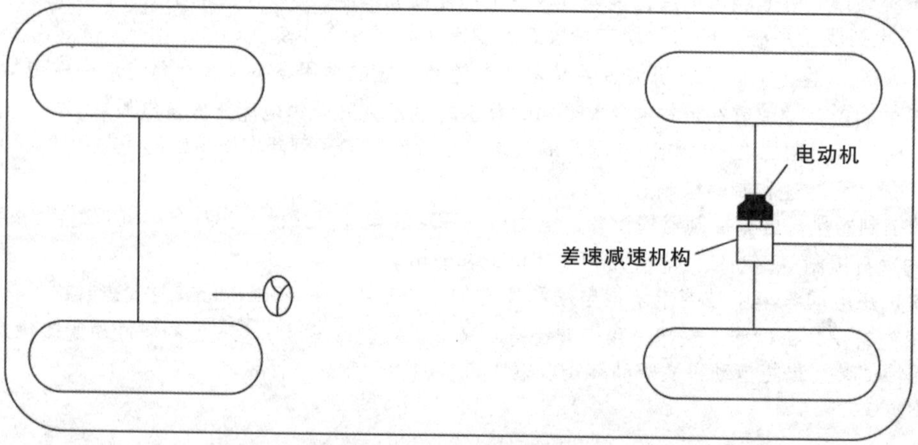

图10-5　电动机-驱动桥组合式

1034　纯电动汽车双电动机式驱动形式

将电动机安装在驱动轴上，直接由电动机实现比那素和差速转换，如图10-6所示。这种传动方式对电动机有较高要求，要求有大的起动转矩和后备功率；同时，这种方式不仅要求控制系统有较高的控制精度，而且要求具备良好的可靠性，从而保证电动汽车行驶的安全和平稳。

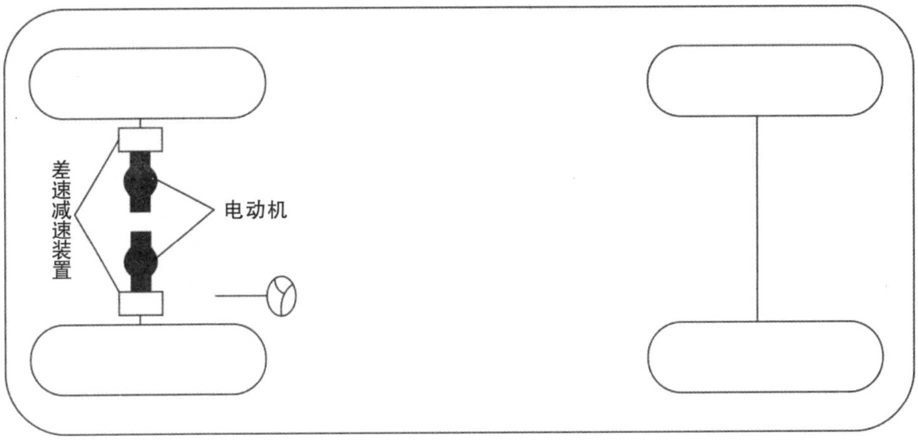

图10-6　双电动机驱动形式

1035 纯电动汽车轮毂电动机驱动形式

将电动机安装在驱动车轮内部，进一步缩短了电动机与驱动轮间的动力传递路径，如图10-7所示。

按照是否装配减速器，分为带减速器式和不带减速器式，如图10-8所示。

这种布置形式的优点是无复杂的机械传动系统，减轻汽车质量；动力部件结构紧凑，便于布置，增加了车内空间；便于整车的电子化、智能化和线控化。

缺点是多个电动机的控制与相互协调技术难度大，轮毂电动机的散热、电磁干扰、防水、防尘任务较为困难，电动机置于车轮对汽车的平顺性、操控稳定性、通过性有一定的负面影响。

图10-7　轮毂电动机

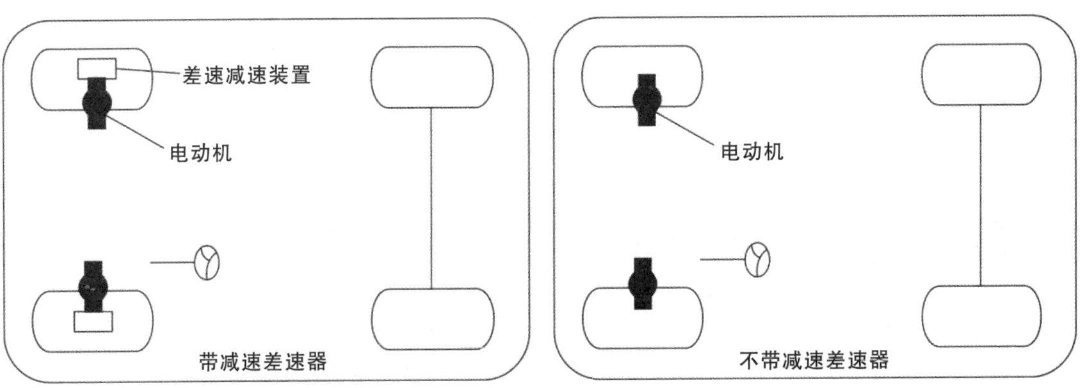

图10-8　轮毂电动机驱动布置

带减速器式轮毂电动机一般采用高转速内转子电动机，转速可高达10 000r/min，必须装配减速器来降低转速，如图10-9所示。

不带减速器的轮毂电动机一般采用低转速外转子电动机，外转子就安装在车轮轮缘上，电动机转速和车轮转速相同，最高转速在1000~1500r/min，不需要减速装置，如图10-10所示。

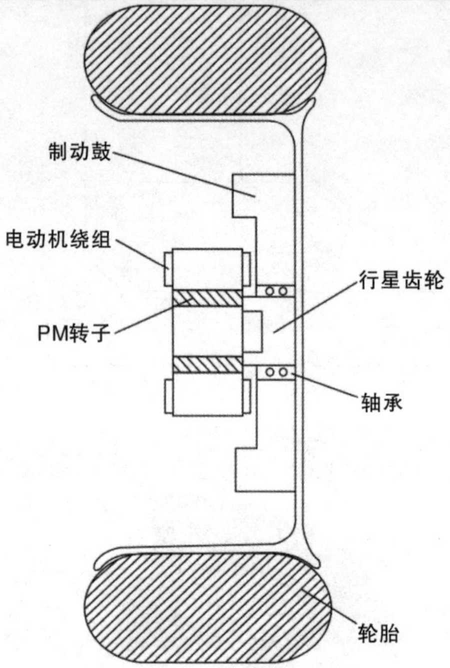

图10-9 高速内转子轮毂电动机

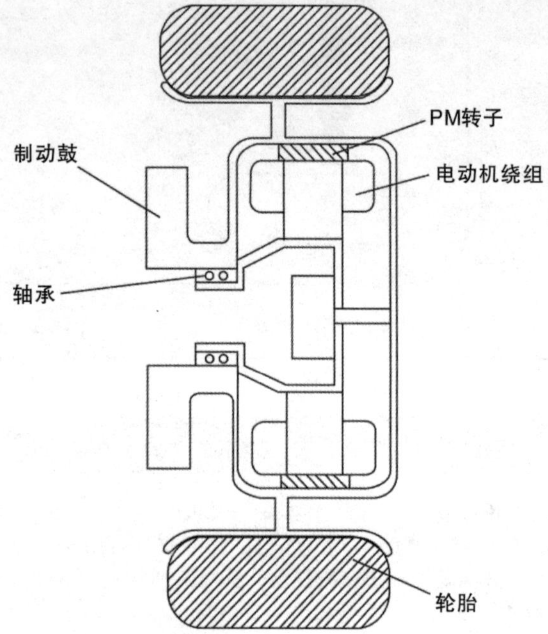

图10-10 低速外转子轮毂电动机

1036 电动汽车对动力电池的要求

纯电动汽车电能的唯一来源就是其动力电池。为增加纯电动汽车的续驶里程，动力电池的容量要足够大。但是，增大动力电池的容量，动力电池组的体积增大，质量也会增加，会影响车辆的动力性和整车布局。因此，纯电动汽车需要根据电动汽车的设计目标和道路行驶工况的不同来选配蓄电池。具体的要求归纳如下：

1）动力电池的容量要足够大，以满足电动汽车续驶里程的设计目标。

2）动力电池可实现深度放电，且不会影响其寿命。要求动力电池在必要时能在满负荷状态下工作和实现全放电。

3）动力电池的比能量和能量密度要尽可能大，以减小动力电池组的结构尺寸，减轻动力电池组的质量，方便车辆的整体结构设计，确保电动汽车的动力性和乘用空间。

4）动力电池的可接受充电电流要大。对于有制动能量回馈系统的电动汽车，还要求动力电池的可接受充电电流要大，短时间内可接受高达5C的脉冲电流充电，这有助于提高汽车制动能量回收的效率。

1037 电动汽车动力电池的参数

（1）电压 动力电池的电压是指其正极与负极之间的电位差，单位为V(伏特)，是表示动力电池性能与状态的重要参数之一。

（2）容量 动力电池的容量是指在允许放电范围内所能输出的电量，单位为A·h(安时)。容量用来表示动力电池的放电能力。在不同条件下，动力电池所能输出的电量(容量)是不同的。

（3）功率 动力电池的功率是指在规定的放电条件下，动力电池单位时间所能输出的电能，单位为W或kW。动力电池的功率大小会影响电动汽车的加速度和最高车速。

1038 电动汽车动力电池的分类

可用于电动汽车的动力电池包括：阀控铅酸电池（VRLA）、镍镉电池（Ni-Cd）、镍-锌电池（Ni-Zn）、镍氢电池（Ni-MH）、锌空气电池（Zn-Air）、铝空气电池（AL-Air）、钠硫电池（Na-S）、钠镍氯化物电池（$Na-NiCl_2$）、锂聚合物电池（Li-Polymer）和锂离子电池（Li-Ion）等多种类型。

动力电池经历了铅酸电池、镍镉电池、钠硫电池等多种类型的发展和探索之后，目前主要类型有阀控铅酸电池、镍氢动力电池和锂离子动力电池，由于锂离子动力电池具有能量密度高、大功率放点能力强等优点，逐渐成为电动汽车的主要能量源。

1039 什么是铅酸电池?

铅酸电池以酸性水溶液为电解质，电极是以铅及其氧化物为材料。

1040 铅酸电池的优缺点

铅酸电池的最大优点是内阻小，可输出大电流，故而被用作发动机的起动电源。作为电动汽车的动力电池，其优点是：

1）价格低廉，这是铅酸电池用作动力电池最突出的优势。

2）单格电池的电压较高，有2.0V，相同电压的蓄电池，其串联的单格电池数较少。

3）适用性宽，可逆性较好。

4）电能效率较高，可达60%。

5）易于浮充使用，没有记忆效应。

6）对温度适应性较强，可在−40～60℃的温度范围内工作。

7）蓄电池在工作中，其荷电状态(SOC)较容易识别。

8）可制成密封结构而实现免维护。

铅酸电池的缺点也是显而易见的，主要有：

1）比能量及能量密度较低，在电动汽车上所占的质量和体积较大。

2）寿命短，使用成本较高。

3）充电时间较长。

4）对于非密封式铅酸电池，充放电时析出的酸雾会腐蚀设备并对环境造成污染。

1041 铅酸电池的结构

铅酸电池除了正极板、负极板和电解液外，还有隔板、连条、极桩、壳体等其他附件。图10-11所示为免维护铅酸电池结构。

正、负极板上的活性物质PbO_2和Pb由铅膏(铅粉、稀硫酸及少量添加剂的混合物)填充在用铅锑合金铸成的栅架上，经化学工艺处理后形成。在充足电状态下，正极板呈深棕色，负极板呈深灰色。多片正极板和负极板各自用横板焊接并联起来，相互嵌合安装(中间用隔板隔开)形成极板组。将极板组置于存有电解液的容器中，就构成了单格电池。

铅酸电池的单格电池标称电压为2V，因此，一块6V的铅酸电池实际上是由3个单格铅酸电池通过连条串联而成的。图10-11所示的连条外露于蓄电池盖表面，实际上现在更多的铅酸电池采用穿壁式连条，在一块蓄电池盖表面只看到两端的正极桩和负极桩。

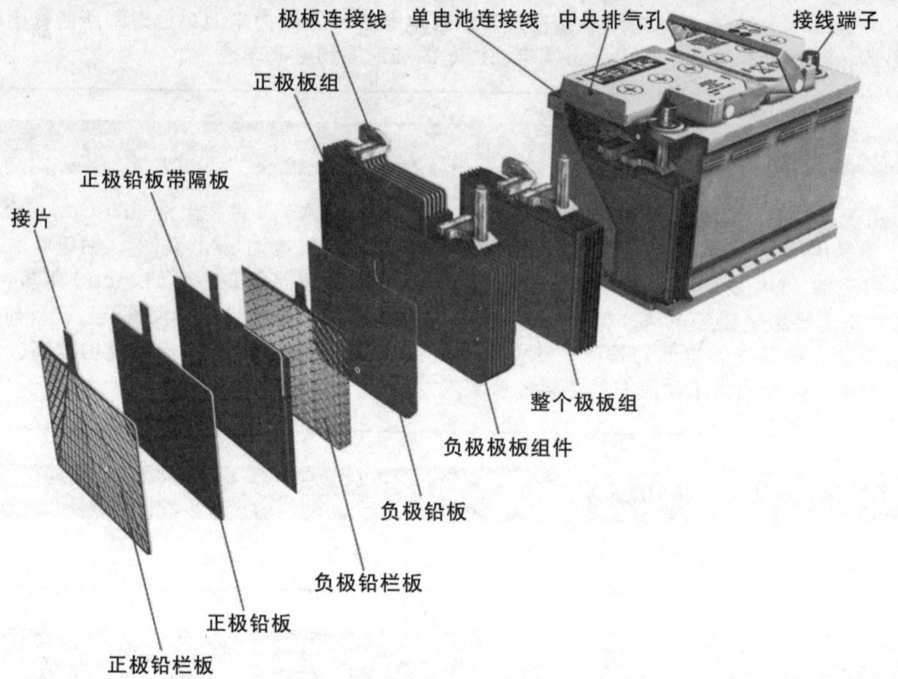

图10-11　免维护铅酸电池结构

1042　铅酸电池的工作原理

铅酸电池火星物质在充电和放电时发生的可逆的化学变化过程，可以用下面的化学方程式来表示：

$$PbO_2 + 2H_2SO_4 + Pb \underset{\text{充电}}{\overset{\text{放电}}{\rightleftharpoons}} PbSO_4 + 2H_2O + PbSO_4$$

正极　　　　负极　　正极　　　　负极

铅酸电池在放电过程中，化学反应由左向右进行，其相反过程为充电过程的化学反应。单体铅酸电池的电压为2V，通常所使用的蓄电池是由多个单体电池串联而成的。在使用或者存放一段时间后看单体电池的电压可能降低到1.8V以下，如果电压继续降低，铅酸电池将会损坏。

1043　铅酸电池的特性

（1）充电特性　在充电开始时，极板孔隙内进行电化学反应而生成H_2SO_4，使孔隙内电解液密度迅速上升，产生浓差极化，故而导致充电电压迅速上升(*A*—*B*段)。在随后的充电过程中，极板孔隙内的H_2SO_4向孔隙外扩散，当孔隙内H_2SO_4的生成速度与扩散速度相对平衡时，动态电动势就会相对稳定，充电电压就会随着整个容器内电解液密度的缓慢增大而逐渐上升(*B*—*C*段)。当充电达90%(*C*点)时，电解液开始有气泡冒出(少量析气)，继续充电，水的电解速度会不断上升，气泡也逐渐增多，极板表面产生电化学极化，使充电电压迅速上升(*C*—*D*段)，电解液呈“沸腾”状。这时，表明蓄电池已充足电，继续充电将导致过充电，如图10-12所示。

（2）放电特性　在开始放电时，蓄电池的端电压迅速下降(*A*—*B*段)，这是由于放电之初极板孔隙内电解液的H_2SO_4迅速消耗，其密度随之迅速下降所致。随后，极板孔隙外电解液中的H_2SO_4向孔隙内渗透，孔隙内的电解液密度下降缓慢，因而蓄电池端电压下降也很缓慢(*B*—*C*段)。当放电接近终了时，蓄电池电压又会迅速下降(*C*—*D*段)，如图10-12所示。

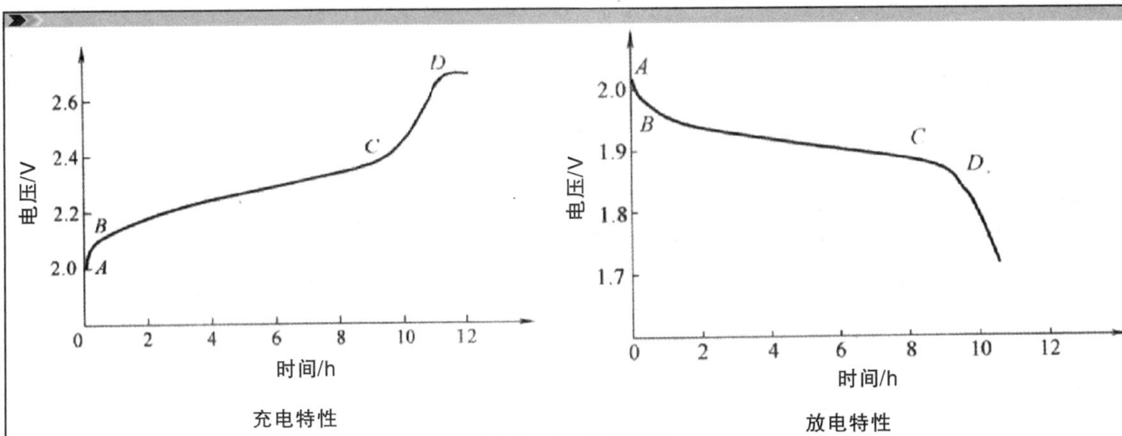

图10-12 铅酸电池

1044 铅酸电池的使用与维护的注意事项

1）铅酸电池要注意定期添加蒸馏水。

2）检查蓄电池在支架上的固定螺栓是否拧紧，安装不牢靠会因行车振动而引起壳体损坏。另外不要将金属物放在蓄电池上以防短路。

3）经常查看极柱和接线头连接得是否可靠。

4）当需要用多块蓄电池串联使用时，蓄电池的容量最好相等，否则会影响蓄电池的使用寿命。

5）不可用直接打火(短路试验)的方法检查蓄电池的电量，这样会对蓄电池造成损害。

6）在蓄电池极柱和盖的周围常会有黄白色的糊状物，这是因为硫酸腐蚀了根柱、线卡和固定架等造成的。这些物质的电阻很大，要及时清除。

7）蓄电池盖上的气孔应通畅。蓄电池在充电时会产生大量气泡，若通气孔堵塞使气体不能逸出，当压力增大到一定程度后就会造成蓄电池壳体炸裂。

1045 什么是镍基电池?

与铅相比，镍是较轻的金属，且具有良好的合乎蓄电池应用的电化学特性。因此有许多电化学电池都采用氧化镍作为正极。目前镍基蓄电池有两种主要的应用：镍氢电池和镍镉电池。

1046 镍氢电池的优缺点

镍氢电池的优点是：

1）比功率大，商业化的镍氢电池的比功率可达到1350W・h/kg。

2）循环寿命长，电动车用镍氢电池在80%DOD时的循环寿命可达1000次以上，是铅酸电池的3倍多；在100%DOD下的循环寿命也在500次以上。镍氢电池用于混合动力电动汽车，其使用寿命可达5年以上。

3）不含铅、镉等对人体有害的金属，无污染，故而被称为21世纪“绿色环保电源”。

4）耐过充电、过放电能力较强。

5）无记忆效应。

6）使用温度范围宽。正常使用温度范围为−30～55℃，储存温度范围为−40～70℃。

7）使用安全可靠：在进行短路、挤压、针刺、安全阀工作能力、跌落、加热、耐振动等安全性和可靠性试验时，无爆炸和燃烧现象。

镍氢电池的不足有：

1）成本较高，其价格是铅酸电池的5～8倍。

2）单格电池的电压较低，只有1.2V。
3）自放电的损耗较大。
4）环境温度对蓄电池的放电电压和容量有较大的影响。

1047 镍氢电池的结构

镍氢电池常见的结构为圆柱形和长方形，如图10-13所示。

由活性物质构成电极极片的工艺主要有烧结式、拉浆式、泡沫镍式、纤维镍式、嵌渗式等。由不同工艺制备的电极，其容量、大电流放电性能等均存在较大差异。一般依据使用条件的不同，采用不同的工艺制备镍氢电池。

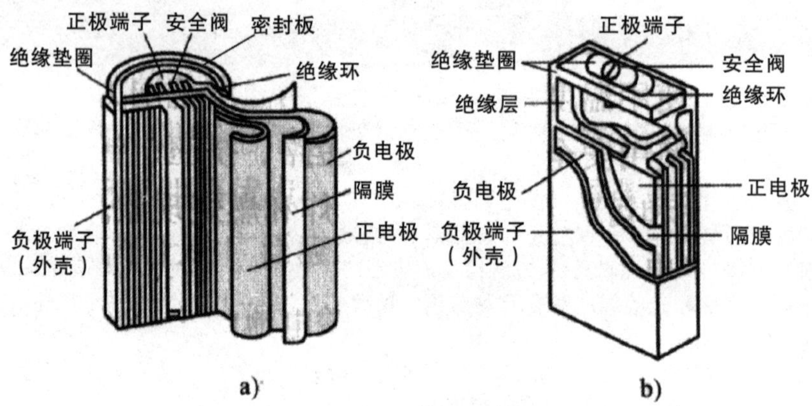

图10-13 镍氢电池的结构
a）圆柱形 b）长方形

1048 镍氢电池的工作原理

电动汽车用镍氢电池也称为镍金属氧化物电池。其基本组成有：氢氧化镍正电极、储氢合金负极及碱性电解液(如质量分数为30%的氢氧化钾水溶液)。镍氢电池的工作原理如图10-14所示。

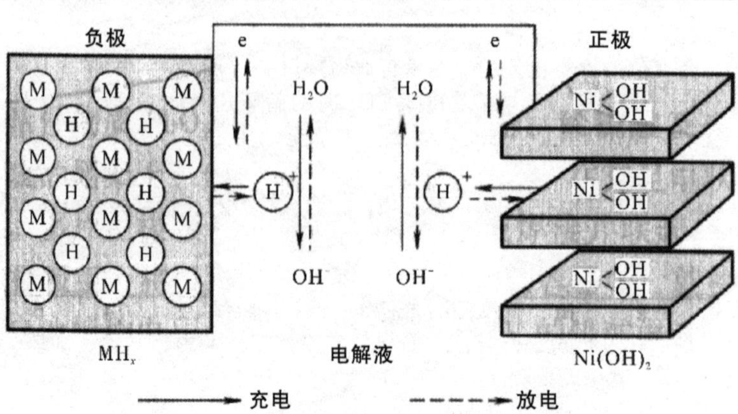

图10-14 镍氢电池的工作原理

1049 镍氢电池的特性

（1）充电特性　在充电起始阶段，镍氢电池的充电电压迅速上升；在随后的充电过程中，充电电压上升很缓慢；当充电接近结束时，充电电压会有所下降；当停止充电后，镍氢电池内部的极化作用消失，镍氢电池的端电压逐渐下降至断路电压，如图10-15所示。

（2）放电特性　蓄电池在放电最初阶段电压迅速下降，随后下降缓慢。当接近放电终了时，蓄电池的端电压下降较快，如图10-16所示。

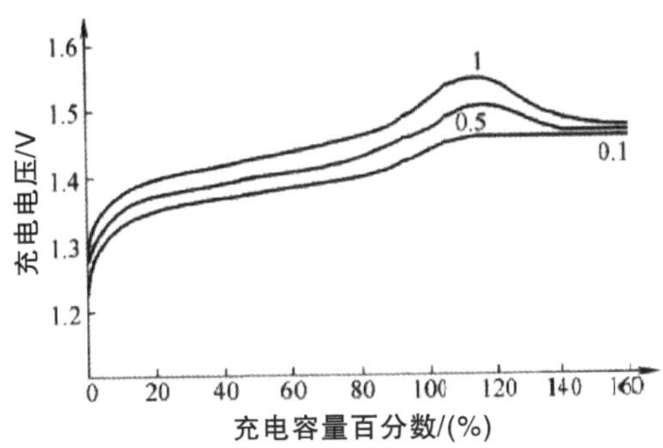

图10-15　镍氢电池在不同充电电流下的充电特性曲线

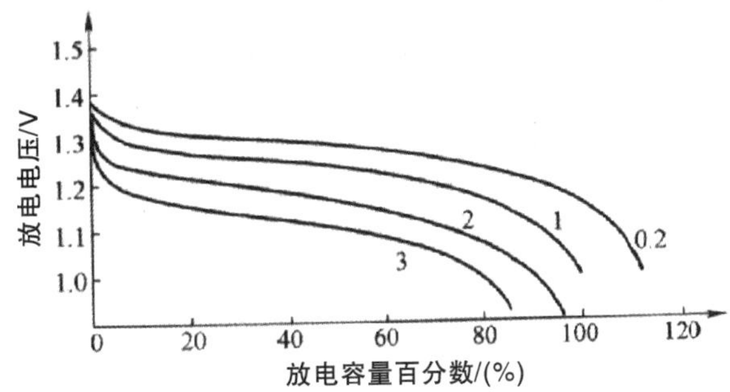

图10-16　镍氢电池在不同放电电流下的放电特性曲线

1050 什么是锂电电池?

锂是所有金属中最轻的，它具有很高的热力学电压，由此导致非常高的比能量和比功率。锂电池是指电化学体系中含有锂（包含金属锂、锂合金和锂离子、锂聚合物）的电池。锂电池可大致分为金属锂电池和锂离子电池两类。

1051 锂离子电池的优缺点

（1）锂离子电池的优点　相比于其他类型的蓄电池，锂离子电池的主要优点有：

1）电压高，单格电池的工作电压高达3.6～3.9V，是镍镉、镍氢电池的3倍。

2）比能量大，达100～125W・h/kg，是镍镉电池的2倍，镍氢电池的1.5倍。未来的锂离子电池，其比能量可高达150W・h/kg。

3）循环寿命长，新型锂离子电池的循环寿命可超过1000次。

4）安全性能好，无公害，无记忆效应。

5）自放电小，室温下充满电的锂离子电池储存1个月后的自放电率仅为10%左右，大大低于镍镉电池的25%～30%，镍氢电池的30%～35%。

6）可实现安全、快速充电。

7）允许温度范围宽，随着电解质和正极的改进，期望能扩宽到－40～70℃。

（2）锂离子电池的缺点　锂离子电池的缺点主要有：

1）蓄电池的成本较高。这主要是因为正极材料$LiCoO_2$的价格高(Co的资源较少)，电解质体系提纯较困难。

2）不能大电流放电。由于有机电解质体系等原因，锂离子电池的内阻较大，因此放电电流不能过大，最大的放电电流通常被限制在2～3C。过大的放电电流会使蓄电池温度过高，影响其使用寿命。

1052 锂离子电池的构造

锂离子电池主要由正极、负极、隔板和电解质等组成。一种圆柱形锂离子电池的结构示意图如图10-17所示。

正极：锂离子电池的正极活性物质主要是在空气中化学性质稳定的嵌锂过渡金属氧化物，如$LiCoO_2$、$LiNiO_2$、$LiMn_2O_4$等，在这些物质中加入导电剂、树脂黏合剂，并均匀地涂覆在铝基体上，形成活性物质呈细薄层分布的正极。

负极：锂离子电池的负极活性物质主要是碳材料与黏合剂的混合物，将这些物质加入有机溶剂调和成膏状，并涂覆于铜基上形成负极。

电解质与隔膜：锂离子电池采用以混合溶剂为主体的有机电解质或聚合物。隔膜一般使用聚乙烯或聚丙烯材料的多微孔膜。隔膜不仅熔点较低，而且具有较高的抗穿刺强度，可起到热保险作用。

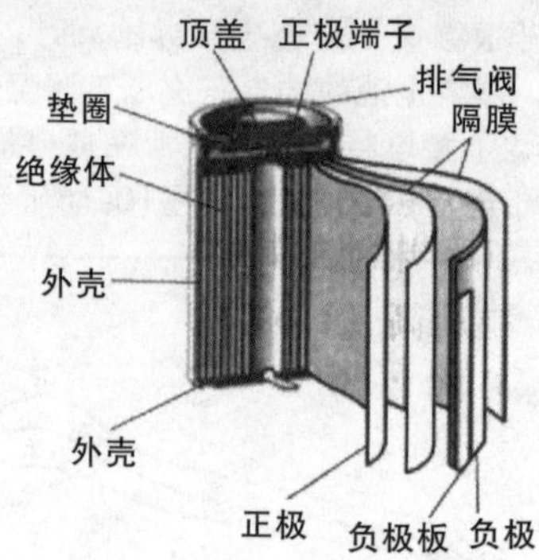

图10-17 一种圆柱形锂离子电池的结构示意图

1053 锂离子电池的工作原理

锂离子电池工作原理如图10-18所示。

当锂离子电池在充电时，加在锂离子电池两电极的充电电场力使正极化合物释放出锂离子Li^+，并经电解质嵌入到负极分子排列呈片层结构的碳中；当锂离子电池在放电时，则是从呈片层结构的碳中析出锂离子Li^+，并通过电解质嵌回到正极。以CoO_2作为正电极的锂离子电池为例，其充放电过程正、负电极的电化学反应方程式如下：

正极：$CoO_2+Li^++e \rightarrow LiCoO_2$

负极：$C_6Li \rightarrow 6C+Li^++e$

充电时电化学反应从右向左，放电时则从左向右。锂离子电池的充放电过程实际上就是Li^+在正、负电极之间来回地嵌入和脱出的过程，因而锂离子电池也被称为“摇椅式电池”。

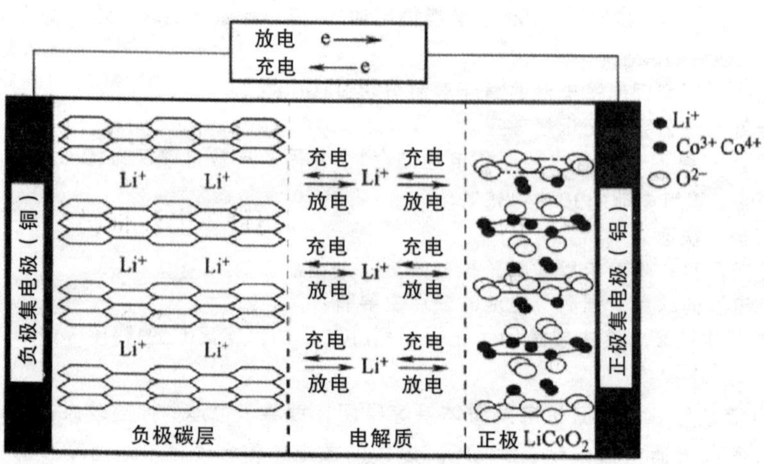

图10-18 锂离子电池工作原理

1054 锂电电池对正极材料的要求

锂电电池正极材料主要有钴酸锂、镍酸锂、锰酸锂、三元材料和磷酸铁锂等多种。其中钴酸锂由于含有稀缺的钴元素，因而价格昂贵，而且在充电和高温下容易出现问题，不宜在大容量、高功率电池中采用。镍酸锂成本比钴酸锂低，比容量高，但安全性比钴酸锂更差。锰酸锂电池具有成本低、安全性和循环性能良好等优点，但锰酸锂具有高温下不稳定、循环性能差等缺点。磷酸铁锂电池由于成本低、安全性和循环性能良好等优点，并且其导电性能差、制备困难等缺点正逐步找到解决方法，成为近期国内外研究和推广的首选。比亚迪E6电动车用的就是磷酸铁锂电池。

1055 锂离子电池对负极材料的要求

锂离子电池的负极活性材料通常以碳基材料为主，包括中间相碳微球、天然石墨和硬碳等。中间相碳微球为球形，流动性能好，易于制成优良的高密度电极，但价格较贵。天然石墨比容量大，价格低，缺点是不可逆容量较大。硬碳是指难于石漠化的碳材，具有较大的比容和大于石墨的锂离子扩散系数，缺点是不可逆容量较大。

1056 锂离子电池对电解液的要求

电解液是锂离子电池的另一种重要材料，是影响高功率性能和安全性能的重要因素。目前常用LiPF6为电解质盐，碳酸乙烯酯和碳酸二甲酯为混合溶剂电解液。

1057 什么是燃料电池?

燃料电池是直接将燃料的化学能转化为电能的发电装置。将燃料和空气分别送入燃料电池后，就可从其正极和负极输出电能。从表面上看，燃料电池与蓄电池一样，有正、负极和电解质等，但燃料电池不能通过充电的方法“储电”，只是一个通过消耗燃料来输出电能的发电装置。

1058 燃料电池与传统电池的区别

燃料电池实际上就是一个电化学反应器，虽然也是通过活性物质(燃料及氧化剂)的电化学反应产生电能，但是它与普通化学电池的不同之处在于:

1）燃料电池通过电化学反应转化为电能的活性物质不在其内部，而是从其外部输入。

2）燃料电池放电过程所消耗的活性物质无须通过充电来还原，只需要向燃料电池内不断输入燃料及氧化剂，并将电化学反应产物及时排出即可持续提供电能。

3）燃料电池本体只决定燃料电池的输出功率，而燃料电池能量的大小取决于外部可输入的燃料和氧化剂。因此，燃料电池的比能量可以很高，而续驶里程主要取决于燃料的储备容量。

4）燃料电池的内部结构和系统的控制比较复杂，尤其是放电控制不如普通化学电池方便。

1059 燃料电池的分类

按燃料电池所采用的电解质不同，可将燃料电池分为碱性燃料电池、质子交换膜燃料电池、磷酸燃料电池、熔融碳酸盐燃料电池、固态氧化物燃料电池等。各种燃料电池特点见表10-1。

表10-1 各种燃料电池特点

种 类	碱性燃料电池	磷酸燃料电池	质子交换膜燃料电池	熔融碳酸盐燃料电池	固态氧化物燃料电池
电解质	KOH水溶液	磷酸水溶液	质子交换膜	碱性碳酸盐	氧化锆陶瓷
工作温度/℃			80	600~800	
燃料	H_2	H_2	H_2、甲醇、天然气等	CO、H_2	CO、H_2
氧化剂	O_2	空气	空气或O_2	空气	空气
起动时间	几分钟	2~4h	几分钟	>10h	>10h
主要优点	起动快，效率高，可在室温下工作	对CO不敏感	起动快，比功率高，工作温度低，使用寿命长	效率高，无须贵重金属作为催化剂	效率高，无须贵重金属作为催化剂
主要缺点	需用纯氧作为氧化剂，有腐蚀	效率较低，有腐蚀	对CO敏感，成本较高	工作温度较高，控制复杂，有腐蚀	工作温度高，控制复杂，有腐蚀
主要应用领域	航天、军事	大客车、中小电厂	航天、军事、电动汽车	大型电厂	大型电厂

1060 燃料电池电动汽车组成

燃料电池电动汽车与普通燃油汽车相比，其外形和内部空间几乎没有什么区别，不同之处在于动力系统。燃料电池电动汽车动力系统的基本组成部分有燃料电池系统、电子控制系统、辅助蓄能装置及驱动电动机。

典型的直接燃料电池电动汽车动力系统基本构成如图10-19所示。

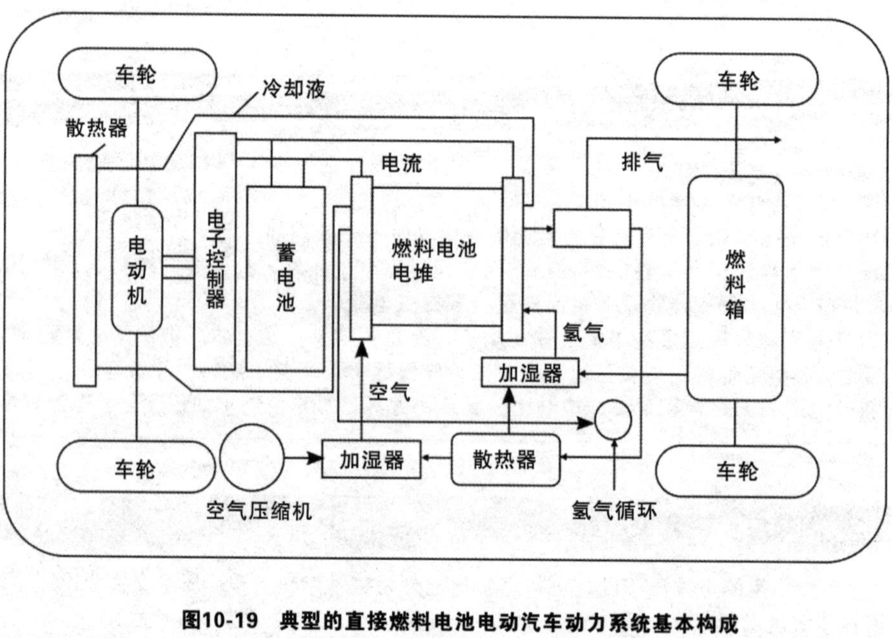

图10-19 典型的直接燃料电池电动汽车动力系统基本构成

（1）燃料电池系统　燃料电池系统的核心是燃料电池电堆，此外，还配备了氢气供给系统、氧气供给系统、气体加湿系统、水循环及反应物生成处理系统等，用以确保燃料电池电堆正常工作。

（2）辅助蓄能装置　混合式燃料电池电动汽车还配备辅助蓄能装置。辅助蓄能装置可采用蓄电池、超级电容和飞轮电池中的一种，组成双电源的混合动力系统，或采用蓄电池+超级电容、蓄电池+飞轮电池的三电源系统。

（3）驱动电动机　驱动电动机用于将电源所提供的电能转换为电磁转矩，并通过传动装置驱动车辆行驶。

（4）电子控制系统　直接燃料电池电动汽车的电子控制系统包括燃料电池系统控制、DC/DC转换器控制、辅助蓄能装置能量管理、电动机驱动控制及整车协调控制等控制功能，各控制功能模块通过总线连接。

1061　超级电容储能装置的定义

随着科技的进步，近年来出现了一种新的元器件——超级电容。这种新的电子器件与一般蓄电池相比，功率密度高10倍以上，充放电速率高100倍以上。

超级电容是一种介于电解电容和电化学电池之间的新兴蓄能装置，其蓄能方式与传统电容器不同。超级电容不存在介质，是依靠电解质与电极接触面上形成特有的双层结构储存能量。

1062　超级电容的工作原理

超级电容的主要组成部件是集电极(电容板)、电解质和绝缘层。其工作原理如图10-20所示。

电解质和绝缘层装在两活性炭多孔化电极之间，电荷沿集电极和电解液成对排列，形成双层电容器，这样就扩大了电容器的电荷储存量。当充电电源加在两电极上时，在靠近电极的电介质界面上产生与电极所携带的电荷极性相反的电荷并被束缚在介质界面上，形成事实上的电容器的两个电极。两个电极的距离非常小，只有几纳米，而活性炭多孔化电极可以获得极大的电极表面积，可以达到200m^2/g。因此，超级电容具有极大的电容量，可以储存很大的静电能量。

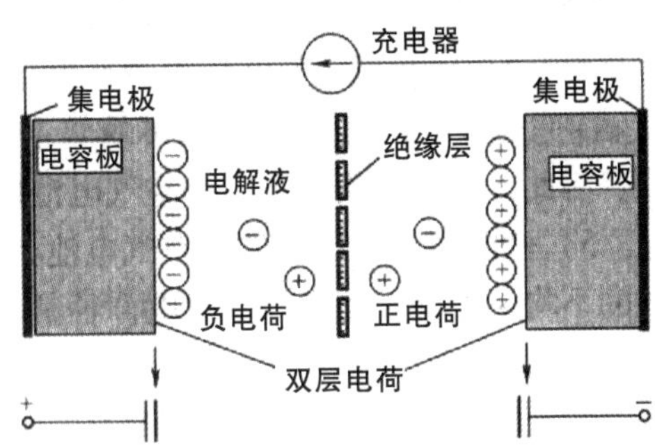

图10-20　超级电容工作原理

1063　超级电容现阶段的应用

在近期超级电容极低的比能量使得它不能单独作为电动汽车的能量源，但使用超级电容作为辅助能量源具有显著优点。在电动车上使用的最佳组合为蓄电池-超级电容混合能源系统。虽然超级电容的能量密度不能与蓄电池相比，但是其大电流充放电的特点，使超级电容特别适合用作电动汽车的辅助电源。在车辆起步、加速和爬坡等行驶工况时，由超级电容提供大电流，在确保电动汽车动力性的同时，可有效地保护蓄电池，延长蓄电池的使用寿命。在车辆制动时，超级电容可接受大电流充电，可很好地回收制动能量。超级电容不仅可用作电动汽车的辅助蓄能装置，而且可用作电动汽车主要的或唯一的蓄能装置。

1064　飞轮电池的定义

飞轮电池是一种新型的机械储能装置，它利用高速旋转的飞轮将能量以动能的形式储存起来。与蓄电池相比，飞轮电池具有更高的比能量和比功率，充电时间短，使用寿命长，无过多充放电问题。

1065 飞轮电池的组成

飞轮电池主要由飞轮、轴、轴承、电动机、真空容器和电力电子变换器等组成，如图10-21所示。

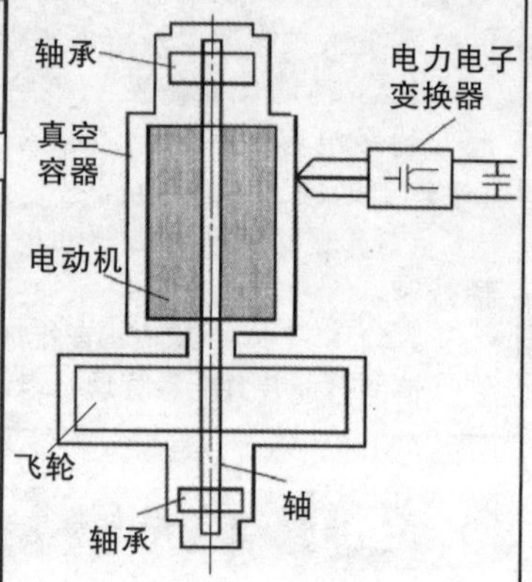

图10-21 飞轮电池的结构

1066 飞轮电池的工作原理

当飞轮以一定的角速度旋转时，就具有了一定的动能。飞轮是整个蓄能装置的核心部件，它直接决定了整个装置的蓄能量。对飞轮电池充电时，通过电力电子变换器从外部输入电能而使电动机旋转，电动机驱动飞轮加速旋转，飞轮储存的动能(机械能)就增大。当飞轮电池向外放电时，由高速旋转的飞轮带动电动机旋转，将动能转化为电能，再通过电力电子变换器将电能转换为负载所需的频率和电压。

飞轮工作时的转速很高(可达40 000～50 000r/min)，用一般金属制成的飞轮无法承受这样高的转速，因而飞轮一般都采用碳纤维制成，使之在满足强度要求的同时，可减小飞轮电池的质量。

电动机用于电能与机械能相互转换，实现充电(储存机械能)和放电(释放机械能)过程。飞轮电池通常采用永磁式电动机，在充电时用作电动机，在外电源的驱动下，带动飞轮高速旋转，将电能转换为机械能储存；在放电时用作发电机，在飞轮的带动下发电而向外输出电能。

1067 飞轮电池的特点

1）能量密度高。飞轮电池的能量密度可达100～200W·h/kg，功率密度可达5000～10 000W/kg。

2）能量转换效率高、充电快。飞轮电池工作时的能量损失很小，其能量转换效率高达90%以上。由于飞轮电池无最大充电电流的限制，其充电速度取决于飞轮的角加速度，因而充电很快。

3）体积小、质量轻。飞轮采用了碳纤维材料，直径一般也不大。因此，与化学电池和燃料电池相比，飞轮电池的体积小、质量轻。

4）工作温度范围宽。飞轮电池对环境温度没有严格限制。

5）使用寿命长。飞轮电池无重复深度放电影响，其循环充放电次数可达数百万次，预期寿命可达20年以上。

6）维护周期长。飞轮电池的轴承采用磁悬浮形式，飞轮在真空环境下运转，其机械损耗微乎其微，因而其维护周期长。

1068 飞轮电池的应用

与超级电容一样，飞轮电池特别适合用作电动汽车的辅助蓄能装置，在车辆起步、加速和爬坡等行驶工况时，协助蓄电池供电，可提高电动汽车的动力性，并延长蓄电池的使用寿命。在车辆制动时，飞轮电池可很好地回收制动能量。用飞轮电池作为蓄能装置的电动汽车也早被世界各国所关注。美国飞轮系统公司用其最新研制的飞轮电池将一辆克莱斯勒LHS轿车改成电动轿车，一次充电可行驶600km，0～96km/h的加速时间仅为6.5s。

1069 动力电池管理系统作用

由于动力电池能量和单体电池电压的限制，电动汽车需要采用多块单体电池进行串、并联组合，但是由于动力电池复杂的使用条件和苛刻的使用环境，在电动汽车使用过程中，要使动力电池工作在合理的电压、电流和温度范围内，纯电动汽车上动力电池的使用都需要进行有效管理，对于镍氢电池和锂离子电池，有效的管理尤其需要，如果管理不善，不仅可能会显著缩短动力电池的使用寿命，还可能引起着火等严重安全事故，因此，动力电池管理系统（BMS，BatteryManagement System）成为电动汽车的必备装置。

1070 动力电池管理系统的基本功能

根据电动汽车实际运行和蓄电池安全有效使用的需要，动力电池管理系统必须实现以下功能：

1）动力电池端电压及单体电压的检测。

2）动力电池温度检测。

3）动力电池工作电流检测。

4）动力电池绝缘电阻检测。

5）动力电池冷却系统控制。

6）动力电池故障分析和在线报警。

7）为整车控制系统提供动力电池的状态信息。

8）为仪表系统提供必要的动力电池状态和故障信息。

9）与充电系统通信，为动力电池实现安全充电。

1071 动力电池管理系统基本组成

图10-22所示为常见电动汽车动力电池管理系统的基本组成。

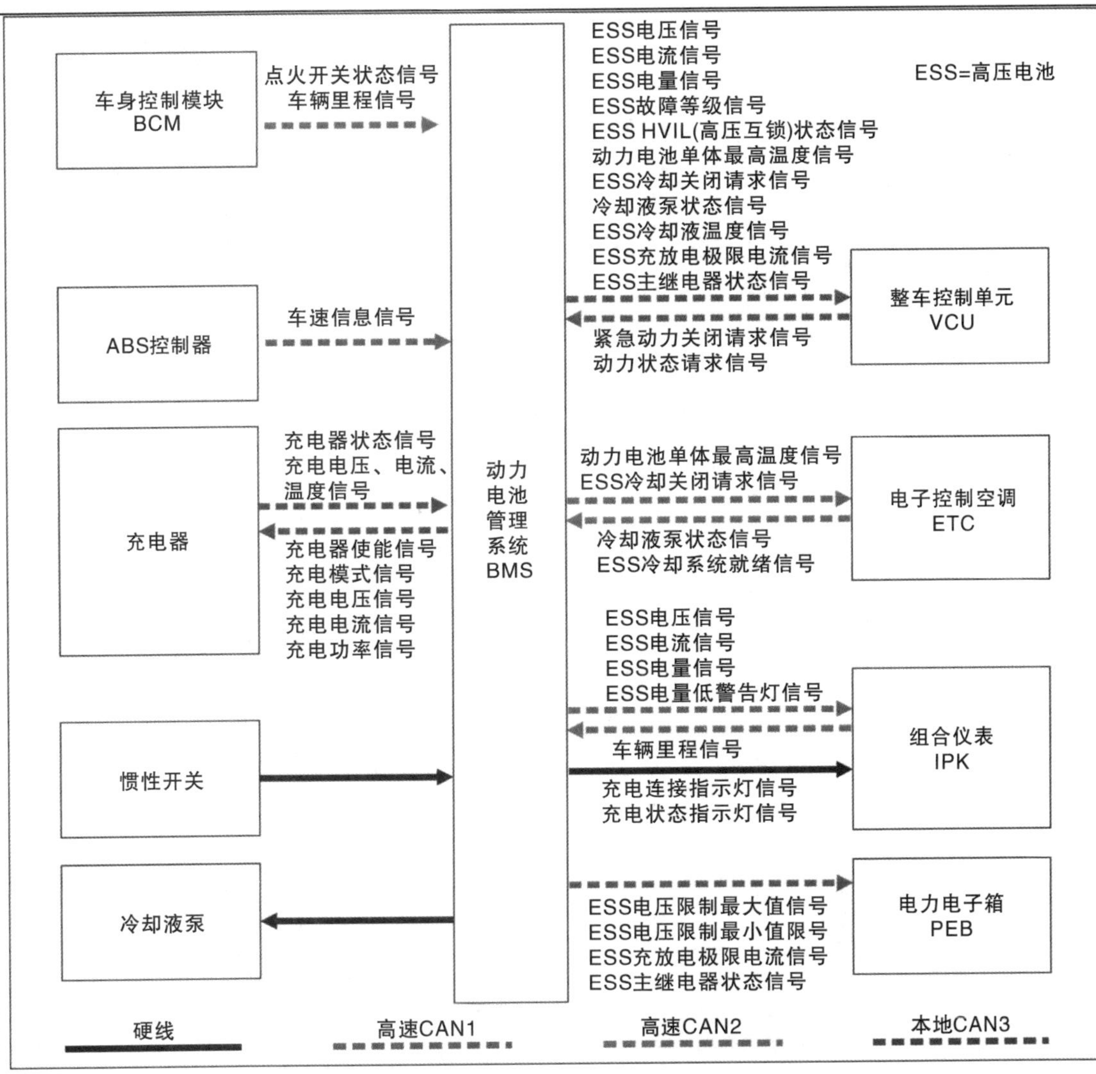

图10-22 常见电动汽车动力电池管理系统的基本组成

动力电池管理系统内部有动力电池热管理系统模块、动力电池组监控系统模块、显示模块以及平衡电路等，用于监控动力电池的电压、电流、电量信号，动力电池组温度信号并根据动力电池组温度高低打开或关闭动力电池组的冷却液循环，从而保证动力电池组工作在适宜的温度下。

在外部动力电池管理系统与车身控制模块、ABS控制器、整车控制单元/电子控制空调、组合仪表、电力电子箱使用高速CAN总线连接，共享各控制单元需要的信号。在电动汽车中还有低压蓄电池控制单元，在下文介绍。

1072 常见电动汽车动力电池管理系统BMS组成位置图

图10-23所示为常见电动汽车动力电池管理系统组成位置图。

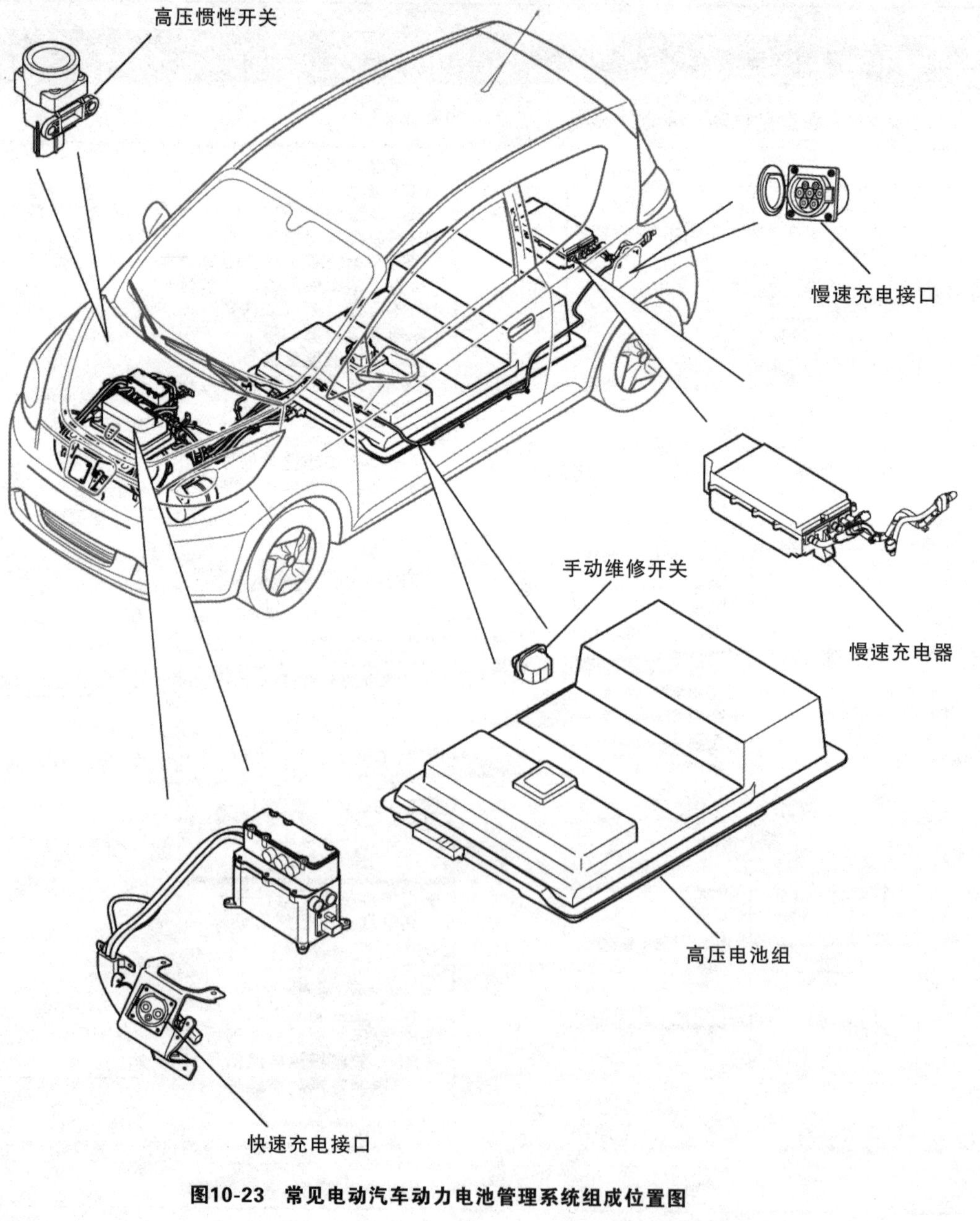

图10-23 常见电动汽车动力电池管理系统组成位置图

1073 电动汽车的断电系统

电动汽车动力电池存在高压，在维修或发生碰撞、过水等紧急情况时如不能及时断电会造成严重后果。高压动力电池在发生碰撞等安全事故时仅仅是断开与车辆的连接是不够的，还要将高压系统中存在的高压电变成低压电才更安全。

在电动汽车中有两种断电系统：一种是手动断电，一种是自动断电。

手动断电适用于主动维修时使用，自动断电则是电池管理模块根据点火开关、安全气囊传感器等状态控制。

电动汽车断电系统如图10-24所示。

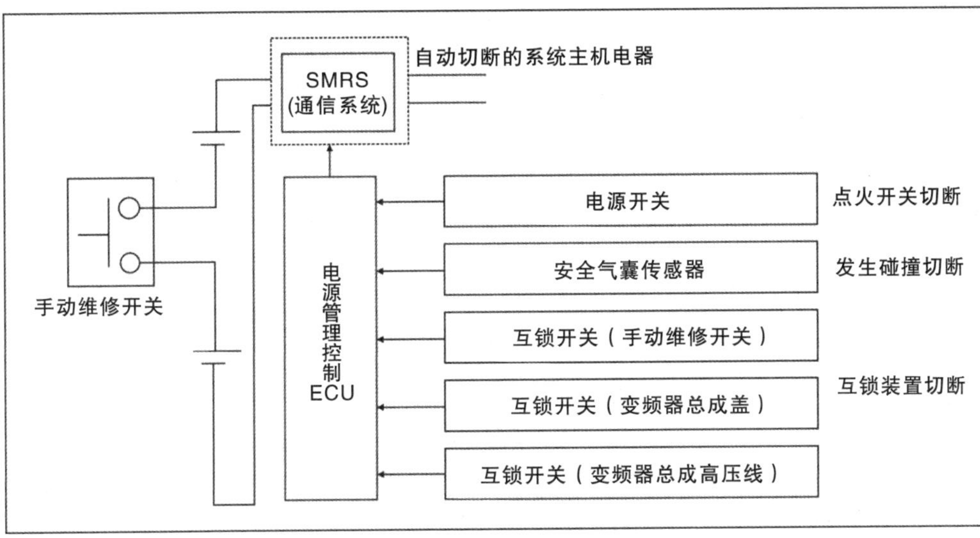

图10-24　电动汽车断电系统

1074 手动维修开关断电原理

手动维修开关可以断开动力电池的单体串联，从而达到切断高压电输出的效果。手动维修开关在各品牌汽车中的名称也不相同，通常有手动维修开关、紧急维修开关和维修塞等几种。

图10-25所示为丰田混合动力汽车高压电池维修塞（手动维修开关）原理示意图。

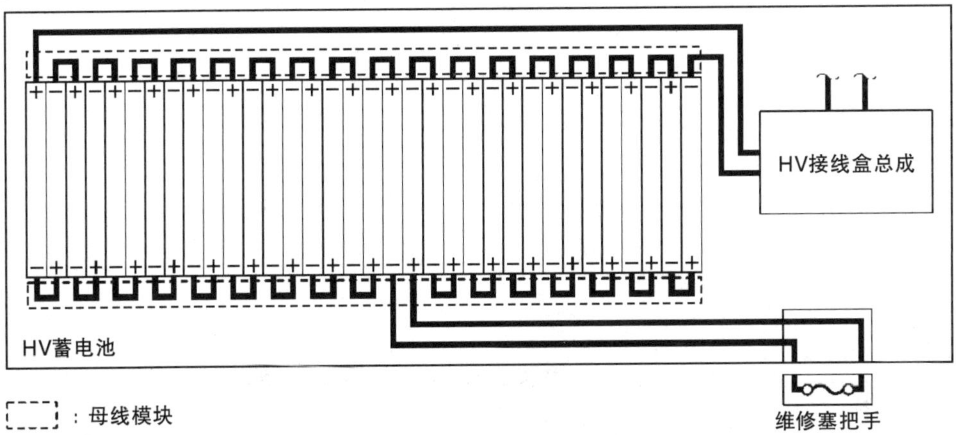

图10-25　丰田混合动力汽车高压电池维修塞(手动维修开关)原理示意图

维修塞类似于熔丝，如图10-25所示，串联在动力电池的中间部分，拆下维修塞可使高压电路在动力电池的中间位置断开，切断高压电输出，以保证维修期间的安全。

1075 手动维修开关的安装位置

手动维修开关安装在距离动力电池较近、便于查找但又不至于经常触碰到的位置。有些手动维修开关直接安装在动力电池组上。

根据动力电池的安装位置不同，手动维修开关位置也不同。丰田混合动力汽车和比亚迪E6电动车的手动开关位置在行李箱。而荣威E50电动汽车直接安装在动力电池组上，在车内的位置位于驻车制动器手柄附近。

图10-26所示为丰田混合动力汽车维修塞安装位置。

图10-27所示为荣威E50电动汽车维修手动开关位置。

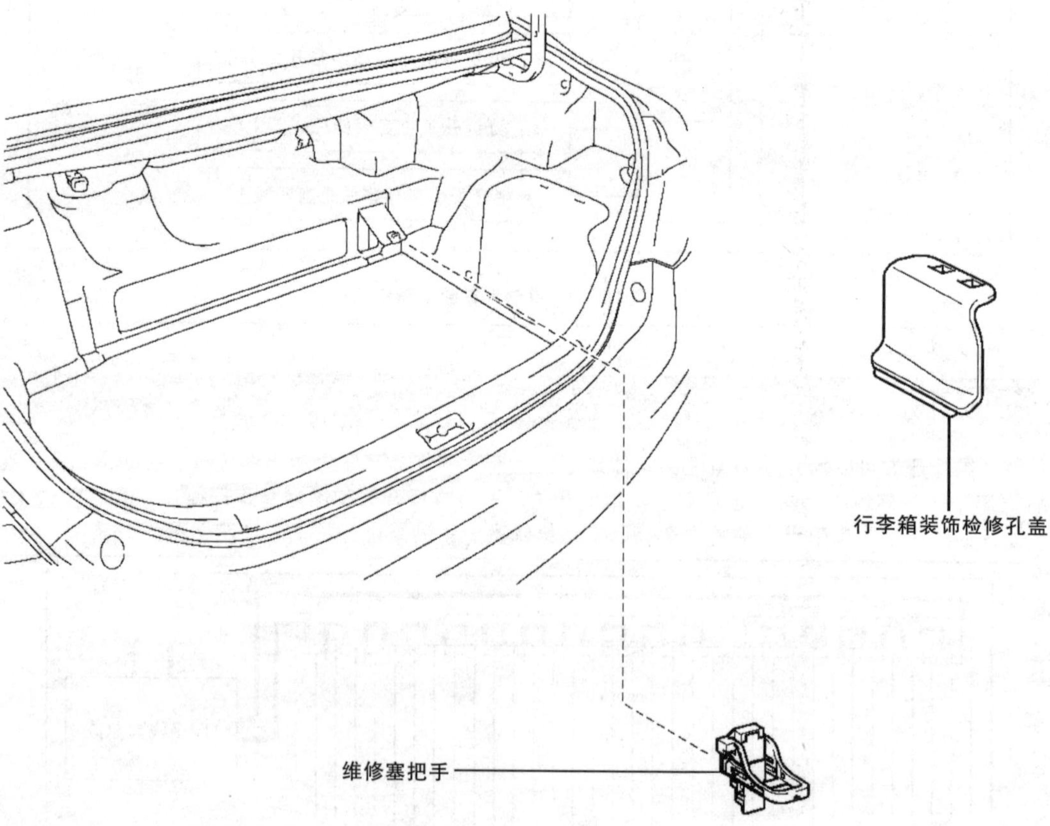

图10-26 丰田混合动力汽车维修塞安装位置

图10-27 荣威E50电动汽车维修手动开关位置

1076 荣威E50/比亚迪E6电动汽车动力电池

荣威E50/比亚迪E6都采用了磷酸铁钴锂电池。磷酸铁钴锂电池是用磷酸铁钴锂材料作为电池正极的锂离子电池，是锂电子电池家族的新成员。

荣威E50采用3并93串的单体电池排列形式，单体电池电压范围为2.5~3.6V，总电压范围为232.5~334.8V，总能量为18kw·h。图10-28所示为荣威E50电动汽车动力电池组。

比亚迪E6电动汽车采用96节单体电池串联，每个单体电池电压为3.3V，动力电池组共输出316.8V高压电，一次充电61度。

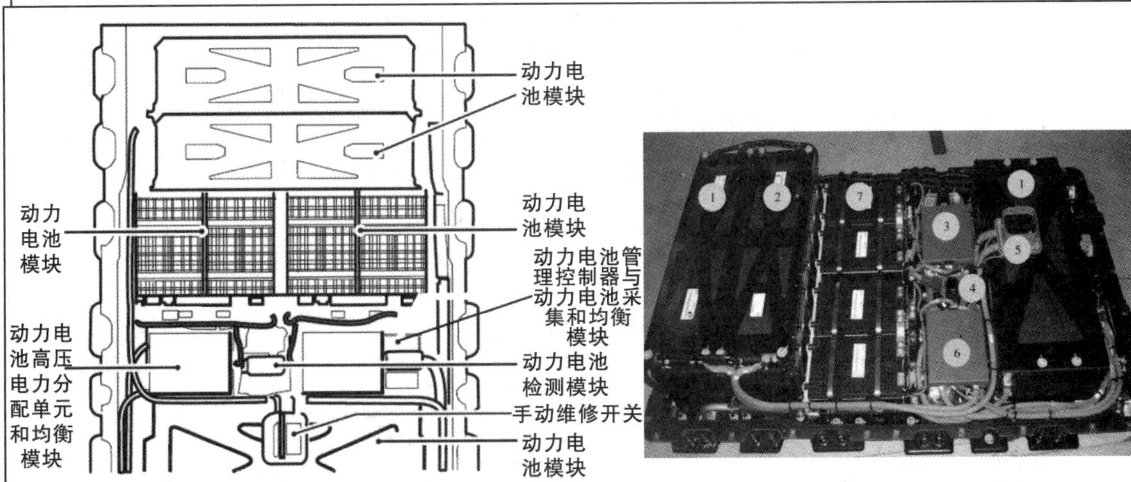

图10-28 荣威E50电动汽车动力电池组

1077 动力电池冷却系统

电动汽车在工作时动力电池持续发出高压电，动力电池内部温度会快速上升，动力电池温度对动力电池的工作状态、动力电池的使用寿命有很大的影响，因此电动汽车都装有动力电池冷却系统。动力电池管理系统控制动力电池冷却系统电动水泵，在动力电池温度上升到32.5℃时开启，在温度低于27.5℃时关闭。

动力电池冷却系统控制图如图10-29所示。

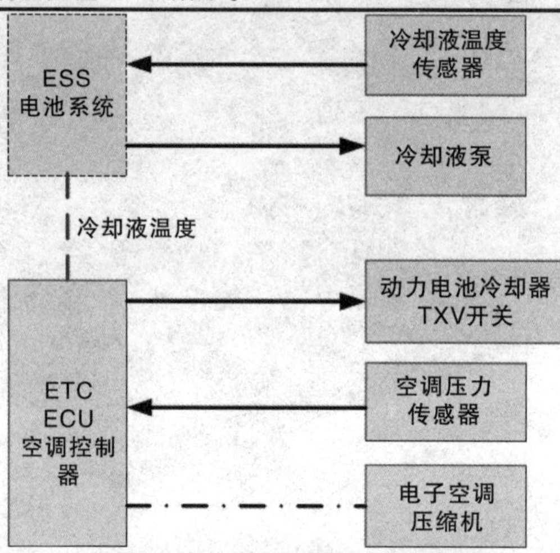

图10-29 动力电池冷却系统控制图

1078 动力电池冷却系统管路布置

图10-30所示为动力电池冷却系统管路布置。

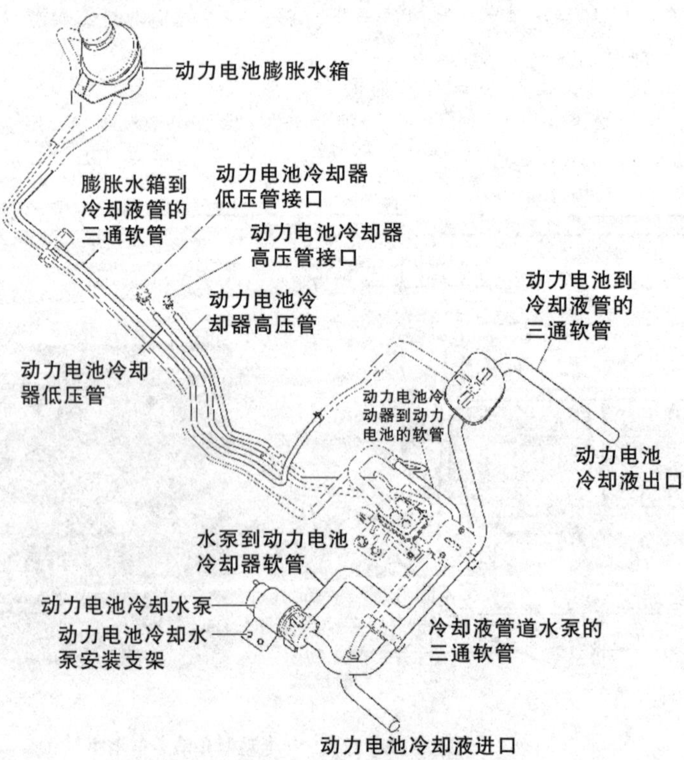

图10-30 动力电池冷却系统管路布置

1079 动力电池冷却系统冷却液的排放与加注

（1）排空

1）打开动力电池膨胀水箱盖。

2）在举升机上举升车辆。

3）拆下底部导流板。

4）将容器固定好后收集冷却液。

5）松开卡箍，从三通管上断开动力电池到冷却液管三通管的连接。

6）将动力电池冷却液排空。

（2）加注

1）将动力电池到冷却液管三通软管接到三通管上，并用卡箍固定，降低车辆。

2）将准备好的规定含量的冷却液加注到膨胀水箱中，直到冷却液到达动力电池膨胀水箱颈部并保持静止。

3）连接诊断仪让水泵运转。

4）再次举升车辆。

5）松开电动水泵进水口处的放气螺栓，将管路内空气排空，直到有冷却液进入水泵，立刻拧紧放气螺栓。

6）降下车辆，继续使水泵运转20~30min，并根据膨胀水箱中的液面下降情况不断补充冷却液，直至没有气泡冒出，液面不再下降。

7）关闭水泵，并断开诊断仪。

8）再次检查液面，确保冷却液液面处于MAX和MIN中间。检查系统有无泄漏，最后装上底部导流板。

1080 电动汽车低压蓄电池管理系统

图10-31所示为低压蓄电池充电管理系统。

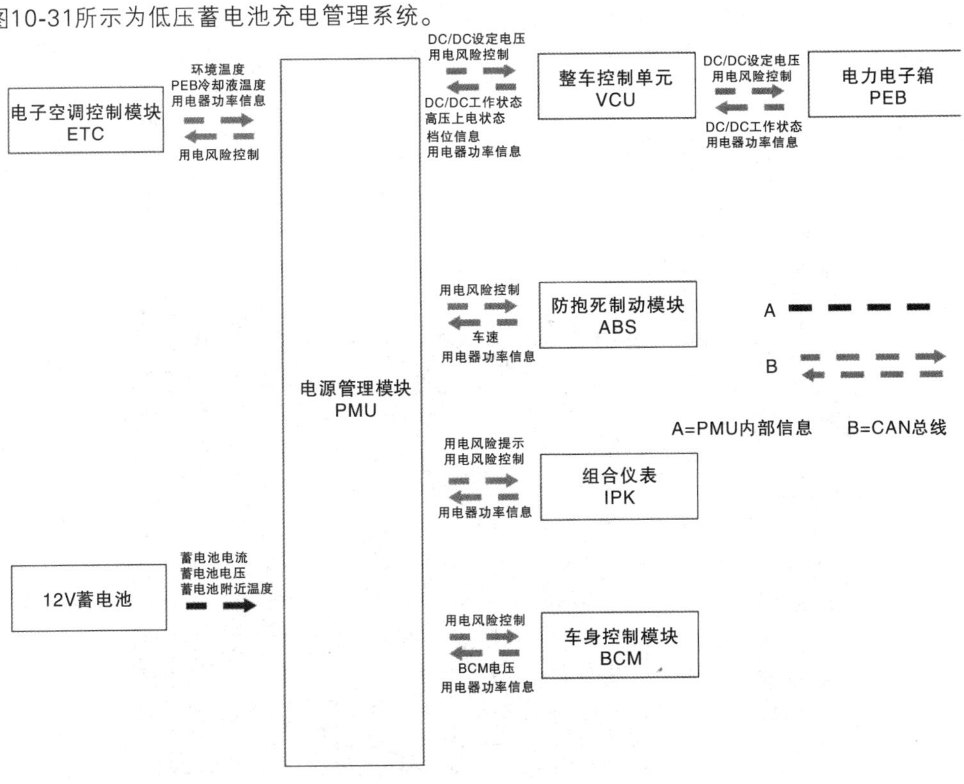

图10-31 低压蓄电池充电管理系统

电动汽车中动力电池主要是为驱动电动机提供足够的能量，汽车上的其他用电器则由低压蓄电池负责供电。动力电池通过电子电力箱PEB中的DC/DC将高压电转换为低压电为低压蓄电池充电。

传统汽车低压蓄电池的充电是由发电机完成的，而电动汽车相对复杂。

PMU通过传感器（内部电压传感器、内部温度传感器、电流传感器）采集蓄电池的电压、电流、温度信息，对蓄电池的状态进行计算，实现整车供电系统对蓄电池的动态电量平衡、节能模式和智能充电等功能的控制。

1）动态电量平衡功能。蓄电池电压不足时由PMU发出电源风险等级信号，部分舒适性用电器收到信号后，根据等级自动降低部分功率，使供电和用电达到平衡，实现动态的电量平衡。

2）节能模式。PMU具有的节能模式，能够在蓄电池电量较足，不需要继续充电的情况下，通过将DC/DC的供电电压降到13V左右(对蓄电池而言是略高于满电状态时的电压)，降低整车供电电压，从而可以降低部分用电器工作电流和功率(例如14.5V 100A变成13V 95A，功率降低15%)；蓄电池充电电流几乎为零，对于DC/DC而言，供电的功率降低(例如从14.5V 110A降低到13V 97A，功率降低21%)。

3）智能充电。是指给蓄电池的充电电压会根据蓄电池的状态不同而变化，例如蓄电池电量较低时，为了保证下次顺利起动和供电电压的平稳，会适当提高充电电压，加快充电进行。在蓄电池电量较高时，会适当降低充电电压，降低整车功耗。经常处于小电流充电对于蓄电池的使用寿命有一定的好处。

1081 低压蓄电池的维护要点

电动汽车在进行检修维护时首先要断开动力电池上的维修手动开关，切断整车高压电路回路，以免造成严重后果。

低压蓄电池液(电解液)含有硫酸，如果碰到皮肤或眼睛可能导致灼伤。请穿好防护服并佩戴面罩。如果电解液接触在皮肤或衣物上请立即用水冲洗。如果电解液进入眼睛，请立即用清水冲洗眼睛至少15min并且寻求医疗救助。

拆除低压蓄电池的时候，确保警报已解除且点火器关闭。总是先断开负极接线柱，然后再断开正极接线柱。当重装低压蓄电池时，总是先装正极接线柱，然后是负极接线柱。

如果低压蓄电池是亏电的，必须将之从车辆上拆除重新充电。必须用一个充电器在恒定电流下为低压蓄电池重新充电。一定不能使用快速充电器，否则将会导致低压蓄电池永久性损坏。

1082 电动汽车驱动电机控制器

驱动电机控制器一般为电压型逆变器，利用IGBT（绝缘栅双极性功率管）将直流电转换为交流电，控制电动机和发电机等根据不同工况实现正反转。即控制电动机的前进、倒退和维持电动汽车的正常运转。比亚迪电动汽车上使用的IGBT为自主生产，如图10-32所示。

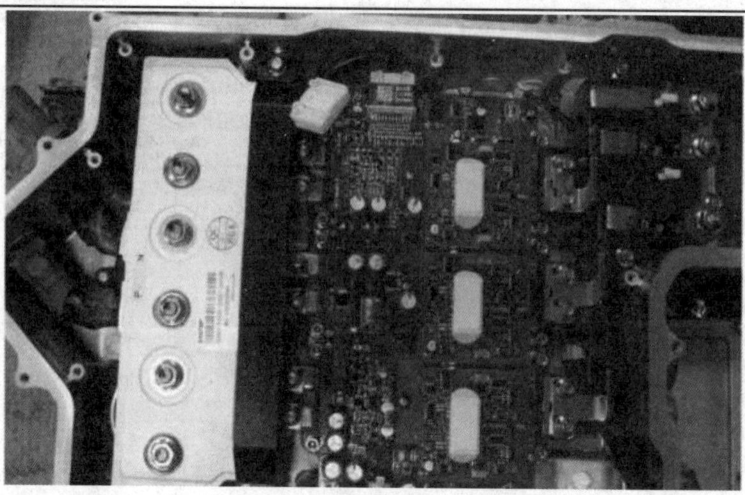

图10-32 比亚迪电动汽车上使用的IGBT

IGBT是MOSFEI(金属-氧化物半导体场效应晶体管)与双极型晶体管的复合器件。IGBT具有MOSFEI电压控制、驱动功率大小、开关频率高及BJT(双极结型晶体管)导通电阻低、电流密度大等优点，是近乎理想的大功率开关器件。IGBT被认为是电动汽车的核心技术之一，在电动车上的作用是交流电和直流电的转换，同时也承担电压的高低转换功能。目前国内生产IGBT模块的厂家不多，电动车上使用的大尺寸IGBT生产厂家就更少了，绝大部分依靠进口，进口费用也高达上万元，成为阻碍降低电动汽车成本的因素之一。比亚迪电动汽车上使用的IGBT为自主生产。

1083 电动汽车中的DC/DC

DC/DC(图10-33)负责将动力电池的高压电转换为12V或24V低压电，给整车用电器工作［包括电控动力转向系统(EHPS)电动机］，并在低压电池亏电时给低压电池充电。

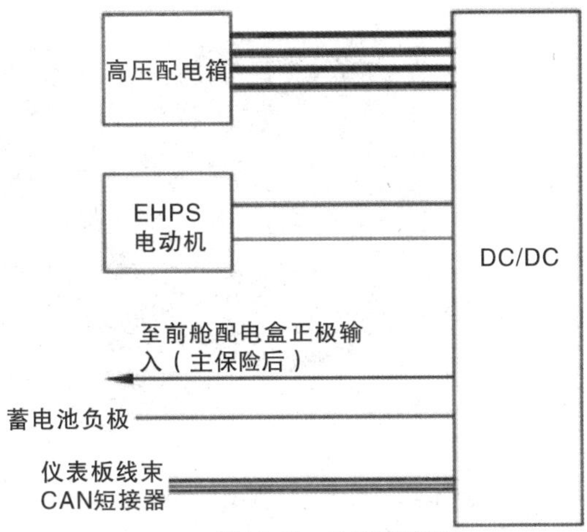

图10-33 DC/DC框图

1084 电动汽车充电系统

一般电动汽车都有两种充电方式，直流充电和交流充电。常见电动汽车充电系统如图10-34所示。

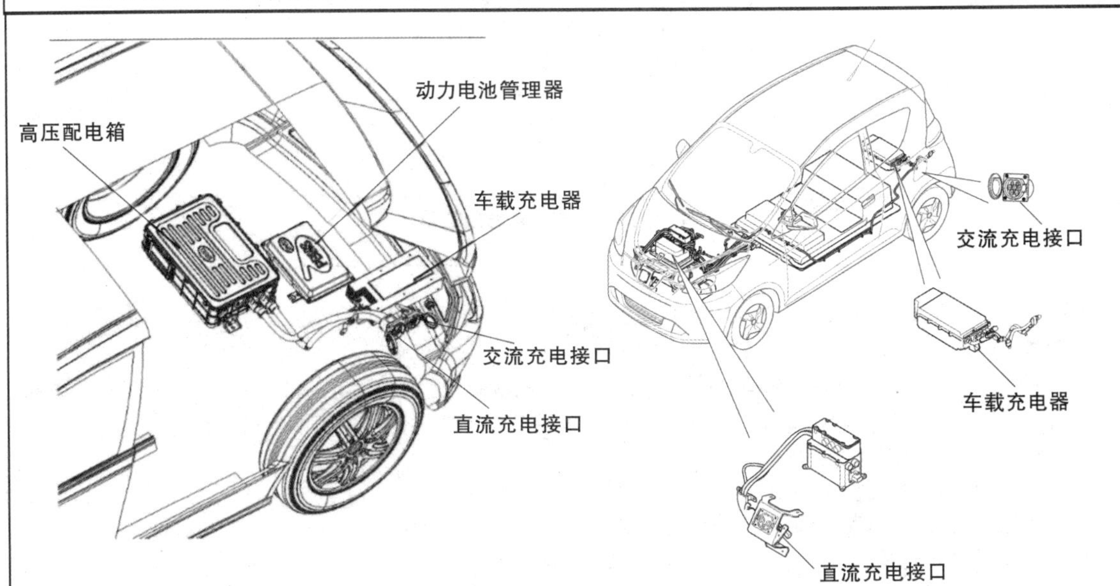

图10-34 常见电动汽车充电系统

直流充电是指通过充电站的充电柜将直流高压电直接通过直流充电口给动力电池充电。

交流充电只要是通过家用插头或交流充电桩接入民用220V交流电，通过车载充电器将220V交流电转换给330V左右高压电给动力电池充电。

1085 车载充电系统故障排定

用万用表检测车载充电器PE、CP两端子电阻值，正常值为0.7~0.8MΩ，如果检测值显示为2.7kΩ，则说明车载充电器内部二极管损坏，需要整体更换车载充电器，如图10-35所示。

交流充电枪本身是否存在故障也可以通过测量PE、CP两端子的阻值来确定，当交流充电枪开关按下时，PE、CP端子正常阻值为480Ω；开关弹起时PE、CP端子正常阻值为150Ω，如图10-36所示。

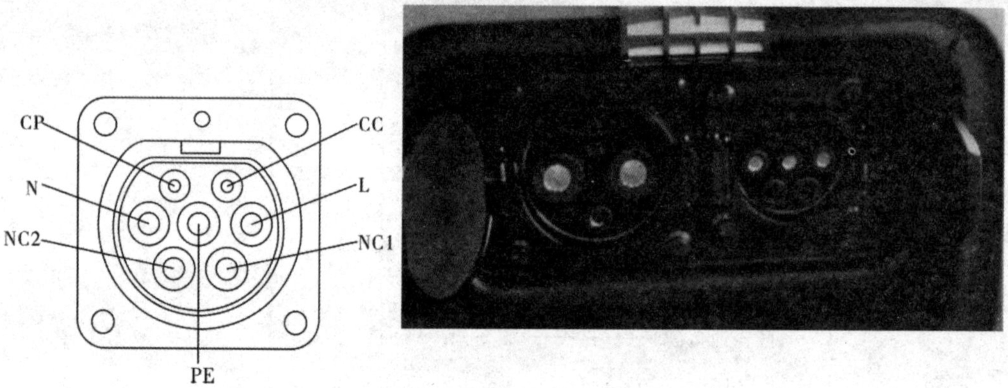

图10-35　车载交流充电器的检测

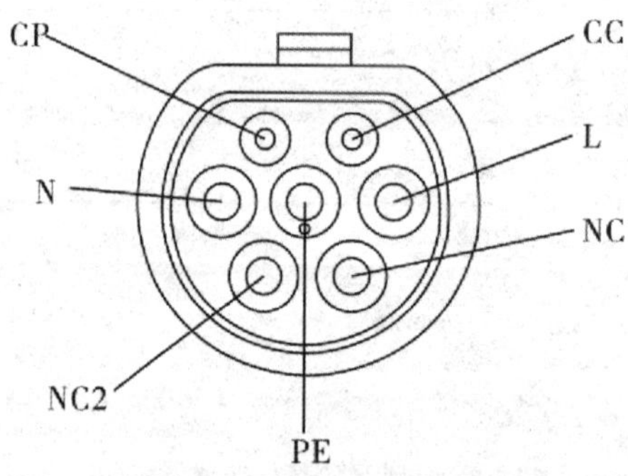

图10-36　交流充电枪的检测

1086 电动汽车用电动机使用环境与要求

在电动汽车上，电动机及其控制器是将车载电源的电能转换为机械能，并通过传动机构驱动车轮转动的动力装置。与其他用途的电动机相比，电动汽车用电动机的工作环境有明显的不同。

1）电动机工况变化频繁。

2）电动机在冲击、振动的环境下工作。

3）车载电源能量有限。

4）电动机本身也是负载。

1087 电动汽车对电动机的要求

由于电动汽车特殊的工作环境，对电动汽车用电动机有比普通电动机更高的要求，主要体现在以下几个方面：

1）电动机的过载能力强。

2）电动机的调节性能好。

3）电动机的效率高、逆向工作性能好。

4）电动机的工作可靠性好、结构尺寸小。

5）其他要求电动机的结构简单，适合于大批量生产，价格低，运行时的噪声低。

1088 电动汽车驱动装置的组成

电动汽车驱动装置包括电动机、电动机控制器及传动机构。一些电动汽车可直接由电动机驱动车轮。在纯电动汽车、混合动力电动汽车及燃料电池电动汽车上所用的驱动装置均有不同的结构。

按照驱动装置的组成形式分，电动汽车驱动装置有机械驱动方式、半机械驱动方式和纯电气驱动方式等。

按照驱动装置所用电动机的数量分，电动汽车驱动装置有单电动机驱动系统和多电动机驱动系统两种。

1089 电动汽车用电动机的类型

电动汽车用电动机的分类如图10-37所示。电动汽车用电动机的性能比较见表10-2。

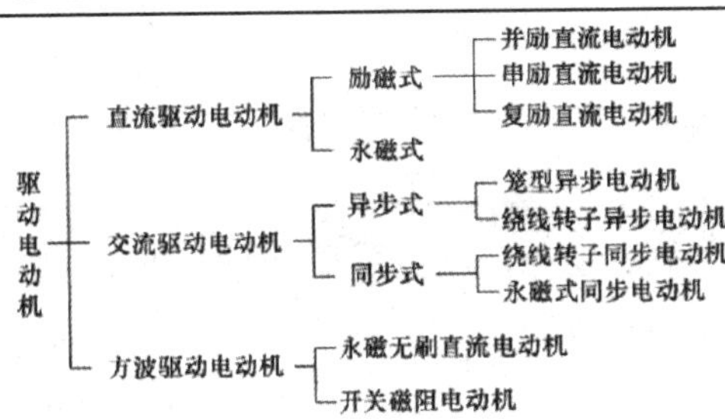

图10-37　电动汽车用电动机的分类

表10-2　电动汽车用电动机的性能比较

类型 性能	直流电动机	交流异步电动机	永磁电动机	开关磁阻电动机
功率密度	低	一般	高	一般
力矩转速性能	一般	好	好	好
转速范围/(r/min)	4000~6000	9000~15 000	4000~10 000	>6000
功率因数	—	82~85	90~93	60~65
峰值效率/(%)	85~89	94~95	95~97	85~90
过载能力/(%)	200	300~500	300	300~500
恒功率区比例	—	1:5	1:2.25	1:3
电动机尺寸/质量	大/重	中/中	小/轻	小/轻
可靠性	差	好	优良	好
结构的坚固性	差	好	一般	优良
控制操作性能	最好	好	好	好

1090 直流电动机特点

在早期开发的混合动力汽车上多采用直流电动机，即使到现在还有一些电动汽车上仍然使用直流电动机来驱动。直流电动机的优点是具有良好的电磁转矩控制特性，调速比较方便，控制装置简单。缺点是效率较低、重量大、体积大和价格高。

1091 交流异步电动机结构与类型(简单介绍)

交流异步电动机主要有单相和三相两种形式。家用电器采用单相异步电动机，电动汽车用交流异步电动机则普遍采用三相。三相异步电动机的种类较多，但各类三相异步电动机的基本结构是相似的。三相交流异步电动机的典型结构如图10-38所示。

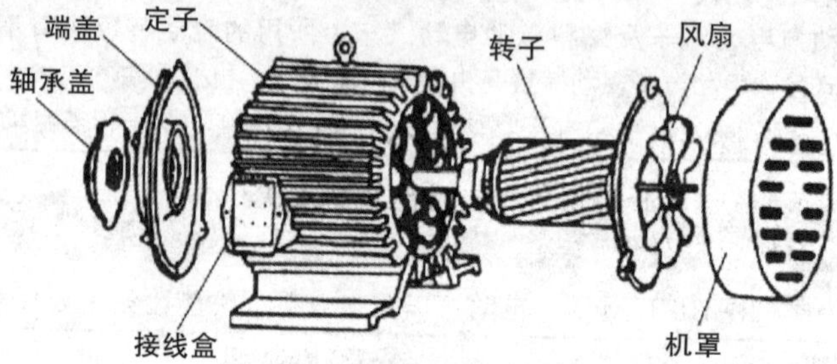

图10-38 三相交流异步电动机的典型结构

1092 交流永磁同步电动机(比亚迪秦、荣威E6)

永磁同步电动机(图10-39)的结构与直流电动机相似，这样便可具备无刷直流电动机结构简单、运行可靠、功率密度大、调速性能好等特点。与此同时，由于永磁同步电动机采用的驱动方式不同于直流电动机，所以，在噪声以及控制精度环节，永磁同步电动机更胜一筹。

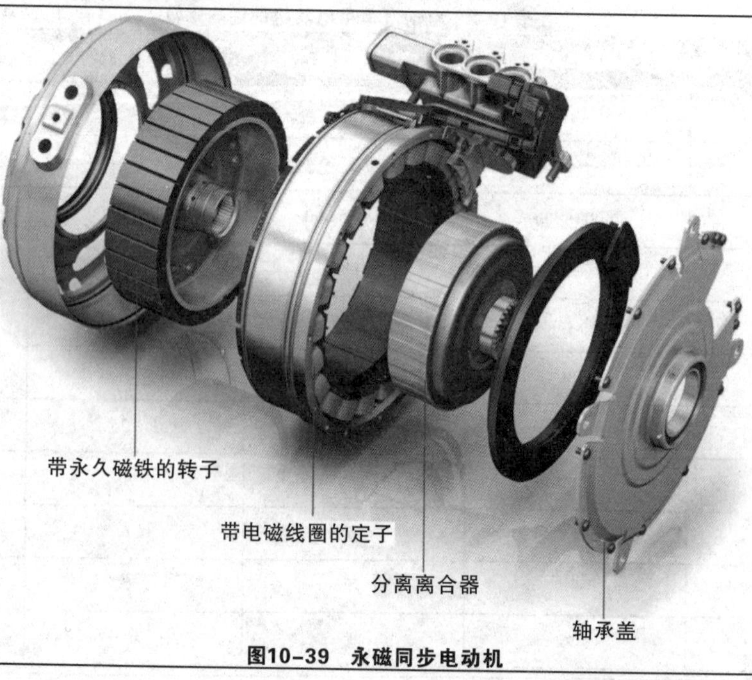

图10-39 永磁同步电动机

永磁同步电动机与直流电动机的结构相似，在具备直流电动机优势的同时还能为车辆的行驶舒适性做出贡献。

永磁同步电动机的使用对于电动车的乘坐舒适性也有帮助。通常情况下，把乘员舱的静音性当作衡量一款汽车舒适性的因素之一，对于一般用户而言，这样的衡量标准对电动车同样适用。目前的电动车大多只提供一级减速器，所以，电动机的转速较高，受电动机驱动方式、装配精度以及各个部件间的匹配等因素影响，车辆行驶时电动机发出的噪声有可能影响到车内乘员的乘坐舒适性。

1093 比亚迪秦电动机维护注意事项

比亚迪秦、比亚迪E6、荣威E50、北汽电动汽车均采用了永磁同步电动机，其维护与维修注意事项如下：

（1）电动机内部

1）维修装配时都要清洁电动机内部，不能有杂质。

2）电动机在修理后，应空转灵活，无定转子相擦现象或异常响声(如周期性的异响、轴承受损后的异响、微小异物卡滞在转动部位引起的异响等)。

（2）密封处

1）彻底清洗结合面。

2）结合面一定要涂抹密封胶(耐油硅酮密封胶M-1213型)。结合面为：通气塞螺纹、排气管螺纹、挡水板与后箱体结合处、后箱体与减速器前箱体结合处。

3）铭牌要用AB胶涂抹结合处。

（3）螺栓　电动机上所有的螺栓要用螺纹胶赛特242涂抹紧固，拧紧时有要求拧紧力。如果螺栓有裂纹或者损坏，请及时更换。螺栓拧紧后用油漆笔做标记。

（4）轴承

1）安装轴承前要将箱体置于120℃烤箱中加热30min。

2）当安装过程时，采用规定的工装进行操作。

（5）装配时用油脂处

1）三相动力线束总成与后箱体装配孔装配时涂抹油脂。

2）旋变接插件与后箱体装配时涂抹润滑油。

1094 丰田混合动力系统基本组成

丰田混合动力系统(THS-Ⅱ)使用汽油机和电动机两种动力，通过串联和并联相结合的方式进行工作，达到降低油耗的效果。基本组成为发动机、电动发电机MG1、电动发电机MG2、逆变器、HV蓄电池等，如图10-40所示。

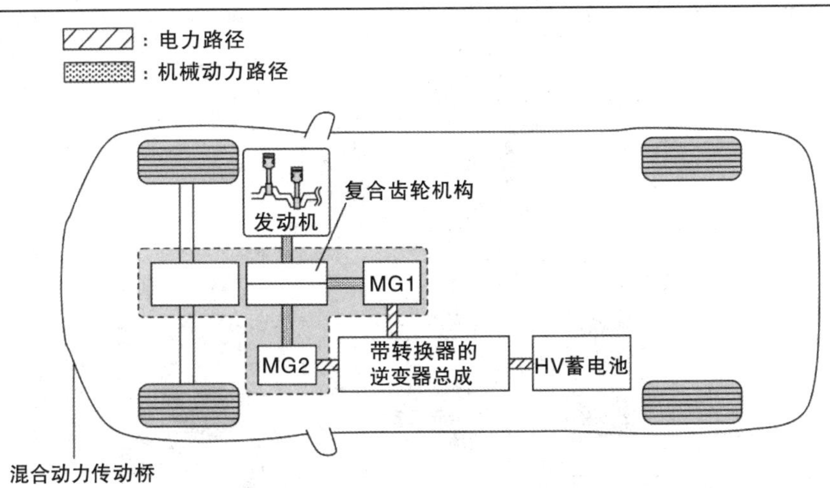

图10-40 丰田混合动力系统组成

1095 丰田混合动力车型的MG1和MG2(CDR P17)

MG1、MG2为紧凑、轻型和高效的交流永磁同步型电动机，作为辅助动力与发动机协同为车辆提供动力。车辆制动和减速过程中起动再生制动，MG2将车辆的动能转换为电能，并储存到HV蓄电池内。MG1对HV蓄电池再充电并供电以驱动MG2。此外，通过调节发电量(从而改变发电机转速)，MG1有效地控制传动桥的无级变速功能。同时，MG1还可作为起动机来起动发动机。MG1、MG2均配有水冷系统。

MG1、MG2如图10-41所示。

MG1、MG2特性见表10-3。

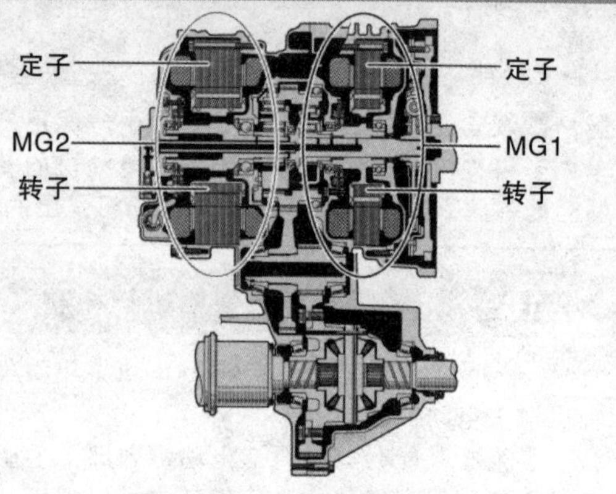

图10-41 MG1、MG2

表10-3 MG1、MG2特性

发电起动机	MG1	MG2
类型	交流永磁同步电动机	交流永磁同步电动机
功能	发电、发动机起动机	发电、驱动前轮
最高系统电压①	直流650V	直流650V
最大输出功率	—	105kW(141HP)
最大转矩	—	270N·m(199lbf·ft)
冷却系统	水冷	水冷

① 该电压被转换为交流电,并提供给MG1和MG2。

1096 丰田混合动力系统驱动系统组成

THS-Ⅱ主要有发动机以及MG1、MG2和复合齿轮机构(由电动机减速行星齿轮机构和动力分配行星齿轮机构组成)。电动机减速行星齿轮机构降低MG2的转速，动力分配行星齿轮机构将发动机的原动力分成两路：一路用来驱动车轮，另一路用来驱动MG1，因此，MG1可作为发电机使用。驱动系统结构图如图10-42所示。

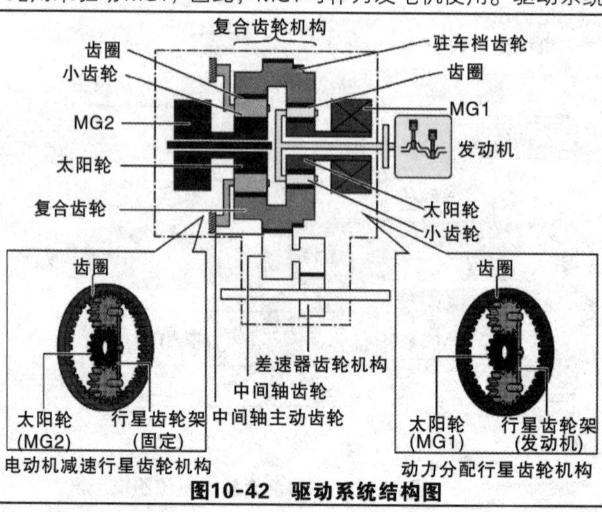

图10-42 驱动系统结构图

1097　丰田混合动力系统起动时的动力传递

车辆起动时用MG2驱动，从HV蓄电池至MG2的电力提供驱动前轮的动力路径，如图10-43所示。

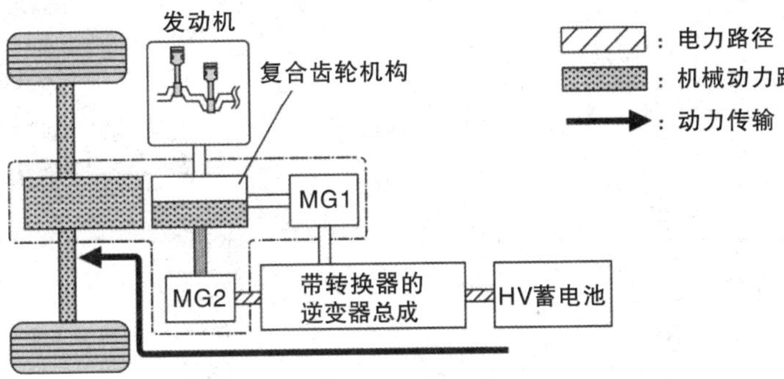

图10-43　起动时的动力路径

1098　丰田混合动力系统用发动机加速期间的动力传递

用发动机加速期间，发动机通过行星齿轮驱动前轮时，还通过行星齿轮驱动MG1，以产生电力并向MG2供电，如图10-44所示。

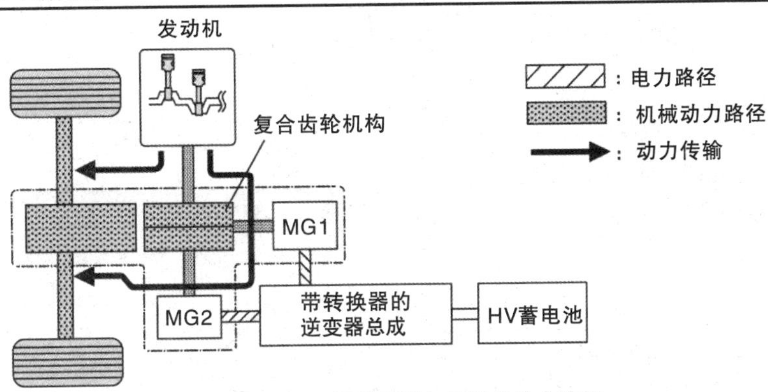

图10-44　用发动机加速时的动力路径

1099　丰田混合动力车型对HV蓄电池充电时的动力传递

发动机通过行星齿轮驱动MG1旋转，产生交流电，通过逆变器转换为高压直流电给HV蓄电池充电，如图10-45所示。

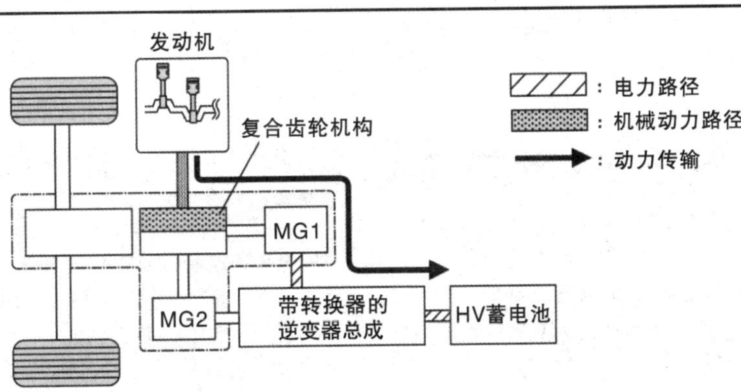

图10-45　对HV蓄电池充电时的动力路径

1100 丰田混合动力车型在减速驾驶工况的动力传递

当车辆减速时，前轮的动能被回收并转换为电能，通过 MG2 对 HV 蓄电池再充电，如图10-46所示。

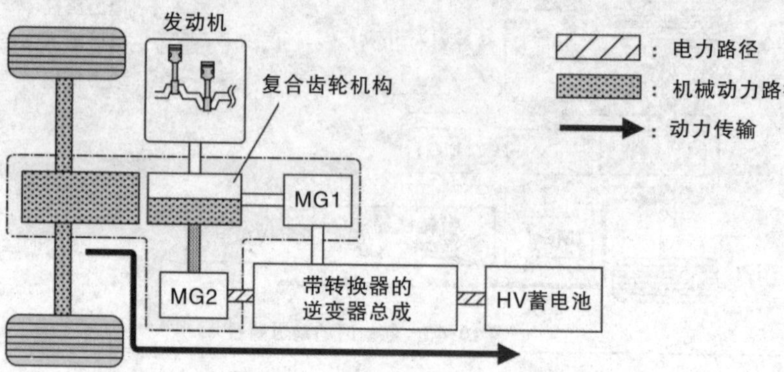

图10-46　车辆减速时的动力路径

1101 丰田混合动力车型系统工作工况(CDR P10)

丰田混合动力车辆根据从起动到正常行驶再到加速、倒车等驾驶条件可以分为以下六种工况，如10-47所示。

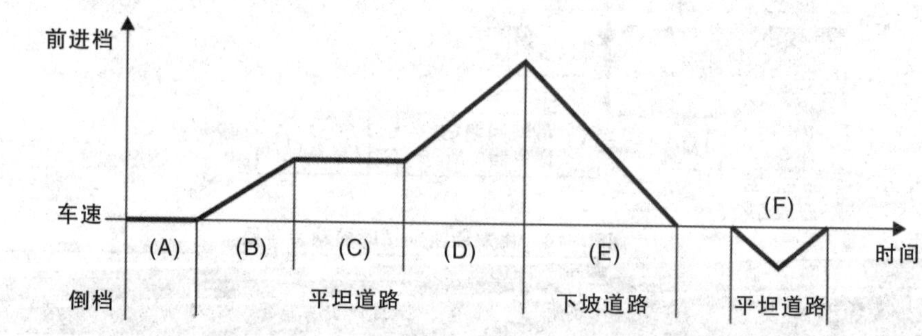

(A)：READY ON状态 (B)：起步 (C)：定速巡航 (D)：节气门全开加速期间 (E)：减速期间
(F)：倒档行驶

图10-47　车辆运行工况

1102 丰田混合动力车型“READY ON”状态下的工作过程(CDR P11)

点火开关位于ON（READY）位置，有时发动机也不会起动，此时发动机、MG1、MG2保持停止。READY指示灯点亮，切换变速杆位于P位时，由混合动力车辆控制ECU监视的任一项目(如发动机冷却液温度、SOC、蓄电池温度和电气负载等)指示需要起动发动机，混合动力车辆控制ECU控制MG1起动发动机。当发动机起动时，为防止 MG1 太阳轮的反作用力旋转齿圈和驱动驱动轮，将施加电流至 MG2以防止其旋转。该功能被称为“反作用控制”。动力流程及行星齿轮传动路径如图10-48所示。

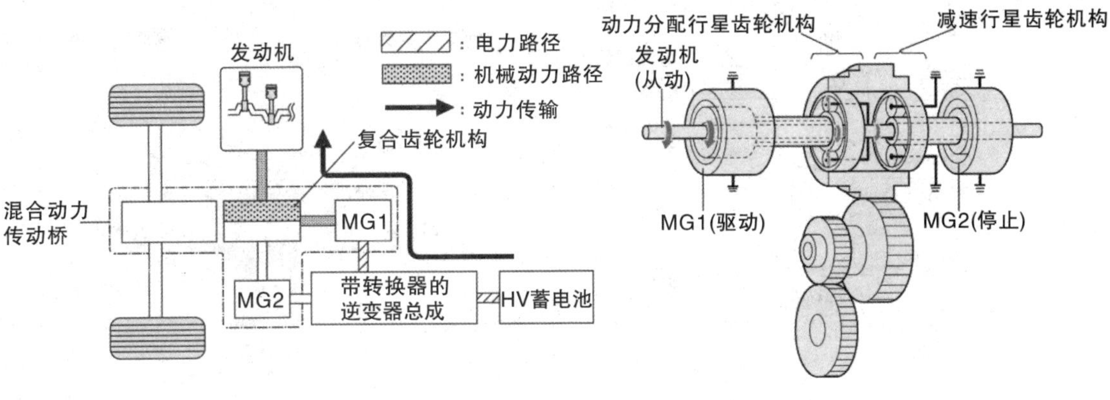

图10-48　动力流程及行星齿轮传动路径

1103 丰田混合动力车型“起步”状态下的工作过程

当车辆起步时，由MG2为车辆提供动力。仅以MG2行驶时，如果所需驱动转矩增加，则激活MG1以起动发动机。车辆在正常情况下起步时使用MG2的原动力行驶。在此情况下行驶时，由于发动机停止，行星齿轮架（发动机）的转速为0。此外，由于MG1未产生任何转矩，因此没有转矩作用于太阳轮(MG1)。然而，太阳轮沿(–)方向自由旋转以平衡旋转的齿圈。起步状态动力传递及行星齿轮传动路径如图10-49所示。

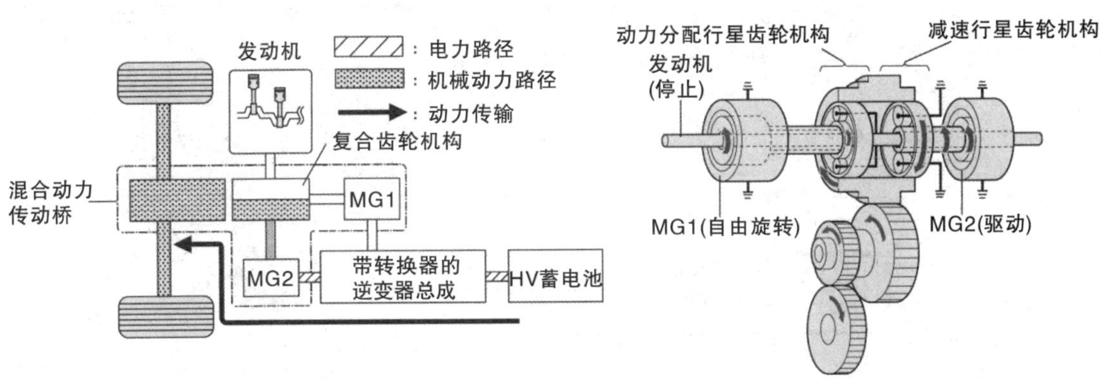

图10-49　起步状态动力传递及行星齿轮传动路径

1104 丰田混合动力车型“定速巡航”状态下的工作过程

当车辆在低负载和定速巡航状态下行驶时，动力分配行星齿轮机构传输发动机原动力。一部分原动力将直接输出，其余部分将用于通过MG1发电。通过使用逆变器的电力路径，将该电力传输至MG2，并作为MG2的原动力输出。如果HV蓄电池的电压低，则发动机驱动MG1对其充电。来自发动机的转矩沿(+)方向作用在行星齿轮架（发动机）上，使太阳轮(MG1)以负转矩做出反应。MG1通过利用作用于太阳轮(MG1)上的负转矩来发电。定速巡航状态动力传递及行星齿轮传动路径如图10-50所示。

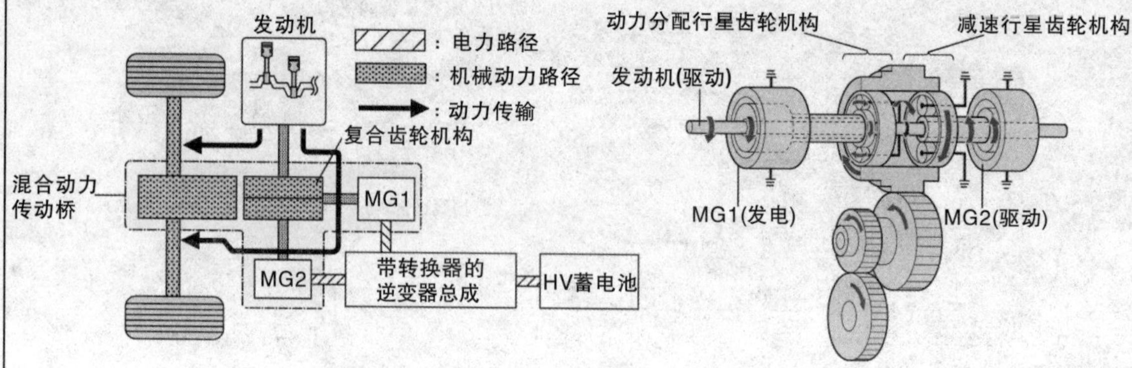

图10-50 定速巡航状态动力传递及行星齿轮传动路径

1105 丰田混合动力车型“节气门全开”状态下的工作过程

当车辆行驶状态从低负载巡航变为节气门全开加速时，系统用来自HV蓄电池的电力为MG2补充原动力。为提高发动机转速而需要更多发动机动力时，相关齿轮的转速改变如下：来自发动机的转矩沿(+)方向作用在行星齿轮架（发动机）上，使太阳轮(MG1)以负转矩做出反应。MG1通过利用作用于太阳轮(MG1)上的负转矩来发电。节气门全开状态动力传递及行星齿轮传动路径如图10-51所示。

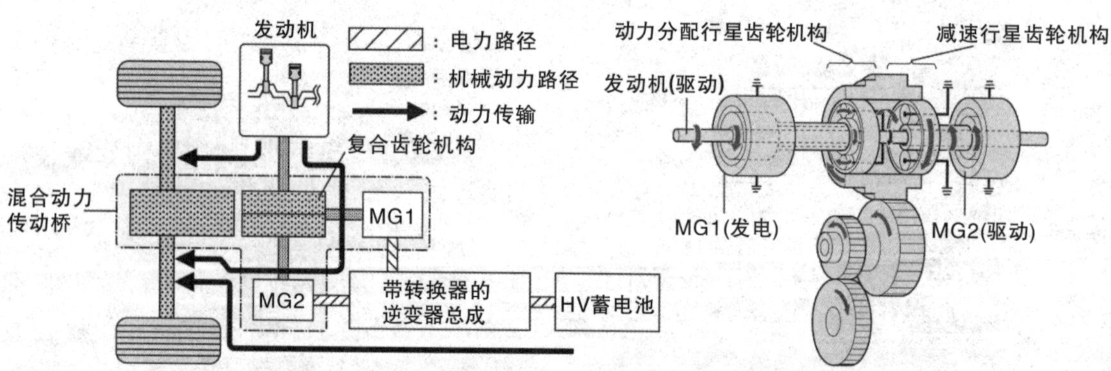

图10-51 节气门全开状态动力传递及行星齿轮传动路径

1106 丰田混合动力车型“减速行驶”状态下的工作过程

当车辆在变速杆置于D位的状态下减速时，发动机停止且原动力变为零。此时，车轮驱动MG2，使MG2作为发电机运行并对HV蓄电池充电。如果车辆在较高车速时减速，则发动机将不停止且保持预定转速，以保护行星齿轮。减速期间，齿圈由车轮带动旋转。在此情况下，由于发动机停止，行星齿轮架（发动机）的转速为0。此外，由于MG1未产生任何转矩，因此没有转矩作用于太阳轮(MG1)。然而，太阳轮(MG1)沿(–)方向自由旋转以平衡旋转的齿圈。减速行驶状态动力传递及行星齿轮传动路径如图10-52所示。

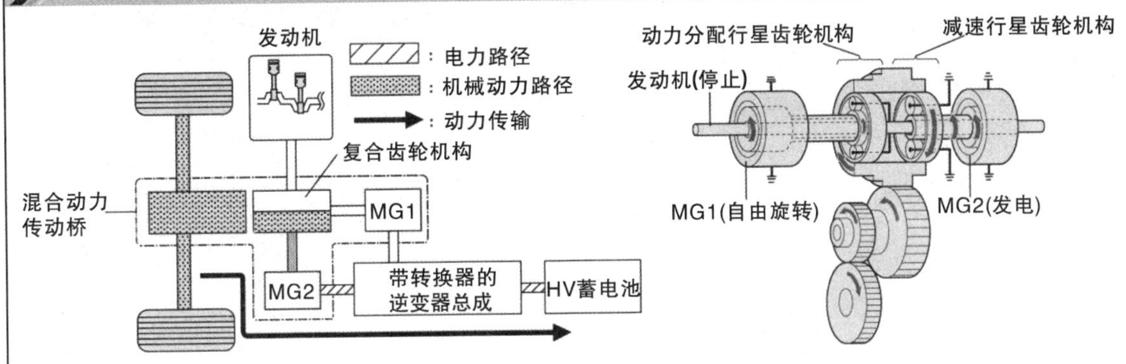

图10-52 减速行驶状态动力传递及行星齿轮传动路径

1107 丰田混合动力车型“倒档行驶”状态下的工作过程

当车辆倒档行驶时，由 MG2 提供所需动力。此时，MG2 沿相反方向旋转，发动机保持停止，而 MG1 沿正常方向旋转但不发电。行星齿轮的状态与“起步”中描述的相反。由于发动机停止，行星齿轮架（发动机）的转速为0，但太阳轮 (MG1) 沿 (+) 方向自由旋转以平衡齿圈的旋转。倒档状态动力传递及行星齿轮传动路径如图10-53所示。

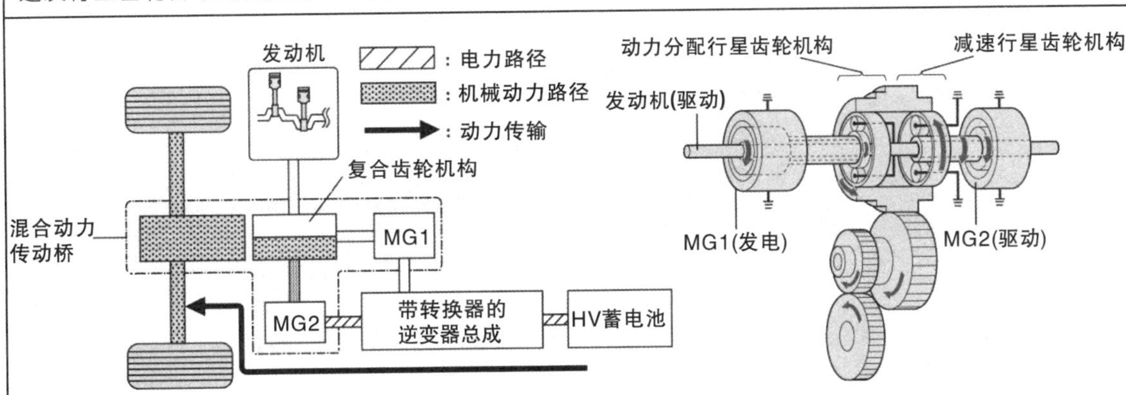

图10-53 倒档状态动力传递及行星齿轮传动路径

1108 电动汽车空调系统

电动汽车空调系统一般采用电动压缩机制冷及电加热模块采暖。与常规车辆空调系统相比，主要区别在于电动压缩机和电加热模块。

在常规车辆上，压缩机靠带轮通过发动机曲轴带动。其转速只能被动地通过发动机转速来调节，空调系统无法主动对压缩机进行调节，制热方面通过发动机冷却液温度的热量来制热。而电动汽车上电动压缩机靠高压电驱动，其转速可被系统主动调节，保证了良好的制冷效果，同时也节省了电能。在制热方面通过电子加热模块制热，同时也可调节制热量。